中国人民大学重大规划项目"中央高校建设世界一流大学(学科)和特色发展引导专项资金"(项目批准号16XNYLG05)支持

中国流动人口市民化研究
总体战略与路径

叶裕民　杨胜慧　等　著

知识产权出版社
全国百佳图书出版单位
—北京—

图书在版编目（CIP）数据

中国流动人口市民化研究．总体战略与路径/叶裕民等著．—北京：知识产权出版社，2024.10
ISBN 978-7-5130-9140-4

Ⅰ.①中… Ⅱ.①叶… Ⅲ.①流动人口—城市化—研究—中国 Ⅳ.①D631.42

中国国家版本馆 CIP 数据核字（2024）第 016660 号

本成果由中国人民大学重大规划项目"中央高校建设世界一流大学（学科）和特色发展引导专项资金"支持，项目批准号为 16XNYLG05。

责任编辑：杨　易		责任校对：王　岩	
封面设计：商　宓		责任印制：孙婷婷	

中国流动人口市民化研究：总体战略与路径

叶裕民　杨胜慧　等著

出版发行：知识产权出版社 有限责任公司		网　址：http：//www.ipph.cn	
社　　址：北京市海淀区气象路 50 号院		邮　编：100081	
责编电话：010-82000860 转 8789		责编邮箱：35589131@qq.com	
发行电话：010-82000860 转 8101/8102		发行传真：010-82000893/82005070/82000270	
印　　刷：北京九州迅驰传媒文化有限公司		经　销：新华书店、各大网上书店及相关专业书店	
开　　本：710mm×1000mm　1/16		印　张：15.25	
版　　次：2024 年 10 月第 1 版		印　次：2024 年 10 月第 1 次印刷	
字　　数：242 千字		定　价：199.00 元（全三册）	
ISBN 978-7-5130-9140-4			

《中国流动人口市民化研究》编委会

（按姓氏笔画排序）

前　言

　　本书是中国人民大学 2016 年重大规划项目"提高户籍人口城镇化率系统解决方案研究"（项目号 16XNYLG05）的最终研究成果，共分为三册，分别是：《中国流动人口市民化研究：总体战略与路径》《中国流动人口市民化研究：差异化方案》《中国流动人口市民化研究：典型案例》。本项目研究周期为 3 年。我们在 2018 年获得了初步研究成果，以该研究中期成果为支撑，成功申报了 2018 年的国家社会科学基金重大项目"新时期非户籍人口市民化的系统解决方案"（项目号 18ZDA082）。此后的时间着重研究国家社会科学基金重大项目难点问题，放慢了对中国人民大学重大规划项目研究成果整理和发表的速度。

　　中国城镇化长期存在户籍人口城镇化率低于常住人口城镇化率的难题。《中华人民共和国国民经济和社会发展第十三个五年规划纲要》在"'十三五'时期经济社会发展主要指标"中提出，要将常住人口城镇化率与户籍人口城镇化率由 2015 年的 56.1% 和 39.9% 分别提高到 2020 年的 60% 和 45%，两率差距由 16.2 个百分点降低到 15 个百分点，这要求户籍人口城镇化率增长速度高于常住人口城镇化率。然而我国第七次人口普查数据显示，2020 年常住人口城镇化率和户籍人口城镇化率分别为 62.7% 和 44.4%，两率差距不仅没有缩小反而扩大到 18.3 个百分点。"十三五"规划提高户籍人口城镇化率的目标没有实现，未来我国新型城镇化高质量发展面临严峻挑战。

　　提高户籍人口城镇化率本质上是要赋予非户籍常住人口公平的城市权利，目的是推进流动人口市民化。流动人口市民化有两条路径：一是户籍制度改革，通过让更多的人拥有城市户籍，来享有城市的所有权利。二是推进公共服务均等化，公共服务是城市权利中的基本权利，也是流动人口在城市健康发展长期缺乏的基本社会福利，公共服务缺乏致使流动人口长期在城市缺乏生存和发展的基础，这是我国流动人口问题长期积累的根本。当前学界和政府对这两条路径都很重视，户籍制度改革就是为了推进市民化，而市民化就是淡化户籍制度作用，两条路径相向而行。不同的是，户籍制度改革指标清晰，就是要提高户籍人口城镇化率，缩小户籍人口城镇化率和常住人口城镇化率的差距。但是，该指标在实施过程中存在两个问题：一是由于我国在政策上还倾向于控制大城市规模，因此对500万人以上城市的户籍制度改革并没有刚性要求，导致其他具有吸引力的发达城市的户籍制度改革进展较慢，致使两率差距缩小是"十三五"规划中较少没有完成的目标之一。二是户籍不能完全合理地反映市民化程度。例如，许多县城和小城镇附近的乡村居民完全可以享受城市的公共服务，但是他们的户籍在乡村，这些地区的户籍人口城镇化率低估了市民化水平；而一些被动放开户籍制度的城市，却对流动人口的子女教育要求积分入学，这些城市的户籍人口城镇化率则高估了市民化水平。两率一致的目标追求在理论和实践中都存在瑕疵。因此"十四五"规划已经删除了该指标。显然学界和政府都更加希望通过推进公共服务均等化去真实地提高市民化水平。《"十四五"新型城镇化实施方案》提出，要求"农业转移人口市民化质量显著提升，城镇基本公共服务覆盖全部未落户常住人口"。因此，切实提高市民化水平是新型城镇化高质量发展的根本路径。

党中央、国务院长期重视农业转移人口市民化问题。习近平总书记在中央城镇化工作会议上提出推进新型城镇化的六大主要任务，第一条就是农业转移人口市民化。《国家新型城镇化规划（2014—2020年）》和《"十四五"新型城镇化实施方案》都把加快农业转移人口市民化作为新型城镇化的第一任务。

市民化之所以长期成为新型城镇化的首要任务，是因为市民化同时是经济与社会发展、城市与乡村治理的共同抓手，是可以同时撬动工业化与城市化、乡村振兴和城乡融合发展的战略支点。第一，市民化是积累人力资本、促进经济高质量发展的关键路径。中国工业化发展进入中后期阶段，由资本密集型产业转向技术密集型产业，由投资拉动转向创新拉动，其所依赖的关键要素由物质资本转向人力资本。根据经济学基本原理，理性人考虑边际量。流动人口是人力资本边际增长潜力最大、对经济增长推进作用最强的群体。我们的实证研究表明：非户籍人力资本提高 1 个单位将带动全要素生产率提高 9.9%，而户籍人力资本对全要素生产率提高的影响不显著。流动人口市民化就是人力资本积累的过程，是推动国家经济高质量发展和工业化升级的关键支撑要素。第二，市民化是扩大中等收入群体的社会基础。建构和谐社会的关键是培育和扩大中等收入群体。流动人口是城镇最大的中低收入群体。以农民工为例，2021 年农民工平均年收入为 53184 元，相当于城镇非私营企业（106837 元）的 49.8%，相当于城镇私营企业（62884 元）的 84.6%。城镇私营企业的就业主体也是农民工，私营企业平均收入仅相当于非私营企业的 58.8%，而且 2015 年以来这三类群体之间的收入差距呈现扩大趋势。可以认为，没有流动人口群体整体收入水平的持续提高，就难以实现党的二十大报告中提出的"扩大中等收入群体"的目标，这将对建构和谐社会秩序形成挑战，将成为未来城市治理的难点问题。第三，市民化是促进乡村振兴的基本前提。目前，乡村振兴的主要做法是"输血"，但是，问题的关键在于减负。几十年来，我国乡村承担着城市发展的社会成本，流动人口长期在城乡之间徘徊，在就业、创造、年轻、健康的时候为城市创造财富，但他们在失业、年老、生病乃至犯罪的时候就往老家跑，城市化的繁荣和财富出现在城市，而城市化的成本却由乡村来承担。我国所有的乡村几乎都在默默承担着城市化的成本，致使乡村形成"386199"的人口年龄结构，并且缺乏创造力和创新能力。这种状态使得乡村振兴投资始终效率很低。只有积极推进市民化，让进入城市的流动人口在城市中扎根，为乡村减负，乡村的土地规模经营、先进技术推广才可能发生作用。正如中国人民大学刘守英教授所说，"让农民工在城市落地生根是实现乡村振兴的前提"，"如果城市化的模式继续还是按照原来回村的城市化模式，我觉得乡村振兴的路是无解的"。因此，市民化作为城镇化的首要任务，牵一发而动全身，是有效推进以人民为中心的中国式现代化的"牛鼻子"。

本书建构了流动人口市民化的总体战略和系统分析框架，提出流动人口市民化的五大支持系统，借鉴日本解决城市化过程中流动人口居住等问题的经验，对广州市、成都市及山东省典型城市和地区市民化经验进行总结，提出超大城市、城市群地区、非城市群地区三种不同类型地区流动人口市民化的差异化方案。本书分别以中国流动人口市民化的战略与路径、不同类型区域的差异化方案以及典型案例为主题，分三册编辑出版。

第一册《中国流动人口市民化研究：总体战略与路径》包括第一章至第九章。本册是本研究成果的总报告的深化和具体化，在解析中国现代化与市民化历史逻辑、梳理我国户籍制度改革以及市民化相关制度与政策演进的基础上，建构了流动人口市民化水平评价指标体系，对我国市民化水平进行总体评价，发现我国市民化水平整体偏低，社会流动水平低于空间流动水平，住房整体水平较低，制约了各方面的市民化进程。大城市市民化水平参差不齐，但是整体水平也偏低，结构性特征共性大于个性。为此，我们提出我国市民化战略目标和路径，提出"到 2035 年要全面实现市民化，为建设中国社会主义现代化强国奠定社会基础"，这需要五大支撑，也即五大战略路径：可持续就业、可支付住房、可融入的社区、可实施的培训和可负担的财政。在接下来的第五章至第九章分别对该 5 个领域的市民化现状、问题和制度障碍开展深入解析，并提出全面推进市民化的政策建议。在第九章中，我们建构市民化的公共成本和公共收益比较的理论分析框架，以广东省广州市和浙江省德清县为例进行测算，广州市"十三五"期间为实现 880 万人的市民化需投入公共成本 580.28 亿元，按照中缴费标准（20%）计算，可以获得的公共收益总计为 743.69 亿元；按照高缴费标准（50%）计算，公共收益总计为 880.96 亿元；德清县"十三五"期间为实现 13.7 万流动人口的市民化需投入公共成本 8.07 亿元，可以获得的公共收益总计为 16.29 亿元。无论是城市层面还是省域层面，市民化的公共收益数倍于公共成本。流动人口市民化对地方的经济发展、财政体系和养老金体系的可持续发展起着关键性支撑作用。

第二册《中国流动人口市民化研究：差异化方案》包括第十章至第十四章。本册在第一册建构市民化总体战略与支撑体系的基础上，首先深入解析市民化权责利的央地关系及政府责任，进而研究超大城市、城市群地区、非城市群地区三种不同类型地区流动人口市民化的差异化方案，并提出市制改革是推进新型城镇化与促进流动人口市民化的重要手段与实现形式。本册提出流动人口市民化需要发挥中央与地方的两个积极性，通过中央与地方的协同和共同承担责任，为流动人口市民化创造良好的制度环境，解除市民化的体制机制障碍，实现人的城镇化。提出超大城市是流动人口市民化的前沿阵地，需要对市民化的体制机制做出全面探索和创新，引领全国市民化高质量发展。城市群地区是人口大国城镇化的主要空间载体，是省内跨县流动人口集聚的主要阵地。同时，需要重视推进非城市群地区的市民化，为全面推进我国县域新型城镇化和市民化工作提供基础支撑。最后从市制演进史视角出发，评述了对中国"县改市"和"镇改市"的实践与争论，提出了"镇改市"的政策建议。

第三册《中国流动人口市民化研究：典型案例》包括第十五章至第二十章。本册运用第一册提出的市民化理论分析框架，在第二册分类型地区（城市）市民化解析的基础上，主要研究流动人口市民化的典型案例以及国际经验，包括省级层面和市级层面流动人口市民化总体状况的案例研究，也包括在市民化过程中社区融入、住房问题等具体问题的案例分析。市民化总体状况案例分析选取了广州市、成都市以及山东省作为案例区域，梳理流动人口市民化的政策措施并总结政策实施效果及存在问题，提出政策建议。在市民化具体问题分析中，以成都市高新区肖家河街道为例，总结其社区治理创新实践，培育社会资本、促进社会融合的经验及内在机制。以日本为例，分析住房规划，通过对日本住房制度和规划管理体系变迁的分析，归纳出对我国从居住需求角度出发改革住房制度的借鉴之处。本册最后一章总结我国城市城中村（棚户区）改造政策与模式，以郑州市王岗村为例分析探讨通过城中村（棚户区）改造增加住宅，有效推进市民化的模式与路径。

关于市民化主角的措辞有流动人口、非户籍常住人口和农业转移人口，这三者既有区别又有联系。根据国家统计局的定义，流动人口是指在人户分离人口中扣除市辖区内人户分离的人口，包括非户籍常住人口和非户籍短期流动人口。非户籍常住人口是指人户分离且在常住地居住半年及以上的人口，包括来自乡—城流动的非户籍常住人口和城—城流动的非户籍常住人口。农业转移人口则仅指乡—城流动的非户籍常住人口。所以，流动人口、非户籍常住人口和农业转移人口是统计口径前者大于后者并包含后者的关系。流动人口也是社会对非户籍人口熟悉并广泛运用的词汇。

始于 2016 年的本研究主要是用"流动人口市民化"的提法，2018 年的国家社会科学基金重大项目转向了更加准确的"非户籍常住人口市民化"的提法，其中的数据也相应有此差别。

另外需要说明的是：虽然本书完成时间较早，但是体系完整，市民化的研究框架思路方法仍然适用，数据也是反映截至 2020 年之前的市民化有关信息，对当前及以后研究具有借鉴价值；本书揭示的市民化难题仍然困扰着各个城市和各级政府；同时，时过五年，也正好是验证我们各项预测是否准确的好时机。我们非常欣慰地发现，大部分预测总体上准确，误差较小。预测 2022 年总人口为 141175 万人，实际总人口为 140332 万人，高估 0.6 个百分点；预测 2022 年城镇化水平为 63.3%，实际为 65.2%，低估 1.9 个百分点；预测 2022 年总就业需求为 74032 万人，实际为 73351 万人，高估 0.92 个百分点。五年预测属于中长期预测，我们的关键数据误差都在 3 个百分点以下。

本书是项目组集体智慧的结晶，在此感谢团队里每个人的精诚合作，以及每个人优秀的研究成果。叶裕民作为项目组负责人，负责整体研究框架、研究内容、主要观点、数据质量和研究方法的安排，统筹各章的观点和表达的逻辑一致性，以及最后修改定稿。杨胜慧作为主要作者，除了执笔章节的贡献外，还花费了大量精力和时间，多次对全书通读并执行对多数章节的修改、编辑与审核。在各章撰写的分工上，叶裕民撰写第一章、第三章，与唐杰、杨胜慧合作撰写第四章，与杨胜慧合作撰写第五章、第十二章，指导博士研究生刘晓兵撰写第二章、第十三章、第十五章，指导博士研究生陈蛟、董晓颐分别撰写第十六章、第十九章；杨胜慧撰写第十一章、第十七章，并参与撰写第四章、第五章、第十二章；唐杰与李雪伟合作撰写第八章，参与撰写第四章；李文钊撰写第十章、第十四章；李东泉撰写第七章、第十八章；李青及学生黎珍羽、王晓丹撰写第九章；施昱年撰写第六章、第二十章。在此感谢全体作者付出的艰辛劳动！

此外，我们还要感谢上海财经大学刘元春校长，中国人民大学董克用教授、严金明教授、秦波教授，中国社会科学院魏后凯研究员、单菁菁研究员在项目立项和研究过程中的指导和帮助！感谢江苏省住房和城乡建设厅、南京市住房保障和房产局、常州市住房和城乡建设局以及德清县有关领导，在我们调研过程中给予的指导和支持！感谢在我们调研过程中上述区域给予大力配合与支持的 2000 余名农民工兄弟姐妹们！感谢知识产权出版社杨易编辑为本书的编辑出版付出了大量的时间和精力！最后希望中国市民化进程真正得以快速地高质量推进，希望流动人口可以真正完全享受城市权利，发展成为我国城市实现中国式现代化的主力军，希望他们在城市生活得越来越美好！

叶裕民

于北京海淀汇景阁

2024 年 8 月 26 日

目　　录

第一章 国家现代化与市民化的历史逻辑

中国的新型城镇化是决定顺利实现国家现代化的关键战略，而实现现代化的两大主旋律就是城镇化和工业化。其中，城镇化包含了两个流动，一是人口的空间流动，人们从农村进入城市；二是人口的社会流动，城乡边缘者阶层进入创建者阶层，进而成为中产阶级阶层。

有了户籍，并不等于完成新型城镇化，我们还需要提升他们的创造力和对社会的认同。所以，户籍制度改革是空间流动的路径，广泛的人力资本积累是社会流动的路径，市民化是空间流动的终点和社会流动的起点。所谓新型城镇化，就是彻底扬弃传统城镇化，真正促进以人为本的两个流动过程。

第一节 现代化的两大主旋律：工业化与城镇化

现代化是近代以来所有国家由落后走向发达的必由之路。现代化就是一个国家由传统的农业社会向现代工业和城市社会转型和发展的过程，工业化与城镇化共同构成现代化的两大主旋律。

一、发展＝现代化＝工业化＋城镇化①

中国是发展中国家，主要的任务是加快发展，走向发达。发展中国家，通常是指那些经济社会发展和人民生活水平相对较低，尚处于从传统农业社会向现代工业社会转变过程中的国家。

一个国家由落后走向发达的过程，同时又是现代化的过程。现代化是指一个国家由传统的农业社会向现代工业和城市社会转化的过程，是指发展中

---

① 工业化和城镇化是普适的经济现代化和社会现代化的过程。

国家追赶发达国家的过程。

发展和现代化可以认为是同义语，其主旋律都是工业化和城镇化。

纵观世界格局，所有发达国家或者完成了现代化进入后现代社会的国家，都是在不同的制度和文化背景下完成了工业化和城镇化过程的国家；所有被称为发展中的国家，都是正在推进工业化和城镇化的国家；所有全世界最为落后的国家，都是还没有启动工业化和城镇化的国家，或者还处于低水平工业化和城镇化阶段的国家。现代化就是把各种不同的制度背景和文化背景的国家，通过工业化和城镇化导向发达、走向后现代的过程。

中国面临的挑战正是工业化和城镇化。我们未来几十年发展的主旋律就是通过新型工业化和新型城镇化，解决中国发展中的不协调和不可持续性问题，到 2050 年完成"三步走"目标，全面实现现代化。

二、工业化与城镇化

工业化和城镇化作为现代化的两大主旋律，有各自的任务、主体、路径和目标（见表 1-1）。

表 1-1 现代化发展的主旋律

主旋律	任务	第一主体	路径	目标
工业化	经济发展	企业家	资本积累与创新 建立以高效率产业为主的现代产业体系	国强
城镇化	社会进步	政府	人口的空间流动与社会流动 建立以中产阶级为主的现代社会结构	民富 城乡一体化

（1）工业化的核心任务是推动经济发展，第一主体是企业家。工业化的过程就是企业家通过市场机制的基础性作用，自由高效组合生产要素，通过资本积累和创新，不断提高产业效率，建立现代产业体系，最终实现国强。

工业化的路径是资本积累。资本积累首先是物质资本的积累，大量地投资基础设施建设，如道路、厂房、住宅等。随着技术水平的提高，工业化过程对人的要求越来越高，人力资本的积累日趋重要，资本积累的重点逐步由物质资本积累转化为人力资本积累。当社会成员普遍能够受到良好的教育，有着良好的生活环境和条件，有能力并且愿意从事高效率产业的时候，广泛地实现创新的时代到来，社会就走向了创新社会。所以，物质资本积累过渡到人力资本积累，再过渡到创新，这是推进工业化和经济发展的整个动力链条。

中国新型工业化动力由投资推动转为创新推动，就是遵循了工业化发展的上述规律。需要特别重视的是：由投资推动转向创新推动的关键环节是大规模高质量的人力资本投资。

人力资本积累的过程必然是产业效率提高的过程。产业效率是指平均每个劳动力创造的财富，它等于一个国家或地区的国内生产总值（GDP）除以就业人数。任何国家、区域和城市的经济发展水平和居民福利水平，都根植于产业效率。如果只用一个指标来衡量经济发展水平，那就是产业效率。

2010 年，中国 GDP 超越日本，被认为是非常荣耀的事情。2010 年，日本 GDP 为 5.39 万亿美元，而中国为 5.93 万亿美元。但是，如果从产业效率的角度去考察，中国 2010 年就业人数是日本的 12 倍（中国年平均就业人数为 75967 万人，日本年平均就业人数为 6403 万人），中国的产业效率为 7806 美元/人，日本的产业效率为 84179 美元/人，日本的产业效率约为中国的 11 倍。从 2010 年中国和日本的 GDP 比较来看，我们可以以此为傲；从 2010 年中国和日本的产业效率比较来看，我们发现的却是问题与不足。

中国和日本产业效率的差距也正是中国的潜力所在。世界看好中国在 21 世纪崛起，原因就在于中国有潜力让越来越多的人公平地参与到更高效率的产业活动之中。当中国的产业效率由 2010 年日本的 1/11，上升到 1/8、1/5、1/2，甚至大于 1 时，中国的崛起势不可当。

因此，21 世纪中国崛起的路径可以归结为让更多的国民有机会参与到更高效率的产业过程中。新型城镇化正是赋予全体国民公平地参与工业化和分享工业化成果的过程。

（2）城镇化的核心任务是促进社会进步，第一主体是政府。城镇化的过程就是政府通过构建公平的社会秩序和发展环境，给所有人提供公平的公共服务和发展的机会，系统地创造条件，使国民最大限度地、低成本地参与到经济发展过程之中，并分享其成果，目标是实现民富，即广大居民走向共同富裕，建立现代社会结构。城乡一体化是城镇化的合理内涵，也是城镇化的终极目标。

城镇化的路径是通过"两个流动"来促进"两个转化"：通过空间流动促进农村人口转化为城市人口，通过社会流动促进边缘群体转化为中间者阶层，进而逐步建立以中产阶级为主体的现代社会结构。

工业化与城镇化之于中国国家现代化，犹如鸟之两翼、车之两轮，共同推进国家实现国强与民富。

比较而言，由于下列两个原因，在中国未来一段时期的现代化进程中，推进新型城镇化的重要性和紧迫性要大于工业化。

第一，就工业化与城镇化的关系而言，在不同的发展阶段，二者的关系相互转化。在工业化中期以前，工业化决定城镇化，在工业化中后期，城镇化的发展质量决定着市场要素质量，进而决定着工业化发展的质量和竞争力。中国正处于工业化中期向后期过渡阶段，城镇化发展的质量对工业化起着决定性的作用。

第二，自1978年改革开放以来，城镇化滞后于工业化发展，特别是城镇化质量远远不能满足工业化发展的需要，成为中国走向现代化的核心障碍。因此，未来时期的城镇化既要解决以前城镇化发展不足的遗留问题，完成已经进入城市的流动人口市民化的任务；又要走新路，适应新型工业化发展的需求，积极稳妥推进新型城镇化进程，推进未来持续进入城市的约3.5亿人口的市民化问题。因此，促进城镇化健康发展成为中国未来时期现代化的关键。

第二节　城镇化与市民化

城镇化是现代化的必由之路，流动人口市民化是新型城镇化的首要任务。但是城镇化过程中却长期忽略市民化，新时代我国城镇化的高质量发展对市民化进程提出了全新的要求，要解决市民化过程中的矛盾与问题，需要厘清城镇化与市民化之间的关系。

一、中国现代化系统性障碍

以"两栖人口"为基本特征的传统城镇化，不仅导致"三农"问题日益严峻，导致城市粗放型经济增长和社会秩序失调，同时也是造成中国内需扩张困难、发展转型步履维艰等重大宏观问题的基本原因。"三农"问题、农民工问题、城镇化问题、工业化问题看似相互独立，各不相同，但实质上它们有着极强的内在因果关系，这些问题持续积累并相互作用，环环相扣，产生恶性循环（见图 1-1），共同构成中国现代化的系统性障碍，导致国民经济发展不平衡、不协调和不可持续。

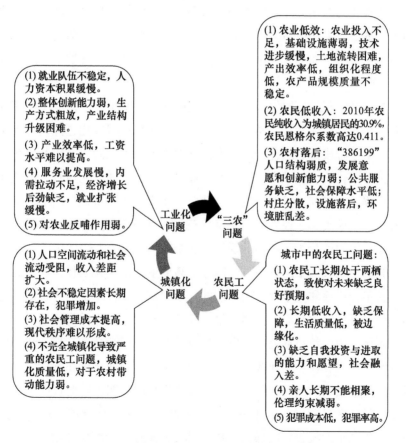

图 1-1 中国传统城镇化模式下工业化、城镇化、"三农"问题和
农民工问题的循环机制

关于中国传统工业化、城镇化和"三农"问题，一方面，应当充分认识到中国正处于工业化发展中期阶段，处于结构快速转型期和矛盾多发期，出现大量问题是正常的，而且所有问题仍然具有高度可引导性和可控制性；另一方面，也应当充分认识到，中国传统工业化、城镇化模式积累的各类问题会影响整个国民经济发展的协调性、可持续性和现代化建设的全局，必须高度重视，及时进行系统全面研究，找寻系统、动态的解决方法。

二、市民化是城镇化的核心问题

建构我国总体以及不同类型区域和城市有效有序推进流动人口市民化的系统解决方案和政策体系，解决我国流动人口日益增长的美好生活需要与城市发展不平衡不充分之间的矛盾，是新时代城镇化高质量发展的基础条件。

"市民化是城镇化的核心问题"已成为学术界的共识，市民化有利于城乡一体化的整体发展。学术界从市民化的视角将城镇化进程划分为两个阶段：第一阶段是非农化，即从农民到农民工；第二阶段是再城镇化，同步推进市民化，即从城市农民工到产业工人和市民的职业与身份的变化及融入过程。该过程通过两个流动实现两个转化，即通过人口的空间流动实现农村人口城镇化，通过社会流动实现城乡边缘者阶层向中产阶级转化，最终建构以中产阶级为主体的现代社会结构，实现城乡一体化。

党的十八大以来，党中央、国务院高度重视市民化工作，在习近平总书记的系列讲话和党中央、国务院的一系列相关文件中，始终将市民化作为推进我国城镇化高质量发展的第一任务。党的十九大报告明确指出：进入新时代，中国特色社会主义发展的总任务是实现社会主义现代化和中华民族伟大复兴，在全面建成小康社会的基础上，分两步走在本世纪中叶建成富强民主文明和谐美丽的社会主义现代化强国；明确新时代我国社会主要矛盾是人民日益增长的美好生活需要和不平衡不充分的发展之间的矛盾。党的二十大报告再次强调：推进以人为核心的新型城镇化，加快农业转移人口市民化。

新时代我国城镇化的高质量发展对市民化进程提出了全新的要求。但是，如何紧扣时代发展趋势，把握社会矛盾变化，认识新时代城镇化高质量发展对市民化的新要求，在建设具有中国特色的社会主义现代化强国大框架下，提出市民化的新目标、新任务、新矛盾和新对策，是新时代对我国市民化研究提出的全新研究课题，也正是本书的出发点和落脚点。

三、市民化是我国传统城镇化长期忽略的问题

从流动人口发展的角度看，改革开放以来的城镇化总体上是乡村劳动力的非农化过程（含城市之间劳动力的迁移），缺乏真正意义"以人为核心"的城镇化。大规模流动人口就业所在地并没有享受到与市民平等的基本公共服务，缺乏发展的通道与空间。进入城市的流动人口仅仅是其职业、收入的变；而作为"自然人"和"社会人"，他们的居住权、平等就业权、子女教育权、社会保障权没有得到同等的保障，大规模来自乡村的流动人口及其家属仍将农村作为归属，数以亿计的流动人口及其家属"两栖"于城市与农村之间，我们的城镇化没有完成"化"的任务，如图1-2所示。

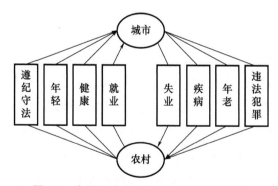

图1-2　中国流动人口的"两栖"生存模式

城镇化与人口流动过程犹如一个庞大的筛子，把青壮年劳动力留在了城市，而把年幼和年长者留在了农村，这在一定程度影响了我国新农村建设。中国城镇化速度快，用短短几十年的时间造就了上海、北京、深圳这样全世界较为发达和亮丽的城市，但是，在这个过程中，大量的流动人口长期处于两栖状态，他们的多重城市权利没有得到很好的满足，不仅造成流动人口自身发展的问题，同时成为中国城市发展问题、工业化问题以及

乡村发展问题得不到解决的根本原因。

进入 21 世纪以来，我国流动人口结构变迁加剧了市民化滞后带来的经济社会问题。根据国家统计局历年的《农民工监测调查报告》和原国家卫生和计划生育委员会流动人口司编写出版的《中国流动人口发展报告（2010—2017）》，我国流动人口结构呈现出明显的两大特点：第一，城—城流动比例增加，2015 年全国城—城流动已经占到 28.0%，随着城镇化水平的提高和市民化进程加快，城—城流动的比例还会持续上升；第二，在乡—城流动的人口中，1980 年以来出生的新生代农民工占全国农民工的比重增加，由 2010 年的 41.4% 提高到 2016 年的 49.7%，新时代流动人口"落不下来又回不去"已经成为时代难题。与此同时，流动人口还呈现出家庭化流动比例增加，平均流动时间延长，平均受教育期限增加，家庭收入水平持续提高，平均消费倾向和边际消费倾向都呈现明显上升趋势。种种特点表明，新时代流动人口进入城市的目标已经由"谋生存"向"谋发展"转型，对城市表现出极大的亲和性和融入倾向。他们可能在城市之间再流动，但是不会再整体去到乡村，市民化是民心所向，是时代文明的呼声，也是城市经济社会均衡发展的必然要求。如果城市治理仍然停留于排斥性管理，城市的一系列经济社会矛盾必然加剧而且无解。只有顺应历史潮流，推进市民化进程，流动人口才能成为我国新型城镇化和现代化发展的新生动力，其人力资本积累才能成为我国创新创造不竭的源泉。

因此，新时代我国新型城镇化的首要任务是促进流动人口市民化，要解决的主要矛盾是流动人口日益增长的美好生活需要与城市发展不平衡不充分之间的矛盾。确立以人民为中心的城市治理理念，加速制度创新，促进流动人口市民化，是我国新型城镇化和现代化发展的必由之路。

第二章 市民化制度演进与新时代挑战

城镇化是人类社会发展的必然趋势，城镇化的发展从根本上受到工业化和制度这两个因素的影响。工业化通过非农产业就业人口的集聚促进城镇化，制度则通过对各种经济社会运行规则的制定和执行来影响城镇化。

城镇化既表现为量的扩张，又表现为质的提升。市民化是提高我国城镇化质量的核心，而影响市民化的主要因素是制度。影响市民化的制度主要包括户籍制度、就业制度、社会保障制度、土地制度和城镇住房制度。新中国成立以来，这些制度的变革对我国市民化进程产生了重要的影响。

第一节 我国市民化制度演进历史

新中国成立以来，我国户籍制度、就业制度、社会保障制度、农村土地制度、城镇土地和住房制度都处于不断的变革之中，这种变革对我国市民化进程产生了重要的影响。

一、我国户籍制度演进历史

在市民化相关制度中，户籍制度的发展演变对市民化发展产生了至关重要的影响。新中国成立以来，我国户籍制度经历了从宽松到不断严格，再到逐渐放宽的过程。户籍制度的演进大致可以分为四个阶段：第一个阶段从1949年到1957年，是自由迁徙阶段；第二个阶段从1958年到1977年，是户籍制度不断强化的阶段；第三个阶段从1978年到2011年，是户籍制度不断放宽的阶段；第四个阶段从2012年至今，是户籍制度不断弱化的阶段。

（一）自由迁徙阶段（1949—1957年）

这一阶段，我国户籍制度只是起到登记和户口管理的作用，没有限制人口流动的职能，公民具有自由迁徙的权利。

1951年，公安部颁布了《城市户口管理暂行条例》，对户口的设立、户口变动（出生、死亡、迁移）登记等事项进行了规定，该条例明确强调了其制定目的是"维护社会治安，保障人民之安全及居住、迁徙自由"。

在国家允许自由迁徙的情况下，随着我国工业化的不断推进，大量的农民迁入城市，城镇化率稳步提升。但是，我国优先发展重工业的战略使得城市吸纳新增就业能力有限，再加上农业基础薄弱、国家在城市建设上的投入不足，大量农民进城给城市就业、交通、居住、食品供应等方面造成巨大压力。鉴于此，1953年，政务院发出《关于劝止农民盲目流入城市的指示》，要求各县、区、乡政府、农会要有计划、有组织地招工，对于即将进入城市寻找工作的农民进行劝止，动员已进入城市但没有找到工作的农民返乡。1955年6月，《国务院关于建立经常户口登记制度的指示》发布，加强了对户口变动的登记工作，建立和健全户口登记制度。为了更好地开展户口登记工作，1955年11月，国务院公布了城乡划分标准，明确了城镇和乡村的界线。1957年，国务院颁布《关于防止农民盲目流入城市的通知》，对城市招工进行了详细规定，同时要求各地通过加强教育防止农民盲目进城。上述政策是国家加强户口管理、引导人口有序流动的举措，公民仍具有迁徙自由。

（二）户籍制度不断强化阶段（1958—1977年）

1958年1月9日，全国人民代表大会常务委员会第九十一次会议通过了《中华人民共和国户口登记条例》，这是我国第一部户籍管理法律。该条例规定，公民应当在经常居住的地方登记为常住人口，同时强调"公民由农村迁往城市，必须持有城市劳动部门的录用证明，学校的录取证明，或者城市户口登记机关的准予迁入的证明，向常住地户口登记机关申请办理迁出手续"。这就意味着户籍制度开始在城乡迁移之间建立起制度壁垒。

《中华人民共和国户口登记条例》颁布之初，由于受到"大跃进"运动的影响，企业的生产任务普遍大幅增加，普遍出现劳动力不足的情况，地方政府只得放宽企业招工限制，大量农民进入城市企业，导致城市人口迅速增加，给城市造成巨大压力；同时也不利于农业生产，最终造成严重的粮食危机。1959年，中共中央接连发出《关于立即停止招收新职工和固定临时工的通知》《关于制止农村劳动力流动的指示》《关于制止农村劳动力盲目外流的紧急通知》，逐步严格限制农村劳动力流入城市，同时动员已进入城市但没有找到工作的农民返乡。1960 年以后，我国城市人口规模开始下降。

1964 年，国务院转批公安部《户口迁移相关规定的基本要点》时提出两个"严加限制"：对从农村迁往城市、集镇的要严加限制；对从集镇迁往城市的要严加限制。1975 年，《中华人民共和国宪法》取消了"公民有迁徙自由"的规定。1977 年，国务院批转《公安部关于处理户口迁移的规定》，强调要严格控制农村人口进入城镇，明确规定全国各地每年从农村迁入市镇的"农转非"人数不得超过当时非农业人口总数的 0.15%。

新中国成立以后，我国开始实施以国防为主要目标的重工业优先发展战略。20 世纪 50 年代中期以前，苏联的大力援助为工业化提供了原始资本积累，工业生产规模不断扩大，城市能够提供越来越多的就业，进而吸引农村人口不断进入城市。20 世纪 50 年代后期，我国与苏联的关系不断恶化，苏联停止了对华援助，由于缺少原始资本积累，我国难以形成自主扩大再生产的能力，城市难以继续提供新增就业岗位。为了完成工业化的原始资本积累，国家只能最大限度地提取农业剩余，这实质是对农村的一种剥夺，这就必须要有一种制度将农民固定在土地上。因此，这一阶段工业化发展出现的危机要求不断强化户籍制度，进而形成城乡二元结构。

（三）户籍制度逐步放宽阶段（1978—2011 年）

1978 年，中共十一届三中全会拉开了我国改革开放的序幕，对内改革和对外开放为我国工业化发展开辟了道路。为适应社会发展，我国逐步放宽户籍政策。

户籍制度的首次调整是为了解决下放干部和技术人才及其家属的"农转非"问题。1980 年 9 月，公安部、粮食部、国家人事局联合颁布了《关于解决部分专业技术干部的农村家属迁往城镇由国家供应粮食问题的规定》，允许一些专业技术干部及其家属不受正常审批比例限制，迁往城镇。

随后，户籍政策向农村人口逐步放宽。从最初的允许农村人口在集镇落户，逐步扩展到小城镇，再扩展到中小城市和大城市。

家庭联产承包责任制的确立极大地调动了农民生产积极性，推动了农业生产效率的提高和农村生产力的发展，农村剩余劳动力不断增加；乡镇企业的发展活跃了乡村经济，提供了大量的新增非农就业。在这种情况下，越来越多的农业人口进入集镇务工、经商。1984年，《国务院关于农民进入集镇落户问题的通知》（国发〔1984〕141号）发布，允许在集镇有固定住所、有经营能力或在乡镇企事业单位长期务工的农民落户集镇，成为自理口粮的非农业人口。1985年，《公安部关于城镇暂住人口管理的暂行规定》颁布，启动了暂住证制度，从法律上认可了农民从农村流向城镇的行为。

1992年，公安部发出《关于实行当地有效城镇居民户口制度的通知》，决定在小城镇、经济特区、经济开发区、高新技术产业开发区实行当地有效城镇户口制度，即"蓝印户口"。这是放开小城镇户籍制度的一项过渡性措施。1997年，国务院批转公安部《小城镇户籍管理制度改革试点方案》，规定在小城镇有合法稳定的非农职业或者有稳定的生活来源，且有合法固定的住所并居住满两年的农村户口人员，可以办理城镇常住户口。

1998年，《国务院批转公安部关于解决当前户口管理工作中几个突出问题意见的通知》（国发〔1998〕24号）规定，在城市投资、兴办实业、购买商品房的公民及随其共同居住的直系亲属，凡在城市有合法固定的住所、合法稳定的职业或者生活来源，已居住一定年限并符合当地政府有关规定的，可准予在该城市落户。落户政策扩展至城市，户籍制度进一步放宽。

2001年，《国务院批转公安部关于推进小城镇户籍管理制度改革意见的通知》（国发〔2001〕6号）进一步放宽落户小城镇的条件限制。其规定，对办理小城镇常住户口的人员，不再实行计划指标管理，凡是在小城镇有合法固定的住所、稳定的职业或生活来源的人员及与其共同居住生活的直系亲属，均可办理城镇常住户口。

2010年1月，中央1号文件《中共中央 国务院关于加大统筹城乡发展力度 进一步夯实农业农村发展基础的若干意见》提出，要深化户籍制度改革，促进符合条件的农业转移人口在城镇落户并享有与当地城镇居民同等的权益。2010年5月，《国务院转发国家发展改革委关于2010年深化经济体制改革重点工作意见的通知》（国发〔2010〕15号）提出在全国范围内实行居住证制度。

2011年，《国务院办公厅关于积极稳妥推进户籍管理制度改革的通知》（国办发〔2011〕9号）发布，进一步降低城市落户门槛，规定在县级市市区、县人民政府驻地镇和其他建制镇有合法稳定职业并有合法稳定住所（含租赁）的人员，本人及其共同居住生活的配偶、未婚子女、父母，可以在当地申请登记常住户口；在设区的市（不含直辖市、副省级市和其他大城市）有合法稳定职业满三年并有合法稳定住所（含租赁）同时按照国家规定参加社会保险达到一定年限的人员，本人及其共同居住生活的配偶、未婚子女、父母，可以在当地申请登记常住户口。

（四）户籍制度弱化阶段（2012年至今）

户籍制度限制了流动人口市民化进程，不利于人力资本的积累和城市产业的转型升级，加快户籍制度改革，推进流动人口市民化势在必行。党的十八大以来，国家不断加大户籍制度改革力度，一方面全面放开建制镇和小城市落户限制，不断降低大中城市落户要求，通过积分入户制度推动特大城市市民化；另一方面通过推进基本公共服务均等化、建立居住证制度、取消农业户口和非农业户口的划分，不断弱化户籍的功能。

2012年，党的十八大报告提出，要"努力实现城镇基本公共服务常住人口全覆盖"，"加快改革户籍制度，有序推进农业转移人口市民化"。

2013年11月，中共十八届三中全会通过《中共中央关于全面深化改革若干重大问题的决定》，提出为农业转移人口市民化提供财政支持。同年12月，中央城镇化工作会议明确市民化是新型城镇化的首要任务。

2014年3月，《国家新型城镇化规划（2014—2020年）》提出，2020年努力实现1亿人口在城镇落户。2014年7月，《国务院关于进一步推进户籍制度改革的意见》（国发〔2014〕25号）出台，全面推进户籍制度改革。首先，进一步降低落户门槛，全面放开建制镇和小城市落户限制；在中等城市（城区人口50万~100万人）合法稳定就业并有合法稳定住所（含租赁），同时按照国家规定参加城镇社会保险达到一定年限的人员，本人及其共同居住生活的配偶、未成年子女、父母等，可以在当地申请登记常住户口；在大城市（城区人口 100 万~500 万人）合法稳定就业达到一定年限并有合法稳定住所（含租赁），同时按照国家规定参加城镇社会保险达到一定年限的人员，本人及其共同居住生活的配偶、未成年子女、父母等，可以在当地申请登记常住户口；特大城市（城区人口 500 万人以上）要建立和完善积分入户制度。其次，取消农业户口与非农业户口性质区分和由此衍生的蓝印户口等户口类型，统一登记为居民户口，体现户籍制度的人口登记管理功能。最后，建立居住证制度，以居住证为载体，建立健全与居住年限等条件相挂钩的基本公共服务提供机制。2014 年 9 月，《国务院关于进一步做好为农民工服务工作的意见》（国发〔2014〕40 号）提出，未落户的也能享受城镇基本公共服务。

2015 年 10 月，十八届五中全会通过《中共中央关于制定国民经济和社会发展第十三个五年规划的建议》，提出财政转移支付与农业转移人口市民化挂钩，城镇建设用地新增指标与农业转移人口落户数挂钩。2015 年 10 月，国务院第 109 次常务会议通过了《居住证暂行条例》，明确规定了居住证持有者享受的基本公共服务和便利。2015 年 12 月，中央城市工作会议强调，推进城镇化要把有序实现市民化作为首要任务，要加强对农业转移人口市民化的战略研究。

2016 年 2 月，《国务院关于深入推进新型城镇化建设的若干意见》（国发〔2016〕8 号）提出，要加快制定实施推动 1 亿流动人口在城市落户方案，强化地方政府主体责任；同时要全面实行居住证制度，努力推进城镇基本公共服务常住人口全覆盖。2016 年 7 月，《国务院关于实施支持农业转移人口市民化若干财政政策的通知》（国发〔2016〕44 号）提出，要落实东部发达地区和大型、特大型城市的主体责任，依靠自有财力为农业转移人口提供与当地户籍人口同等的基本公共服务。2016 年 9 月，《国务院办公厅关于印发推动 1 亿非户籍人口在城市落户方案的通知》（国办发〔2016〕72 号）提出，要调整完善超大城市和特大城市落户政策，重点解决符合条件的普通劳动者落户问题。

二、我国就业制度演进历史

改革开放以前，我国实行城乡分割的就业制度，在城镇通过"统配"

制实行"劳者有其岗"。乡村劳动力被排斥在统配范围之外,无机会进入城镇就业,只能依附于土地谋求生存和发展。改革开放初期,国家仍旧严格限制农村人口进入城镇就业。1981年,《中共中央 国务院关于广开门路,搞活经济,解决城镇就业问题的若干决定》(中发〔1981〕42号)提出,严格控制农村劳动力流入城镇,要求城镇清理来自农村的计划外招工。1981年,《国务院关于严格控制农村劳动力进城做工和农业人口转为非农业人口的通知》(国发〔1981〕181号)规定,除矿山井下等特殊生产行业在招工不足时可以从农村招工外,其他单位不得从农村招工。

随着乡村人口的增加,农村生产效率低下和劳动力富余问题并存,成为中国改革的突破口。农村联产承包责任制大幅提高了农业生产效率,农村剩余劳动力不断增加。1984年10月,《国务院关于农民进入集镇落户问题的通知》(国发〔1984〕141号)发布,要求各级人民政府积极支持有经济能力和有技术专长的农民进入集镇经营工商业。这一历史性的转折意味着我国开始从制度上打破城乡就业壁垒,形成有利于城乡融通的就业制度安排。1984年10月,劳动人事部、城乡建设环境保护部联合颁发《国营建筑企业招用农民合同制工人和使用农村建筑队暂行办法》(劳人计〔1984〕49号),提出国营建筑企业可以招用农民合同制工人,开始突破国营企业只面向城镇招工的壁垒。1984年12月,国务院批准、劳动人事部发布《交通、铁路部门装卸搬运作业实行农民轮换工制度和使用承包工试行办法》,交通铁路系统可逐步实行农民轮换工制度,农民轮换工的身份不变,户粮关系不转,到期进行轮换,期满返回农村。1991年,国务院颁布《全民所有制企业招用农民合同制工人的规定》(国务院令第87号),对全民所有制企业招用农民合同制工人进行规范,明确农民工在企业工作期间,与所在企业其他职工享有同等的权利,但户粮关系不转。

1994年,第八届全国人民代表大会常务委员会第八次会议通过《中华人民共和国劳动法》,规定了"劳动者享有平等就业和选择职业的权利"和"享受社会保险和福利的权利",通过法律的形式明确了农民与城镇居民的平等就业权利。然而,事实上农民难以与城镇居民享有同等的就业权利。这是因为:第一,很多城市对农民就业设置了行业限制,农民被限制在"苦、脏、险"的行业，其他行业不易进入。例如，截至 2000 年，北京市仍有 8 个行业 103 个职业被明文规定限制使用外来务工人员。第二，农民进入城市后难以享受同城镇居民同等的培训政策，使得农民的人力资本难以有效提升，在与城镇居民的竞争中处于弱势地位。

进入 21 世纪，随着我国工业化和城镇化的不断发展，农民工进城务工得到了更多的支持，大量涉及农民工的政策出台，不断保障农民工的基本权利，促进了农民工的市民化。

2003 年 1 月，《国务院办公厅关于做好农民进城务工就业管理和服务工作的通知》（国办发〔2003〕1 号）发布，要求"各地区、各有关部门要取消对企业使用农民工的行政审批，取消对农民进城务工就业的职业工种限制"，这表明国家开始逐步落实农民工平等就业的权利。2003 年 9 月，《国务院办公厅转发农业部等部门 2003—2010 年全国农民工培训规划的通知》（国办发〔2003〕79 号）提出，"2003—2005 年，对拟向非农产业和城镇转移的 1000 万农村劳动力开展转移就业前的引导性培训，对其中的 500 万人开展职业技能培训；对已进入非农产业就业的 5000 万农民工进行岗位培训。2006—2010 年，对拟向非农产业和城镇转移的 5000 万农村劳动力开展引导性培训，并对其中的 3000 万人开展职业技能培训。同时，对已进入非农产业就业的 2 亿多农民工开展岗位培训"。2006 年，《国务院关于解决农民工问题的若干意见》（国发〔2006〕5 号）发布，针对农民工工资偏低，被拖欠现象严重，劳动时间长，安全条件差，缺乏社会保障，职业病和工伤事故多，经济、政治、文化权益得不到有效保障，以及培训就业、子女上学、生活居住等方面存在的诸多困难，提出了针对性的解决措施。

2007 年，第十届全国人民代表大会常务委员会第二十九次会议通过《中华人民共和国就业促进法》，明确规定"国家实行城乡统筹的就业政策，建立健全城乡劳动者平等就业的制度，引导农业富余劳动力有序转移就业"，在法律层面上进一步明确了城乡居民平等就业的权利，提出了引导农村劳动力向城镇有序转移的就业指向。

2008 年，《国务院办公厅关于切实做好当前农民工工作的通知》（国办发〔2008〕130 号）提出，从加强培训、确保工资按时足额发放、做好社会保障和公共服务、保障土地承包权益等方面保障农民工就业权利。
2010 年，国务院办公厅先后发布《国务院办公厅关于进一步做好农民工培训工作的指导意见》（国办发〔2010〕11 号）、《国务院办公厅关于切实解决企业拖欠农民工工资问题的紧急通知》（国办发明电〔2010〕4号），切实保障农民工的就业权利和合法权益。2012 年，《国务院关于批转促进就业规划（2011—2015 年）的通知》（国发〔2012〕6 号）提出"积极稳妥地把有稳定劳动关系并在城镇居住一定年限的农民工及其家属逐步转为城镇居民"。2014 年，《国务院关于进一步做好为农民工服务工作的意见》（国发〔2014〕40 号）提出"努力实现 1 亿左右农业转移人口和其他常住人口在城镇落户，未落户的也能享受城镇基本公共服务，农民工群体逐步融入城镇，为实现农民工市民化目标打下坚实基础"。

三、我国社会保障制度演进历史

社会保障是依据一定的法律和规定，为保证社会成员的基本生活权利而提供的救助和补贴，主要包括社会救助和社会保险。改革开放前，中国的社会保障主要是对非农业人口，实行低工资、全面保障的社会保障策略，其中，国家机关、事业单位干部由国家财政提供保障，企业职工由企业提供保障，其他城镇社会成员则由社会救济进行保障。保障范围十分广泛，涵盖教育、医疗、住房、就业、养老等方方面面。与此同时，广大乡村人口享受的保障范围极其狭窄，主要体现为对"五保户"的社会救济。

改革开放后，我国陆续以法律、法规和政策的形式，建立起基本的社会保障制度。

（一）城镇失业保险制度

1986 年，国务院颁布《国营企业职工待业保险暂行规定》，在国营企业建立了待业保险制度，为我国的失业保险制度奠定了基础。1993 年，国务院颁布《国有企业职工待业保险规定》，进一步完善待业保险制度。1999 年，国务院颁布《失业保险条例》，正式建立针对城镇所有类型企业、单位与职工共同缴费的失业保险制度。

（二）城镇养老保险制度

1991 年，《国务院关于企业职工养老保险制度改革的决定》（国发

〔1991〕33 号）发布，在全民所有制企业建立由国家、企业、个人三方共同负担，基本养老保险、企业补充养老保险和个人储蓄性养老保险相结合的养老保险制度。1995 年，《国务院关于深化企业职工养老保险制度改革的通知》（国发〔1995〕6 号）发布，要求城镇各类企业和个体劳动者在 20 世纪末建立社会统筹与个人账户相结合的养老保险体系。1997 年，《国务院关于建立统一的企业职工基本养老保险制度的决定》（国发〔1997〕26 号）发布，再次强调将养老保险制度扩大到所有企业及其职工。2005 年，《国务院关于完善企业职工基本养老保险制度的决定》（国发〔2005〕38 号）发布，城镇职工养老保险"实现省级统筹，为构建全国统一的劳动力市场和促进人员合理流动创造条件"。2011 年，《国务院关于开展城镇居民社会养老保险试点的指导意见》（国发〔2011〕18 号）发布，将养老保险制度推广到城镇居民，为城镇的非从业居民建立了养老保险制度。保险基金由个人缴费和政府补贴构成，按照多缴多得的原则发放。至此，养老保险制度已经基本覆盖了全体城镇居民。

（三）城镇医疗保险

1998 年，《国务院关于建立城镇职工基本医疗保险制度的决定》（国发〔1998〕44 号）发布，建立针对城镇所有单位、统筹基金和个人账户相结合、单位和职工共同缴纳费用的基本医疗保险制度。城镇职工医疗保险以地级以上行政区为单位进行统筹。2007 年，《国务院关于开展城镇居民基本医疗保险试点的指导意见》（国发〔2007〕20 号）发布，将医疗保险的参保范围扩大至全体城镇居民。城镇居民基本医疗保险实行家庭缴费为主、政府给予补贴的模式。

（四）工伤保险

2003 年，国务院颁布《工伤保险条例》（国务院令第 375 号），要求境内的各类企业、有雇工的个体工商户应当参加工伤保险，为本单位全部职工或者雇工缴纳工伤保险费。2010 年，《国务院关于修改〈工伤保险条例〉的决定》（国务院令第 586 号）发布，将参保范围扩大到"中华人民共和国境内的企业、事业单位、社会团体、民办非企业单位、基金会、律师事务所、会计师事务所等组织的职工和个体工商户的雇工"，根据不同行业情况实行差别费率，同时逐步实行工伤保险基金省级统筹。

（五）城市居民最低生活保障制度

1997 年，《国务院关于在全国建立城市居民最低生活保障制度的通知》（国发〔1997〕29 号）发布，要求在地级以上城市在 1998 年底之前、县级市和县政府所在地的镇在 1999 年底之前建立针对非农业户口居民的最低生活保障制度。1999 年，国务院颁布《城市居民最低生活保障条例》（国务院令第 271 号），从行政法规的层面明确规定，城市人均收入低于最低生活保障标准的非农户口居民都可以获得最低生活保障，最低生活保障标准要维持居民的衣、食、住和未成年人的义务教育费用。

（六）农村社会保障制度

1992 年，民政部出台《县级农村社会养老保险基本方案》（民办发〔1992〕2 号），开始在农村探索开展养老保险。1997 年，《国务院转批卫生部等部门关于发展和完善农村合作医疗若干意见的通知》（国发〔1997〕18 号）提出，要积极稳妥地发展和完善农村合作医疗。

2003 年，《国务院办公厅转发卫生部等部门关于建立新型农村合作医疗制度意见的通知》（国办发〔2003〕3 号）发布，开始在全国探索建立新型农村合作医疗制度。新型农村合作医疗采取以收定支、收支平衡的原则，以县为单位进行统筹，以此帮助农民抵御重大疾病风险。

2007 年，《国务院关于在全国建立农村最低生活保障制度的通知》（国发〔2007〕19 号）发布，要求"在全国范围建立农村最低生活保障制度"，以解决农村贫困人口的温饱问题。这标志着农村建立了普遍性的社会救济制度。该制度实行属地管理，以基本生活所需的吃饭、穿衣、用水、用电等费用为参照，以维持农村居民全年基本生活为标准，向家庭人均纯收入低于该标准的农村居民提供保障。

2009 年，《国务院关于开展新型农村社会养老保险试点的指导意见》（国发〔2009〕32 号）发布，要求建立"个人缴费、集体补助、政府补贴"相结合的新型农村社会养老保险制度。该制度实行属地管理，划分为100 元、200 元、300 元、400 元、500 元 5 个缴费档次，按照多缴多得的原则进行养老金分配。

目前，我国已基本建立覆盖城乡的社会保障制度，社会保障制度逐步向城乡融合的方向发展。2010 年，第十一届全国人民代表大会常务委员

会第十七次会议通过了《中华人民共和国社会保险法》，从法律层面上对
社会保险制度进行了明确的规定。2014 年，《国务院关于建立统一的城乡
居民基本养老保险制度的意见》（国发〔2014〕8 号）规定，非国家机关
和事业单位工作人员及不属于职工基本养老保险制度覆盖范围的城乡居民
参加统一的城乡居民养老保险，统一缴费和补助标准。2016 年，《国务院
关于整合城乡居民基本医疗保险制度的意见》（国发〔2016〕3 号）发布，
整合城镇居民基本医疗保险和新型农村合作医疗两项制度，建立统一的城
乡居民基本医疗保险制度。除职工基本医疗保险应参保人员以外的其他所
有城乡居民统一参加城乡居民基本医疗保险。

针对流动人口的社会保障问题，《国务院关于进一步做好为农民工服
务工作的意见》（国发〔2014〕40 号）明确规定，"依法将与用人单位建
立稳定劳动关系的农民工纳入城镇职工基本养老保险和基本医疗保险，研
究完善灵活就业农民工参加基本养老保险政策，灵活就业农民工可以参加
当地城镇居民基本医疗保险。完善社会保险关系转移接续政策。努力实现
用人单位的农民工全部参加工伤保险，着力解决未参保用人单位的农民工
工伤保险待遇保障问题。推动农民工与城镇职工平等参加失业保险、生育
保险并平等享受待遇"。

四、我国农村土地制度演进历史

新中国成立以后，国家推行土地改革运动，废除封建地主土地所有
制，没收地主土地和房屋分配给农民耕种和居住。1950 年 6 月，中央人民
政府颁布《中华人民共和国土地改革法》。该法案规定，废除地主阶级封
建剥削的土地所有制，实行农民的土地所有制；土地改革完成后，由人民
政府发给土地所有证，并承认一切土地所有者有自由经营、买卖及出租其
土地的权利。1954 年 9 月，第一届全国人民代表大会通过了新中国第一部
宪法。《中华人民共和国宪法》确认了农民土地所有制，规定国家依照法
律保护农民土地所有权和其他生产资料的所有权，保护公民的合法收入、
储蓄、房屋和各种生活资料的所有权。

1956 年 6 月，中共中央发布《高级农业生产合作社示范章程》，开始
将社员的私有生产资料转化为合作社集体所有，确立了农村土地等生产资

料集体所有制。1962 年 9 月，中国共产党八届十中全会正式通过并颁布了《农村人民公社工作条例（修正草案）》，即"人民公社六十条"。草案正式规定，生产队范围内的土地，都归生产队所有。生产队所有的土地，包括社员的自留地、自留山、宅基地等，一律不准出租和买卖。农民的宅基地由私有转变为集体所有，但农民可长期拥有宅基地使用权。1982 年《中华人民共和国宪法》规定，农村和城市郊区的土地，除由法律规定属于国家所有的以外，属于集体所有；宅基地和自留地、自留山，也属集体所有。这就从国家根本大法的层面确立了农村土地集体所有制。1986 年 6 月，全国人民代表大会通过《中华人民共和国土地管理法》，进一步明确农村土地属集体所有，严禁侵占、买卖或者以其他形式非法转让土地。

国家在强化农村土地集体所有制的同时，实行土地所有权与使用权相分离，农民拥有土地的使用权。1982 年 1 月 1 日，中共中央批转《全国农村工作会议纪要》，指出包产到户、包干到户都是社会主义集体经济的生产责任制。此后我国农村逐步推行以家庭承包经营为基础、统分结合的经营制度，不断巩固和完善家庭联产承包责任制。1993 年，《中共中央、国务院关于当前农业和农村经济发展的若干政策措施》（中发〔1993〕11号）提出，原定的耕地承包到期之后，再延长三十年不变。1995 年，《国务院批转农业部关于稳定和完善土地承包关系意见的通知》（国发〔1995〕7号）提出，在承包期内实行"增人不增地，减人不减地"的政策。这些政策保证了家庭联产承包责任制的长期稳定。2002 年，全国人民代表大会通过《中华人民共和国农村土地承包法》，从法律层面上确认了农民的联产承包经营权，明确了耕地的承包期为 30 年。2007 年，全国人民代表大会通过《中华人民共和国物权法》，将土地承包经营权、宅基地使用权划入用益物权范畴。我国农村集体享有土地所有权，农民享有耕地和宅基地的土地使用权的格局基本形成。

农民享有土地使用权，保障了农民生活，极大调动了农民生产积极性，提高了农业生产效率，增加了农民积累，有利于推动农村城镇化。但同时，土地承包经营权和宅基地使用权属于"成员权"，农民进入城镇成为"市民"会丧失这些权利，不利于推动市民化进程。为此，国家一方面采取措施推动农民土地权利在一定范围内合理流转，另一方面不断强调农民进入城镇后可保留土地权利。国发〔1995〕7号就明确提出要建立以转包、转让、互换和入股为主体的土地承包经营权的流转机制。《中华人民共和国农村土地承包法》明确规定承包方全家迁入设区的市并转为非农业户口的情况下，发包方才能在承包期内收回承包地，这就意味着进城务工和迁入小城镇的农民仍旧可以在承包期内享有土地承包经营权。2004年的《国务院办公厅关于妥善解决当前农村土地承包纠纷的紧急通知》（国办发明电〔2004〕21号）和2006年的《国务院关于解决农民工问题的若干意见》（国发〔2006〕5号）都要求纠正违法收回农民工承包地的行为，保障农民工的土地承包权益。2009年，《国务院批转发展改革委关于2009年深化经济体制改革工作意见的通知》（国发〔2009〕26号）发布，要求开展农村土地承包经营权登记试点，建立健全土地承包经营权流转市场。

2013年，《中共中央关于全面深化改革若干重大问题的决定》明确提出，稳定农村土地承包关系并保持长久不变，在坚持和完善最严格的耕地保护制度前提下，赋予农民对承包地占有、使用、收益、流转及承包经营权抵押、担保权能，允许农民以承包经营权入股发展农业产业化经营；慎重稳妥推进农民住房财产权抵押、担保、转让。2014年，《国务院关于进一步推进户籍制度改革的意见》（国发〔2014〕25号）提出，建立农村产权流转交易市场，推动农村产权流转交易公开、公正、规范运行。同时强调，不得以退出土地承包经营权、宅基地使用权、集体收益分配权作为农民进城落户的条件。2014年颁发的《国务院关于进一步做好为农民工服务工作的意见》（国发〔2014〕40号）也强调，不得以退出土地承包经营权、宅基地使用权、集体经济收益分配权作为农民进城落户的条件。

五、我国城市土地和住房制度演进历史

新中国成立以后，经过社会主义改造，我国城市土地实行全民所有制，不存在土地市场，城市住房实行针对城镇职工的低租金福利性政策。

1982 年《中华人民共和国宪法》明确规定，任何组织或者个人不得侵占、买卖、出租或者以其他形式非法转让土地。然而，随着市场经济的发展和城镇化的不断推进，传统的土地和住房制度已难以适应社会经济发展需要，中国房地产市场开始逐步形成。1984 年的政府工作报告提出，"城市住宅建设要进一步推进商品化试点，开展房地产业务，允许按照土地在城市所处的位置、使用价值征收使用费税"。1987 年，深圳经济特区率先实行土地使用权有偿转让制度，标志着中国现代意义上的城镇房地产业正式启动。1988 年《中华人民共和国宪法》增加了"土地的使用权可以依照法律的规定转让"的规定。1988 年的《中华人民共和国土地管理法》也明确规定，"国有土地和集体所有的土地的使用权可以依法转让"，"国家依法实行国有土地有偿使用制度"。1990 年，国务院发布《中华人民共和国城镇国有土地使用权出让和转让暂行条例》，这是中国第一个关于城镇国有土地使用权出让和转让的专门法规。1994 年，全国人民代表大会通过《中华人民共和国城市房地产管理法》，从法律层面对城市房地产开发用地土地使用权出让，以及城市房地产的开发、交易和权属登记进行了详细的规定。中国城镇房地产业的发展不断走向规范化。

为推动房地产业的发展，国家开始推进住房制度改革。1988 年，《国务院关于印发在全国城镇分期分批推行住房制度改革实施方案的通知》（国发〔1988〕11 号）提出，通过提高公有住房租金和出售公有住房等手段提高住房的市场化水平，逐步实现住房商品化。1991 年，《国务院办公厅转发国务院住房制度改革领导小组关于全国推进城镇住房制度改革意见的通知》（国办发〔1991〕73 号）提出，"坚持租、售、建并举的原则，形成一个提高租金、促进售房、回收资金、推动建房的良性循环"。1998 年，印发了《国务院关于进一步深化城镇住房制度改革加快住房建设的通知》（国发〔1998〕23 号）明确规定，停止住房实物分配，实行住房商品化。

在推行住房商品化改革的同时，国家也不断完善住房保障制度。1994 年，《国务院关于深化城镇住房制度改革的决定》（国发〔1994〕43 号）发布，要求在以高收入家庭为对象的商品房供应体系之外建立具有社会保障性质的经济适用房供应体系，以解决中低收入家庭的住房问题；同时要求建立住房公积金制度。国发〔1998〕23 号文也提出建立最低收入家庭租赁廉租房，中低收入家庭购买经济适用房，高收入家庭购买、租赁商品房的住房结构。

保障性住房主要包括经济适用房、廉租房和公共租赁住房。1994 年，建设部等部门联合出台《城镇经济适用住房建设管理办法》（建房〔1994〕761 号），提出以中低收入家庭住房困难户为供应对象，建设经济适用房，不断提高城镇职工、居民的住房水平，并对经济适用房的资金来源、建设和出售进行了规定。建设部等部门于 2004 年出台《经济适用住房管理办法》（建住房〔2004〕77 号），后于 2007 年出台新的《经济适用住房管理办法》（建住房〔2007〕258 号），对经济适用房的建设、准入和退出机制等进行完善，不断规范经济适用房的建设和运行。1999 年，建设部令第 70 号公布了《城镇廉租住房管理办法》，向具有城镇常住居民户口的最低收入家庭提供廉租房，并明确了廉租房的来源及供给要求。2003 年，建设部、财政部、民政部、国土资源部、国家税务总局令第 120 号公布了《城镇最低收入家庭廉租住房管理办法》。2007 年，建设部、国家发展和改革委员会、监察部、民政部、财政部、国土资源部、中国人民银行、国家税务总局、国家统计局令第 162 号公布了《廉租住房保障办法》，廉租房制度不断完善和规范。

经济适用房和廉租房的供给对象主要是城镇居民，流动人口被排斥在城镇保障性住房供给对象之外。2010 年，住房和城乡建设部等部门出台《关于加快发展公共租赁住房的指导意见》（建保〔2010〕87 号），明确提出"公共租赁住房供应对象主要是城市中等偏下收入住房困难家庭。有条件的地区，可以将新就业职工和有稳定职业并在城市居住一定年限的外来务工人员纳入供应范围"。2013 年，《中共中央关于全面深化改革若干重大问题的决定》提出，把进城落户农民完全纳入城镇住房和社会保障体系。2014 年，《国务院关于进一步做好为农民工服务工作的意见》（国发〔2014〕40 号）进一步强调"完善住房保障制度，将符合条件的农民工纳入住房保障实施范围"。

第二节　新时代我国市民化制度的挑战

新中国成立以来，我国市民化制度处于不断变革之中，不同制度之间的变革和发展存在不平衡，导致了市民化问题。具体而言，随着工业化的快速发展，我国就业制度变革相对较快，与之相配套的户籍制度、社会保障制度和住房制度的变革没有跟上，农村土地产权没有完全明晰；在就业制度中，针对流动人口的培训明显不足。这一系列的制度缺陷导致进入城市的流动人口不能市民化、不敢市民化，不利于人口的空间流动和社会流动，对推进我国社会主义现代化构成巨大挑战。

一、我国特大城市户籍制度改革推进缓慢

特大城市是流动人口尤其是跨省流动人口的主要集中地，是推进我国市民化的关键阵地。我国特大城市针对流动人口实行积分入户制度，这难以有效推进市民化。这是因为：

第一，对积分落户的条件要求都比较高。以北上广深为例，从 2015 年左右的相关政策规定看，这些城市都要求缴纳相当年限的社会保险，最短为 4 年；对积分落户的年龄也有要求，如广州市要求年龄不超过 45 周岁，深圳市要求男性在 55 周岁以下、女性在 50 周岁以下，北京市要求不超过法定退休年龄（见表 2-1）。在积分内容和分值设置上，大多数城市都偏重教育背景、技术职称和纳税等（见表 2-2 ～ 表 2-5），大多数流动人口在积分过程中不具备竞争优势。

第二，落户指标数量有限，难以满足人口市民化的需求。上海市从 2011 年到 2015 年通过持有上海市居住证申办上海市常住户口的人员共 2.6 万人，年均 5000 多个落户指标。2017 年，广州市积分落户指标是 6000 个，深圳市是 1 万个。北京市从 2018 年才开始启动积分落户申报工作，并且是先申请，后划线，落户指标具有极大的不确定性。2016 年，北上广深分别有外来常住人口 807.5 万人、969.7 万人、533.9 万人、806.3 万人，这些城市实现市民化任重道远。

表 2-1 北上广深积分入户政策比较

城市	基础条件	积分指标
北京	持有本市居住证；不超过法定退休年龄；在京连续缴纳社会保险 7 年及以上；无刑事犯罪记录	9 项：合法稳定就业、合法稳定住所以及教育背景、职住区域、创新创业、纳税、年龄、荣誉表彰、守法记录
上海	持有上海市居住证满 7 年；持证期间按照规定参加本市城镇社会保险满 7 年；持证期间依法在本市缴纳所得税；在本市被评聘为中级及以上专业技术职务或者具有技师（国家二级以上职业资格证书）以上职业资格，且专业、工种与所聘岗位相对应；无违反国家及本市计划生育政策规定行为、治安管理处罚以上违法犯罪记录及其他方面的不良行为记录	积分与享受公共服务挂钩，不与落户挂钩
广州	年龄不超过 45 周岁，在本市有合法稳定住所，持本市有效广东省居住证，在本市合法稳定就业或创业并缴纳社会保险满 4 年，符合计划生育政策，无违法犯罪记录	7 项：文化程度、技术能力、急需工种或职业资格、社会服务、纳税、创新创业及职住区域
深圳	年龄男性在 55 周岁以下，女性在 50 周岁以下；持有有效的深圳经济特区居住证；拥有深圳市合法产权住房（或在深圳市租赁住房）并依法按时参加深圳市社会养老保险年限均已满 5 年；未参加过国家禁止的组织及活动；申请积分入户人员违反计划生育规定应当依法缴纳社会抚养费的，社会抚养费已缴纳完毕	3 项：稳定居住、稳定就业、诚信守法

表 2-2 北京市积分制入户指标及分值

序号	指标	指标内容及分值	说明
1	合法稳定就业	申请人与在京用人单位签订正式劳动合同并连续工作满 1 年及以上，或在京投资办企业并连续经营满 1 年及以上，或在京注册登记为个体工商户并连续经营满 1 年及以上。每连续缴纳社会保险满 1 年积 3 分	以连续缴纳社会保险年限作为合法稳定就业年限的计分标准

续表

序号	指标	指标内容及分值	说明
2	合法稳定住所	申请人拥有取得本市房屋所有权证的自有住所；或签订正式房屋租赁合同，合法租赁符合登记备案、依法纳税等有关规定的住所；或居住在用人单位提供的具有合法产权的宿舍。在自有产权住所每连续居住满1年积1分，在合法租赁住所和单位宿舍每连续居住满1年积0.5分	申请人需连续居住满1年及以上；当连续居住年限多于缴纳社会保险年限，以连续缴纳社会保险年限作为连续居住年限
3	教育背景	大学专科（含高职）10.5分，大学本科学历并取得学士学位15分，研究生学历并取得硕士学位26分，研究生学历并取得博士学位37分	取得学历（学位）期间连续缴纳社会保险年限及连续居住年限的积分与学历（学位）积分不累计
4	职住区域	申请人居住地由城六区（东城区、西城区、朝阳区、海淀区、丰台区、石景山区）转移到本市其他行政区域的，每满1年加2分，最高加6分。申请人就业地和居住地均由城六区转移到本市其他行政区域的，每满1年加4分，最高加12分	
5	创新创业	申请人在科技、文化领域以及创新创业大赛获得国家级奖项的最高加12分，获本市市级奖项的最高加6分	只计最高分，不累计加分
		申请人在国家高新技术企业担任高级管理人员、核心技术人员，且在持股比例、工资收入等方面符合一定条件的，工作每满1年加2分，最高加6分	
		申请人在经认定的科技企业孵化器及众创空间中符合一定条件的创业企业投资或就业，且在投资金额、持股比例、工资收入等方面符合一定条件的，投资或就业每满1年加2分，最高加6分	
		申请人在经认定的科技企业孵化器及众创空间、技术转移服务机构、专业科技服务机构投资或就业，且在投资金额、持股比例、工资收入等方面符合一定条件的，投资或就业每满1年加1分，最高加3分	

续表

序号	指标	指标内容及分值	说明
6	纳税	申请人近3年连续纳税，且满足以下条件之一的，加6分：工资、薪金以及劳务报酬的个人所得税纳税额平均每年在10万元及以上；依法登记注册个人独资企业的投资人、有限责任公司的自然人股东、合伙企业的出资人，根据企业已缴纳的税金，以其出资比例计算纳税额，平均每年纳税20万元及以上	加分不累计
		自本办法施行之日起，有涉税违法行为记录的个人、企业法人和个体工商户经营者，申请积分落户的，每条记录减12分	
7	年龄	申请人年龄不超过45周岁的，加20分	
8	荣誉表彰	申请人获得以下荣誉表彰之一的，加20分：被评选为省部级以上劳动模范，全国道德模范或首都道德模范，全国见义勇为英雄模范或首都见义勇为好市民	国家相关表彰另有规定的，从其规定；积分不累计
9	守法记录	自本办法施行之日起，申请人在本市因违反有关法律被公安机关处以行政拘留处罚的，每条行政拘留记录减30分	

表2-3 上海市居住证积分指标及分值

基础指标	年龄	持证人年龄在56~60周岁，积5分；年龄每减少1岁，积分增加2分，最高30分
	教育背景	持证人取得大专（高职）学历，积50分
		持证人取得大学本科学历，积60分
		持证人取得大学本科学历和学士学位，积90分
		持证人取得硕士研究生学历学位，积100分
		持证人取得博士研究生学历学位，积110分
	专业技术职称和技能等级	持证人取得技能类国家职业资格五级，积15分
		持证人取得技能类国家职业资格四级，积30分
		持证人取得技能类国家职业资格三级，积60分

续表

基础指标	专业技术职称和技能等级	持证人取得技能类国家职业资格二级、中级专业技术职务任职资格或相当于中级专业技术职务任职资格的专业技术类职业资格，积100分
		持证人取得技能类国家职业资格一级或高级专业技术职务任职资格，积140分
加分指标	创业人才	符合一定条件，积120分
	创新创业中介服务人才	符合一定条件，积120分
	紧缺急需专业	持证人所学专业属于本市紧缺急需专业目录且工作岗位与所学专业一致的，积30分
	投资纳税或带动本地就业	持证人在本市投资创办的企业，按照个人的投资份额计算，最近连续3年平均每年纳税额在10万元人民币及以上或平均每年聘用本市户籍人员在10人及以上，每纳税10万元人民币或每聘用本市户籍人员10人积10分，最高100分
	持证人在本市工作缴纳职工社会保险费基数	持证人最近连续3年在本市缴纳职工社会保险费基数等于以及高于本市上年度职工社会平均工资80%低于1倍的，积25分
		持证人最近连续3年在本市缴纳职工社会保险费基数等于以及高于本市上年度职工社会平均工资1倍低于2倍的，积50分
		持证人最近连续3年在本市缴纳职工社会保险费基数等于以及高于本市上年度职工社会平均工资2倍的，积100分
		持证人因未正常缴纳本市职工社会保险费而补缴的、职工社会保险缴费基数与个人所得税缴费基数不能合理对应的、职工社会保险缴费单位与签订劳动（聘用）合同单位不一致的，不作为本项的积分依据
	特定的公共服务领域	持证人在本市特定的公共服务领域就业，每满1年积4分，满5年后开始计入总积分
	远郊重点区域	持证人在本市重点发展的远郊区域工作并居住，每满1年积2分，满5年后开始计入总积分，最高分值20分
	全日制应届毕业生	持证人为全日制应届高校大学毕业生，积10分
	证人在本市工作期间获得的表彰奖励	持证人获得本市部、委、办、局等市级机关专项性表彰奖励，积30分
		持证人获得本市部、委、办、局等市级机关综合性表彰奖励，积60分
		持证人获得省部级及以上政府表彰奖励，积110分

续表

加分 指标	配偶为本市 户籍人员	持证人配偶为本市户籍人员，结婚每满 1 年积 4 分，最高分值 40 分
减分指 标及分 值	申请积分时 提供虚假材料	持证人 3 年内有提供身份、学历、就业、职称职业资格、婚姻、表 彰奖励等方面虚假材料的，每次扣减 150 分
	行政拘留记录	持证人 5 年内有行政拘留记录的，每条扣减 50 分
	一般刑事犯罪 记录	持证人 5 年内有一般刑事犯罪记录的，每条扣减 150 分
	一票否决指标	持证人有违反国家及本市计划生育政策规定行为记录或严重刑事犯 罪记录的，取消申请积分资格

表 2-4　广州市积分制入户指标及分值

序号	指标	指标内容及分值	说明
1	文化程度	本科及以上（60 分）；大专或高职（40 分）；中技、中职或高中（20 分）	只取最高分，不累计加分， 高中以下学历不计分
2	技术能力	中级职称、技师（50 分）；高级工、事业 单位工勤技术工岗位三级（30 分）；中级 工、事业单位工勤技术工岗位四级（10 分）；现正从事与上述专业技术资格证书、 职业资格证书相对应职业工种工作（10 分）	专业技术资格证书、职业 资格证书只取最高分，不累 计加分
3	急需工种 或职业资格	专业技术类职业资格或职业工种符合广州 市积分急需工种或职业资格目录（20 分）	以当年广州市积分急需工 种或职业资格目录为准
4	社会服务	近 5 年内，参加献血（每次积 2 分）或志 愿者（义工）服务（每满 50 小时积 2 分）。 以上各项 1 年内积分不超过 2 分，单项累计 最高不超过 10 分	
5	纳税	申请当年的上三个纳税年度，在广州市依 法缴纳个人所得税净入库税额累计达到 10 万元或以上（20 分）	一个纳税年度指当年的 1 月 1 日至 12 月 31 日

续表

序号	指标	指标内容及分值	说明
6	创新创业	在广州市高新技术企业、新型研发机构等单位从事专业技术工作的申请人,工作每满1年积2分,最高不超过10分	以每年广州市统一印发的"高新技术企业""新型研发机构"目录为准
7	职住区域	①自本办法施行之年度起,申请人居住地由越秀区、海珠区、荔湾区、天河区转移到广州市其他行政区域的,每满一年积4分,最高不超过20分;②申请人或申请人夫妇共同在从化区、增城区拥有自有产权住房的,积10分	

表 2-5　深圳市积分制入户指标及分值

指标类别	指标项目	指标要求	分值	说明
稳定居住	自有住房	拥有深圳市合法产权住房时间	每满1个月积1分	深圳市合法产权住房指经深圳市登记确认的住宅类房产,包括商品住房和非商品住房。属申请人或其配偶为房产权利人且其权利份额不低于50%,或者申请人及其配偶同为同一房产权利人且其共同拥有的权利份额不低于50%两类情形之一的,可视为拥有。申请人申请入户时应至少拥有一套深圳市合法产权住房,且仅可选择一套现在或曾经拥有的、时间最长的深圳市合法产权住房进行积分
	租赁住房	在深圳市租赁住房时间	每满1个月积0.2分	在深圳市租赁住房时间以市人口和房屋综合管理办公室审核认定的住房租赁登记时间为准
稳定就业	养老保险	缴交深圳市社会养老保险时间	每满1个月积1.5分	申请人申请入户时须仍在缴交深圳市社会养老保险。申请人缴交深圳市社会养老保险有中断的,其分值应在删除中断时间后再予累计计算,申请人补缴形成的参保时间不予计算

续表

指标类别	指标项目	指标要求	分值	说明
诚信守法	个人信用	申请时有不良信用记录且还款逾期时长未满90天	每存在一笔不良信用记录减15分	个人征信以深圳市个人信用征信系统核查到的个人信用结果为准。申请人历史上存在的不良诚信记录不纳入减分。存在多类减分情况的，累计减分
		申请时有不良信用记录且还款逾期时长满90天	每存在一笔不良信用记录减30分	
		申请时被法院列为失信被执行人	减100分	
	违法犯罪	有刑事犯罪记录	减200分	由市公安局审核认定
		有被强制戒毒或因吸毒被执行行政强制措施、行政处罚记录	减150分	

二、流动人口培训不足

目前，我国城市地区在就业培训政策上还存在不足，具体体现在：第一，尽管近些年来中央和地方政府不断加大对流动人口的培训力度，但城市政府对流动人口的就业培训扶持与本地人口还存在较大差异。第二，对流动人口的培训缺乏稳定和长效的机制。我们的培训多以运动式为主，例如地方政府多以开展阳光工程、农村劳动力转移培训计划、星火科技培训、雨露计划等培训活动为主。

2013年，中国有26894万农民工，他们是城市新增就业的主体。接受培训的有8794万人，没有接受任何培训的达到18100万人。市民化及职业教育和培训滞后，造成结构性失业，大量流动人口人力资本难以得到有效积累，无法胜任技术要求高的行业，收入难以提升，难以实现市民化，缺乏上升为城市中产阶级的通道。2012—2013年接受过技能培训的农民工比重如表2-6所示。

表 2-6　2012—2013 年接受过技能培训的农民工比重　　　　单位:%

指标	接受农业技能培训		接受非农职业技能培训		接受技能培训	
	2012 年	2013 年	2012 年	2013 年	2012 年	2013 年
合计	10.7	9.3	25.6	29.9	30.8	32.7
20 岁及以下	4.0	5.0	22.3	29.9	24.0	31.0
21~30 岁	6.2	5.5	31.6	34.6	34.0	35.9
31~40 岁	11.0	9.1	26.7	31.8	32.0	34.1
41~50 岁	14.9	12.7	23.1	27.8	30.5	32.1
50 岁以上	14.5	12.4	16.9	21.2	25.5	25.9

资料来源:《2012 年全国农民工监测调查报告》《2013 年全国农民工监测调查报告》。

三、社会保障异地转移接续困难

目前,我国尚未实现在全国范围内统筹社会保险,异地投保报销困难是流动人口社会保障面临的主要问题,这使得很多流动人口在就业时与用人单位达成协议"不缴纳保险、换为略高水平的现金收入"。然而,这一方面使得流动人口的很多权益得不到保障,另一方面也不利于社会保险体系的完善,不利于社会健康发展。同时,异地就医报销困难给他们的就诊带来很大的不便,不利于推进流动人口市民化。

四、农村土地产权不明晰

尽管我国政策强调,不得以退出土地承包经营权、宅基地使用权、集体经济收益分配权作为农民进城落户的条件。然而,由于土地承包经营权和宅基地使用权具有明显的"成员权"特性,相关法律在土地产权规定上不明晰,使得很多流动人口担心市民化后脱离集体而丧失土地权利。农村土地产权不明晰主要体现在:

第一,《中华人民共和国农村土地承包法》明确了耕地的承包期为 30 年,并规定"国家依法保护农村土地承包关系的长期稳定",但并没有明确"土地承包关系的长期稳定"的具体法律概念,进城农民担心 30 年承包期过后,他们因丧失农村户口而失去土地承包经营权。

第二，在宅基地使用权流转上，目前法律和政策规定不明确，导致大量进城务工的流动人口因宅基地使用权无法流转而对进城落户有后顾之忧。

五、流动人口健康住房需求难以得到有效满足

根据我国相关规章和政策，经济适用房和廉租房的供给对象不包括流动人口。满足一定条件的流动人口可以享受公共租赁住房政策，但是政府主导的保障模式面临着土地瓶颈、资金不足、企业参与度不够等方面的现实问题，具有不可持续性，难以满足大多数流动人口对健康可支付住房的需求，也不利于推进流动人口市民化。

第三章　市民化总体战略与实施路径

新时代推进市民化，应将"以人为核心"作为立足点，尊重和彰显人的自然属性、经济属性和社会属性，促进流动人口"住下来""强起来""融进来"，逐步进入规范的城市社会秩序，形成与城市秩序相适应的精神价值和生活方式，形成健康和完整的社会性集体人格，流动人口与户籍人口之间的经济社会关系通过以平等为基础的整合与重构形成一个有机整体，互相包容，在社会行为方式上形成广泛共识，自由、平等、公正、法治，形成团结友爱的新型社会结构。

第一节　总体战略

市民化的总体研究思路可以概括为：始终抓住"1"个核心矛盾，通过尊重和承认流动人口的"3"重属性，依靠户籍制度改革和基本公共服务均等化"2"个基本路径，解决流动人口市民化的"5"个难点。

一、市民化的核心矛盾

市民化的核心矛盾是新时代流动人口日益增长的美好生活需要与城市发展不平衡不充分之间的矛盾。《2015 年全国 1% 人口抽样调查主要数据公报》显示，2015 年，我国有跨市县区迁移人口 24597 万人，比 2010 年增加了 3108 万人。伴随着城镇化水平的提高，还会有更大规模的乡村人口进入城市，也会有更大规模的城—城迁移。本书将全面贯彻落实习近平总书记有关新型城镇化和流动人口市民化的系列重要讲话精神，始终以人民为中心，以流动人口市民化为主线，把"促进基本服务城镇常住人口全覆盖"作为基本目标，通过户籍制度改革、基本服务均等化等多元化路径，创造条件，促使他们可以有序有效地"住下来""强起来"和"融进来"，更好地满足流动人口日益增长的美好生活需要，培养流动人口健康积极的集体人格，促进流动人口身心全面发展。以流动人口市民化推进城市人口结构的整体优化，以人力资本积累促进创新和技术进步，以城中村系统更新为手段促进城市空间结构优化，为包括流动人口在内的全体城镇居民营造美好的人居环境，逐步纠正和淡化"城市折叠"，促进城市高质量发展。

我国市民化问题的产生是城镇化过程中流动人口的相应权利没有得到充分保障，人的自然属性、社会属性没能和经济属性同步发展，导致流动人口对未来的发展缺乏信心。市民化的起点是对流动人口完整人格的尊重，人的发展终极表现为人格的逐步健全。因此，流动人口市民化必须始终秉承"以人为核心"的根本理念，满足人性的基本需要，保护流动人口在城市发展的基本权利，包括居住权、就业权、享受基本公共服务的权利、社会交往的权利、参与社区治理的权利等，促进流动人口"住下来""强起来""融进来"。

二、市民化存在的五大难题

第一，可持续就业难题。一方面，由于流动人口长期处于两栖状态，缺乏必要的学习和培训，人的能力普遍没有得到应有的增强，面对城市广泛的技术进步和产业结构升级，流动人口的就业能力受到严峻挑战；另一方面，由于同样的原因，城市高端产业由于高技术人才极度匮乏，人力资本短缺而得不到充分发展。如何建立基于广泛学习和培训促进流动人口自身发展能力"强起来"的发展机制，是市民化的难题之一。

第二，可支付住房难题。住房是我国提高户籍人口城镇化率的最大难点。住房完全市场化支付能力不足，依靠公共住房建设规划，不仅总量供不应求，也存在严重的区位结构、面积结构以及公共服务不足等问题。在大部分特大城市，城中村居住流动人口的比重为 45%～75%。有研究显示，北京市"城中村"中人均使用面积在 $5m^2$ 以下的住户占到 40%，90%以上的住房缺乏独立厕所和厨房。城乡接合部由于流动人口的高度聚集而成为城市治理的难点地区。近年来，我国各地城市加大"依法治市"力度，大规模拆除城乡接合部的违法建设，但难以在短期内增加有效供给，如何以市场力量为主、政府提供公共住房为辅解决流动人口的住房问题，成为流动人口市民化的一大难题。

第三，可融入的社区难题。社区是流动人口市民化和现代社会治理的主要空间依托。提高户籍人口城镇化率，客观要求促进社区内共同居住的本地人口与流动人口有序融合，需要通过建构基层民主治理机制来完成。这包括原来本地居民社区的经济管理市场化、社区事务治理民主化、服务管理社会化。如何依托社区空间载体，通过促进公共服务均等化和多元化场景的营造，促进流动人口的社会交往、社区融合和社会融入的问题，是流动人口市民化的第三大难题。

第四，可实施的培训难题。我国产业发展正处于向先进制造业转型升级的关键时期，产业转型升级需要高素质的就业人员与之相适应。然而，由于职业教育和培训滞后，我国产业工人没有得到有效的职业培训，难以适应先进制造业的生产要求，从而造成结构性失业。流动人口的职业教育和培训问题更为严重，流动人口是城市新增就业的主体，但是，他们中超过2/3没有接受过任何培训，无法满足产业结构升级对员工素质与技能提升的需要。与发达国家相比，我国就业人员接受培训的比率存在巨大的差距。如何通过全覆盖多层级的培训，提升流动人口的技能与素质，使之与产业转型升级相匹配，是流动人口市民化的第四大难题。

第五，可负担的财政支撑难题。市民化是流动人口逐步进入城市、融入城市的过程，这一过程必定是政府、市场和社会合作共治共享的结果。在打通了提高户籍人口城镇化率的就业、住房、社区治理、培训等路径以后，需要对流动人口市民化的成本效应做系统核算，分析市民化的公共成本和公共收益，与市民化公共成本相匹配的财政支撑是流动人口市民化的关键保障。作者通过对调研的几个地方进行测算发现，市民化的公共效益远高于成本，而且市民化的经济社会边际效益双递增。但是，如何让政府拿出一部分财政经费用于市民化，通过公共服务均等化及公共资源分配制度改革促进流动人口更好地融入城市，作为构建流动人口全覆盖公共服务的保障，是流动人口市民化的第五个难题。

上述五大难题在性质上有着很大的差异，但却是息息相关的。前三大难题是流动人口微观层面的难题，是流动人口在市民化过程中需要解决的就业、居住和社会融入等具体问题；后两大难题是宏观层面的难题，是需要从全国视角、从区域间关系视角，以及从中央和地方关系来统筹研究解决的市民化难题。

第二节　市民化面临的困境

党中央、国务院高瞻远瞩，清晰判断流动人口市民化问题的历史要求，并将其纳入国家现代化发展的战略框架。2012 年，党的十八大第一次明确提出"加快改革户籍制度，有序推进农业转移人口市民化"，"努力实现城镇基本公共服务常住人口全覆盖"；2013 年，习近平总书记在中央城镇化工作会议上明确提出"城镇化是现代化的必由之路"，新型城镇化的首要任务是"促进农业转移人口市民化"。2012 年以来，围绕着新型城镇化高质量发展和流动人口市民化问题，习近平总书记做出了系列讲话，党中央、国务院密集出台一系列的市民化政策，有效地推进了我国市民化制度的完善和市民化进程。但是，通过广泛调研发现，市民化是我国长期积累的历史性难题，而且地方落实严重滞后，市民化面临严峻挑战。

一、制度设计与落实的问题

第一，一些领域的政策设计自上而下，不能满足地方市民化发展的需要，这类问题在培训政策、社会保障、住房政策领域比较典型。以培训政策为例，我们在青岛、成都调研了解到，党的十八大以来，我国十分重视流动人口的就业培训问题，不仅密集地出台政策，也大规模投入财政资金，但是问题在于：首先，只培训在职人员，非正规就业人员接受正规培训的路径很少；其次，大部分政府支持的培训在政府指定的机构开展，培训内容不能满足企业发展的需要。因此，作者将研究提出既能适应流动人口广泛学习需要，也能适应企业对员工技术精细化和多元化需要的培训制度体系，最广泛、最有效地促进人力资本积累，深化市民化的教育培训制度。

第二，部门间的一些市民化政策相互之间不配套，导致政策不能落地。这类政策问题在教育、医疗等领域表现明显。比如，作者在常州、东莞、德清调研了解到，中央和地方政府提出来按照常住人口（含流动人口）规模配套基础教育和公共医疗资源，城市规划也按照常住人口需要规划了教育用地规模和公共卫生用地规模，但是，土地部门没有增量配套指标可以用于建设更多的学校和医院，民政部门也没有增量教师指标、医生和护士指标用于新增学校和医院的运行。这些发达城市在财政能力上可以"依靠自有财力为农业转移人口提供与当地户籍人口同等的基本公共服务"〔《关于实施支持农业转移人口市民化若干财政政策的通知》（国发〔2016〕44号）〕，但是用地指标，以及教师、医生和护士指标属于"依靠自有财力"不能解决的问题，必须依靠不同部门之间的配套改革。

第三，部门间的一些市民化政策相互矛盾冲突，导致地方有选择性地执行刚性政策或者近期有效的政策，市民化进程长期徘徊。这是我国市民化政策研究中最复杂和最艰难的问题。这类政策矛盾，比如"依法治市"拆除违章建筑与流动人口住房供给之间的矛盾，特大城市控制规模与市民化的矛盾，几乎所有城市在人才政策和一般人口市民化政策之间也存在比较明显的矛盾等。这些矛盾通常表现为前者是近期需要完成的行政任务，具有刚性特征，后者短期内可以获得明显经济效果，而市民化是一个缓慢的、渐进的社会进步过程，地方政府在两难选择中通常选择前者而放弃后者。例如，以拆除违章建筑与流动人口住房供给之间的矛盾为例，作者在北京、广州调研了解到，城乡接合部的城中村地区通常是城市违章建筑的重灾区，由于我国独特的城镇化历史，这里也恰恰是流动人口集中居住的地方。短期内大规模拆除违章建筑，导致大量流动人口居无定所，城市房屋租金高且超过流动人口承担能力，倒逼一些流动人口离开城市，或者生活成本上升，使得流动人口的生活质量大幅度降低。

二、对新时代市民化的新目标、新矛盾和新政策的研究不足

党的十八大以来，党中央、国务院高度重视市民化工作，在习近平总书记的系列讲话和党中央、国务院的一系列相关文件中，始终将市民化作为推进我国城镇化高质量发展的第一任务。党的十九大报告明确指出：进入新时代，中国特色社会主义发展的"总任务是实现社会主义现代化和中

华民族伟大复兴，在全面建成小康社会的基础上，分两步走在本世纪中叶建成富强民主文明和谐美丽的社会主义现代化强国；新时代我国社会主要矛盾是人民日益增长的美好生活需要和不平衡不充分的发展之间的矛盾"。

新时代我国城镇化的高质量发展对市民化进程提出了全新的要求。但是，如何紧扣时代发展趋势，把握社会矛盾变化，认识新时代城镇化高质量发展对市民化的新要求，在建设具有中国特色的社会主义现代化强国大框架下，提出市民化的新目标、新任务、新矛盾和新对策，是新时代对我国市民化研究提出的全新研究课题。目前学术成果还很少，研究还处于起步阶段，是未来时期需要拓展的研究领域。

三、缺少系统解决方案

市民化作为城镇化的核心和主线，在我国研究中总体不足，占城镇化研究成果的比重始终不到 10%，这与市民化在国家战略中上升的地位不相适应。在已有的研究中，基于本领域的专业研究占绝大多数，系统性研究论文较少。在具有"系统性"特征的研究中，通常是落脚到提出要建构系统性对策，对"如何建构"涉及不够深入。在中国知网（CNKI）上搜"市民化+系统""市民化+体系"，查找出有关论文相对较少，其中又主要包括两类内容：一是提出要建立系统的公共服务和公共政策体系促进市民化进程，呼吁性的研究多，对策性的研究少；二是建构市民化的系统性评价指标。可以说，针对新时代市民化宏观和微观层面的重点难点问题开展系统性的政策研究，特别是针对不同类型地区、不同类型城市的差异化解决方案和政策体系的研究非常薄弱。流动人口市民化是一个流动人口全面发展的过程，在微观层面上涉及流动人口的住房、就业、公共服务和社会融入等多个领域，在宏观层面上还涉及流动人口市民化的空间结构优化，以及市民化过程中的政府责任和央地关系。流动人口市民化是新型城镇化改革的攻坚战，需要组建相关领域专家联合研究，梳理出重点难点问题提出系统解决方案，并进一步把方案落实到我国不同类型的地区和城市形成差异化方案，把市民化的研究落到实处，成为一个有用的研究成果。党的十九大报告明确提出要"着力增强改革的系统性、整体性和协调性"。如何建构以人为核心，从微观和宏观两个层面建构切实保障流动人口市民化的建构市民化的系统解决方案，使市民化的各项改革举措在政策取向上相互配合，在实施过程中相互促进，在实际成效上相得益彰，是我国新时代市民化研究需要突破的重大研究课题。

第三节　市民化的实施路径

建构有效、有序推进流动人口市民化的系统解决方案和政策体系，是解决我国流动人口日益增长的美好生活需要与城市发展不平衡不充分之间的矛盾，推动新时代城镇化高质量发展的基础条件。流动人口市民化面临"落下来""住下来""融进来""保起来"难题，这些难题的解决方案包括就业支撑、住房支撑、社区支撑、培训支撑和财政支撑。

一、可持续的就业支撑

稳定就业是实现流动人口市民化、提高户籍人口城镇化率的经济基础。市民化进程中可持续就业的战略思想为：必须坚持以人为本，全面实施社会保障、健康住房和广泛培训，快速积累人力资本；通过构建公平的竞争秩序普遍激发居民创新精神，并通过对现代产业的参与和成果分享逐步扩大中等收入者阶层，为工业化进一步发展、扩大就业并提升就业质量创造社会基础。

本书第五章基于工业化与城镇化互动机制，构建产业结构优化、人力资本积累、就业可持续发展三者互动机制的理论模型，研究新时代市民化背景下产业发展对就业的影响，并对流动人口可持续就业、职业教育和培训供需问题，以及产业结构优化与人力资本积累路径进行深入分析，提出依托产业多元化结构优化建构可持续就业及全覆盖多层级职业教育培训体系提供人力资本积累的个性化系统解决方案，为实现流动人口"强起来"提供系统性解决方案。

二、可支付的住房支撑

党的十九大报告明确提出："坚持房子是用来住的、不是用来炒的定位，加快建立多主体供给、多渠道保障、租购并举的住房制度，让全体人民住有所居。"

住房问题是市民化过程中的核心难题，健康居住是促进流动人口市民化的关键环节和基础保障。流动人口住房问题，不仅是经济问题，更是重要的民生问题和政治问题。实现"住有所居"是政府对人民的承诺，也是让全体人民共享改革发展成果的重要举措。

数十年来，我国发达地区和城市主要依赖城乡接合部的城中村为流动人口提供非正规住房。原国家卫计委流动人口司编辑的《中国流动人口发展报告2016》中的资料显示：我国67.3%的流动人口租赁私房，以城中村提供的非正规住房为主。但是，我国城市的法治化治理推进较快，各大城市开始大规模拆除违法建筑，城中村是拆除违法建筑的重点区域。少数较高收入者以更高的成本租赁城市的公寓楼，大部分流动人口不得不选择更远的乡村，更加远离城市生活空间，城市也承受着更大的运输量、更多的碳排放、更严重的空气污染。流动人口住房旧的市场平衡被打破，新的市场均衡在哪里？目前，缺乏这方面的深入研究。面对大规模流动人口，如何落实"全体人民住有所居"的党的十九大精神，为大规模流动人口提供可支付健康住房，是新时代市民化研究需要深化研究和解决的重大难题。本书第六章从市民化面临的住房问题入手，提出我国新时代流动人口住房的目标、任务和总体思路，通过对住房需求制度和供给制度的梳理和解析，建构流动人口住房的一般制度框架，为流动人口"住下来"提供系统性解决方案。

三、可融入的社区支撑

市民化的实质是人的城镇化，既包括观念和生活方式的转变，又包括城镇化进程中的社会融合问题，目标人群涉及外来城市人、外来农村人和本地农村人等。几乎所有城市居民都居住在不同社区，因此，社区是实现市民化目标的重要空间载体和政策工具。实现市民化目标的路径就是培育社会资本的过程。社会资本借由社会网络产生并得到维护，社区治理和社区教育的作用主要体现于此。

空间安排是流动人口市民化的基础性前提，是新时代市民化研究中需要发展的研究领域。但长期以来，由于市民化的空间研究严重滞后，导致许多市民化政策难以实施。本书第七章分析市民化的社会融合与基层治理，探讨如何营造包容性社区和多元化社区公共空间，优化社区人居环境，促进流动人口的跨群体邻里交往和市民身份认同，为实现流动人口"落下来"提供系统性解决方案；提出以社区为基本治理提供关键公共服务的供给机制，进而建构家庭融入社区、群体融入社会的体制机制和政策体系，为实现流动人口"融进来"提供系统性解决方案。

四、可实施的培训支撑

全覆盖多层级职业培训机制提供人力资本积累解决方案。我国城镇就业增长滞后，农村富余劳动力转移困难，这又意味着劳动力市场需求不足。这样就出现了城镇"结构性失业"局面。出现这一矛盾状况的根本原因有两个：第一，市民化长期滞后，公共服务不足，达不到流动人口要求的底线，大量流动人口宁可在家或非正规就业，也不愿意进入城市打工，导致流动人口缺乏预期，进而造成城镇劳动力荒（总量供应不足）；第二，培训不足，缺乏培训使流动人口被排斥在高技术要求的行业之外，这些行业的劳动力供给不足，同时导致结构性失业。在我国劳动力供给长期下降的条件下，长期的制度性失业将导致劳动力的极大浪费，并且有可能导致国家掉入"中等收入陷阱"。

建立全面的人力资本积累机制是实现"以人为本"城镇化的主要保障，也是提高新市民市场竞争力、提高城市的整体劳动力队伍素质、保障产业结构升级，以及提高城市消费能力和购买能力的重要保障。面对以政府为主、培训资金利用效率低，以及培训面窄、专业细分不够、职业培训与资格教育脱节等问题，本书第八章将研究提出建立全覆盖、多层级并且与工资挂钩的职业教育与培训制度。

五、可负担的财政支撑

市民化的成本和收益是指当外来人口到某地稳定地生活、工作之后，对流入地经济社会和个人自身所产生的积极和消极的影响。根据不同的标准，市民化成本和收益可以有不同的分类。

市民化并不是简单的居住地改变，也不是简单的户籍改变，它是一个涉及政策、文化、社会等多维度的系统工程。从政策方面来看，使流动人口获得本地户籍是流入地政府的主要任务。然而实践中，地方政府对于推进流动人口市民化的积极性仍有待加强，市民化进程仍有很大加速空间。一方面，地方政府只关注成本、忽视收益，是市民化研究和实践工作中比较普遍存在的问题。另一方面，地方政府对市民化公共服务成本的评估不够准确，导致误判成本与收益。

对市民化成本的准确评估建立在可靠的基础数据、资料和调研的基础之上，同时需要把握人口、政策变化。相对于学术机构，地方政府自身对相关数据、资料、情况了解更清楚，掌握也更全面，但实践中，基层地方政府较少开展相关的研究测算，已有的也比较粗略。本书第九章在实践基础上，以广东省广州市和浙江省德清县为例，分析市民化的公共成本与收益，分析市民化对地方的经济发展、财政体系、养老金体系可持续发展的重要性。

第四章 市民化现状评价与问题分析

党的十八大以来，党中央和国务院高度重视流动人口市民化问题，但是地方落实却存在滞后。本章将根据人口流动的趋势和市民化战略要求，构建市民化指标体系，测量市民化水平并分析市民化过程中存在的问题，针对相关问题，提出流动人口市民化的总体战略和实施路径。

第一节 人口流动与市民化战略

由于受中国城乡分割的二元社会结构体制和自身条件的限制，大多数农民进城后，不仅难以享受到与城里人同等的待遇，而且在子女教育、就业、住房、养老、医疗保障等问题上面临一系列障碍。近年来，"市民化"已成为学界及相关政府部门的研究重点。

一、人口流动新趋势

进入 21 世纪，人口问题的重点已经从总量增长转向地域分布，影响未来区域人口变化的主要因素不是出生、死亡，而是迁移流动。全国性的人口老龄化、家庭功能弱化等问题，由于人口的迁移流动而在不同的地区变得有所缓解或更加严重。

20 世纪 90 年代以来，我国社会主义市场经济体制的确立，遍布城乡的全方位开放的劳动力市场格局已逐步形成，人口流动高速发展，规模迅速扩大，而且仍旧保持大规模的人口流动的趋势。1982—2015 年流动人口规模及占全国总人口比重如图 4-1 所示。

伴随着社会经济的发展，流动人口群体特征也发生了一些改变，主要表现为以下几点：第一，流动形式从空间流动变为社会流动，流动人口社会交往、社区参与程度不断加强。第二，流动目的从经济为主变为个人发

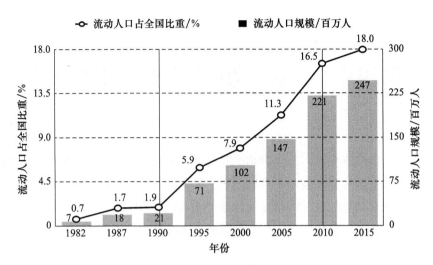

图 4-1 1982—2015 年流动人口规模及占全国总人口比重

资料来源：历次人口普查及 1% 人口抽样调查数据。

展，关注就业和公共服务提供。第三，从个人流动变为家庭流动，对住房的需求增加。第四，流动性强度从流动性大变为稳定性强，流动人口身份认同及市民化意愿增强，居留意愿强，但居留方式以租房为主，30~39 岁表现出很强的购房意愿，可见未来住房需求很大。流动人口不同流动方式及其特点如图 4-2 所示。

伴随着如此数量庞大的流动人口在流动趋势上的变化，他们的社会融入问题日益突出，流动人口的社会融入折射出他们在流入地的生存环境，昭示着在社会转型过程中不同人群能否享受公平、公正的待遇，体现了我国"以人为本"的管理服务理念是否落实到位。

总体来看，学界主流观点认为，流动人口整体上处于一种被边缘化和隔离的状态，他们城市融入的"半城镇化"问题主导了大部分关于流动人口社会融入或市民化问题的研究，他们在城市的社会融入不足，地位差距感较强，在经济、社会、心理等各个层面与城市居民存在较大差距。在宏观方面，社会融入过程主要受到二元户籍制度及其关联制度等因素的影响；在微观方面，社会融入过程受人口学特征、就业与收入状况、人力资本等因素的影响。对此，学者们主要从教育培训、社会工作介入、制度创新及政策变革等角度进行了探讨。

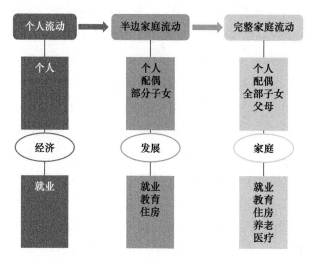

图 4-2 流动人口不同流动方式及其特点

市民与流动人口是中国特大城市社会里的两个主要成员,二者比较而言,流动人口不论是经济收入还是社会地位都明显落后于市民。流动人口的就业、收入、身份认同、制度保障、市民化等相关研究引起了大量学者的关注和研究。

就国内研究而言,有些学者较早地对社会融合给出了定义,他们认为社会融合是以构建良性和谐的社会为目标,各个体之间、不同群体之间或不同文化之间逐步减少排斥、互相配合、互相适应的过程。还有些学者更强调流动人口与市民两个群体间的互动,他们认为社会融合是指具有长期居住意愿和事实的流动人口,在就业、居住、价值观等城市生活诸方面逐步融入城市社会,转变为城市居民的过程。

二、流动人口社会融入现状

本部分研究中,作者根据中国人民大学中国农村居民综合调查数据库(2016 年)数据进行分析。通过清理后,本次调查有效样本 1162 份,其中:男性 846 名,占调查总体的 72.8%;女性 316 名,占调查总体的27.2%。调查对象主要是农业户口,有 1032 人,占调查总体的 88.8%;非农业户口有 130 人,占调查总体的 11.2%。

在调查中，作者询问调查对象："您觉得您有可能成为最近一次流入地的户籍居民吗？"从调查结果来看，39.0%的调查对象认为不太可能，11.9%的调查对象认为一点儿可能都没有，32.0%的调查对象认为有点儿可能，只有17.1%的调查对象认为完全可能。

从性别来看，男性认为"可能"的比例高于女性，其认为完全可能和有点儿可能的分别为18.1%和31.6%，女性分别为14.4%和33.1%。从受教育程度来看，流动人口学历越高，认为可能的比例越高，拥有大专/高职、大学本科、研究生学历的调查对象认为完全可能成为流入地居民的比例分别为30.1%、39.7%和37.5%。从户口性质来看，拥有非农业户口的流动人口认为完全可能成为流入地居民的比例远高于拥有农业户口的流动人口，分别为33.1%和15.1%。从流入地区域来看，中部地区流动人口认为可能的比例高于其他两个地区，认为完全可能和有点儿可能成为流入地户籍人口的比例分别为23.6%和39.2%。流动人口成为流入地户籍人口的自我判断如表4-1所示。

表 4-1　流动人口成为流入地户籍人口的自我判断　　　　单位:%

是否可能成为最近一次流入地户籍人口		完全可能	有点儿可能	不太可能	一点儿可能都没有
		17.1	32.0	39.0	11.9
性别	男	18.1	31.6	39.3	11.0
	女	14.4	33.1	38.1	14.4
教育程度	小学及以下	6.0	26.0	47.0	21.0
	初中	10.9	29.6	44.7	14.8
	高中/职高/中专/技校	18.1	35.4	38.4	8.1
	大专/高职	30.1	33.4	27.6	8.9
	大学本科	39.7	41.4	17.2	1.7
	研究生	37.5	25.0	37.5	0
户口性质	农业	15.1	31.6	40.9	12.4
	非农业	33.1	35.4	23.6	7.9
流入地区域	东部地区	15.3	27.8	43.3	13.6
	中部地区	23.6	39.2	29.7	7.5
	西部地区	16.5	40.5	32.5	10.5

在调查中,作者询问调查对象:"在最近一次流入地,您对自己身份的定位是什么?"从调查结果来看,大部分调查对象认为自己不是当地人,占60.8%;17.0%的调查对象认为自己是新当地人;只有6.3%的调查对象认为自己是当地人;还有15.9%的调查对象回答说不清楚。调查对象的学历越高,认为自己是新当地人的比例越高,拥有大专/高职、大学本科和研究生学历的调查对象认为自己是新当地人的比例分别为22.0%、35.3%和37.5%。拥有非农业户口的调查对象认为自己是新当地人和当地人的比例高于拥有农业户口的调查对象,分别为23.6%和10.2%,拥有农业户口的调查对象认为自己是新当地人和当地人的比例分别为16.2%和5.9%。流动人口的身份定位如表4-2所示。

表4-2　流动人口的身份定位　　　　　　　　　　单位:%

身份定位		不是当地人	是新当地人	是当地人	说不清楚
		60.8	17.0	6.3	15.9
性别	男	61.2	17.3	6.1	15.4
	女	59.6	16.3	7.1	17.0
婚姻状况	未婚	51.1	18.6	6.9	23.4
	初婚有配偶	63.5	16.7	6.1	13.7
	离婚	58.1	16.1	12.9	12.9
	丧偶	33.3	33.4	0	33.3
	再婚有配偶	63.2	10.5	0	26.3
教育程度	小学及以下	76.0	4.0	4.0	16.0
	初中	68.8	12.9	5.1	13.2
	高中/职高/中专/技校	54.4	20.3	7.2	18.1
	大专/高职	46.3	22.0	10.6	21.1
	大学本科	37.9	35.3	7.8	19.0
	研究生	37.5	37.5	12.5	12.5
户口性质	农业	62.7	16.2	5.9	15.2
	非农业	44.9	23.6	10.2	21.3
最近一次外出区域	东部地区	63.7	15.9	3.8	16.6
	中部地区	52.8	23.1	9.9	14.2
	西部地区	58.5	14.5	12.0	15.0

在调查中，作者询问调查对象："您希望完全成为最近一次流入地当地人（流入地居民）吗？"从调查结果来看，接近一半的人并不希望成为流入地居民，有 45.1% 的调查对象回答不希望，27.9% 的调查对象回答希望，还有 27.0% 的调查对象回答说不清楚。流动人口成为流入地居民的意愿如表 4-3 所示。

表 4-3　流动人口成为流入地居民的意愿　　　　　　　单位:%

是否希望完全成为最近一次流入地居民		希望	不希望	说不清楚
		27.9	45.1	27.0
性别	男	28.2	45.3	26.5
	女	26.9	44.9	28.2
教育程度	小学及以下	22.0	54.0	24.0
	初中	22.1	53.3	24.6
	高中/职高/中专/技校	33.8	39.2	27.0
	大专/高职	36.6	31.7	31.7
	大学本科	40.5	24.2	35.3
	研究生	25.0	37.5	37.5
户口性质	农业	27.3	47.1	25.6
	非农业	32.3	29.1	38.6
最近一次外出区域	东部地区	27.0	47.1	25.9
	中部地区	28.3	41.5	30.2
	西部地区	30.0	41.5	28.5

但是，从长期居住打算来看，40.8% 的调查对象回答打算在最近一次流入地长期居住，59.2% 的调查对象回答不希望。受教育程度越高的调查对象希望在流入地长期居住的比例越高，拥有大专/高职、大学本科、研究生学历的调查对象希望在流入地长期居住的比例分别为 51.2%、62.1% 和 62.5%。拥有非农业户口的调查对象打算在最近一次流入地长期居住的比例为 49.6%，比拥有非农业户口的调查对象高约 10 个百分点。流动人口在流入地长期居住的打算如表 4-4 所示。

表 4-4　流动人口在流入地长期居住的打算　　　　　　　单位:%

是否希望在流入地长期居住		是	否
		40.8	59.2
性别	男	41.7	58.3
	女	38.5	61.5
教育程度	小学及以下	23.0	77.0
	初中	34.2	65.8
	高中/职高/中专/技校	47.7	52.3
	大专/高职	51.2	48.8
	大学本科	62.1	37.9
	研究生	62.5	37.5
户口性质	农业	39.7	60.3
	非农业	49.6	50.4
最近一次外出区域	东部地区	39.6	60.4
	中部地区	44.3	55.7
	西部地区	40.5	59.5

在调查中，作者询问调查对象："若没有任何限制和条件，您是否愿意把户口迁入最近一次流入地？"从调查结果来看，不愿意将户口迁到流入地的占六成，只有 38.1% 的调查对象希望将户口迁入流入地。受教育程度的影响相对较大，学历越高的流动人口希望将户口迁入流入地的比例越高，拥有大专/高职、大学本科和研究生学历的调查对象希望将户口迁入流入地的比例分别为 50.4%、52.6% 和 75.0%。拥有非农业户口的调查对象希望将户口迁入流入地的比例为 59.8%，而拥有农业户口的调查对象仅为 35.4%。没有限制的情况下流动人口把户口迁入流入地的意愿如表 4-5所示。

表 4-5　没有限制的情况下流动人口把户口迁入流入地的意愿　　　单位:%

是否愿意把户口迁入最近一次流入地		是	否
		38.1	61.9
性别	男	37.6	62.4
	女	39.4	60.6

续表

是否愿意把户口迁入	是	否
最近一次流入地	38.1	61.9

婚姻状况	未婚	44.6	55.4
	初婚有配偶	36.6	63.4
	离婚	29.0	71.0
	丧偶	0	100.0
	再婚有配偶	47.4	52.6
教育程度	小学及以下	29.0	71.0
	初中	30.8	69.2
	高中/职高/中专/技校	44.7	55.3
	大专/高职	50.4	49.6
教育程度	大学本科	52.6	47.4
	研究生	75.0	25.0
户口性质	农业	35.4	64.6
	非农业	59.8	40.2
最近一次外出区域	东部地区	38.6	61.4
	中部地区	39.2	60.8
	西部地区	35.0	65.0

三、市民化战略的提出

人口迁移流动在今后较长时期内不但是影响我国人口发展的重要因素，也是影响城镇化和经济发展的关键因素，市民化是流动人口公平发展的核心环节。实现市民化，享受城市户籍人口的同等待遇，真正融入城市，是流动人口"美好生活"的需要，也是解决新时代社会主义主要矛盾的路径之一。

党的十八大报告提出要加快改革户籍制度，有序推进农业转移人口市民化。党的十八大以来，习近平总书记多次强调要推进以人为核心的新型城镇化，《推动1亿非户籍人口在城市落户方案》等都对流动人口服务管理提出了明确具体的要求。2013年，中共中央城镇化工作会议中提出，市民化是新型城镇化的首要任务。《国家新型城镇化规划（2014—2020年）》中提出2020年常住人口城镇化率达到60%左右，户籍人口城镇化率达到45%左右，努力实现 1 亿左右农业转移人口和其他常住人口在城镇落户。2016 年,《国务院关于进一步推进户籍制度改革的意见》提出完善超大城市和特大城市落户政策,重点解决符合条件的普通劳动者的落户问题。同时,还有一系列的配套文件,例如,2016 年,《国务院关于实施支持农业转移人口市民化若干财政政策的通知》指出,落实东部发达地区和大型、特大型城市的主体责任,依靠自有财力为农业转移人口提供与当地户籍人口同等的基本公共服务。

党的十九大报告提出"以城市群为主体构建大中小城市和小城镇协调发展的城镇格局,加快农业转移人口市民化",这为我国下一阶段推进农业转移人口市民化指明了方向。2018 年,《政府工作报告》提出要提高新型城镇化质量,2018 年要再进城落户 1300 万人,加快农业转移人口市民化。

市民化相关文件一览表如表 4-6 所示。

表 4-6　市民化相关文件一览表

时间	文件名称	相关内容
2012 年 11 月	《坚定不移沿着中国特色社会主义道路前进　为全面建成小康社会而奋斗》	要加快改革户籍制度,有序推进农业转移人口市民化
2013 年 11 月	《中共中央关于全面深化改革若干重大问题的决定》	为农业转移人口市民化提供财政支持
2013 年 12 月	中央城镇化工作会议精神	市民化是新型城镇化的首要任务
2014 年 3 月	《国家新型城镇化规划(2014—2020 年)》	2020 年努力实现 1 亿人口在城镇落户
2014 年 7 月	《国务院关于进一步推进户籍制度改革的意见》	统一城乡户口登记制度
2014 年 9 月	《国务院关于进一步做好为农民工服务工作的意见》	未落户的也能享受城镇基本公共服务
2015 年 10 月	《中共中央关于制定国民经济与社会发展第十三个五年规划的建议》	提出了两个挂钩机制
2015 年 12 月	《居住证暂行条例》	居住证持有人在居住地依法享受劳动就业,参加社会保险,缴存、提取和使用住房公积金的权利

续表

时间	文件名称	相关内容
2015 年 12 月	《国务院办公厅关于解决无户口人员登记户口问题的意见》	全面解决无户口人员登记户口问题
2015 年 12 月	《中央城市工作会议公报》	推进城镇化要把有序实现市民化作为首要任务。要加强对农业转移人口市民化的战略研究
2016 年 2 月	《国务院关于深入推进新型城镇化建设的若干意见》	加快落实户籍制度改革政策，强化地方政府主体责任，确保如期完成
2016 年 8 月	《国务院关于实施支持农业转移人口市民化若干财政政策的通知》	落实东部发达地区和大型、特大型城市的主体责任，依靠自有财力为农业转移人口提供与当地户籍人口同等的基本公共服务
2016 年 1 月	《国务院办公厅关于印发推动 1 亿非户籍人口在城市落户方案的通知》	调整完善超大城市和特大城市落户政策，重点解决符合条件的普通劳动者落户问题

第二节　市民化指标构建

我国传统城镇化是以城市为核心、以增长为导向的劳动力非农化的过程，流动人口呈现"两栖"特征，流动人口管理模式为"排斥性"。而我国新型城镇化是指以人为本，以人口的空间流动和社会流动为主线，以城乡一体化为目标，推动社会转型的过程。这意味着新型城镇化的核心任务是流动人口的公平发展，同时，流动人口的公平发展也是新型工业化的动力和新时期国家发展的新动能。

一、市民化指标构建的基本思想与原则

基本公共服务均等化是市民化的核心，是指全体公民都能公平可及地获得大致均等的基本公共服务，其核心是促进机会均等，重点是保障人民群众得到基本公共服务的机会，而不是简单的平均化。实现"学有所教、劳有所业、住有所居、老有所养、病有所医、困有所帮"是公共服务均等化的发展目标，流动人口公共服务尤其需要关注。"学有所教"就是要树立"百年大计，教育为本"的思想，加大对教育的投入，对教育事业采取

政策、资金和人才倾斜，巩固基础教育，普及九年义务教育等，对流动人口而言，随迁子女在流入地的就学是非常关键的方面。"劳有所业"是对劳动者就业权利的保障，既要坚持以按劳分配为主的分配制度，鼓励靠勤劳致富，也要保障流动人口在就业市场的就业权利不受侵犯。"住有所居"就是要发挥政府职能，建立商品房和经济适用房两种住房制度，采取政府补助的方式，解决那些买不起房、住不起房的弱势群体住房难问题，流动人口的住房问题是其社会融入、市民化的核心要素。"老有所养"是要立足我国人口老龄化的国情，建立社会养老保障体系，解决老人生活问题，流动人口的养老报销问题、随迁老人的养老问题等都是流动人口市民化需要解决的。"病有所医"是建立社会医疗保险制度和农村合作医疗保险制度，使广大群众能够享有初级医疗保障，提高甚至全覆盖流动人口社会保险是非常关键的。"困有所帮"是对困难群体进行适当的帮助，流动人口中的困难群众更是不能忽略的。

二、市民化指标体系构建

流动人口的社会融合是一个动态、多维的概念，不是一成不变的，与之相一致，市民化也是一个多维的概念，随着人口流动的变化及社会经济的发展，也会出现不同的变动。本部分研究中，作者采用中国人民大学中国农村居民综合调查数据库 2014 年和 2016 年的数据进行分析。

流动包括空间流动和社会流动两部分，空间流动是第一步，社会流动是更高维度的流动，实现空间流动后，流动人口才实现"市民化"。由于许多社会保障和福利与户籍制度挂钩，因此，外来人口就业、社会保险、公共医疗、住房保障等领域与城市居民差异巨大，难以融合城市社会，这就阻碍市民化进程。因此，本研究中，作者认为，人口从 A 地流动到 B 地并不是完全意义上的空间流动，还需要在 B 地有栖身之地并享有相应的、必需的公共服务和保障。

社区参与和交往反映的是城市流动人口在流入地参与社会活动，以及与他人的互动情况，是流动人口在流入地再社会化的过程，通过日常生活中融合社区的行为构建十分重要，是市民化的重要途径。在本研究中，作者从流动人口业余生活中交往对象的特征、参加群体或组织情况、社区活动参与情况等几个方面分析其社会参与状况。

身份认同反映的是城市流动人口在所居住城市的归属感，是市民化的最高层次。李培林、田丰在总结国内外相关研究的基础上，将心理接纳和身份认同作为流动人口城市融入的两个核心方面。如果城市流动人口在心理和感情上对流入地没有认同感和归属感的话，即便他们在经济融合和社会参与方面达到很高的程度，也不能说明他们已经融入了当地社会。在本研究中，作者从流动人口主观视角询问其对自己身份的判断、对所在城市发展的关心程度等，以此分析流动人口心理认可情况及其与市民化之间的关系。

我国流动人口的主体仍旧是劳动力年龄人口，流动的主要原因也是"务工经商"，就业是流动人口在流入地生存的经济保障与最根本需求，也对流动人口的社会融合有显著影响。而教育、在职培训和工作经验等人力资本上的差异则是影响劳动者收入的主要原因。在本研究中，作者从流动人口的就业身份、工作类型、培训等维度分析其与市民化之间的关系。

市民化意愿是流动人口主观上的需求与认同，实现家庭化迁移是结束流动人口"妻离子散"的分离状态，实现市民化的最终目的。在本研究中，作者从流动人口主观视角询问其是否想完全成为当地人、能否成为户籍人、是否想将家人带到流入地等，以此分析流动人口主观意愿与市民化之间的关系。

市民化指标体系如表4-7所示。

表4-7 市民化指标体系

一级指标	二级指标	三级指标
空间流动	公共服务	第一个孩子学校性质
		流入地职工医疗保险
		流入地职工养老保险
		流入地保险
	住房	住房性质
		住房类型
		社区类型
		人均住房面积
		住房设施
		住房电器
		住房条件
		搬家原因

续表

一级指标	二级指标	三级指标
社会流动	社区参与	社区服务提供 社区活动参与
	社区交往	参加组织 户籍居民朋友个数
	身份认同	社会融入心理认可 与市民相处融洽程度 身份定位
	市民化意愿	想不想完全成为当地人 觉着外来人口是否能成为户籍人口 自己是否能成为户籍人口 是否打算长期居住 是否愿意把户口迁来
	家庭化流动	一起在流入地共同生活的家人 未来 3 年是否打算把家庭成员带来
	就业	就业身份 工作类型 是否接受过培训 再找工作最看重什么

三、市民化指标处理

流动人口相关特征的转变带来了需求的不断变化,从公共服务均等化的目标出发,市民化指标中综合考虑流动人口的需求变动。指标构建中第一级指标包括住房、社区参与、社会交往、身份认同、市民化意愿、家庭化流动、就业、公共服务 8 个方面,并利用专家赋权法分别赋予 20%、10%、10%、10%、10%、10%、20%、10% 的权重,合计 100%。二级指标为相应的问卷调查题目,作者根据变量特征进行赋值。

对于二分类变量,分为"0 分"和"10 分"两个选项。例如,"是否愿意把户口迁来",选择"是"赋予 10 分,选择"否"赋予 0 分。

对于多分类变量,作者根据需求将选项进行合并,根据研究需要排序后进行赋值。例如，住房性质选项包括租住单位/雇主房、租住私房、租住保障性住房（廉租房、公租房等）、单位/雇主提供免费住房（不包括就业场所）、已购政策性保障房、已购商品房、借住房（包括住亲戚朋友家）、就业场所、自建房、其他居所 10 个类别。作者将其合并为 5 个类别："自有房"（已购商品房、自建房）、"保障房"（租住保障性住房、已购政策性保障房）、"租住私房"（租住私房）、"单位住宿"（租住单位/雇主房、单位/雇主提供免费住房、就业场所）、"借住/其他"（借住房、其他）。对于这 5 个类别，依次赋予 10 分、8 分、6 分、4 分、2 分，住房类型二级指标的取值范围为 2~10 分。

对于计数型变量，作者根据选择的项目数进行计数，并在 0 至 10 之间进行赋分。例如，对于"住房设施"二级变量，询问室内是否包括以下设施：独立管道自来水、独立厨房、独立卫生间、独立洗澡设施。根据每一个选项选择情况计数，0 项、1 项、2 项、3 项、4 项，然后依次进行赋分，10分、7.5 分、5 分、2.5 分、0 分，二级指标的取值范围为 0~10 分。

对于数值型变量，作者将其数值与调查总体均值进行比较，依次排序后分为 5 个类别："高于均值 50%""高于均值 20%~50%""均值上下20%""低于均值 20%~50%"和"低于均值 50%"。然后依次赋予 10 分、8 分、6 分、4 分、2 分，二级指标的取值范围为 2~10 分。

对于量表获得的变量，作者对量表的分数进行加总，从最低分到最高分进行分类，然后依次赋分。例如，对于"社会融入心理认可"，作者从调查量表中选择符合条件的 7 条，每条分为完全不同意（1 分）、不太同意（2 分）、基本同意（3 分）、完全同意（4 分），根据社会融入心理认可量表的分数进行加总，对 7 项分值进行加总，得分为 4~28 分，然后将其分为 11 个类别，28 分、26~27 分、24~25 分、22~23 分、20~21 分、17~19 分、14~16 分、12~13 分、10~11 分、8~9 分、7 分，依次赋予 10分、9 分、8 分、7 分、6 分、5 分、4 分、3 分、2 分、1 分、0 分，二级指标的取值范围为 0~10 分。

根据本次调查情况，8 个一级指标下共设置 30 项二级指标，根据每项的权重，最终得分为 0.6625~10 分。具体指标、权重、赋值方法、指标类别、分值及分值范围如表 4-8 所示。

表 4-8　市民化指数赋值方法

第一层		第二层		赋值方法	指标赋值		
维度	权重	指标	权重		类别	分值	分值范围
住房	20%	住房性质	2.5%	分类变量，类型合并后进行赋值。共分为 5 个类别，依次是：自有房、保障房、租住私房、单位住宿、借住/其他	已购商品房、自建房	10	[2, 10]
					租住保障性住房、已购政策性保障房	8	
					租住私房	6	
					租住单位/雇主房、单位/雇主提供免费住房、就业场所	4	
					借住房、其他	2	
		住房类型	2.5%	分类变量，类型合并后进行赋值。共分为 4 个类别，按市场价格环境及环境排序	楼房	10	[2.5, 10]
					平房	7.5	
					简易房/活动板房/工棚	5	
					地下室/半地下室	2.5	
		社区类型	2.5%	分类变量，类型合并后进行赋值。共分为 5 个类别，按位置与环境排序	别墅区/商品房社区	10	[2, 10]
					经济适用房社区、机关事业单位社区、工矿企业社区	8	
					未经改造的老旧城区、城中村或棚户区	6	
					城郊结合部	4	
					农村社区	2	

续表

| 第一层 | | 第二层 | | 赋值方法 | 指标赋值 | | | 分值范围 |
维度	权重	指标	权重		类别	分值		
住房	20%	人均住房面积	2.5%	与调查总体均值进行比较，依次排序赋分	高于均值50%	10		[2, 10]
					高于均值20%~50%	8		
					均值上下20%	6		
					低于均值20%~50%	4		
					低于均值50%	2		
		住房设施	2.5%	询问室内是否包括以下设施：独立管道自来水、独立厨房、独立卫生间、独立洗澡设施。根据设施数量进行赋分	4项	10		[0, 10]
					3项	7.5		
					2项	5		
					1项	2.5		
					0项	0		
		住房电器	2.5%	询问市内是否包括以下电器：电视、洗衣机、电冰箱、空调、微波炉、电脑。根据设施数量进行赋分	4项及以上	10		[0, 10]
					3项	7.5		
					2项	5		
					1项	2.5		
					0项	0		

续表

第一层		第二层		赋值方法	指标赋值		分值范围
维度	权重	指标	权重		类别	分值	
住房	20%	住房条件	2.5%	询问住房阳光、通风、噪声3方面条件，每项按1~3分打分，对3项分值进行加总后赋分	8~9分	10	[0, 10]
					7分	8	
					6分	6	
					5分	4	
					4分	2	
					3分	0	
		搬家原因	2.5%	分类变量，类型合并后进行赋值。共分为5个类别，按追求质量、满足自我需求等顺序排序	自己购了房	10	[2, 10]
					改善居住质量，增加生活便利度，寻求更好的社会环境	8	
					工作地点变动	6	
					房东不续约/毁约	4	
					降低生活成本	2	
社区参与	10%	社区服务提供	5%	询问社区以下服务开展情况：生活帮扶、就业援助、职业技能培训、子女就学、健康教育、其他。根据数量进行赋分	5项及以上	10	[0, 10]
					4项	8	
					3项	6	
					2项	4	
					1项	2	
					0项	0	

续表

第一层		第二层		赋值方法	指标赋值		
维度	权重	指标	权重		类别	分值	分值范围
社区参与	10%	社区活动参与	5%	询问调查中参加社区以下活动的情况：文体活动、公益活动、集体管理活动，社会委会管理活动、居委会、业主委员会活动、评优评先活动、其他。根据数量进行赋分	5项及以上	10	[0, 10]
					4项	8	
					3项	6	
					2项	4	
					1项	2	
					0项	0	
		参加组织	5%	询问调查中参加以下组织的情况：工会、志愿者协会、当地党团支部、流动党团支部、家乡商会组织、同乡会、同学会、其他。根据数量进行赋分	5项及以上	10	[0, 10]
					4项	8	
					3项	6	
					2项	4	
					1项	2	
					0项	0	
社会交往	10%	户籍居民朋友个数	5%	与调查总体均值进行比较，依次排序赋分	高于均值50%	10	[2, 10]
					高于均值20%~50%	8	
					均值上下20%	6	
					低于均值20%~50%	4	
					低于均值50%	2	

续表

第一层		第二层		赋值方法	指标赋值		
维度	权重	指标	权重		类别	分值	分值范围
身份认同	10%	社会融入心理认同	3%	根据社会融入心理认可量表的分数进行加总,每项为1~4分,共7项,对7项分值进行加总后赋分	28分	10	[0, 10]
					26~27分	9	
					24~25分	8	
					22~23分	7	
					20~21分	6	
					17~19分	5	
					14~16分	4	
					12~13分	3	
					10~11分	2	
					8~9分	1	
					7分	0	
		与市民相处融洽程度	3%	定序变量,根据程度进行赋分	很融洽	10	[0, 10]
					比较融洽	8	
					一般	6	
					不融洽	4	
					来往很少	2	
					没有交往机会	0	

续表

第一层		第二层		赋值方法	类别	指标赋值	
维度	权重	指标	权重			分值	分值范围
身份认同	10%	身份定位	4%	定序变量，根据程度进行赋分	是当地人	10	[0, 10]
					新当地人	5	
					不是当地人	0	
		想不想完全成为当地人	2%	定序变量，根据程度进行赋分	希望	10	[0, 10]
					说不清	5	
					不希望	0	
		觉着外来人口是否能成为户籍人口	2%	定序变量，根据程度进行赋分	完全可能	10	[0, 10]
					有点儿可能	6	
					不太可能	2	
					一点儿可能都没有	0	
市民化意愿	10%	自己是否能成为户籍人口	2%	定序变量，根据程度进行赋分	完全可能	10	[0, 10]
					有点儿可能	6	
					不太可能	2	
					一点儿可能都没有	0	
		是否打算长期居住	2%	二分变量，分别为"0分""10分"	是	10	[0, 10]
					否	0	
		是否愿意把户口迁来	2%	二分变量，分别为"0分""10分"	是	10	[0, 10]
					否	0	

续表

| 第一层 | | 第二层 | | 赋值方法 | 指标赋值 | | |
维度	权重	指标	权重		类别	分值	分值范围
家庭化流动	10%	一起在流入地共同生活的家人	5%	根据家人共同在流入地的情况进行赋分	自己、配偶及全部未婚子女	10	[0, 10]
					自己、配偶及部分未婚子女	8	
					自己和全部未婚子女	6	
					自己和部分未婚子女	4	
					自己和配偶	2	
					只有自己	0	
		未来3年是否打算把家庭成员带来	5%	根据计划将家人带来流入地的情况进行赋分	已都在本地	10	[0, 10]
					是，全部都带来	8	
					是，带一部分未	3	
					否	0	
就业	20%	就业身份	5%	分类变量，类型合并后进行赋值。共分为4个类别，按工作中自主性排序	雇主	10	[2, 10]
					自营劳动者	8	
					家庭帮工	4	
					雇员	2	
		工作类型	5%	分类变量，类型合并后进行赋值。共分为3个类别，按技术含量排序	技术性很高的工作	10	[2, 10]
					半技术力半技术的工作	6	
					体力工作	2	

续表

第一层		第二层		赋值方法	指标赋值			
维度	权重	指标	权重		类别	分值	分值范围	
就业	20%	是否接受过培训	5%	分类变量，类型合并后进行赋值。共分为 3 个类别	在流入地接受过	10	[0，10]	
					在户籍地接受过、在其他地方接受过	5		
					没有	0		
		再找工作最看重什么	5%	根据马斯洛需求理论"生理—安全—情感—尊重—自我实现"对选项进行分类与排序赋分	实现理想、发挥特长，对社会有意义	10	[2，10]	
					受到尊重	8		
					与志同道合的人一起工作、有趣好玩	6		
					福利待遇好、工作环境好、稳定、不累、干起来简单	4		
					赚钱多	2		
公共服务	10%	第一个孩子学校性质	2.5%	分类变量，类型合并后进行赋值。共分为 3 个类别	公立	10	[2，10]	
					私立	6		
					打工子弟学校	2		
		流入地职工医疗保险	2.5%	二分变量，分别为"0分""10分"	有	10	[0，10]	
					没有	0		
		流入地职工养老保险	2.5%	二分变量，分别为"0分""10分"	有	10	[0，10]	
					没有	0		

续表

第一层	第二层		赋值方法	指标赋值			
维度	权重	指标	权重		类别	分值	分值范围
公共服务	10%	流入地保险	2.5%	根据"五险一金"的参保情况,对参加保险险种类进行计数后赋分	5 项及以上	10	[0,10]
					4 项	8	
					3 项	6	
					2 项	4	
					1 项	2	
					0 项	0	
合计	100%	30 项二级指标	100%	—	—	—	[0.6625,10]

第三节　市民化现状及问题

在前面指标构建的基础上，选取样本量最多的前 8 个城市，北京、上海、广州、深圳、杭州、武汉、西安、宁波进行对比分析。需要说明的是，本研究使用的数据样本之间不存在同质性，缺点是样本规模不够充分大，仅能进行这 8 个城市的比较。

一、总体水平及变动

从计算结果来看[①]，全国及选取的 8 个城市市民化得分均偏低，但与 2014 年相比，除西安以外，2016 年市民化得分不同程度地提高。具体来看，全国得分从 2014 年的 40.0 分提高到 2016 年的 41.6 分。

如图 4-3 所示，在这 8 个城市中，杭州在 2014 年和 2016 年的得分均居首位，分别为 43.6 分和 47.1 分。西安在 2014 年和 2016 年的得分均相对较低，2014 年为 38.9 分，仅高于宁波（30.4 分），2016 年为 38.4 分，处于末位。宁波 2014 年最低，但之后提升幅度大，2016 年提高到 42.7 分。其他城市两年间的差异不大。

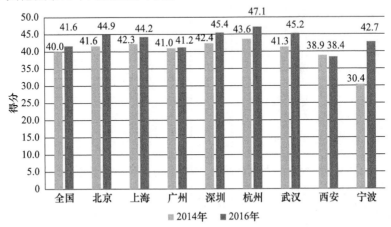

图 4-3　2014 年和 2016 年全国及 8 个城市市民化得分

① 为方便比较，作者在分析中将结果转换为百分制。

二、二级指标比较

尽管市民化总体得分变动不大，但是市民化结构却存在较大差异。从全国数据来看，社会流动得分从 2014 年的 32.2 分提高到 2016 年的 36.1 分；空间流动得分则从 2014 年的 51.6 分下降到 2016 年的 49.8 分，减少了 1.8 分，其中，空间流动中的住房指标得分从 2014 年的 58.2 分下降到 2016 年的 56.7 分，减少了 1.5 分，占空间流动得分降幅的 83.3%，如图 4-4 所示。

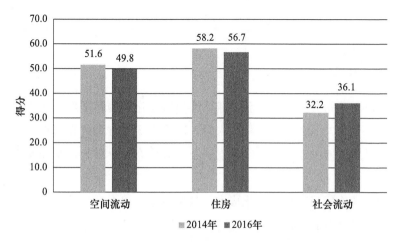

图 4-4　2014 年与 2016 年全国市民化二级指标综合得分比较

如表 4-9 所示，仅就业和家庭化流动两个维度的指标在 2014 年和 2016 年之间有所提高，分别提高 9.58 分和 0.53 分，这也就是说，市民化水平的提高主要依靠城市经济活力、流动人口的勤劳，以及对家庭团聚的向往。

从城市比较来看，2014 年与 2016 年这 8 个特大城市市民化结构变化趋势令人担忧，与全国总体水平一致，城市经济活力提高带来的流动人口就业状况改善是各省市市民化水平提高的主要拉动力，各城市就业得分均呈现较大幅度的上升，其中，宁波上升幅度最大，提高了 31.73 分。家庭化流动指标中，上海、西安和宁波有所下降，其他 5 个城市均不同程度地提高。

表4-9　2014年与2016年全国和8个城市市民化二级指标综合得分变动

指标	全国	北京	上海	广州	深圳	杭州	武汉	西安	宁波
公共服务	-2.14	1.33	1.00	-6.31	-3.17	0.47	0.18	-4.04	26.17
住房	-1.58	1.68	-1.86	-0.95	-1.14	0.53	3.59	-1.94	-7.62
社区参与	-2.32	-2.58	-2.58	-3.87	-3.08	0.91	1.18	-7.84	-2.46
社会交往	-0.14	-1.38	3.11	-0.75	-0.02	2.79	2.86	-6.18	-3.64
身份认同	-0.93	-0.53	-2.60	-1.68	0.05	2.15	0.07	-4.29	14.74
市民化意愿	-2.71	-2.00	-2.23	-8.22	3.09	-1.22	-5.00	-6.23	23.04
家庭化流动	0.53	3.41	-4.02	0.25	1.58	0.88	0.40	-2.14	-3.91
就业	9.58	10.35	11.09	10.68	13.09	9.68	14.48	9.13	31.73

三、小结

从市民化得分的比较来看，流动人口市民化难题的本质是地方政府职能缺位导致公共服务缺失。具体来看，表现为3个方面的发展瓶颈：流动人口市民化意愿的误区、高成本误区、地方政府缺乏激励机制和有效的考核制度。

地方政府容易高估市民化成本，其关键在于成本效益核算。以杭州市为例进行成本测算，假如"十三五"期间13.7万人全部完成流动人口市民化，需要财政投入7.9亿元，但是同期对财政贡献达到13.2亿元，其中，创造税收收入8.1亿元，对养老保险金贡献5.1亿元。但是，学校、医院、健康住房、老师、大夫等公共服务人员缺乏是真实的瓶颈。此外，还有土地指标的瓶颈，这需要地方政府认真编制市民化规划，通过长期规划的有效实施来推进市民化进程。

市民化政策实施效果不尽如人意。有些地方政府的报告数据与事实有较大出入。例如，东部沿海某城市报告流动人口子女80%上公立学校，但是在该城市发放问卷进行调查，结果发现，流动人口子女在老家与在流入地就读的比例为6∶4。

第五章 可持续就业

就业是最大的民生，稳定就业是提高户籍人口城镇化率的经济基础。改革开放以来，我国政府高度重视就业问题，通过多种措施增加就业，推动就业工作取得长足进展。但是，中国工业化阶段没有完全完成，计划经济体制、城乡二元户籍制度、设市制度等制约就业的一系列基础性问题长期积累，成为影响就业增长和就业质量提高的重要障碍。因此，研究中国就业就更需要跳出就业研究就业，把就业放到城镇化和工业化系统循环中找寻可持续就业的路径，在经济社会系统持续优化的过程中解决就业问题。

第一节 市民化中可持续就业的战略思想与目标

在市场化条件下，就业问题集中体现在增加就业（减少失业）和提高就业质量两个方面，而就业增加和就业质量提高是经济发展和社会公共服务不断完善的结果，这就需要将就业问题放到城镇化和工业化系统循环中找寻可持续就业的路径。

一、市民化与可持续就业的关系

（一）稳定就业是市民化的经济基础

稳定就业是实现流动人口市民化、提高户籍人口城镇化率的经济基础。总体而言，中国工业化阶段没有完全完成，基于中国工业2025框架之上的服务业发展潜在空间巨大，为扩大城镇就业提供基本保障；我国巨大的地区差异和多层次的细分市场结构，为多元化产业结构升级提供了可能的市场潜力；正在积极推进的就业创业创新制度改革，为活跃劳动力市场提供较好的改革环境；中国农村土地制度改革，将激活巨量的乡村集体死资产，赋予城市和乡村巨大的发展活力，开辟新一轮城市和乡村产业的发展与就业空间。

我国正处在由工业化中期向工业化后期过渡的阶段。在工业化中后期阶段，随着制造业深加工化的发展，先进制造业占据主导地位，工业对原材料、资本等生产要素的依赖程度逐步下降，取而代之的是技术资源，而技术进步离不开人的创新，人力资本积累成为工业发展的关键支撑要素；在工业化后期阶段，依托于先进制造业的现代服务业发展起来，社会走向创新社会，工业化发展对人力资本积累和创新的需求更加凸显。

因此，未来我国可持续就业的产业路径就是大力发展以装备制造为代表的先进制造业，进而推动高端服务业的发展，最终掀起第二次就业高潮。而这一切都依赖于人力资本的普遍积累，人力资本积累成为新一轮经济增长和扩大就业的核心要素，伴随结构升级的扩大就业是高质量扩大就业的根本方法。

但是，我国存在着人力资本积累不足的问题。无论是中国三次产业就业结构调整缓慢，还是我国劳动力市场上出现的结构性失业，都反映出人力资本积累难以满足产业结构升级对劳动力素质的要求。因此，加快促进人力资本积累显得更为迫切。

人力资本包括智力资本和健康资本。智力资本是指劳动力经过基础教育和职业教育形成的从事高效率产业的能力；健康资本是指拥有健康家庭生活和社会生活，进而以积极态度和健康心态投入职业工作的能力。人力资本的积累主要分为两个层面：一是健康资本的积累，包括户籍、住房、社会保障等保障就业群体基本生产生活的条件；二是智力资本的积累，包括职业培训、人才优惠、创业支持、创新政策等增强就业群体就业能力、创造良好就业环境的条件。两大层面的条件共同促进了就业群体的空间流动与社会流动，支撑起人力资本的积累，在此基础上有力推进产业结构的转型升级，实现我国现阶段的发展目标。人力资本积累的关系与逻辑如图 5-1 所示。

（二）就业制度是工业化与城镇化相互促进的桥梁

工业化为充实城镇化奠定经济基础，城镇化为完善工业化提供社会基础，那么就业制度就是工业化和城镇化相互促进的直接桥梁。工业化

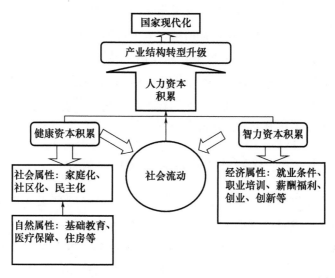

图 5-1　人力资本积累的关系与逻辑

扩大规模正是通过大幅度增加非农产业就业并促使其集中来实现的，这一过程带动了城镇化的进程；城镇化则为工业化提供了能够适应工业化时代生产组织要求的高质量的就业人员，为产业结构升级和以高效率产业为主的现代产业体系的建立提供人力资本支持，进而推动工业化不断发展。

二、市民化进程中可持续就业的战略思想

市民化是以人为本的新型城市发展的重点，可持续就业是流动人口市民化的经济基础。市民化进程中可持续就业的战略思想为：必须坚持以人为本，全面实施社会保障、健康住房和广泛培训，快速积累人力资本；通过构建公平的竞争秩序，普遍激发居民创新精神，并通过对现代产业的参与和成果分享逐步扩大中等收入者阶层，为工业化进一步发展、扩大就业并提升就业质量创造社会基础。

在工业化中后期和工业化后期，依托先进制造业和现代服务业的创新型企业家及高素质劳动者对投资环境和生活环境有着严格的要求，他们"以足投票"，只钟情于现代高品质、具有创新氛围和人文关怀的城市。这一时期，城镇化决定着工业化。未来城市间对发展环境和城市品质的竞争

决定着各自产业发展转型的速度和城市之间的竞争格局。

我国已经步入工业化中后期阶段，人力资本作为生产要素支撑，在产业发展转型过程中发挥越来越重要的作用，城镇化如何塑造"人"以及"人"生存发展的空间环境，在很大程度上决定着未来工业化的发展态势。要解决就业问题，就必须跳出就业问题本身，把就业放到城镇化和工业化系统循环中，去找寻可持续就业的路径。

三、通过工业化和城镇化发展持续扩大就业

通过工业化和城镇化发展持续扩大就业，就必须使工业化逐步具备"四个条件"，这些条件的产生是城镇化和工业化相互促进、共同发展的结果。在这一过程中，工业化产生了两次就业高潮，推动了就业规模的增加；城镇化则通过提供公平的公共服务和发展机会，不断改善就业人员的生活环境和自身素质，实现人力资本的不断积累，从而推动就业质量的提高。工业化、城镇化与扩大就业机制如图5-2所示。

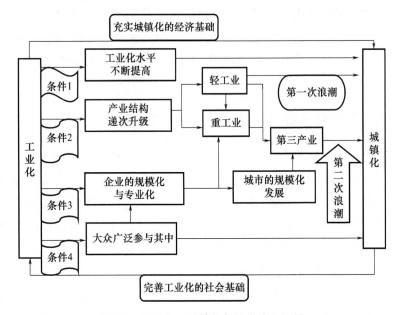

图5-2　工业化、城镇化与扩大就业机制

（一）条件一：工业化水平的不断提高

工业化与城镇化相互关系的基本理论及世界城镇化历程都告诉我们，工业化是城镇化的基本动力，只有高度发达的工业化国家才能真正进入成熟的现代城市社会。在工业化水平还较低的发展中国家，推进工业化进程本身就是推进城镇化进程的重要举措。在这一进程中，大量农村剩余劳动力走向城市非农产业，就业规模不断扩大。

（二）条件二：产业结构的递次演进

从吸纳劳动力的角度看，在工业化过程中，产业结构的演进遵循着轻工业—重工业—第三产业的轨迹。由于轻工业具有以农产品为原材料、投资少、见效快、吸纳劳动力多等特征，大部分国家的工业化进程都起步于轻工业。轻工业的大规模发展使得城市的劳动力供不应求，收入的差距吸引着农业劳动力大量向轻工业转移，从而形成工业化过程中劳动力转移的第一次浪潮。随着轻工业发展水平的提高以及来自竞争的压力，要求重工业为其提供更加先进的技术装备。同时，轻工业的发展使得人们在满足了衣食需求后，基本需求结构转向家电等重工业产品，重工业的迅速发展就成为历史的必然。重工业的高投资、高效率、高积累特征，决定了重工业化过程是一个国家财富积累的关键阶段。正因为如此，重工业的发展超过轻工业是一个国家进入工业化中期阶段的重要标志。但是，重工业的资金密集型特征及规模化发展的要求，决定了它吸纳劳动力的能力并不十分强大。随着重工业化进程的不断推进，以及整个制造业技术装备水平的不断提高，工业吸纳劳动力的空间有下降的趋势，只有当拓展出新的制造业生产领域或新的市场时，才会吸纳新的劳动力。整个制造业对劳动力的需求状况就取决于二者力量的对比。一旦由于技术装备水平的提高对劳动力需求量的减少，大于新生产领域或新的市场拓展所增加的劳动力需求量，那么工业对劳动力的需求就会下降，这就是发达国家第二产业劳动力就业比重达到一定水平之后会表现出下降态势的根本原因。

那么，为什么在第二产业就业的相对量甚至绝对量都下降的情况下，社会总就业量和城镇化水平依然能够不断提高呢？答案在第三产业。第三产业的大规模发展是重工业化发展的产物。规模化、专业化几乎是重工业化的同义词。重工业化过程中企业的规模化与专业化发展，客观上导致企业发展对外部环境及社会服务的依赖性不断增加，生产性服务业因此赢得了广泛的发展空间，如充分发育的市场体系、发达的金融体系、完善的能源供应网络、便捷的运输体系、方便的通信服务系统，以及多样化的人才培养体系等。另外，富有效率的重工业化使更多的人进入中高档消费阶层，他们的生活质量得以大幅度提高，对社会服务的高档化、个性化需求不断增加，生活性服务成为最富活力的产业。因此，当重工业发展到一定水平时，第三产业迅速崛起并成为支持经济发展的主要动力是历史的必然。与重工业不同，第三产业的"服务"特性决定了它具有劳动密集型的特点。当第二产业由于技术装备水平的提高而相对减少对劳动力的需求时，第三产业迅速发展，提供了大规模的就业机会，从而保证在工业化过程加深的情况下，非农产业就业比重仍不断提高。因此，如果说轻工业的大规模发展是工业化过程吸纳劳动力的第一次浪潮，那么伴随着重工业化的第三产业的迅速发展则掀起了非农产业吸纳劳动力的第二次浪潮。

（三）条件三：规模化与专业化的充分发展

规模化和专业化是工业化的重要特征，是工业社会经济组织的基本形式，也是提高工业化质量的必然选择。工业化过程中的规模化与专业化有两个层面的含义：一是在微观层面上，表现为企业的内部规模化和专业化，追求内部规模经济效益和专业化生产是现代企业与传统手工作坊相区别的本质所在。二是在中观层面上，表现为企业在城市的集聚和城市经济发展专业化。集聚是企业追求外部规模经济效益的客观结果，相关产业的集聚必然导致地区和城市生产的专业化，从而推动城镇化进程。企业集聚不仅意味着生产过程的集聚，还带来大量人口的集聚，从而推动生活服务需求的集聚和第三产业市场的集聚。而城市生产专业化意味着城市经济形象以及在区域劳动地域分工中地位的确立，必然会引起城市与区域经济的联系，这必然要求有发达的交通通信网络、充分发育的各种生产要素市场以及服务业市场。因此，企业集聚和城市生产专业化可以开辟大量的第三产业发展空间，是第三产业发展的主要动力，也成为扩大就业的重要条件。

（四）条件四：鼓励更多的人参与其中

纵观发达国家工业化的历史，就是广大人民以高度的热情追求新生事物（新产业、新产品、新技术、新市场、新生活等）的历史，是人们积累财富的历史。民众积累财富的过程就是一个国家发展的过程。国家的发展需要鼓励更多的人通过就业参与到工业化的过程中，而要鼓励更多的人通过就业参与到工业化的过程中，就需要城镇化提供公平的公共服务和发展机会，就需要破除土地、户籍等制度中不公平、不合理的一切因素。无法想象，在传统体制下将几亿农民束缚在农村的工业化和城镇化能够将中国带入现代社会。

第二节　市民化中可持续就业的重点任务

产业结构的升级往往伴随着劳动力的非农产业转移，而人力资本积累不足则会造成产业结构与就业结构之间的不均衡发展。城镇化过程的本质是伴随着工业化发展和就业扩张，农村人口进入城市就业，并且通过不断地学习和进步，持续提高就业创业和创新创造能力，成为城镇产业发展、技术创新和社会建设的主力军，流动人口与城镇发展共赢。

一、推动产业升级

（一）现状：中国工业化中期产业升级受阻限制了城镇就业扩张

1. 中国三次产业就业结构调整缓慢，滞后于增加值结构

从 1978 年以来的就业结构变化来看（见图 5-3），中国就业结构持续优化，但调整速度较为缓慢，且三次产业结构滞后于增加值调整结构。总体上看，劳动力主要由第一产业向第三产业转移，呈现第二产业对就业吸纳不足、第三产业对就业拉动滞后的状况。从相对比重来看，第一产业就业所占比重持续下降，2016 年比重降至 27.7%，基本与第二产业（28.8%）相同，第二、三产业所占比重持续上升，第三产业增速更快，在 1994 年超过第二产业，在 2011 年超过第一产业，成为从业占比最大产业，2016 年已提升至 43.5%。

日本三次产业就业结构变迁比较如图 5-4 所示。

从三次产业增加值的结构调整进程来看（见图 5-5），早在 1985 年前后产业增加值结构就与我国 2016 年的就业结构（见图 5-3）相仿，说明

就业结构调整并没有跟上产业调整的步伐，与增加值结构相比，第一产业
吸纳了过多劳动力，第二产业吸纳的劳动力不足。

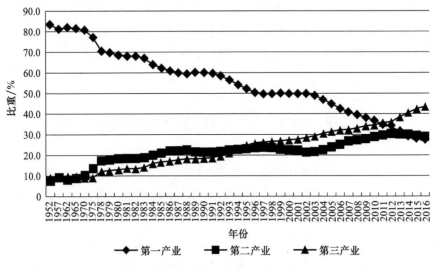

图 5-3　中国三次产业就业结构变迁比较

资料来源：《中国统计年鉴 2017》。

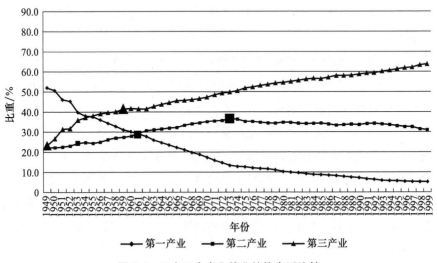

图 5-4　日本三次产业就业结构变迁比较

资料来源：1949—1999 年《日本统计年鉴》。

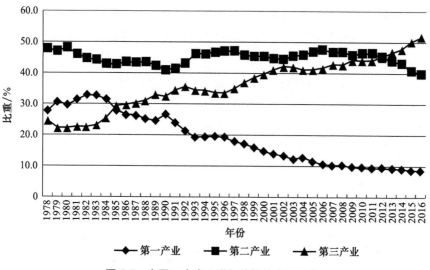

图 5-5　中国三次产业增加值结构变迁比较

资料来源:《中国统计年鉴 2017》。

日本三次产业增加值结构变迁比较如图 5-6 所示。

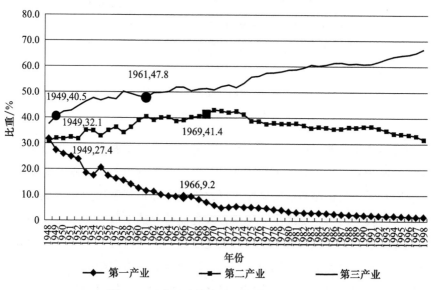

图 5-6　日本三次产业增加值结构变迁比较

资料来源:1948—1996 年《日本统计年鉴》。

从与日本的对比可以看出,我国三次产业就业结构水平相对落后,就业结构调整缓慢。如果服务业发展局限于生活型服务业内，加之制造业发展不足，中国服务业发展缓慢的问题就会更突出。可以说，中国还没有完成工业化。

2. 中国工业化开始迈向装备制造体系主导的阶段

2015 年，我国人均 GDP 为 8068 美元，远低于日本和韩国的同期水平，这表明我国尚处于工业化中期阶段，我国高增长期在理论上没有结束（见图 5-7）。

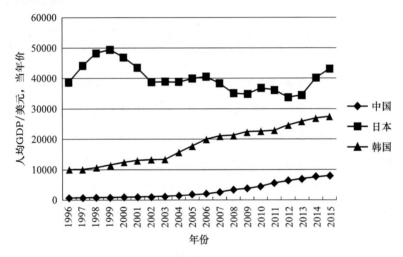

图 5-7 中国、日本和韩国人均 GDP 的历史比较

资料来源：国家统计局，主要国家（地区）年度数据。

根据产业发展规律（见图 5-8）和我国制造业发展现状，我国还有工业化时期最后一个庞大的主导产业——深加工工业中的装备制造业刚刚开始快速发展。装备制造业的健康发展，不仅能够扩展制造业新领域，创造出更多的就业需求。更为重要的是，装备制造业的发展有赖于庞大的生产性服务体系，同时也能够创造出一大批中高档消费阶层，为高端生活性服务业发展提供巨大需求。因此，装备制造业能够作为引擎为现代服务业的发展提供坚实支撑，进而引发国民经济体系的新一轮健康增长，推动中国就业的第二次浪潮。

3. 中国装备制造业发展迅猛，但问题较多

未来一定时期，我国现代服务业的发展和就业的扩张有赖于装备制造

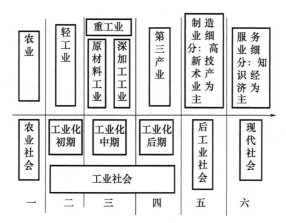

图 5-8　以产业演变为标准的社会结构发展趋势

业的健康发展。因此，考察和把握我国装备制造业的发展态势，厘清问题并找出解决对策，对我国就业发展至关重要。

作为新兴产业，我国装备制造业发展迅速。如图 5-9 所示，以装备制造业等为主的中高技术制造业在制造业中的占比不断增加，从 2007 年的34.8% 增加到 2013 年的 40.7%；与此同时，中高技术的发展也带动了一定量的就业，从 2007 年到 2013 年，我国中高技术制造业行业就业总增长达到 72.5%。如图 5-10 所示，装备制造（机械）带动的城镇单位就业人数逐年增加及营业收入持续增长，其中 2012—2013 年带动城镇单位就业人数增加 180 余万人，为推动就业增长做出了重要贡献。

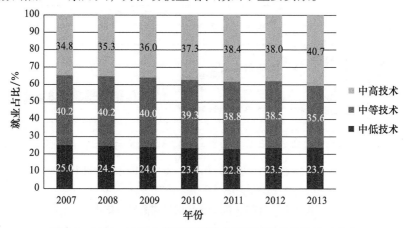

图 5-9　2007—2013 年我国不同技术等级制造业结构关系变化

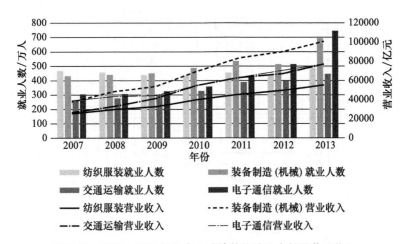

图 5-10　2007—2013 年各产业城镇单位就业人数及营业收入

在肯定我国装备制造业近些年发展成就的同时，我们必须看到，我国装备制造业的发展还存在着依赖进口、效率低下、发展滞后等问题。

1999—2015 年，在我国制成品进口结构中，机械及运输设备进口额所占比重一直保持在 50% 以上，成为最主要的进口制成品。而在机械及运输设备进口总额中，机械进口额占据主要部分。2015 年，机械及运输设备进口总额达到 6824.2 亿美元，占制成品总进口额的 56.5%（见图 5-11）。

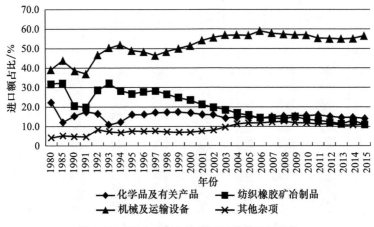

图 5-11　2004—2015 年我国制成品进口结构

2007—2012 年，装备制造（机械）城镇单位产业效率逐年提升，但一直都低于交通运输业，2012 年才略高于交通运输业。2013 年，装备制造产业效率出现下降，再次低于交通运输业。这表明我国装备制造业产业效率还比较低，有待于进一步提高（见图 5-12）。

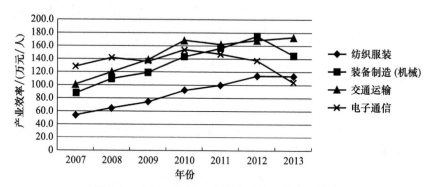

图 5-12　2007—2013 年各产业城镇单位产业效率

早在 2000 年，美国、日本、新加坡、韩国、德国等发达国家的机械与运输设备制造在制造业结构中所占比重就已经十分显著，其中新加坡占比高达 59%。而我国直到 2013 年，机械与运输设备制造在制造业结构中所占比重才达到 29%，均低于上述国家 2000 年时的水平（见图 5-13）。这表明，与一些发达国家相比，我国装备制造发展滞后。

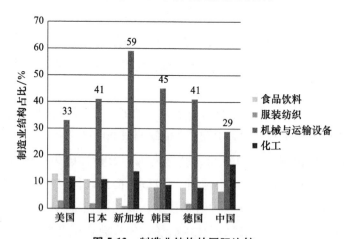

图 5-13　制造业结构的国际比较

注：世界各国为 2000 年，中国为 2013 年。

装备制造严重依赖进口，不能够有效推动高端服务业的发展和就业的扩张。首先，设备进口会带来巨大的信息成本、谈判成本、采购成本和维修成本，导致企业技术进步的成本提高，不利于企业的生产经营和技术进步；更为重要的是，进口设备不会在国内产生研发投入、设备维修和教育培训等，这样市场体系、金融体系，以及多样化的人才培养体系就难以得到发育和完善，生产性服务业就难以发展壮大；同时，国内装备制造业研发、维修体系发展不起来，就不能创造出大量的高薪就业群体，中高端消费需求就会不足，进而影响高端生活性服务业的发展。最终，我国整个高端服务业就难以发展起来，也就不可能出现第二次就业高潮。

我国装备制造发展的落后不利于工业化进程和现代服务业的发展，一定程度上影响了城镇就业的扩张。而导致我国装备制造发展落后的原因有很多。首先，我国装备制造业起步晚，装备生产产品引进现象较多；其次，一些企业施行低端出口战略，不注重研发投入和技术进步，相应的，该方面的人力资本积累不足。作为技术密集型产业，装备制造业的发展离不开创新的制度环境和人的全面发展，关注人的全面发展和人力资本的普遍积累是未来我国装备制造业健康发展的关键。

（二）任务

1. 中国开启工业4.0战略，推动装备制造发展

2014年10月，第三次中德政府磋商发布了《中德合作行动纲要：共塑创新》，将"工业4.0"纳入中德标准化合作委员会的工作议题，并创建"工业4.0"对话机制；未来在机械、化工、汽车制造等领域，中德将进一步深化合作。

2015年3月25日召开的国务院常务会议，部署加快推进实施"中国制造2025"，实现制造业升级。"中国制造2025"提出了通过10年的努力，将中国由制造大国转变为制造强国的目标，成为中国未来10年制造业发展的顶层设计。"中国制造2025"提出以信息化与工业化深度融合为主线，重点发展新一代信息技术、高档数控机床和机器人、航空航天装备、海洋工程装备及高技术船舶、先进轨道交通装备、节能与新能源汽车、电力装备、新材料、生物医药及高性能医疗器械、农业机械装备10大领域。

上述 10 大发展领域基本上可以看成"互联网+装备制造",是信息技术与先进制造技术的深度融合。发展"中国制造 2025",基本上无进口可以依赖,只能依靠自身的研发和创新。因此,在这一过程中,人力资本的积累至关重要,成为新一轮经济增长和扩大就业的核心要素。

中国在开启工业 4.0 战略的过程中,认识到了"人"的重要性。德国信息物理系统(cyber-physical system,CPS)是将物理设备连接到互联网上,让物理设备具有计算、通信、精确控制、远程协调和自治等 5 大功能,从而实现虚拟网络世界与现实物理世界的融合。CPS 是实现工业 4.0 的基础。中国在运用 CPS 时将"人"这一要素融合其中,发展成为 CPPS 人机网三元战略,充分体现出了对"人"的创新价值的重视(见图 5-14)。

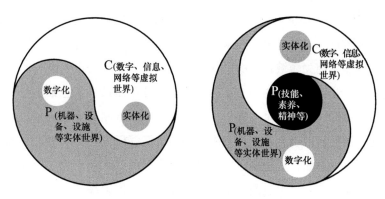

图 5-14　从德国的 CPS 到中国的 CPPS

2. 先进制造构成现代服务业体系发展的核心动力

在讨论产业发展与扩大就业和城镇化的关系时,存在两种观点:一种观点认为,中国重工业化过程的继续深化要求提高工业的技术密集度,这将减少工业化过程对劳动力的需求,从而不利于扩大就业和推动城镇化进程;另一种观点认为,现在已经到了知识经济时代,不一定要发展大规模的制造业,可以直接大力发展第三产业,从而扩大就业、促进城镇化进程。

作者认为,这两种观点是不全面的。如前文所述,产业的发展有自身的规律,第三产业的大规模发展是重工业化发展的产物,而重工业领域的先进制造业对服务业发展的支撑力最大,构成现代服务业体系发展的核心动力。

先进制造业在国内又叫现代制造业，是指依靠当代最先进技术和生产方式发展的制造业体系。先进制造业所依赖的先进制造技术是一个动态概念，它是指制造业不断吸收机械、电子、信息、能源及现代系统管理的最新成果，将其综合运用于产品设计、制造、检测、管理、销售、使用、服务乃至回收的制造全过程，以实现优质、高效、低耗、清洁、灵活生产，提高对动态多变的市场适应能力和竞争能力的制造技术的总称。先进制造技术不是单一技术，而是贯穿设计、生产、维修等全过程的技术。

先进制造业集中在重工业领域，主要包含三大类：一是为生活服务的高档耐用消费品工业，如电视、冰箱和汽车等；二是改造、武装传统产业的新技术设备的制造工业；三是新型产业和产品，如新能源、新材料、生物工程、航天技术等。其主要特征是技术密集。先进制造业的技术密集特征要求生产技术不断进步，技术进步扩大了制造业的产业外延，制造出新的需求，推动相关领域就业的增加。更为重要的是，先进制造业的发展成为现代服务业体系发展的核心动力。现代服务业体系主要包括生产性服务业和高端生活性服务业。一方面，汽车生产和装备制造等先进制造业带来的研发、教育培训、金融支持和维修等需求能够极大地推动生产性服务业的发展；另一方面，先进制造业是高效率产业，其产业工人工资高，对生活性服务业的需求量大、质量要求高，能够有效推动高端生活性服务业的发展（见图 5-15）。

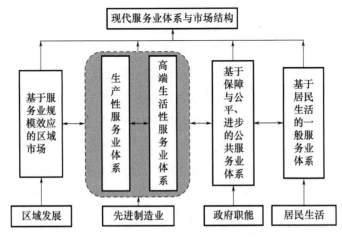

图 5-15　现代服务业体系与市场架构

二、推动人力资本积累

（一）劳动力市场总体需求特征

1. 中国劳动力市场"虚假短缺"

如图 5-16 所示，2001 年以来，全国劳动力市场中求人倍率总体上保持上升态势，劳动力需求的增长速度高于求职人数的增长速度。特别是 2004 年以来，求人倍率始终保持在 0.9 以上，尽管受到金融危机影响，2008—2009 年有所回落，但仍处于高位运行状态，2011 年回升到 1.06，此后继续保持上升趋势。这说明我国劳动力市场经历了从劳动力资源的供过于求向供不应求的结构转变，劳动力资源开始面临短缺，市场上会出现职位空缺。

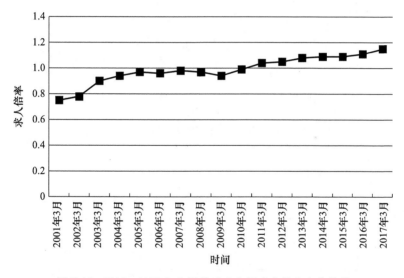

图 5-16　2001—2017 年全国劳动力市场求人倍率变化趋势

资料来源：人力资源和社会保障部，中国就业网。

全国范围内求人倍率的特点是，对高级技能人才的需求一直居于高位，并且呈现增长趋势，表现为自 2008 年以来，职高、技校、中专学历成为求人倍率最高的人群，高级专业技术职务和职业资格一级、二级的求人倍率也远高于其他人群。由此显示，我国高级技能人才一直处于匮乏状态，并且培养的数量赶不上需求的增长。

如图 5-17 和图 5-18 所示，分技术等级求人倍率和分职称求人倍率早在 2002 年就一直保持在 1 以上，表明劳动力市场供不应求的状况在这两个类别内持续存在。特别是一直以来，职业资格等级较低的劳动力供不应求矛盾越发突出，这更加暴露出我国流动人口短缺，以及职业教育、培训制度发展滞后等一系列问题，如图 5-18 所示。

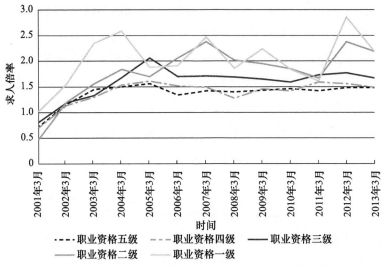

图 5-17　2001—2013 年分技术等级求人倍率变化趋势

资料来源：人力资源和社会保障部。

注：数字越大，级别越高。

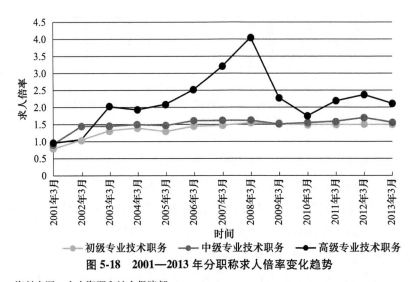

图 5-18　2001—2013 年分职称求人倍率变化趋势

资料来源：人力资源和社会保障部。

2. 劳动力需求与供给区域差异明显

从各区域求人倍率来看，西部地区>中部地区>东部地区>1>东北地区>
0.8，表明中西部地区依然存在劳动力资源缺乏的难题，东北地区则面临劳
动力过剩、就业岗位不足的问题。对于东部地区，尽管整体求人倍率小于中
西部地区，但由于北京市、广州市求人倍率最高分别达到4.12和57.53，而
其他地区最高的求人倍率低于2，说明东部地区内部不均衡问题比较突出，
特大城市对劳动力资源的需求程度远远高出东部地区及全国的平均水平。

从各直辖市和省会城市的情况来看，北京市、广州市、济南市求人倍
率变化波动较大，数值最高；其次是银川市、郑州市、重庆市，求人倍率
介于1~2；天津市、石家庄市、太原市求人倍率比较平稳，数值在0.8
左右。

3. 职业教育和培训不足造成结构性失业

我国产业发展正处于向先进制造业转型升级的关键时期，产业转型
升级需要高素质的就业人员与之相适应。然而，由于职业教育和培训发
展未能与先进制造业升级相匹配，我国产业工人没有得到足够的职业培
训，难以适应先进制造业的生产要求，从而造成一些行业的结构性
失业。

2016—2017年我国接受过技能培训的农民工比重如表5-1所示。2017
年，我国有28652万农民工，他们是城市新增就业的主体。2017年只有不
足1/3的农民工接受过培训，这与产业结构升级对员工素质与技能提升的
需要不匹配。

表 5-1　2016—2017年我国接受过技能培训的农民工比重　　　单位:%

分类	接受农业 技能培训		接受非农 职业技能培训		接受农业或非 农职业技能培训	
	2016 年	2017 年	2016 年	2017 年	2016 年	2017 年
合计	8.7	9.5	30.7	30.6	32.9	32.9
本地农民工	10.0	10.9	27.8	27.6	30.4	30.6
外出农民工	7.4	8.0	33.8	33.7	35.6	35.5

资料来源:《2016年农民工监测调查报告》《2017年农民工监测调查报告》。

我国三次产业就业结构调整缓慢，而且劳动力市场上已呈现结构性失业现象，需要高度重视职业教育和培训不足而导致的我国人力资本积累缓慢的问题。随着我国劳动年龄人口的不断减少，如果劳动力结构性失业与劳动力规模短缺相交织，将给我国经济发展带来很大影响。

（二）任务

1. 市民化是解决农民工用工短缺的关键

劳动力市场在宏观、中观和微观层面全面呈现的"求人倍率"上升，反映出劳动力供不应求；而我国城镇就业增长滞后，农村劳动力转移困难，又意味着劳动力市场需求不足。这样就出现了城镇就业滞后与劳动力短缺的矛盾局面。

市场对劳动力的需求与劳动力供给不相对称，并不是因为我国劳动力真实短缺，而是由结构性失业造成的。出现这一矛盾状况的根本原因有两个：

第一，市民化长期滞后，公共服务不足，达不到新生代流动人口的要求，大量新生代流动人口宁可在家或非正规就业，也不愿意进入城市打工，导致流动人口缺乏预期，城镇劳动力出现农民荒（总量供应不足）。

第二，培训不足。缺乏培训使流动人口固化在低端劳动力市场，使得高端劳动力供给不足，同时导致结构性失业。

以上两条原因是导致我国结构性失业的制度原因，因此，我们称此类结构性失业为制度性失业。在我国劳动力供给长期下降的条件下，长期的制度性失业将导致劳动力的极大浪费，并且有可能导致国家掉入"中等收入陷阱"。

2. 人力资本积累是制造业技术进步和结构升级的关键

依据不同工业部门在工业化过程中所占地位的不同，可将工业化过程划分为四个阶段，不同阶段的主导产业所需要的生产要素支撑不同（见图5-19）：在工业化前期，以轻工业特别是食品和纺织业的发展为主，生产比较粗放，轻工业技术含量低、劳动密集等特征使得工业发展对简单劳动力的需求迅速提升，劳动力成为最重要的工业资源；在工业化中前期，随着重工业化过程的加深，钢铁、冶金等原材料工业占主导地位，工业化发展对资金和工业原料的依赖最大；在工业化中后期阶段，随着制造业深加工化的发展，先进制造业占据主导地位，工业对原材料、资本等生产要素的依赖程度逐步下降，取而代之的是技术资源，而技术进步离不开人的创新，因此人力资本积累成为工业发展的关键支撑要素；在工业化后期阶段，依托于先进制造业的现代服务业发展起来，社会走向创新社会，工业化发展对人力资本积累和创新的需求更加凸显，城市品质等影响人力资本积累和创新的环境要素也成为工业化发展的重要要素支撑。

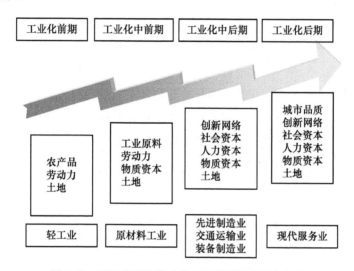

图 5-19　不同发展阶段主导产业所需要的要素条件

因此，工业化过程是一个由劳动密集型向资金密集型再向技术密集型转化的过程，也是一个由物质资本积累为主向人力资本积累为主转化的过程。随着工业化发展的深入，人力资本积累显得越来越重要，成为制造业技术进步和结构升级的关键。

三、推动新型城镇化发展

从总人口、经济活动人口与就业发展轨迹来看，全国就业持续增加，但就业增长总趋势放缓，且放缓趋势强于总人口及经济活动人口的增长趋势。从年均绝对量指标来看，年均增长由 1990—2000 年的 1168 万人降低至 2010—2016 年的 250 万人；从就业参与度来看，就业占经济活动人口的比率也呈现下降态势。

从各阶段的发展来看，1990—2000年，在相对量上，全国人口增长率低于经济活动人口及就业的增长率；在绝对量上，此阶段人口、就业均保持高增长态势。2000—2010年，受计划生育政策影响，人口增长率降低较快，同时就业增长率也随之降低。值得注意的是，相比1990—2000年就业增长率远高于人口增长率，2000—2010年就业增长率出现略低于人口增长现象。而就业增长滞后于人口增长的态势在2010—2016年更加明显，在相对量上，就业增长低于人口增长率1.15个百分点，在年均增量的绝对数上，就业年均增长量比经济活动人口增量少134.6万人，比人口增量少447万人。

从城乡就业来看，呈现出乡村就业持续向城镇转移的态势，城镇就业规模和比例都持续上升，但城乡就业结构总体上滞后于城镇化水平。城镇人口的绝对增量不断提高，截至2016年，城镇化率提升至57.3%，城镇就业占比已达到53.4%，超过乡村就业，但滞后于城镇化水平，如表5-2所示。

表5-2 我国1990—2016年就业变动总表

指标	时间	人口规模			经济活动人口/万人	全国就业		城镇就业		农村就业	
		全国/万人	城镇/万人	城镇比重/%		规模/万人	就业参与率/%	规模/万人	占全国比重/%	规模/万人	占全国比重/%
规模	1990年	114333	30195	26.4	65323	60410	92.5	17041	28.2	43369	71.8
	2000年	126743	45905	36.2	73992	72085	97.4	23151	32.1	48934	67.9
	2010年	134091	66557	49.6	78388	76105	97.1	34687	45.6	41418	54.4
	2016年	138271	79298	57.3	80694	77603	96.2	41428	53.4	36175	46.6
总增长率/%	1990—2000年	10.85	52.03		13.27	19.33		35.85		2.57	
	2000—2010年	5.8	44.99		5.94	5.58		49.83		-15.36	
	2010—2016年	3.12	19.14		2.94	1.97		19.43		-12.66	

续表

指标	时间	人口规模			经济活动人口/万人	全国就业		城镇就业		农村就业	
		全国/万人	城镇/万人	城镇比重/%		规模/万人	就业参与率/%	规模/万人	占全国比重/%	规模/万人	占全国比重/%
年均增量/万人	1990—2000年	1241	1571		866.9	1168		611		122.6	
	2000—2010年	734.8	2065		439.6	402		1154		−752	
	2010—2016年	696.7	2124.5		384.3	249.7		1123.5		−873.8	

资料来源:《中国统计年鉴 2017》,国家统计局。

第三节　中国人口与就业规模预测

在城镇化与就业的分析中,人口总量是重要的分析基础,同时人口的性别年龄结构是就业分析中重要的分析维度,因而对未来人口的预测中,作者通过对未来各年份性别年龄结构的人口预测对就业规模进行趋势预测。

一、总人口及就业人口预测

具体而言,作者采用"年龄移算法",即根据预测初始时期的分性别、分年龄的人口数,按照存活概率水平(存活概率＝1−死亡概率)进入下一个时点的对应年龄人口,然后加上该年龄净流动人口便可以得到该年龄的总人口。需要指出的是,预测各时点的新生儿数据则是根据上一个时点的育龄妇女数与分年龄的生育率得出,在此基础上考虑存活概率就可以得到预测时点的新生儿数量,人口预测参数设置如表 5-3 所示。

表 5-3　人口预测参数设置

年份	低方案			中方案			高方案		
	总和生育率	男性预期寿命/岁	女性预期寿命/岁	总和生育率	男性预期寿命/岁	女性预期寿命/岁	总和生育率	男性预期寿命/岁	女性预期寿命/岁
2010	1.18	72.40	77.40	1.30	72.40	77.40	1.30	72.40	77.40
2011	1.21	72.60	77.60	1.35	72.60	77.60	1.35	72.60	77.60
2012	1.24	72.90	77.70	1.40	72.90	77.70	1.40	72.90	77.70
2013	1.27	73.10	77.90	1.45	73.10	77.90	1.45	73.10	77.90
2014	1.30	73.30	78.10	1.50	73.30	78.10	1.50	73.30	78.10
2015	1.34	73.60	78.30	1.55	73.60	78.30	1.55	73.60	78.30
2016	1.37	73.80	78.50	1.60	73.80	78.50	1.60	73.80	78.50
2017	1.40	74.10	78.70	1.65	74.10	78.70	1.65	74.10	78.70
2018	1.43	74.30	78.90	1.70	74.30	78.90	1.70	74.30	78.90
2019	1.46	74.50	79.10	1.75	74.50	79.10	1.75	74.50	79.10
2020	1.49	74.80	79.30	1.80	74.80	79.30	1.80	74.80	79.30
2021	1.52	75.00	79.50	1.81	75.00	79.50	1.82	75.00	79.50
2022	1.55	75.30	79.70	1.81	75.30	79.70	1.84	75.30	79.70
2023	1.58	75.50	79.80	1.82	75.50	79.80	1.86	75.50	79.80
2024	1.61	75.70	80.00	1.83	75.70	80.00	1.88	75.70	80.00
2025	1.65	76.00	80.20	1.83	76.00	80.20	1.90	76.00	80.20
2026	1.68	76.20	80.40	1.84	76.20	80.40	1.92	76.20	80.40
2027	1.71	76.50	80.60	1.85	76.50	80.60	1.94	76.50	80.60
2028	1.74	76.70	80.80	1.85	76.70	80.80	1.96	76.70	80.80
2029	1.77	76.90	81.00	1.86	76.90	81.00	1.98	76.90	81.00
2030	1.80	77.20	81.20	1.87	77.20	81.20	2.00	77.20	81.20
2031	1.81	77.40	81.40	1.87	77.40	81.40	2.00	77.40	81.40
2032	1.82	77.70	81.60	1.88	77.70	81.60	2.00	77.70	81.60
2033	1.83	77.90	81.70	1.89	77.90	81.70	2.00	77.90	81.70
2034	1.84	78.20	81.90	1.89	78.20	81.90	2.00	78.20	81.90
2035	1.85	78.40	82.10	1.90	78.40	82.10	2.00	78.40	82.10
2036	1.86	78.60	82.30	1.91	78.60	82.30	2.00	78.60	82.30
2037	1.87	78.90	82.50	1.91	78.90	82.50	2.00	78.90	82.50

年份	低方案			中方案			高方案		
	总和生育率	男性预期寿命/岁	女性预期寿命/岁	总和生育率	男性预期寿命/岁	女性预期寿命/岁	总和生育率	男性预期寿命/岁	女性预期寿命/岁
2038	1.88	79.10	82.70	1.92	79.10	82.70	2.00	79.10	82.70
2039	1.89	79.40	82.90	1.93	79.40	82.90	2.00	79.40	82.90
2040	1.90	79.60	83.10	1.93	79.60	83.10	2.00	79.60	83.10
2041	1.91	79.80	83.30	1.94	79.80	83.30	2.00	79.80	83.30
2042	1.92	80.10	83.50	1.95	80.10	83.50	2.00	80.10	83.50
2043	1.93	80.30	83.60	1.95	80.30	83.60	2.00	80.30	83.60
2044	1.94	80.60	83.80	1.96	80.60	83.80	2.00	80.60	83.80
2045	1.95	80.80	84.00	1.97	80.80	84.00	2.00	80.80	84.00
2046	1.96	81.00	84.20	1.97	81.00	84.20	2.00	81.00	84.20
2047	1.97	81.30	84.40	1.98	81.30	84.40	2.00	81.30	84.40
2048	1.98	81.50	84.60	1.99	81.50	84.60	2.00	81.50	84.60
2049	1.99	81.80	84.80	1.99	81.80	84.80	2.00	81.80	84.80
2050	2.00	82.00	85.00	2.00	82.00	85.00	2.00	82.00	85.00

对于中国总人口预测结果，作者选择中方案（见表5-4），到2030年时，中国总人口规模为141584万人，其中，15~64岁劳动力年龄人口为94427万人，占总人口的66.7%。

表 5-4　中国总人口及就业年龄人口预测结果（中方案）

年份	总人口/万人	15~64岁人口		65岁及以上人口	
		规模/万人	比重/%	规模/万人	比重/%
2010	133277	99256	74.5	11889	8.9
2011	133844	99609	74.4	12218	9.1
2012	134442	99825	74.3	12603	9.4
2013	135053	100012	74.1	12997	9.6
2014	135716	99908	73.6	13547	10.0
2015	136394	99813	73.2	14127	10.4
2016	137068	99700	72.7	14689	10.7
2017	137716	99310	72.1	15457	11.2

续表

年份	总人口 /万人	15~64 岁人口		65 岁及以上人口	
		规模/万人	比重/%	规模/万人	比重/%
2018	138341	98914	71.5	16191	11.7
2019	138926	98513	70.9	17051	12.3
2020	139464	98129	70.4	17873	12.8
2021	139938	97870	69.9	18599	13.3
2022	140332	97483	69.5	19438	13.9
2023	140655	97296	69.2	20093	14.3
2024	140920	97455	69.2	20382	14.5
2025	141117	97306	69.0	20765	14.7
2026	141278	97533	69.0	20870	14.8
2027	141407	97001	68.6	21756	15.4
2028	141496	95901	67.8	23239	16.4
2029	141560	95174	67.2	24361	17.2
2030	141584	94427	66.7	25505	18.0

二、中国就业的城乡结构预测

（一）城镇化水平预测

从世界发达国家的城镇化历程（见表 5-5）看，在城镇化高速成长期间，城镇化的年增长速度一般不超过 1 个百分点。但是，如果有迅速发展的工业化作为经济支持，那么城镇化速度也可以达到更高的水平。

表 5-5　发达国家城镇化率进程

国家	城镇化水平/%	起止时间	所用时间/年	城镇化年增长速度/百分点
发达国家	26.1~52.5	1900—1950 年	50	0.53
美国	30.5~60.1	1885—1950 年	65	0.46
德国	36.1~54.4	1871—1900 年	29	0.63
日本	32.7~63.5	1930—1960 年	30	1.02

未来在城镇地区居住的人口，通过人口流动、行政区划调整（乡改镇）等实现。城镇化的预测中，作者采用趋势外推及 S 曲线模型两种方式预测。

其中，方案 1 是按照城镇化率在城镇化率增长速度趋势外推进行预算，方案 2 是 S 曲线模型预测。方案 2（S 曲线模型）的增长速度完全拟合，整体拟合优度非常好，在城镇化率的预测结果中选择方案 2，如表 5-6 所示。

表 5-6　未来城镇化率预测结果　　　　　　　　单位:%

时间	方案 1	方案 2	时间	方案 1	方案 2
2011 年	51.3	51.3	2021 年	62.3	60.6
2012 年	52.6	52.6	2022 年	63.3	61.4
2013 年	53.7	53.7	2023 年	64.2	62.1
2014 年	54.8	54.8	2024 年	65.1	62.8
2015 年	56.1	56.1	2025 年	66.0	63.5
2016 年	57.2	56.9	2026 年	66.7	64.2
2017 年	58.2	57.6	2027 年	67.5	64.9
2018 年	59.3	58.4	2028 年	68.2	65.5
2019 年	60.4	59.1	2029 年	68.9	66.2
2020 年	61.4	59.9	2030 年	69.7	66.8

（二）农村地区未来劳动力供需预测

日本的农业生产率为标准计算农业资源可容纳有效就业量。2016 年，日本的情况为：每户 2.5hm^2（公顷），每家平均 2 个劳动力。作者将其作为单位面积农业资源可容纳有效就业量，采用两种预测方案。方案一：按照每公顷需要 1 个劳动力推算农村剩余劳动力，即平均每人耕种 15 亩（1 亩 ≈ 666.7m^2）；方案二：按照每公顷需要 1.5 个劳动力推算农村剩余劳动力。

预测思路为：

（1）根据耕地面积计算两种方案在耕地不变的情况下，未来农业生产对劳动力的需求，假定 2030 年时分别实现每公顷需要 1 个和 1.5 个劳动力。

（2）根据农村地区一、二、三产业就业人员的关系，推算农村地区劳动力规模需求。假定到 2030 年时，农村地区非农产业（二、三产业）与第一产业的比重从 2010 年的 0.34 增长到 1 和 0.6，即每 1 个从事第一产业生产的劳动力需要 1 个或 0.6 个从事二、三产业的劳动力支持。两者相加即可以得到农村地区劳动力需求。

（3）根据城镇化率及全国人口的预测结果推算未来农村地区人口规模及年龄结构，其中 16~64 岁年龄段人口为劳动力供给。考虑未来劳动力的转移及其带来的城镇化水平变动，假定 2030 年城镇化水平达到 70%，推算未来农村地区实际的 16~64 岁劳动力储备。

（4）考虑到在校学习的影响，根据 2010 年农村地区 16~64 岁人口在校比重 0.052 的水平推算未来在校人数，排除后为实际的劳动力供给。

（5）用农村地区劳动力供给减去劳动力需求，即可得到农村地区劳动力供需差异。

2014—2030 年农村地区未来劳动力供需预测如表 5-7 所示。

表 5-7　2014—2030 年农村地区未来劳动力供需预测　　　单位：万人

时间	劳动力需求		劳动力供给	供需差异	
	方案 1	方案 2		方案 1	方案 2
2014 年	36195	37171	43666	7471	6495
2015 年	35706	36615	42985	7279	6370
2016 年	35163	36034	42327	7164	6293
2017 年	34566	35428	41566	7000	6138
2018 年	33916	34798	40790	6874	5992
2019 年	33211	34143	39949	6738	5806
2020 年	32453	33464	39179	6726	5715
2021 年	31641	32760	38441	6800	5681
2022 年	30775	32031	37674	6899	5643
2023 年	29856	31278	36976	7120	5698
2024 年	28882	30500	36426	7544	5926
2025 年	27854	29698	35831	7977	6133
2026 年	26773	28871	35259	8486	6388
2027 年	25638	28020	34368	8730	6348
2028 年	24449	27144	33288	8839	6144
2029 年	23206	26243	32361	9155	6118
2030 年	21910	25318	26035	4125	717

注：方案 1，每公顷需要 1 个劳动力。方案 2，每公顷需要 1.5 个劳动力。劳动力供给中排除在校人数，即劳动力供给 = 16~64 岁总人口 - 16~64 岁在校人数。

（三）城镇地区未来劳动力供需预测

预测思路为：

（1）城镇地区劳动力需求：根据全国劳动力需求与农村地区劳动力需求相减得到。

（2）城镇地区劳动力供给：根据城镇化率及全国人口预测结果预测未来农村地区人口规模及年龄结构，其中 16~64 岁年龄段人口为城镇地区原有的劳动力人口；考虑未来劳动力的转移及其带来的城镇化水平变动，假定 2030 年城镇化水平达到 70%，推算未来农村地区实际的 16~64 岁劳动力储备；排除 16~64 岁在校学生为实际的劳动力供给。

（3）城镇地区劳动力供需差异：劳动力供给与劳动力需求之差为城镇地区供需差异。

2014—2030 年城镇地区未来劳动力供需预测如表 5-8 所示。1995—2030 年中国人口及就业人口的规模与比重如表 5-9 所示。

表 5-8　2014—2030 年城镇地区未来劳动力供需预测　　　单位：万人

时间	劳动力需求		劳动力供给	供需差异	
	方案 1	方案 2		方案 1	方案 2
2014 年	42137	41161	47348	5211	6187
2015 年	43256	42347	47856	4600	5509
2016 年	43808	42937	48387	4579	5450
2017 年	43895	43033	48793	4898	5760
2018 年	43605	42723	49173	5568	6450
2019 年	43014	42083	49461	6447	7378
2020 年	42190	41180	49823	7633	8643
2021 年	42752	41634	50216	7464	8582
2022 年	43415	42159	50560	7145	8401
2023 年	44176	42754	50986	6810	8232
2024 年	45036	43417	51615	6579	8198
2025 年	45990	44147	52182	6192	8035
2026 年	47040	44942	52784	5744	7842
2027 年	48182	45800	52895	4713	7095
2028 年	49416	46721	52683	3267	5962

续表

时间	劳动力需求		劳动力供给	供需差异	
	方案1	方案2		方案1	方案2
2029年	50740	47703	52675	1935	4972
2030年	52153	48744	57808	5655	9064

表5-9 1995—2030年中国人口及就业人口的规模与比重

年份	总人口/万人	15~64岁人口/万人	就业需求/万人	城镇就业需求/万人	15~64岁人口/总人口/%	就业人口/15~64岁人口/%	城镇就业/就业人口/%
1995	121121	81393	68065	19040	67.2	83.6	28.0
1996	122389	82245	68950	19922	67.2	83.8	28.9
1997	123626	83448	69820	20781	67.5	83.7	29.8
1998	124761	84338	70637	21616	67.6	83.8	30.6
1999	125786	85157	71394	22412	67.7	83.8	31.4
2000	126743	88910	72085	23151	70.2	81.1	32.1
2001	127627	89849	72797	24123	70.4	81.0	33.1
2002	128453	90302	73280	25159	70.3	81.2	34.3
2003	129227	90976	73736	26230	70.4	81.1	35.6
2004	129988	92184	74264	27293	70.9	80.6	36.8
2005	130756	94197	74647	28389	72.0	79.3	38.0
2006	131448	95068	74978	29630	72.3	78.9	39.5
2007	132129	95833	75321	30953	72.5	78.6	41.1
2008	132802	96680	75564	32103	72.8	78.2	42.5
2009	133450	97484	75828	33322	73.1	77.8	43.9
2010	134091	99938	76105	34687	74.5	76.2	45.6
2011	133844	99609	76420	35914	74.4	76.7	47.0
2012	134442	99825	76704	37102	74.3	76.8	48.4
2013	135053	100012	76977	38240	74.1	77.0	49.7
2014	135716	99908	78332	42137	73.6	78.4	53.8
2015	136394	99813	80151	44522	73.2	80.3	55.6

续表

年份	总人口/万人	15~64岁人口/万人	就业需求/万人	城镇就业需求/万人	15~64岁人口/总人口/%	就业人口/15~64岁人口/%	城镇就业/就业人口/%
2016	137068	99700	81152	46146	72.7	81.4	56.9
2017	137716	99310	81463	47134	72.1	82.0	57.9
2018	138341	98914	81194	47597	71.5	82.1	58.6
2019	138926	98513	80442	47628	70.9	81.7	59.2
2020	139464	98129	74644	42637	70.4	76.1	57.1
2021	139938	97870	74393	43278	69.9	76.0	58.2
2022	140332	97483	74190	44021	69.5	76.1	59.3
2023	140655	97296	74032	44865	69.2	76.1	60.6
2024	140920	97455	73917	45808	69.2	75.9	62.0
2025	141117	97306	73845	46849	69.0	75.9	63.4
2026	141278	97533	73813	47985	69.0	75.7	65.0
2027	141407	97001	73820	49216	68.6	76.1	66.7
2028	141496	95901	73865	50540	67.8	77.0	68.4
2029	141560	95174	73946	51955	67.2	77.7	70.3
2030	141584	94427	74062	53462	66.7	78.4	72.2

三、未来发展趋势

在前文对总人口、劳动力年龄人口、城乡劳动力需求的预测基础上，综合考虑总人口增长、总人口年龄结构、经济增长率、城镇化水平、产业效率等因素确定预测方案及结果。

从图5-20中可以看出，中国总人口在2030年前呈增长趋势，2029年为人口峰值，2030年开始下降，总人口规模为141584万人；在总人口增长的同时，15~64岁劳动力年龄人口已经开始呈现逐年递减的趋势，到2030年15~64岁劳动力年龄人口规模为94427万人，占总人口的比重为66.7%。

从就业人口（预测年份为就业需求人口）来看，随着生产效率的提升，就业需求人口规模也呈下降趋势，2030年中国就业总需求人口为

74062 万人①，占劳动力年龄人口的比重为 78.4%。城镇就业需求人口与全国就业总人口规模变动趋势一致，2030 年城镇就业需求为 53462 万人，占就业总需求的比重为 72.2%，如图 5-21 所示。

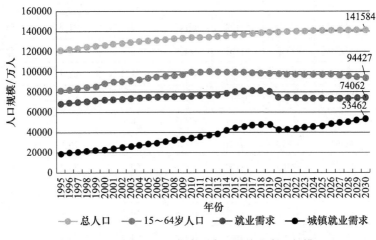

图 5-20　1995—2030 年中国人口及就业人口规模

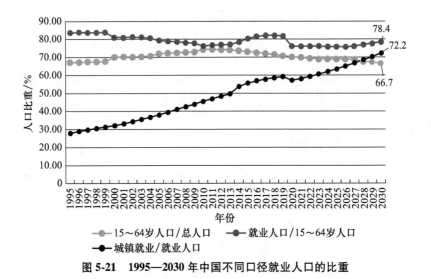

图 5-21　1995—2030 年中国不同口径就业人口的比重

---

① 就业总需求人口是根据经济增长及产业效率提升预测，在预测中分别预测一、二、三产业的经济增长及产业效率，具体预测结果详见第五章第三节"二、中国就业的城乡结构预测"。

第四节　中国可持续就业的实施路径

产业支撑和可持续就业是流动人口市民化的基础和前提。为促进流动人口的可持续就业，确保这一群体"有事干、有饭吃"，一方面需要加快产业结构升级，建立和完善就业培训激励机制，通过培训提升劳动者技能，稳定并促进就业；另一方面需要制度创新，放松管制，同时将流动人口纳入失业救助等社会保障体系。

一、加快流动人口市民化进程

从我国就业发展状态来看，我国的就业增量中绝大部分是乡村就业转向城镇就业，而公共服务的不足使市民化进程长期滞后，流动人口难以融入城市完成市民化身份的转换，因而无法享受与市民同等的医疗、教育等公共服务，直接导致就业群体的流动性增大，劳动力无法在固定城市接受就业培训，职业能力长期得不到提升，使劳动力素质与产业结构升级的进程脱节。因而在政策制定上，首先要满足来城市就业的劳动力基本的生存需求，优化调整外地人员到城市就业落户的标准设定，提升城市公共服务能力，完善流动人口的医疗保障、失业救助等基本社会保障最低标准，并为外来务工子女的基础教育提供条件、开辟就学路径。

二、建立和完善企业就业培训激励机制

按照工业化发展进程，我国下一步将进入以先进制造与生产性服务业为主的产业发展阶段，要求劳动力具有较高的职业技能与创新思维，进而作为产业结构升级的重要支撑。而从我国的就业增长情况来看：一是劳动力总供给呈下降趋势；二是就业结构优化速度缓慢，滞后于增加值结构调整；三是农村转移劳动力技能培训严重缺乏。这几点都制约了我国产业升级的步伐，因而培育与结构调整相匹配的劳动力素质迫在眉睫。而劳动力水平与经济发展形成良性互动，将推动职工薪酬福利的上升、就业环境的优化，有助于完成就业群体的经济属性。推动劳动力素质的提升，则主要应该从以下几个方面着手：第一，完善职业教育培训体系，打破劳动力长期困于低端

的局面。提高劳动力技能水平，是提高我国就业质量的必经之路，而我国职业教育与培训需要重新完善与优化。从职业教育角度，应加强职业教育意识，构建更为完备的职教体系；从职业培训角度，应从国家层面建立职业资格框架体系，规范职业标准。第二，优化就业创业环境，有针对性地实行人才优惠政策。激发大众的创业积极性，发挥民营经济在新常态时期对我国经济的拉动作用，建立机会与发展并存的创业市场环境，优先支持技术型项目的发展，有针对性地实行人才优惠。第三，培育就业群体创造性思维能力，支持发展以企业为主体的创新工程。创新首先是人的能力的创新，一是知识能力的创新，二是职业技术能力的创新。在创新主体上，充分发挥企业力量，明确政府的职能，即确定支持企业的类型与发展方向，制定规则与实施细则，落实配套服务工作。在以企业为主体，政府为服务的合作框架下，充分挖掘企业的创新能力，让市场成为主导力量。创业创新发展关系图如图 5-22 所示。

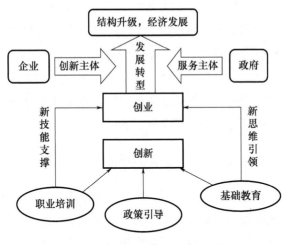

图 5-22　创业创新发展关系图

三、加快产业结构转型升级，提高产业核心竞争力

在产业结构调整升级中，要努力实现就业和产业升级的相互协调。首先，发展现代农业，挖掘第一产业就业潜力。既可为农民增收，又可以解决大量农村富余劳动力的就业问题，同时也在一定程度上缓解了省内城市

就业压力。其次，构建现代产业体系，推动城市转型升级；就是要发展以技术密集型为特征的先进制造业，兼顾发展劳动密集型企业。发展先进制造业既是产业结构调整的重要任务之一，也是创造就业增长点的主要途径。发展先进制造业是产业结构调整的重要任务之一，也是创造就业增长点的主要途径。随着制造业转型升级、劳动生产率提高，相对而言，工业对劳动力的需求减弱，扩大就业必须大力发展服务业。

四、创新制度，放松就业、创业管制

以人为本，围绕就业优先战略创新制度。充分发挥财政、金融、税收等宏观经济政策在促进就业中的作用。通过系统制度改革，消除城乡劳动力流动的制度障碍。包括以户籍制度为主的一系列制度改革，彻底破解城乡劳动力流动障碍。完善社会保障制度，健全覆盖城乡居民的社会保障体系。鼓励"全民创业"，充分发挥创业对就业的倍增效应，创新扶持创业的体制机制，完善创业服务体系，健全创业培训，发动现有社会各类优质培训资源。通过创业解决创业者自身的就业问题，同时带动更多的劳动者就业。大力发展民营经济，增强中小微企业吸纳就业的能力，为它们的发展创造良好环境，激发发展活力。建构有利于老年人就业创业的制度环境，实行弹性退休制，充分发挥老年人口的"余热"，为低龄老年人口提供创业等支撑平台，向符合一定条件的低龄老年人口提供贷款等资金支撑，制定老年人口创业的相关优惠政策。

五、失业救济

加强失业救济，既要加强失业救济金制度，又要加强再就业培训，通过提升劳动技能实现劳动力再就业。同时，还要扶持能够促进就业的经济因素。在经济类型上，应注重发展非公有制经济；在产业类型上，应注重发展第三产业；在企业规模上，应注重扶持中小企业。通过立法加强失业救济金制度和失业保险制度。积极开展再就业培训，建立职业指导制度，帮助失业人员认清就业形势，大力组织职业技能培训，着力开展适应性职业技能培训。

第六章　可支付住房

　　住房是人口流动的基本需求之一，是市民化的重要支撑与载体，在我国快速城镇化进程中扮演举足轻重的角色。而高房价则是住房市场发展的首要难题，一方面受到市民化对住宅需求增长的推力，另一方面又受到经济基本面支撑不足的拉力，如何满足新市民的住房需求成为城镇化的主要课题。作为人口大国，依靠政府满足新市民住房需求是一条漫长的道路，引入市场机制充足供应市场需要的可支付住房是一条必选道路，而这需要一套全面的、高层次的战略体系。

第一节　市民化面临的住宅问题

　　在多年快速城镇化进程中，大量人口集中在少数城市，房价增长过速，房价收入比也高于世界银行标准，同时，住房阶梯仍将不断推升房价，住房问题也使得市民化进程难以为继。经济理论如何解释人口流动在我国住宅价格波动的过程中的角色？改变两者间联动关系的关键因素为何？市场路径为何？本节将梳理市民化与住宅的战略背景，通过理论的探索为可支付住房市场的战略路径提供基础。

一、市民化与住宅的关系

　　根据原国家卫生和计划生育委员会流动人口司发布的《中国流动人口发展报告2016》，2015年我国流动人口规模达2.47亿人，占总人口的18%，预期"十三五"时期，人口仍将持续向大城市流动。人口迁移直接带动住宅需求的增加，当住宅供给不足，房价也将持续推升。实际观察我国2000年以来的人口变动可以发现，房价大涨时期正是我国城镇化加速推进时期，而流动人口主要流向深圳、厦门、上海、北京、广州、天津等大城市，《中国统计年鉴 2016》中的数据显示，它们的流动人口占比居 35 个大中城市前 5 位，同时，它们也正是我国房价较高的几个城市。

市民化与住房之间最大的问题在于，土地二元市场及国有土地供应计划制约了住宅用地供应，住房供给不足使得移入人口的住房需求无法得到满足，高涨的房价又使得购房愈来愈难。这些现实问题反映在过去研究的侧重点上，从供给角度出发的研究围绕土地供给制度下的土地稀缺、土地财政等政策制度，从需求角度的研究则围绕城镇化进程、投资和预期等。

人口与住房之间的关系受到多个关键因素影响，以公共支出为起点的土地财政、住宅用地供应、城镇化到理性预期等相互影响的原理需要通过一个理论体系来理解，是研究可支付住房的市场路径的基础。

二、市民化面临的住房问题

（一）大量人口集中少数城市

我国的城镇化率由 2000 年的 36.2% 上涨到 2016 年的 57.35%，平均每年增长 1.32 个百分点，快速的城镇化进程不断积累大量的流动人口，根据原国家卫生和计划生育委员会流动人口司发布的《中国流动人口发展报告 2016》，截至 2015 年 12 月底，我国的流动人口规模达 2.45 亿人，达到总人口的 17.96%。《国家新型城镇化规划（2014—2020 年）》预测，2020 年我国流动人口增加到 2.91 亿人，其中，农业转移人口约为 2.2 亿人，城镇之间的流动迁移人口约为 7000 万人。

快速城镇化所带来的主要问题在于人口多集中在少数城市里。从流动人口的区域分布看，2015 年，东部地区为主要的人口迁入地，流动人口占全国流动人口的比例接近 75%。我国东部地区人口集中，尤其是京津冀、长三角、珠三角经济发达地区，人口集聚情况明显。

人口过度集中也导致部分城市房价上涨，住宅价格呈现明显的地区差异性，北京、天津及东南沿海地区城市房价相对较高，中西部地区房价则相对较低。局部城市房价偏高，特定城市房价水平不断突破上限，溢出效应更导致这些高房价城市的周边城市房价全面上涨，而特定单一城市房价过高，也加大了这些城市泡沫破裂的风险。

（二）房价增长过速

2000 年时，我国住宅商品房平均销售价格仅 1936 元/m²，2016 年增长到了 7203 元/m²，年平均增长率达到 17%。2008 年金融危机之后的第一年，房价上涨了 21.42%（见图 6-1）。其中，一线城市与部分主要城市的涨幅大，观察从 2005 年到 2016 年前五名的城市分别是深圳、厦门、南京、北京、上海，其住宅商品房平均销售价格涨幅分别达到 550%、432%、365%、362% 及 287%。房价呈现着迅猛上涨的趋势（见图 6-2 和图 6-3）。

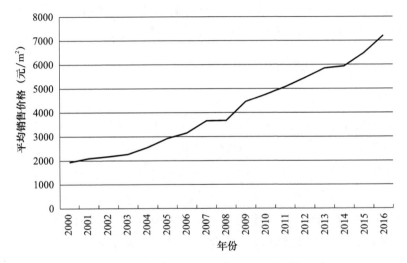

图 6-1　2000—2016 年全国住宅商品房平均销售价格趋势

资料来源：《中国统计年鉴 2016》。

（三）房价收入比高于世界银行标准

房价收入比（price to income ratio，PIR）是"一套居住单元的中位市场价格与中位家庭年收入的比值"，根据世界银行制定的标准，房价收入比标准是 5∶1。由于我国各城市缺少一套居住单元的中位市场价格及中位家庭年收入，因此，过去研究是以一套居住单元的平均市场价格及平均家庭年收入计算。由于国家统计局公布的房价数据相较于市场成交的房价而言略为偏低，因此本章选取中指研究院于房天下公布的二手房交易样本数据进行房价收入比测算，测算结果如表 6-1 所示。

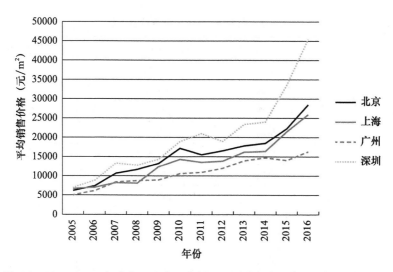

图 6-2　2005—2016 年北京、上海、广州、深圳住宅商品房平均销售价格趋势

资料来源：2005—2016 年《中国城市统计年鉴》。

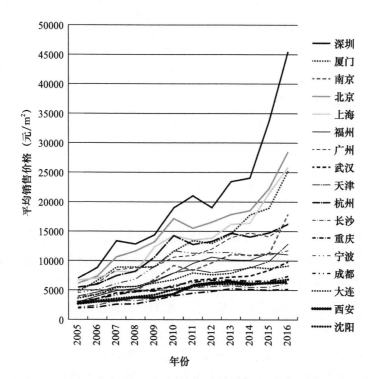

图 6-3　2005—2016 年新一线 15 个城市住宅商品房平均销售价格趋势

资料来源：2005—2016 年《中国城市统计年鉴》。

表 6-1 主要城市 2018 年房价收入比

城市		Mar-18（排序基准）/（元/m²）	房价收入比
第 1（明显领先）	北京	58296	37
	上海	55818	31
	深圳	54068	23
	厦门	48066	29
第 2（次要领先）	杭州	30158	15
	南京	29528	17
	广州	29336	17
	福州	29323	21
	天津	26391	22
第 3（平均以上）	武汉	18432	14
	苏州	18230	11
	成都	16436	10
	宁波	16237	10
	无锡	15180	8
第 4（平均以下）	大连	12024	7
	西安	11784	9
	长沙	10045	7
	重庆	9027	10
	沈阳	8448	7

注：1. 以上是中指研究院样本数据，若按国家统计局公布口径（2017 年）：北京均价为
32139 元/m²，上海均价为 23804 元/m²，深圳均价为 47935 元/m²。

2. Mar-18 表示 2018 年 3 月 18 日查询数值。

相较于世界银行的房价收入比 5∶1 的标准，在我国主要城市中，即使是房价收入比最低的大连、长沙和沈阳，均仍高于此标准。这也表明，对城市内居民来说，这些城市的房价已经相对偏高，此房价水平对市民化过程中的外来人口来说更是不易负担，影响到市民化进程。

（四）住房阶梯仍将不断推升房价

"住房阶梯"（housing ladder 或 property ladder）一词源于英国描述个人或家庭从便宜住房置换到高价住房的生命周期过程。根据《中国民生发展报告 2013》中的数据显示，有超过 10% 的家庭有两套及以上的住房。

以 2015 年的人口数据测算，中国总人口是 137462 万人，户均人口是 3.17 人，如表 6-2 所示。

表 6-2　2015 年中国国家统计局人口抽样调查样本数据

项目	抽样人数	抽样户数	户均人口/人
城市人口	19729405	6355790	3.10
农村人口	1582836	359561	4.40
总人口	21312241	6715351	3.17

再根据 2015 年全国总人口数测算，城市家庭户数为 248427716 户，因此，我国有 24842772 户家庭拥有两套以上的住房，如表 6-3 所示。

表 6-3　依《中国民生发展报告 2013》测算 2015 年城市有两套以上住房的家庭数量

总人口/人	1374620000
城市人口/人	771160000
农村人口/人	603460000
城市户数	248427716
农村户数	137150000
城市有两套以上住房的家庭/户	24842772

住房阶梯在城市住房消费中的实践，以北京市为例，2015 年竣工 26 万套商品房，销售了 15 万套商品住宅，暂且不论少数具备一定收入能力的家户及个人不需要通过变现资产换购新房外，只要全国 0.6% 拥有两套以上住房的家庭出售 1~2 套自有住宅，可能使北京市内家庭改善住房，或北京市以外家庭移入北京购买新房，或是移入北京购买二手房以支撑原北京市业主置换新房，就能基本满足北京市 2015 年的住房销售量。

实际观察北京市移入人口数量，在限购政策下，2010 年移入的人口在 2015 年开始具备在京购房的资格，2010 年常住人口新增 101.9 万人，扣除自然增长的 6.19 万人，新增外来常住人口为 95.71 万人，该年户均人口 2.94 人，因此，平均而言，2010 年共计移入 32.55 万户，远远超过 2015 年销售 15 万套商品住宅所需要的 15 万户家庭。

虽然以上分析缺少了新增常住人口中有多少比例的家庭在原居住城市

拥有两套以上住房，但只要新增常住人口家庭在原居住城市拥有两套以上住房的比例与全国平均相同，且新增常住人口中平均户均人口与当年度北京市一致，则至少有 3.26 万个家庭能够通过置换支撑北京市的住房市场。

再更进一步从微观的视角分析，以京津冀为例，北京和天津作为人口流入的两个主要城市，PIR 偏高，依靠当地的收入在这两个城市买房已不可行；石家庄房价收入比达 14，也难以依靠当地的收入买房。其他外围城市的 PIR 相对较低，对有意移居北京和天津的居民来说，在出售自身在原居城市的住房后有一定能力迁出置换北京和天津住房。

前述的置换方式，考虑部分首付、部分月供，以北京为例，北京 100m^2 的住房总价平均 5611900 元，以薪资供月供，在京户均收入为 156783 元，以薪资 50% 负担房贷，年还贷能力为 78391 元（以 25 年期商业贷款计算），仅能贷款 1128000 元，因此必须自付 4483900 的首付，必须要出售多套自有住房才能有能力负担，这也表明，对多数外来人口来说，100m^2 的均价水平的住房基本已难以负担，其只能购买小户型、低单价住房，群居于大兴区、房山区、石景山区等地的住房之中。北京市周边城市支撑北京市住房的能力如表 6-4 所示。

表 6-4　北京市周边城市支撑北京市住房的能力

城市等级	城市名称	2018 年 5 月二手房交易价格/（元/m²）	房价收入比	在京购房自付 448 万元的应售住房套数
首要城市	北京	56119	37	—
次要城市	天津	25874	22	1.7
周围主要城市	石家庄	15933	14	2.8
	唐山	10106	5	4.4
	秦皇岛	8039	8	5.6
东北地区主要城市	哈尔滨	8826	9	5.1
	大连	12024	7	3.7
	沈阳	8448	7	5.3
	长春	7876	5	5.7
	吉林	5965	4	7.5

续表

城市等级	城市名称	2018 年 5 月二手房交易价格/（元/m²）	房价收入比	在京购房自付 448 万元的应售住房套数
内蒙古自治区主要城市	呼和浩特	10019	6	4.5
邻近的西部主要城市	太原	11517	10	3.9

若以北京市大兴区 70m² 单价 4 万元/m² 住房为例，相同的测算条件下，由于只需自付 1672000 元的首付，对大多数的城市居民来说只需要出售自有的约两套住房即可置换北京市一套房，置换行为相对可行，如表 6-5 所示。

表 6-5 北京市周边城市支撑北京市大兴区 70m² 住房的能力

城市等级	城市名称	北京市大兴区 70m²单价 4 万元/m² 住房/元	在京购房自付 167 万元的应售住房套数
首要城市	北京	40000	—
次要城市	天津	25874	0.6
周围主要城市	石家庄	15933	1.0
	唐山	10106	1.7
	秦皇岛	8039	2.1
东北地区主要城市	哈尔滨	8826	1.9
	大连	12024	1.4
	沈阳	8448	2.0
	长春	7876	2.1
	吉林	5965	2.8
内蒙古自治区主要城市	呼和浩特	10019	1.7
邻近的西部主要城市	太原	11517	1.5

总结来说，当新增人口中家庭经济条件愈佳，在原居城市拥有两套以上住房的家户比例愈高，并且移入时单身比重愈高时，支撑移入城市房价的力度就愈大。而北京市目前的 PIR 达到 37，远远超过世界银行认知的 5 倍，房价远远超过收入所能支撑的合理水平，更加说明住宅市场中可能存在较大量的住房阶梯行为。中国一线城市的住宅市场已经不再是一个完全

由收入支撑的市场，而已走向部分由置换行为支撑的置换型住宅市场。

三、满足新移民住房需求实现房价稳定的理论体系

蒂伯特（Tiebout）模型阐述了由于城市间地方财政投入差异导致区域内劳动力选择用脚投票在各城市间不断迁移的过程，公共支出资本化导致发达城市房价较高。首先，从2016年来看，每平方公里公共财政支出前6名的上海市、北京市、天津市、江苏省、广东省、浙江省中，除江苏省外，其余5个城市和省份的商品住宅销售单价居全国前5名；其次，三部门模型解释了劳动力流动与房价的关系，劳动力供给增加，工资增速会放缓，房价增速加快，导致PIR增加；最后，现值模型表明，当消费者存在价格增值或收益增值的理性预期，会愿意继续追价，进而造成房价上涨，而消除对价格增长的预期手段，从供需原则来看，也就是提高对未来住宅供给数量的预期，将能有效抑制消费者对房价上涨的预期。

（一）蒂伯特模型：大城市吸引流动人口的核心原理

赫伯拉（Herberla，1938）将作用于人口迁移的影响因素定义为推力和拉力。1959年，博格（Bogue）进一步发展了"推力—拉力"理论（push-pull laws），简化人口迁移的复杂过程，李（Lee，1966）再进一步完善，将影响人口迁移的因素总结为4个方面：①人口迁入地的"推力"与"拉力"；②人口迁出地的"推力"与"拉力"；③迁移过程中的阻碍因素；④迁移主体的主观因素。蒂伯特（Tiebout，1956）将拉力定义为公共物品的资源配置，提出基于公共投入和服务水平的"用脚投票"理论（voting with their feet），不同的公共服务和税率组合会带来人口迁移，选择最优配置。

蒂伯特模型在两个研究方向得到实证，一是地方财政支出与人口，二是地方财政支出资本化。在地方财政支出与人口方面，教育质量和税率、地方公共支出差异显著影响居民的迁移行为。我国早期研究主要认为公共支出竞争体系不完善以及户籍制度造成迁移成本较高，"用脚投票"机制在我国还不存在，直到2000年、2005年，公共支出才被证实对居民迁移存在影响，包括教育资源、工资、就业及医疗服务。在地方财政支出与房价方面，从地方财政支出资本化角度出发，认为地方财政支出会显著地正

向影响房地产价格上涨，支出内容包括高等院校师生比、人均医院床位数、年客运总量、城市生活污水处理率等社会服务，以及城镇化率、第三产业占比等公共服务。国外研究也有同样结论。

（二）三部门模型：人口流入对房价收入比的正向影响

惠顿（Wheaton）、迪帕斯奎尔（DiPasquale）（1996）在《城市经济学与房地产市场》（*Urban Economics and Real Estate Markets*）中将区域经济划分为三个部门，分别是产品和服务提供部门、劳动力供给部门和房地产供给部门，并分别形成区域产出市场、劳动力市场和房地产市场，其中，区域产出市场是产品市场，劳动力和房地产市场是要素市场。三部门模型的基本假设包括完全竞争市场、区域市场的完全开放性、生产成本的影响因素的单纯性、生产要素的不可替代性、区域内部劳动力和房地产要素的同质性等。由于假设劳动力市场和房地产市场两要素间不存在替代关系，从而使得要素需求线为竖直线（完全无弹性），并会随着产出水平的提高而等比例地向右平移，如图6-4所示。

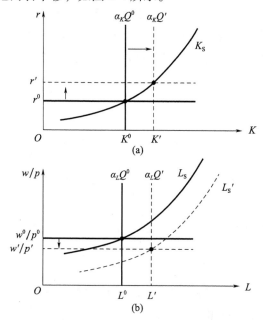

图6-4 人口流入后劳动力供给部门和房地产供给部门市场变化分析

（a）房地产供给部门市场变化；（b）劳动力供给部门市场变化

区域内三个市场一开始均处于平衡状态，从图 6-4 中可以看出在产出市场变化下劳动力市场和房地产市场的变化，w^0/p^0、L^0、r_0、K_0 分别为均衡状态下的有效工资、劳动力需求量、房地产租金和房地产需求量。区域内劳动力供给增加，在图 6-4（b）中劳动力供给曲线由 L_s 向右平移至 L_s'，当产出水平不变，劳动力需求量保持不变时，则有效工资会下降至比 w'/p' 还低的水平，进而使产品生产成本下降，产品价格下降，产品需求量增加，从而增加了对劳动力的需求，劳动力需求曲线向右平移至 L'，有效工资回到了 w'/p' 的位置。劳动力增加提高了对住房的需求，区域房地产市场的租金也有所增长，在供给不变时上升到 r'，并使得房地产开发，随着住房供应增加，租金逐渐回稳。

（三）现值模型：加大住房供应与减少住房收益能有效抑制理性预期

根据基本的供需原理，供给与价格正相关，需求与价格负相关，当消费者预期市场供不应求时，将会推高房价。理性预期解释了供需原理中消费者对供给变化的心理反应，认为消费者会以宏观经济变化预测未来的价格趋势。现值模式解释了收入、理性预期与价格的关系，住宅是投资性商品，其价格与其现金流有关，当消费者存在理性预期时，未来房价是现值再加上预期增加值，因此，当不存在理性预期时，泡沫不存在，标准的现值模型可写为

$$\lim_{k \to \infty} E_t \left[\frac{p_{i,t+k}}{(1+D)^k} \right] = 0 \tag{6-1}$$

式中，$p_{i,t+k}$ 是 i 住宅在时间 $t+k$ 的价格；D 是恒长的折现率。

式（6-1）说明 i 住宅价格增加值为 0，住宅价格等于其价值。此时，住宅价值是现金流的折现值为

$$P_{i,t}^F = \sum_{j=1}^{\infty} \frac{1}{(1+D)^j} E_t \left[C_{i,t+j} \right] \tag{6-2}$$

式中，$P_{i,t}^F$ 是 i 住宅在当期经济基本面下应有的价格；$C_{i,t+j}$ 是持有住宅所能获得的现金流，比如租金收入。

这也说明，当消费者存在价格增值或收益增值的理性预期时，都会提高房价。因此，降低理性预期的方式有两个：一是消除对价格增长的预

期，也就是对未来住宅供给不足的预期。二是消除对住宅投资收益增长的预期，如 19 世纪美国经济学家和社会哲学家亨利·乔治（Henry George）在其 1879 年出版的《进步与贫困》（*Progress and Poverty*）提出的"单一税"思想。他认为，土地是天然物，乃上帝赐予全人类无数世代所创造的恩赐，个人如何能有权据为私有？因此，他主张实行"土地单一税制"，采用课税的方式征收地主依其土地所有权所获得的土地自然价值。

（四）小结

市民化是外来人口流动的过程，蒂伯特模型解释了大量人口集中在少数城市的原因是因为受到了公共投资的吸引，因此，区域内劳动力选择用脚投票在各城市间不断迁移；房价一方面因为受到人口流动住房需求增加而上涨，另一方面公共支出也会资本化于房价，导致房价上涨。在三部门的影响下，劳动力增加也造成收入增速放缓，最终导致房价收入比愈来愈高。价格不断上涨，收益不断提高，消费者对房价看涨的预期也愈来愈高，而解决因需求增加而导致房价上涨的问题，需从供需原则着手，提供相应于需求的住房供给，以增加相同区位的住房供给数量，降低区位的特殊性及其收益率，进而抑制消费者对房价上涨的预期。提高住房供给数量是在市民化时期稳定房价的重要手段。

第二节　市民化过程中住房供给的战略目标

指导市民化进程中可支付住房供应的思想核心，就是要发挥市场力量、活化各类用地、供应各类所需要的住房。如果没有相对稳定的可支付住房供给，难以实现家庭迁移，随迁子女也难以享受相对稳定规范的基础教育和公共医疗，难以成为通过相互交往构建社会网络的社会群体，难以做到家庭融入社区、群体融入社会。

一、指导思想

住房供给市场化路径思想（以下简称市场路径思想）的理论基础是由蒂伯特（Tiebout）在 1956 年提出的"用脚投票"理论、三部门模型、住房阶梯、供需原理与理性预期所组成，解释了人口流入的动因、人口流入与住房供给对房价与租金的影响、住房供给增加对降低房价增长理性预期的成效，增加供给成为支持市民化住房需求的市场捷径。

（一）理论基础

在人口充分流动及地方政府竞争的条件下，蒂伯特的"用脚投票"理论认为公共支出会吸引人口流入。我国虽然因为公共支出竞争体系不完善及户籍制度造成迁移成本较高，但文献也已证明公共支出对我国居民迁移存在影响；人口迁入会增加住房需求，地方财政支出也会资本化于房价，因此，众多研究也发现，当政府公共投资越多，房价上涨越快。三部门模型对劳动力供给增加与房价的关系进一步细化，也强调住房供给增加在人口流入过程中的重要性。当区域内劳动力供给增加，有效工资下降时，产品生产成本与产品价格下降，产品需求量上升，从而增加劳动力需求。而劳动力增加会提高住房需求，推升区域房地产市场租金，使得房地产开发，随着住房供应增加，租金逐渐回稳。住房阶梯则会使得住房价格偏离收入，不断增长，超过合理的房价收入比。当市场对房价或住宅投资收益存在增长的预期时，就会抬高追价的意愿；但相对地，当市场已经供过于求，或者住宅投资收益减少时，理性预期就会下降，促进价格稳定。

（二）市场路径思想与市场主导目标

市场路径思想重点是，以商品房、产业园、集体建设用地开发为核心，丰沛土地财政公共支出，完善市民化基础设施供给，激发企业改造城中村及大棚、供给公租房、提供租赁房的动力；配套税制改革；最终实现租购并举的可支付住房的市场路径。

以市场为主导是实现市场路径思想的重要手段，市场主导的手段必须能够实现两大目标，一是消除市场对房价的理性预期，二是减少住宅投资收益理性预期。基于理论运作机理，为消除市场对房价的理性预期，应增加住房供给，手段包括增加低效利用土地的挖潜，加大发展租赁市场，而根据政策实施的难易度，首先可持续推进城中村与大棚改造，在改造的过程中配套建设商品房、安置房及公租房；其次，产业园开发配套公租房供给；最后，推动农村集体建设用地流转，增加出租住宅供给。为了降低对住宅投资收益的过高预期，并消除不劳而获的利益，可以采取两项措施：第一，通过完善公租房的准入条件，确保不符合条件的居民无法享受低租金住房；第二，改进销售税制，以减少住宅投资带来的过高收益预期。

为推动由市场主导城中村与大棚改造以及租赁房建设，应妥善设计社会资本参与的利基点，城中村与大棚改造应配套商品房建设，作为社会资本资金滚动的来源，并推动租赁房不动产证券化，鼓励信托基金参与租赁房 REITs 发行，以缩短社会资本投入的回收时间，加大社会资本的参与意愿。加大农村集体建设用地参与出租住宅供给的政策支持力度，尽快出台镇级集体经济组织与社会资本合作的配套法令，减少社会资本取得土地的成本，提高集体用地租赁房的投资回报率，加大社会资本参与意愿。可支付住房的理论体系与市场路径及其指导思想如图 6-5 所示。

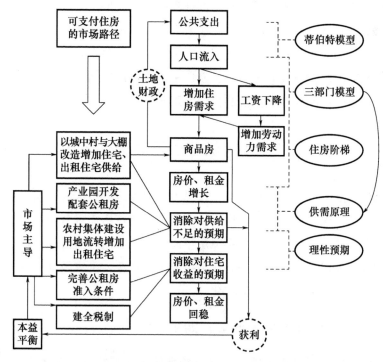

图6-5　可支付住房的理论体系与市场路径及其指导思想

二、住房供给战略目标

为实现第一层级目标：消除市场对房价的理性预期，减少住宅投资收益理性预期，市民化进程的住房供给有五大次要目标。

（1）目标1：以城中村与大棚改造增加住宅、出租住宅供给。采取5个手段：按市场价值补偿安置房；明确规定自留土地比重；配套商品房及公租房；库存多城市以货币补贴取代安置；提高改造后的土地容积。

（2）目标2：产业园开发配套公租房。采取3个手段：提高改造后的土地容积；配套一定比例居住用地；配建底层商业店铺。

（3）目标3：农村集体建设用地流转增加出租住宅。采取4个手段：集体建设用地使用权、成员权确权；用地联营入股流转平台；基准地价和基准租金；保障农民长远持续利益。

（4）目标4：完善公租房准入条件。采取2个手段：不同等级城市设计不同的保障人群；不同等级城市设计不同的准入条件。

（5）目标5：建全税制。采取6个手段：延长免征优惠持有时间；增值税改采获利为税基；加重个人所得税税率；考虑非自愿性售房情况；建立多层次的住房持有期差别税率；发挥土地增值税的功能。

可支付住房的住房供给战略目标如图6-6所示。

第三节　住宅保障供给政策的不足

房价高涨，城镇化持续推进，建设大量保障房已经成为住房供应的主旋律。政府是保障房的主要供应主体，但随着保障房需求数量大增，如何由社会资本参与供应成为近年保障房供应的主要方向，通过地块出让、城中村改造配套保障房的做法开始成为主要供应来源，国家及地方的土地出让与保障房供应政策也有较大变化。

一、中央的住宅供给政策：购租并举

提供租赁住房已成为中央住宅供给政策的主要方向。2016年5月17日，《国务院办公厅关于加快培育和发展住房租赁市场的若干意见》（国办发〔2016〕39号）提出了"到2020年，基本形成供应主体多元、经营服务规范、租赁关系稳定的住房租赁市场体系"。习近平主席在2016年12月中央经济工作会议的讲话更进一步推进了相应中央法令法规的出台。

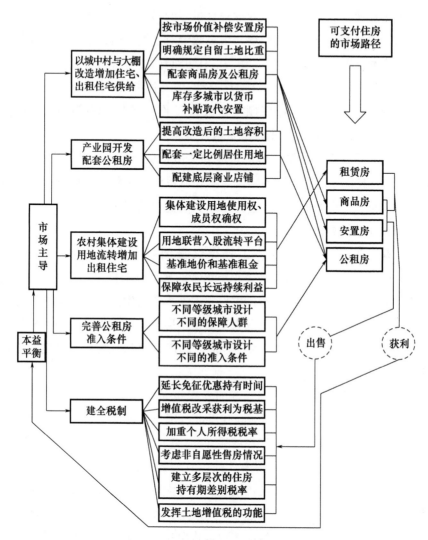

图 6-6 可支付住房的住房供给战略目标

（一）供应主体多元化与租赁补贴

为加速形成供应主体多元，《国务院办公厅关于加快培育和发展住房租赁市场的若干意见》提到，住房租赁的供应，应培育市场供应主体，发展住房租赁企业，鼓励房地产开发企业开展住房租赁业务。公共租赁住房是主要保障产品，要转变公共租赁住房保障方式，实物保障与租赁补贴并举，还要提高公共租赁住房运营保障能力。

城中村改造与棚户区改造是保障房供应的另一个重要渠道，一是建设安置房，二是配建公共租赁住房。中央政策对于棚户区改造倾向于鼓励采用社会资本合作模式，但其具体做法未有明确要求，而对于采用安置房这类的实物补贴方式，在 2016 年 7 月 11 日发布的《住房城乡建设部　财政部　国土资源部关于进一步做好棚户区改造工作有关问题的通知》（建保〔2016〕156 号）中，也逐渐转向货币补贴。

朝向货币补贴的政策方向也扩展到住房租赁市场上，2016 年 12 月 8 日，《住房城乡建设部　财政部关于做好城镇住房保障家庭租赁补贴工作的指导意见》（建保〔2016〕281 号）提出，城镇住房保障采取实物配租与租赁补贴相结合的方式。

（二）2016 年中央经济工作会议强调新市民住房需求

习近平主席在中央财经领导小组第十四次会议上指出："要准确把握住房的居住属性，以满足新市民住房需求为主要出发点，以建立购租并举的住房制度为主要方向，以市场为主满足多层次需求，以政府为主提供基本保障。"自此以后，购租并举明确成为 2017 年之后住房产品供应的主要精神。

1. 定调主力产品：公租房、租赁房、共有产权房

2017 年 4 月 1 日，《住房城乡建设部　国土资源部关于加强近期住房及用地供应管理和调控有关工作的通知》（建房〔2017〕80 号）发布，坚持"房子是用来住的、不是用来炒的"这一定位。该文件有以下 3 个重点：①在租赁住房供需矛盾突出的超大和特大城市，开展集体建设用地上建设租赁住房试点；②扎实推进棚户区改造，商品住房库存量大、市场房源充足的三四线城市，棚户区改造要以货币化安置为主；③要继续发展公租房、共有产权房。

2017 年 7 月 18 日，住房城乡建设部再联合九部委发布了《关于在人口净流入的大中城市加快发展住房租赁市场的通知》（建房〔2017〕153 号），关于租赁住房的有效供应有以下 3 个重点：①在新建商品住房项目中配建租赁住房；②加大对租赁住房项目的信贷支持力度，提供分期还本等符合经营特点的长期贷款和金融解决方案；③鼓励住房租赁国有企业将闲置和低效利用的国有厂房、商业办公用房等，按规定改建为租赁住房。

2. 加大住房供应

2018 年 5 月 19 日，《住房城乡建设部关于进一步做好房地产市场调控工作有关问题的通知》（建房〔2018〕49 号）发布。在调整住房和供应用地结构上，该文件有以下 2 个重点：①热点城市要提高住房用地比例，住房用地占城市建设用地的比例建议按不低于 25% 安排；②要大幅增加租赁住房、共有产权住房用地供应，确保公租房用地供应。力争用 3～5 年时间，公租房、租赁住房、共有产权住房用地在新增住房用地供应中的比例达到 50% 以上。

（三）小结

企业参与和集体建设用地利用是可支付住房供应的主要手段。综上政策梳理，中央的保障性住房供应政策可归纳为以下 3 个重点：

（1）企业参与是租赁住房供应的重点。在 2016 年 5 月《国务院办公厅关于加快培育和发展住房租赁市场的若干意见》就已提出应培育市场供应主体，发展住房租赁企业，鼓励房地产开发企业开展住房租赁业务；2015 年 6 月《国务院关于进一步做好城镇棚户区和城乡危房改造及配套基础设施建设有关工作的意见》（国发〔2015〕37 号）也提到应推广政府与社会资本合作模式。

（2）今后，集体土地租赁房是租赁住房的主要供应来源。要求扩大租赁住房的供应渠道，超大城市、特大城市可开展利用集体建设用地建设租赁住房。

（3）以租赁补贴货币化提高市场对租赁产品的需求。社会资本参与租赁市场，应相应减少政府参与力度，未来推动棚改、租赁房及公租房建设走向实物保障与租赁补贴并举。

二、外来人口迁入的主要城市的住宅供给政策：以北京市为例

在"十二五"时期，北京市的住房保障思路已跟随中央的脚步，逐渐转向"租售并举，以租为主"。尤其是自 2013 年 4 月北京市实行"四房合一"后，不断创新政策形式，保障性住房分配方式进一步转变。从建设目标来看，"十二五"住房保障规划显示，5 年间北京市将建设、收购各类

保障性住房 100 万套，其中，公开配租配售 50 万套，定向安置住房 50 万套，发放租金补贴家庭 10 万户，竣工各类保障性住房 70 万套。公租房供应数量已占到公开配租配售保障性住房 60% 以上。这项目标在 2016 年 6 月圆满完成，而 2013 年 4 月开始实行的公租房统一申请审核机制成为促使实现 100 万套目标的最大政策推力。基于全国范围内颁布的保障性住房政策法令，北京市为进一步贯彻落实相关政策法令精神，也相继出台了配套政策方针，逐步落实"租售并举，以租为主"。

"十三五"期间迄今保障性住房相关政策、法令已明确 4 类主力产品：

（1）棚户区改造。2016 年 1 月 20 日，《北京市人民政府关于进一步加快推进棚户区和城乡危房改造及配套基础设施建设工作的意见》（京政发〔2016〕6 号）发布，重点提出"推动政府购买棚改服务。加大政府购买服务力度，对棚户区改造涉及的适合以市场化方式提供、社会力量能够承担的公共服务，均可采取政府购买服务方式实施"。"积极推广政府和社会资本合作（PPP）模式"。然而，相关规定没有具体说明参与企业的运营模式，也没有明确指出开发商参与棚户区改造能否获得一定比例的土地来配建商品房和租赁房。

（2）企业自持商品住房。2017 年 4 月 17 日，北京市住房和城乡建设委员会发布了《关于本市企业自持商品住房租赁管理有关问题的通知》（京建发〔2017〕145 号），规定"对外出租单次租期不得超过 10 年"，关于租金定价部分，"企业自持商品住房租赁活动实行市场化机制，不限定承租主体，租金价格由租赁双方按照市场水平协商确定"，但不可"'以租代售'或通过其他方式变相销售"。

（3）共有产权房。用地优先供应、销售价格与购房人产权份额相挂钩，2017 年 9 月 20 日，《北京市共有产权住房管理暂行办法》（京建法〔2017〕16 号）正式定义了共有产权房是"销售价格低于同地段、同品质商品住房价格水平，并限定使用和处分权利，实行政府与购房人按份共有产权的政策性商品住房"。共有产权住房购房人取得不动产权证满 5 年的，可按市场价格转让所购房屋产权份额，转让对象应为其他符合共有产权住房购买条件的家庭，性质仍为共有产权住房，所占房屋产权份额比例不变。

（4）集体租赁住房。企业可享集体土地入股、联营与取得土地使用权和房屋所有权，建设区位坚持毗邻产业园区、毗邻交通枢纽和毗邻新城，企业与集体合作开发，以镇级统筹为基本原则，合作对象为镇集体。合作时，集体经济组织以土地使用权入股，与国有企业合作开发或采取联营的方式，与国有企业联合开发建设，但集体经济组织新成立的企业的持股比例不得低于51%，且应有保底分红，集体租赁住房涉及的土地使用权和房屋所有权归新成立的企业所有；在资金获得上，可充分利用长期、低息政策性信贷资金。若是与大兴区农村集体经营性建设用地入市试点区合作，可在项目地块公开入市交易后，由土地竞得者进行开发建设。出租部分，租金定价参考周边市场物业水平，鼓励签订长期住房租赁合同，但单次租期不得超过10年，短期租约则较为弹性，除承租人另有要求外，单次租赁期限不低于3年；承租人要求承租3年或以内的，出租机构不得拒绝。开发者也可趸租集体租赁住房作为公租房房源，依据规定享受公共租赁住房税费减免优惠政策。

三、政府应在政策设计上充分考虑企业的合理利润，鼓励企业积极参与

从企业参与的角度，棚户区改造相对于其他三类产品，盈利模式不确定性大，其未明确规定改造项目可配套兴建商品房或租赁房，改造过程中通过腾退村民而空置下来的土地，也必须经由招拍挂上市，不能直接由参与企业取得，因此参与企业收益仅能依靠腾退土地招拍挂后的收益弥补其出资成本及一定的合理收益，但法律上未明确规定。

其他三类产品中，企业自持商品住房租赁允许长租以及按市场确定租金价格，对企业而言能够获得长期稳定的收入，但土地取得价格最高；共有产权房用地是未来土地供应的主力，参与企业在取得土地的成本上与购房人产权份额相挂钩，因此土地取得总价相对较低，又因纳入保障性住房管理，市场需求量大，对企业而言投资收益也相对稳定，且可一次性出售，资金回笼速度较快；集体建设用地建设租赁房可享集体土地入股、联营，大幅降低投入成本，参与企业还可取得土地使用权和房屋所有权，租金按市场价格，对企业而言不只是投资收益稳定，可开发总量也大，适合

作为企业长期运营的主力产品，但成本回收速度较慢，需要搭配其他金融
手段。企业参与4类主力产品开发建设盈利的优劣比较如表6-6所示。

表6-6 企业参与4类主力产品开发建设盈利的优劣比较

产品	棚户区改造	企业自持 商品住房租赁	共有产权房	集体土地 建设租赁住房
盈利来源	不明确	租金收入	销售收入	租金收入
土地取得成本	未取得土地	最高	居中	最低
出售/租价格	无	依土地取得 成本而定	与购房人产权 份额相挂钩	市场租金
市场需求量	只限安置村民	依土地取得成本而定， 成本推高租金， 则需求量下降	供不应求	供不应求
成本回收速度	一般	最慢	最快	慢
市场供应数量	只限安置村民	一般	多	多

第四节 可支付住房的战略对策

本节充分借鉴地方在城中村与大棚改造中增加住宅和出租住宅供给的
经验、产业园开发中配套公共租赁住房的做法、农村集体建设用地流转增
加出租住宅供给的方式，并同时考虑公租房准入条件设置、房屋销售中的
税收制度设置等制度因素，提出市民化的可支付住房战略对策。

一、城中村与大棚改造增加住宅、出租住宅供给对策

我国实施多年的城中村改造，各地都有不同做法的尝试，部分做法在
目前来看已逐渐不符合相关法令。相关做法包括：

（1）允许直接将国有土地使用权登记给城中村转制后的集体经济组
织。太原市的城中村，以区政府和涉及的村民为主导，不建议开发商介
入，涉及城中村改造集体建设用地征收的，省政府将审批权下放，由市政
府批准并履行征地程序后，市国土部门直接将国有土地使用权登记给城中
村转制后的集体经济组织。

（2）转让综合改造用地剩余土地给参与企业。西安市莲湖区任家口村、杨家围墙村、陈家寨村均采用此种改造模式。这种改造模式是与开发商签订招商引资协议，制定城中村改造工作方案后，进行清产核资，并实施城中村无形改造，即农民转居民、村委会转居委会、成立股份公司等，剩余土地有一部分由政府将剩余土地纳入储备，一部分在建设完安置房后，由改造后的股份制企业向国土部门申请转让综合改造用地剩余土地，此部分土地价值即为投资商建设安置居民的投资。

（3）直接空转国有建设用地供建设回迁楼。北京市"北坞模式"是自我腾退、自我建设、自我管理、自我资金平衡。由于北坞村人多地少，村民700多户，2700余人，总共只有33.6hm²（公顷）土地，且绝大部分位于北京市规划的第一道绿化隔离带上，如果按照"征地拆迁"模式改造北坞村，将无利可图。因此，改为采取自主改造的方式，镇政府通过全镇集体用地内部调换方式，在北坞村旁划设10多公顷回迁楼安置用地，并征为国有建设用地，但不实行"招拍挂"，直接空转至村集体，由村成立专门的房地产公司建设回迁楼，每户村民可分到两套到三套住房不等；再给予3500元/m²的地上建筑物补偿、200元/m²的装修费；在回迁楼地块附近，再安排21.5hm²的四块产业用地，作为玉泉村集体产业用地。最终北京市政府为北坞村的回迁房用地开辟了"绿色通道"，绕开了"招拍挂"，免去了土地出让金，直接转为国有建设用地。

（4）政府主导土地滚动开发模式。北京市大望京村的城中村改造，由于土地相对充裕，因此改良了征地建城模式，以出让土地的方式回收资金。朝阳区土地储备中心先将105.6hm²村域面积征为国有建设用地，再以土地作抵押品从银行获得贷款，用于整理土地和建设回迁楼。村民们除了获得回迁房，还拿到了一笔可观的拆迁补偿款。具体来说，村民按照人头，每人50m²补偿平价回迁房，宅基地及地上物补偿总计达8100元/m²；不购买回迁房的村民，再补3000元/m²，在没有入住回迁房之前，还给村民每月800元的住房补贴，并返回村集体5万m²商业楼底层商铺。政府最终通过储备取得了41.6hm²的建设用地，回收资金还贷。

随着近年来土地相关政策法令趋严，政府开始鼓励以社会资本参与改造，目前较好的做法已朝向在既有法律框架下引入社会资本参与的模式，深圳市与郑州市可为其中代表模式之一。

（一）借鉴深圳市：合作分成或取得国有土地使用权模式

根据《深圳市城市更新办法》的定义，城市更新范围包括旧工业区、旧商业区、旧住宅区、城中村及旧屋村等，城中村改造通常属于拆除重建类更新项目。

（1）允许城中村自身改造或提出引入社会资本改造的诱因。在拆除重建类城市更新项目的实施方式中，企业参与的方式包括：

1）市场主体单独实施。项目拆除重建区域内的权利主体将房地产权益转移到非原权利主体的单一市场主体后由其实施。

2）合作实施。城中村改造项目中，原农村集体经济组织继受单位可以与单一市场主体通过签订改造合作协议合作实施。

3）政府组织实施。政府通过公开方式确定项目实施主体，或者由政府城市更新实施机构直接实施。前项政府组织实施，根据《深圳市城市更新办法》第三十条，由政府统一组织实施城市更新的，可以在拆迁阶段通过招标的方式引入企业单位承担拆迁工作，拆迁费用和合理利润可以作为收（征）地（拆迁）补偿成本从土地出让收入中支付；也可以在确定开发建设条件且已制定城市更新单元规划的前提下，由政府在土地使用权招标、拍卖、挂牌出让中确定由中标人或者竞得人一并实施城市更新，建筑物、构筑物及其他附着物的拆除清理由中标人或者竞得人负责。

（2）能整合多个权利主体申报或实施开发。拆除重建类城市更新项目范围内的土地使用权人与地上建筑物、构筑物或者附着物所有权人相同且为单一权利主体的，可以由权利人依据《深圳市城市更新办法》实施拆除重建。若在拆除范围内存在多个权利主体的，所有权利主体通过以下方式将房地产的相关权益移转到同一主体后，形成单一主体：

1）权利主体以房地产作价入股成立或者加入公司。

2）权利主体与搬迁人签订搬迁补偿安置协议。

3）权利主体的房地产被收购方收购。

属于合作实施的城中村改造项目的，单一市场主体还应当与原农村集体经济组织继受单位签订改造合作协议。市场主体也可以通过市场主体通过房地产作价入股、签订搬迁补偿安置协议、房地产收购等方式变为权利主体，当已取得项目拆除范围内建筑面积占总建筑面积90%以上且权利主体数量占总数量90%以上的房地产权益时，可以申请由政府组织实施该项目。

（3）允许以补交地价的方式调整容积。在地价计收上，拆除重建类城市更新项目中城中村部分，建筑容积率在2.5及以下部分，不再补缴地价；建筑容积率为2.5~4.5的部分，按照公告基准地价标准的20%补缴地价；建筑容积率超过4.5的部分，按照公告基准地价标准补缴地价。

（二）借鉴河南郑州王岗村：社会资本配建商品房还本模式

河南省人民政府于2011年11月23日发布《河南省人民政府关于加快保障性安居工程建设的若干意见》（豫政〔2011〕84号），在"完善供应结构"中的第6点提到，城中村（含老城区）、城郊村、棚户区改造项目在项目总规划建筑面积扣除拆迁安置用房面积后，也要按照不低于10%的比例配建廉租住房和公共租赁住房。对集中建设的廉租住房、公共租赁住房和经济适用住房项目，经省辖市政府批准可按照项目总规划建筑面积10%左右的比例配建商业用房或商品住房，并按规定配建必要的物业服务用房，其配套建设的商业用房和商品住房建设用地实行有偿使用，具备单独供地条件的，必须通过招标、拍卖或挂牌出让方式供地。而在《郑州市人民政府进一步规范城中村改造的若干规定的通知》第5条也提到，城中村改造的安置开发比为1：2，所称安置开发比是指安置房的建筑面积与配套开发商品房的建筑面积之比。

郑州市惠济区根据《郑州市人民政府关于印发进一步规范城中村改造的若干规定的通知》和《郑州市人民政府关于〈郑州市人民政府进一步规范城中村改造的若干规定的通知〉的调整补充意见》，在2012年启动王岗村城中村改造，2018年正式迁入。王岗村位于郑州市惠济区，改造前村总用地面积155.63亩，总建筑面积9.4万m²，全村总人口956人，其中农业人口891人，非农业人口65人。依据郑州市规范城中村改造的103号文件精神，采用"政府主导，企业参与，村民受益"的原则，按安置开发比1：2，改造后总建筑面积26.2万m²，其中村民安置房面积9.1万m²；配套商品房开发面积17万m²，其中住宅建筑面积14.5万m²（住宅中规划有1.4万m²的公租房，每套50m²），幼儿园建筑面积2514m²、公共配套服务 1980m²、商业金融建筑面积 21479m²。

在拆迁补偿方面，采取实物补偿，以人均 90m² 补偿，其中 70m² 补偿住宅，20m² 补偿商业，安置房最大是 3 室 1 厅 90 m²，最小是 2 室 1 厅 70 m²，安置房为大产权，可上市交易。宅基地三层以上的部分，砖结构补偿 650 元/m²、框架结构补偿 1050 元/m²。如有补偿面积小于应补面积，该面积补偿不足部分，在 10m² 以内按 3000 元/m² 补偿，在 10m² 以上按周边市场价格补偿。另外，为奖励独生子女家庭户，对已领取独生子女证的家庭，可按双份住宅补偿，即补偿 2 个 70m²，共计 140m²。拆迁过渡费在 3 年以内为每人 600 元/月，3 年以上为每人 1200 元/月。

改造后，所有农民均转为市民。改造前的分红来源是村集体自营的农田，改造后的分红来源是集体商业经营。

（三）对策总结

总结来看，城中村与大棚改造需要为参与企业提供足够的诱因，因此，城中村与大棚改造增加住宅、出租住宅供给对策可归结为以下 5 点：

（1）明确规定宅基地按市场价值补偿安置房。

（2）明确规定村集体应自留的土地比重。

（3）配套商品房及公租房。

（4）对商品住宅库存较多的城市，以货币补贴取代安置房，协助去化库存。

（5）提高改造后的土地容积，以适应安置房、公租房建设。

二、各城市产业园开发配套公共租赁住房供给对策

在"职住平衡"的目标下，产业园有较大的居住需求与住房供给压力，产业发展势必面临职工居住问题。按照几个主要城市的政策，产业用地配建集体宿舍或公租房，仍然需要将土地性质变更为居住用地，即使程序较为繁复，也为产业用地配建公租房留出可行的渠道。

（一）做法梳理

借鉴北京市的做法。受到国家严打住房投资的情势影响，2017 年 4 月，北京市规划和国土资源管理委员会联合住房、工商、税务等 4 大部门发布《关于进一步加强产业项目管理的通知》（市规划国土发〔2017〕

121 号），要求产业项目应当严格按照规划用途组织设计、开发建设及使用，未经批准不得转让和分割销售，严禁擅自改变项目规划用途作为居住使用。这就表明，只要合于规划用途与法令规范，产业用地可以合理配套居住用地，并按照《北京市人民政府关于加强本市公共租赁住房建设和管理的通知》办理。按规定，社会单位建设的公共租赁住房，优先解决本单位取得公共租赁住房备案资格的职工居住需求，剩余房源按照规定程序向社会公开配租，或由市、区县人民政府指定机构按照规定价格收购，公开配租。由投资机构和房地产开发企业投资建设、持有和运营的公租房在出租一定年限后，可由市、区县人民政府指定机构按照保障性住房标准回购，或经市政府批准调整为其他性质的保障性住房。

借鉴广州市的做法。广州市在 2015 年发布《广州市提高工业用地利用效率试行办法》，第九条规定，对于一类、二类工业用地，可以规划一定比例的居住用地，用于建设公租房，解决产业工人的居住需求。鼓励产业区块工业用地内的行政办公及生活服务设施集中统一设置，单个工业建设项目用地所需行政办公及生活服务设施用地面积不得大于项目总用地面积的 7%，严禁建造成套住宅、专家楼、宾馆、招待所和培训中心等非生产性配套设施。

借鉴福州市的做法。福州市在 2013 年发布《福州市人民政府印发关于支持和鼓励企业投资建设公共租赁住房的若干意见》，开发区和工业园区的生活配套设施用地中应安排不低于 30% 的用地作为公共租赁住房等保障性住房建设用地，同时，支持企业在不超过工业项目总用地面积 7% 的办公生活配套设施用地内安排建设公共租赁住房，在符合城市规划的前提下，可适当提高容积率，不再增收土地出让金。因此，公租房用地的来源有两个：一是企业利用自有土地投资建设公共租赁住房的，只要初审符合有关规定报经核准后，就列入当地年度公共租赁住房建设项目，享受公共租赁住房建设有关优惠政策，项目所在地发改部门可争取国家、省补助资金，各县（市）区人民政府、园区管委会也可根据当地财政状况和建设任务，合理安排分配公共租赁住房专项补助资金。允许企业在新建公共租赁住房总建筑面积 5% 以下配建底层商业店铺，出租收入用于弥补公共租赁住房建设和运营成本。二是当企业用地规模较小，不适宜作为生产用地，或者已闲置的，可由政府依法收回后以挂牌方式提供给企业作为公共租赁住房建设用地，或者由政府主导建设公共租赁住房。

借鉴厦门市的做法。厦门市在 2015 年发布《厦门市进一步做好为农民工服务工作实施办法》，为逐步改善农民工居住条件，农民工集中的开发区、产业园区可以按照集约用地的原则，由各区统筹规划，引导各类投资主体建设公共租赁住房，面向用人单位或园区就业人员出租。允许农民工数量较多的企业在符合规划和规定标准的用地规模范围内，利用企业原有办公及生活服务设施用地建设农民工集体宿舍，用于本企业农民工居住的，不再收取土地出让金，也可不办理土地用途变更手续。鼓励大中型事业单位利用自有存量土地建设公共租赁住房。

（二）对策总结

总结来看，产业用地配套建设公租房需要为参与企业提供足够的诱因，因此，各城市产业园开发配套公共租赁住房供给对策可归结为以下4点：

（1）在政策上配套一定比例的居住用地。

（2）由产业园、工业区开发主体或引进投资主体建设公共租赁住房。

（3）提供土地出让金、公共租赁住房建设、园区职工优先居住权、容积率等优惠。

（4）允许改建原有办公及生活服务设施为公租房、配建底层商业店铺。

三、农村集体建设用地流转增加出租住宅供给对策

在集体建设用地上建设租赁房已是未来趋势，中央法令及各地方法令均已相应出台相关规定。

（一）超大城市、特大城市开展利用集体建设用地建设租赁住房

根据《国土资源部关于做好 2012 年房地产用地管理和调控重点工作的通知》（国土资发〔2012〕26 号），对于商品住房价格较高、建设用地紧缺的直辖市和少数省会城市，由省级政府审核同意并报部批准后，可以

开展集体建设用地建设租赁住房试点。2017 年 7 月，住建部联合九部委发布了《关于在人口净流入的大中城市加快发展住房租赁市场的通知》（建房〔2017〕153 号）要求扩大租赁住房的供应渠道，再次提出超大城市、特大城市可开展利用集体建设用地建设租赁住房。2017 年 10 月 31 日，北京市规划和国土资源管理委员会发布了《关于进一步加强利用集体土地建设租赁住房工作的有关意见》（市规划国土发〔2017〕376 号），提出要加强利用集体土地建设租赁住房工作，要求集体租赁住房用地坚持毗邻产业园区、毗邻交通枢纽和毗邻新城。

（二）集体经营性建设用地入市用地允许建设租赁住房

除了前述直接在集体建设用地上建设租赁房外，北京市《关于进一步加强利用集体土地建设租赁住房工作的有关意见》也规定，企业也可与集体经营性建设用地入市试点区合作，"可在项目地块公开入市交易后，由土地竞得者进行开发建设"。集体经营性建设用地入市仍在摸索阶段，北京市大兴区是 2015 年国土部农村"三块地"改革 33 个试点之一，2015 年 11 月，确定西红门镇 2 号地 B 地块作为北京市集体经营性建设用地首宗入市地块，总用地和建设用地面积为 2.67 万 m²，通过集体经济组织民主程序，土地所有权人西红门镇集体经济组织按照"一次授权、全权委托"的方式，由北京市盛世宏祥资产管理有限公司作为该宗地的土地开发实施单位和土地出让方。2016 年 1 月 15 日，由北京赞比西房地产开发有限公司取得该地块 40 年的使用权，最终成交价格为 80500 万元，溢价77%，折合楼面价为 15075 元/m²，地面价 2010 万元/亩。

（三）集体经营性建设用地采用入股的方式共建租赁房

由农民在集体经营性建设用地上自筹资金兴建公租房，不仅无法发挥土地金融市场的优势，农民也需要担负风险，公租房建设将难以在全国其他各线城市的集体经营性建设用地上展开，而通过入股开发公司成立项目股份合作公司，将可与企业共同合作开发公租房，解决资金与运营风险。北京市《关于进一步加强利用集体土地建设租赁住房工作的有关意见》也规定，集体经济组织可以通过土地使用权入股或联合经营的方式，与国有企业联合开发建设租赁房。

（四）通过不动产证券化加速租赁房投资资金回收

2018 年 4 月 24 日《中国证监会　住房城乡建设部关于推进住房租赁资产证券化相关工作的通知》发布，其认为，住房租赁资产证券化能够加快资金回收，提高资金使用效率，引导社会资金参与住房租赁市场建设，降低住房租赁企业的杠杆率；同时，也将优先支持大中城市、雄安新区等国家政策重点支持区域，利用集体建设用地建设租赁住房试点城市的住房租赁项目开展证券化，以其持有不动产物业作为底层资产的权益类资产证券化产品，积极推动多类型具有债权性质的资产证券化产品。虽然，住房租赁资产证券化的工作刚开始，REITs 市场的发展和培养还需要更多的政策支持与完善，但这已经为筹集租赁住宅开发资金的金融方式提供了一个清晰的指导方向。

（五）对策总结

总结来看，为确保农民有能力、有意愿建设租赁房，农村集体建设用地流转增加出租住宅供给对策可归结为以下 4 点：

（1）集体建设用地使用权、成员权确权。

（2）搭建农村集体建设用地联营入股流转平台。

（3）制定发布农村集体建设用地基准地价和基准租金体系。

（4）保障农民长远可持续利益。

四、完善公租房准入条件设置对策

公租房的本质为保障房，供给量有限，需求者多，准入条件设置的合理性直接影响到公租房保障的外来常住人口群体与人才人力供给，因此，必须精准划分公租房受保障人群、准入条件和模式。进一步汇整外来常住人口主要集聚的 35 个大中城市受保障人群与准入条件，精准分类准入条件。

（一）做法梳理

1. 公租房受保障人群及其准入条件

35 个大中城市的公租房受保障人群可以大致分为四个类别，第一种是外来务工人员，第二种是新就业大学毕业生，第三种是特定引进人才，第四种是外籍务工人员。针对不同的城市与人群，公租房的准入条件设置也有所差异，这四类人群对应的准入条件如表 6-7 所示。

表 6-7 大中城市公租房受保障人群及其准入条件

受保障人群	准入条件
外来务工人员	（1）人均可支配收入、财产状况达到规定标准； （2）满足居住年限或持有居住证； （3）公司正式录用或签订劳动合同； （4）不享受其他住房优惠，无房、车、工商登记； （5）符合现居住面积要求； （6）缴纳公积金或社保； （7）具有职业资格证； （8）符合年龄限制； （9）具备完全民事行为能力
新就业大学毕业生	（1）人均可支配收入、财产状况达到规定标准； （2）满足居住年限或持有居住证； （3）公司正式录用或签订劳动合同； （4）不享受其他住房优惠，无房、车、工商登记； （5）符合现居住面积要求； （6）缴纳养老保险或社保； （7）符合毕业年限要求； （8）符合学历要求； （9）符合年龄限制； （10）具备完全民事行为能力
特定引进人才	（1）公司正式录用或签订劳动合同； （2）缴纳养老保险或社保； （3）不享受其他住房优惠，无房、车、工商登记； （4）符合人才标准（人才项目、人才认证等）； （5）符合年龄限制； （6）符合居住年限要求
外籍务工人员	（1）持有外国人居留许可； （2）持有外国人就业证或者外国专家证； （3）签订劳动合同； （4）人均可支配收入、财产状况达到规定标准； （5）符合现居住面积要求

2. 模式划分

35个大中城市的公租房受保障人群可以分为四个类别，因此，若一个城市的公租房涵盖人群只有一种类别，则其覆盖范围窄；若该城市涵盖人群有两个以上，则表示其覆盖范围相对较广。举例而言，西宁市的公租房覆盖人群包括三类，主要是指外来务工人员、新就业大学毕业生、特定引进人才，涵盖范围广。而兰州市的公租房则只针对外来务工人员，涵盖范围窄。

从准入条件来看，通过对比35个大中城市的准入条件，可以得出准入条件最多的以杭州市为代表，准入条件达7条；最少的以天津市为代表，准入条件只有3条。以中位数5条为分界，小于5条的准入条件代表准入条件宽松，大于或等于5条代表准入条件严格。

由于广州市、深圳市只提供公租房给有户籍的人口，西安市文件缺失，因此，再结合受保障人群，可通过32个城市划分出四种公租房准入模式，分别是：模式一，涵盖人群范围广、准入条件严格；模式二，涵盖人群范围广、准入条件宽松；模式三，涵盖人群范围窄、准入条件严格；模式四，涵盖人群范围窄、准入条件宽松。基于32个城市的四种公租房准入模式如表6-8所示。

表6-8　基于32个城市的四种公租房准入模式

模式	城市
模式一：涵盖人群范围广、准入条件严格	石家庄市、哈尔滨市、杭州市、合肥市、沈阳市、长沙市、南宁市、重庆市、大连市
模式二：涵盖人群范围广、准入条件宽松	太原市、长春市、海口市、福州市、南昌市、宁波市、厦门市、西宁市、乌鲁木齐市
模式三：涵盖人群范围窄、准入条件严格	北京市、呼和浩特市、南京市、武汉市、兰州市、青岛市
模式四：涵盖人群范围窄、准入条件宽松	上海市、天津市、成都市、银川市、济南市、郑州市、贵阳市、昆明市

（二）对策总结

总结来看，不同城市需要的外来流动人群侧重不同，可以分为四类，分别是外来务工人员、新就业大学毕业生、特定引进人才及外籍务工人员。这四类人群在城市发展中的功能不同，缺一不可，差别仅在于比重的不同。完善四大类外来流动人群的公租房保障，是确保城市发展的基础。因此，公租房准入条件设置对策，应有序涵盖特定人才、大学毕业生、外来务工人员、外籍务工人员这四大类外来流动人群，根据城市等级及劳动力需求，设置不同模式的公租房准入条件，确保城市发展。

五、健全销售税制以减少住宅投资收益理性预期对策

购买住房缴纳的税主要是增值税、个人所得税及土地增值税。以一线城市的北京市、上海市为例，它们是以住宅面积及持有时间划分税率的。

（一）做法梳理

营改增之后，对北上广深四个城市，规定个人将购买不足2年的住房对外销售的，按照5%的征收率全额缴纳增值税；个人将购买2年以上（含2年）的非普通住房对外销售的，以销售收入减去购买住房价款后的差额按照5%的征收率缴纳增值税；个人将购买2年以上（含2年）的普通住房对外销售的，免征增值税。对北上广深之外的非一线城市，规定个人将购买不足2年的住房对外销售的，按照5%的征收率全额缴纳增值税；个人将购买2年以上（含2年）的住房对外销售的，免征增值税。由于营改增之前，计算税额时是以含税价为税基，营改增之后，是以不含税价为税基，所以营改增之后税负下降。

在个人所得税方面，自有唯一一套住房且居住5年以上的免征，其余按获利征收，如查无原值，按合同价1%征收；在土地增值税方面，普通住宅转让、非普通住宅转让且居住5年以上免征，居住满3年未满5年减半征收，居住未满3年按成交价×1%征收。北京市和上海市出售住宅主要征收税种如表6-9所示。

表6-9 北京市和上海市出售住宅主要征收税种

城市	税种	条件	税率
北京市	增值税	购入后超过2年（含）的普通住房出售的	免征

续表

城市	税种	条件	税率
北京市	增值税	购入后超过2年（含）的非普通住房出售的	（销售额−购买住房价款）×5%；销售额=含税销售额÷1.05，购买住房价款=含税购买住房价款÷1.05
		购入不足2年的住房出售的	销售额×5%；销售额=含税销售额÷1.05
	个人所得税	未达免征条件	（合同价−购买成本−合理费用）×20%，如查无原值，按合同价1%征收
		免征条件	（1）自有唯一一套住房且居住5年以上；（2）对出售自有住房与购买价无差额的
	土地增值税	居住未满3年	成交价×1%
		免征及减征条件	（1）普通住宅转让；（2）非普通住宅转让且居住5年以上；（3）居住满3年未满5年，减半征收
上海市	增值税	购入后超过2年（含）的普通住房出售的	免征
		购入后超过2年（含）的非普通住房出售的	（销售额−购买住房价款）×5%；销售额=含税销售额÷1.05，购买住房价款=含税购买住房价款÷1.05
		购入不足2年的住房出售的	销售额×5%；销售额=含税销售额÷1.05
	个人所得税	未达免征条件	（1）所有住房：（合同价−购买成本−合理费用）×20%；（2）普通住房：如查无原值，按合同价1%征收；（3）非普通住房：如查无原值，按合同价2%征收
		免征条件	自有唯一一套普通住房且居住5年以上
	土地增值税	免征及减征条件	住宅转让

上海市与北京市的征税机制基本相同，不同的是：上海市在个人所得税方面，如查无原值，非普通住房按合同价 2% 征收；但在土地增值税方面，住宅转让免征。

当出售住宅时，由于个人所得税的税率较低，转嫁后个人所得税增加较少，转嫁后总缴税金将大幅降低，提高转嫁的诱因。1 年内出售与 2 年内出售没有税金上的差异，使得 2 年内再出售缺乏诱因，更容易造成 1 年内的短期投机。超过 5 年（含）出售，北京市已完全免税，变相鼓励业主持有 5 年（含）即可出售住宅。由此可以发现，对销售获利课重税能够减少增值税及土地增值税转嫁效益，降低业主转嫁的诱因。个人所得税是约束总价及土地增值税转嫁的重点。

（二）对策总结

总结来看，减少住宅投资收益理性预期的销售税制对策可归结为以下 5 点：

（1）明确规范免征标准，延长免征优惠的持有时间，并应用免征优惠奖励自住住宅，以及鼓励降价出售。

（2）减少税负转嫁对房价的影响。

（3）充分考虑非自愿性售房情况，提高税制实用性。

（4）建立多层次的住房持有期差别税率，强化短期投机的惩罚机制。

（5）优化土地增值税制度，在住宅交易中区分自住与非自住住宅增值税率。

第五节 可支付住房的实施路径

在前文基础上，结合可支付住房战略对策，提出可支付住房战略的实施路径，具体包括：从城中村改造、产业园区开发等角度提出提供商品房、安置房与公租房的思路，从企业、各级政府的参与等角度提出可支付住房战略的参与主体方案，从准入制度、税收制度等角度提出可支付住房保障的政策制度。

一、创造诱因实现企业参与城中村改造：提供商品房、安置房与公租房

深圳市及郑州市的模式各有其优点，但两个模式的共同缺点在于，仍未形成固定利益分配比例、安置协议，且城中村改造后，村集体可以自留多少土地或商业也未有明文规定。因此，城中村与大棚改造增加住宅、出租住宅供给的实施路径设计如下：

（1）明确规定宅基地按市场价值补偿安置房。改造过程中，对于宅基地的补偿，部分村采用按面积补偿，部分村采用按人头补偿。宅基地补偿应当是就其市场价值进行补偿，按人头补偿则失去补偿市场价值的功能。因此，基于同地同价的原则，应建立宅基地与安置房一致的估价方法，置换等价值的安置房。

（2）明确规定村集体应自留的土地比重。村集体自留土地，才能实现村集体共享土地增值收益。过去多数的城中村改造并未考虑共享土地增值收益的好处，导致城中村改造给人"留地不留人"的政策认知。实际上，新的城中村改造做法，多已倾向村集体自留部分用地。如大望京模式返回村集体的商业楼底层商铺；西安模式将原集体所有土地转为国有建设用地，以划拨方式留足村民的生产活动综合安置用地；上海模式鼓励给集体留用土地以促进农村集体经济组织发展和农民长期稳定收益；太原模式为村集体预留生产发展用地。当村集体自留土地后，村集体可享未来增值收益，该土地即为其补偿之一，与安置房合并计算，对安置房补偿超出人均合理居住面积的部分，可自由选择改采自留地补偿，按个人占村镇自留地比重分红。

（3）配套商品房及公租房。郑州市的优点在于城中村改造的安置开发比为 1∶2。安置开发比是指安置房的建筑面积与配套开发商品房的建筑面积之比，参与企业可以配建 2 倍安置房建筑面积的配套商品房，回收投入成本。另外，郑州市还要求城中村改造应配套不小于 10% 的公共租赁房，既实现城中村改造，又能加大商品住宅及公共租赁住房供给。

（4）对商品住宅库存较多的城市，以货币补贴取代安置房，协助去化库存。2016 年 7 月 11 日，《住房城乡建设部　财政部　国土资源部关于进

一步做好棚户区改造工作有关问题的通知》提到，要确保提高棚改货币化安置比例，这对商品住宅库存较多的城市尤其重要，可以去化商品住宅库存，也可让村民自由购买合适的、符合自身需要的商品住宅。

（5）提高改造后的土地容积，以适应安置房、公租房建设。在深圳市，只要开发主体补交土地出让金，即可调整改造区的容积。这一做法既可以在公平的原则下提高土地容积，尤其城中村多位于区位较佳的地段，也可促进土地节约集约利用，而提高土地容积也可以增加土地价值，提高企业参与诱因，并可满足安置房、公租房高容积的需要。

各级城市城中村改造增加住宅供给方案应用差异如表 6-10 所示。

表 6-10　各级城市城中村改造增加住宅供给方案应用差异

城中村改造 增加住宅供给方案设计		各级城市应用差异
1	明确规定村集体应自留的土地比重	一线城市：由于市场住宅需求大，故可更多补偿安置房，将多余安置房出租，增加租赁供给； 二线城市：市场住宅需求一般，故可由村民自行选择更多补偿安置房或自留地； 三线及以下城市：市场住宅需求小，故可多补偿自留地
2	鼓励配套公租房	一线城市：由于外来流动人口数量大，公租房配套数量最多； 二线城市：公租房配套数量次之； 三线及以下城市：公租房配套数量少
3	以货币补贴取代安置房，协助去化商品住宅库存	一线城市：仍采取安置房补贴； 二线城市：采取安置房补贴、货币补贴双轨制； 三线及以下城市：以货币补贴为主
4	提高改造后的土地容积	一线城市：容积应大幅度提高； 二线城市：提高幅度次之； 三线及以下城市：容积提高幅度小

二、创造企业通过产业园开发配套建设公共租赁住房的诱因

产业用地配套建设公租房的实施路径设计上，首先需要在政策上配套一定比例的居住用地，才能在符合土地属性要求下，大量增加集体宿舍或

公租房建设用地，再配合各城市已经出台的鼓励企业投资建设公共租赁住房的政策，大量新增公共租赁住房，解决外来流动人口的租屋问题。其次，可以要求由产业园或工业区开发主体进行开发建设，也可以引导各类投资主体建设公共租赁住房。借鉴北京市、广州市、福州市及厦门市等城市的做法，投资主体建设公共租赁住房时，不再增收土地出让金；享受公共租赁住房建设有关优惠政策；建成后优先解决本单位取得公共租赁住房备案资格的职工居住需求；企业可以利用原有办公及生活服务设施用地建设农民工集体宿舍，用于本企业农民工居住的，不再收取土地出让金，也可不办理土地用途变更手续；在符合城市规划的前提下，适当提高容积率；允许企业在新建公共租赁住房总建筑面积 5% 以下配建底层商业店铺，出租收入用于弥补公共租赁住房建设和运营成本。

三、成立镇级集体经济组织入股企业合作开发出租住宅

为确保农民有能力在集体建设用地上建设租赁房，通过集体建设用地使用权入股企业共同开发，是建设租赁房的重要关键。实施路径设计如下：

（1）集体建设用地使用权、成员权确权。首先，尽快完成农村集体土地所有权、使用权确权发证工作，建立农村集体土地登记信息化数据库，逐步建立数据库共享机制，数据实时更新，实现登记发证成果的数字化管理和信息化应用。其次，按照"权地相分离、确权不确界"的原则，确定每个村民以集体身份可以享有的集体建设用地收益的股份权，给农民统一发放集体经济组织成员股权证。

（2）搭建农村集体建设用地联营入股流转平台。我国农村集体建设用地利用效率最高的地区都以搭建农村集体资产管理交易平台为先行棋，各镇组建成立农村集体资产管理交易中心，所有农村集体资产交易（包括集体建设用地使用权流转）都必须通过此交易平台进行，有力提高了交易信息透明度。但是交易平台下各村的建设用地仍然是割离流转，因此，由镇统筹成立镇级经济组织或镇属开发公司，通过农村集体建设用地联营入股流转，将下辖相关村的集体建设用地通过流转平台流转到镇级经济组织或镇属开发公司，能够整合分散的集体建设用地，提高土地的可利用性。

（3）制定发布农村集体建设用地基准地价和基准租金体系。发布基准地价和基准租金体系是引导集体土地流转的市场参照系，保证价格信号对市场的正确引导，可规范农村集体建设用地使用权流转市场秩序，真正维护土地所有者和使用者合法权益。同时还可为流转中的税费征收提供量化依据。各城市应聘请有资质的地价评估机构制定集体经营性建设用地基准地价和基准租金体系，组织编制集体建设用地基准地价和基准租金体系，建立集体建设用地定级估价技术规范，以使农村集体经营性建设用地有价可依，也为抵押融资提供价格参考。大兴地块成交价格接近国有土地市场价格70%左右，这一比例可作为集体经营性建设用地使用权作价入股的重要参考依据。

（4）保障农民长远可持续利益。第一，保障农民在集体建设用地使用权联营入股流转中的知情权和决策权。可借鉴广东省出台的《广东省集体建设用地使用权流转管理办法》，要求集体建设用地使用权联营入股流转必须经本集体经济组织的村民会议2/3以上成员或2/3以上村民代表同意。第二，建立农村集体经济组织成员股权（股份）管理交易平台是股权固化到户、扩大农民土地权利权能的必要举措，关系到村居的长期稳定，集体经济组织内的股权、资金及分红等也应当都可通过平台实现成员间公开透明化。第三，建立弹性容积转移机制，在满足整体容积率下，可以提高部分核心地块的容积率，降低其他地块容积率，以符合租赁房的高容积、高密度土地利用要求，也使得租赁房建设的容积率奖励政策得以实施。第四，探索村集体以建设用地上市所得资金再投入租赁房建设的可能性，开放让村集体个别投资租赁房建设，自担风险，也是一种增加村集体收益的方式，租赁房具有收益稳定的特点，镇级经济组织及其成员投资租赁房建设，既可以满足租赁房建设的融资需要，又可以分享租赁房的利润，获得稳健的投资回报。

四、设置能广泛吸纳人力资源、公平获取公租房保障的准入条件设计

前面所述的四种基础模式都有其不足之处。模式一未针对特定引进人才制定准入条件，且准入条件要求较多；模式二未针对外籍务工人员制定

准入条件；模式三将各类人群均纳入外来务工人员，未针对特定人群制定准入条件，容易排挤真正需要的人力资源，且准入条件要求较多；模式四同样将各类人群均纳入外来务工人员，未针对特定人群制定准入条件，容易排挤真正需要的人力资源。

总结来看，有序涵盖四大类外来流动人群，才能确保城市发展。从保障人口的重要性来看，首先是特定引进人才，其重要性最大，能够有效确保城市高端产业的推进；其次是新就业大学毕业生，是各城市受高水平教育新进人员的重要来源；再次是外来务工人员，即使从事中低端工作，但人数比重大，是城市各行各业发展的人力基础；最后是外籍务工人员，所占比重最少，因此高端人口比重也较少，对城市影响最小。但由于城市等级不同，四大类外来流动人群的比重有所差异，因此，具体四类人群的保障设计仍须视城市等级而定。实施路径设计如下：

（1）不同等级城市的保障人群设计。基于城市体量及经济发展的强度差异，一线城市应当能够满足四大类外来流动人群的住房保障，以吸引特定引进人才为重点，通过外籍务工人员政策覆盖部分外籍的特定引进人才；二线城市应当能够满足外来务工人员、新就业大学毕业生、特定引进人才等三大类外来流动人群的住房保障，以吸引新就业大学毕业生为重点，补充新兴行业发展与产业转型所需要的人力资源；三线及以下城市应当能够满足外来务工人员、新就业大学毕业生等两大类外来流动人群的住房保障，以吸引外来务工人员为主，满足城市自身中低端产业人力的基本需求。

（2）不同等级城市的准入条件设计。从准入条件宽严的角度，公租房保障应以简化为原则、便民为目的，在明确准入对象的前提下，放宽准入条件，本书建议应设置的条件如下：

1）人均可支配收入、财产状况达到规定标准。此标准设置，应以在移入城市无自有住宅，且其所录用公司或签订劳动合同所在区县的小区规定租金均高于其可支配收入的30%为标准。

2）公司正式录用或签订劳动合同。在城市工作能为城市产业带来贡献，是保障外来常住人口的主要理由。

3）缴纳公积金或社保。只享有居住保障而未享有其他保障，在城市生活仍较不足，因此，已享有其他充足的保障，是再保障其居住权利的主要前提。

4）符合学历要求。主要是针对新就业大学毕业生所设置的条件。

5）符合人才标准（人才项目、人才认证等）。主要是针对特定引进人才所设置的条件。

6）持有外国人居留许可。主要是针对外籍务工人员所设置的条件。

7）持有外国人就业证或者外国专家证。主要是针对外籍务工人员所设置的条件。

按城市等级的公租房准入条件设置如表6-11所示。

表6-11　按城市等级的公租房准入条件设置

城市等级及准入条件	外籍务工人员	特定引进人才	新就业大学毕业生	外来务工人员
三线及以下城市			√	√
二线城市		√	√	√
一线城市	√	√	√	√
人均可支配收入、财产状况达到规定标准	√	√	√	√
公司正式录用或签订劳动合同	√	√	√	√
缴纳公积金或社保			√	√
符合学历要求			√	
符合人才标准（人才项目、人才认证等）		√		
持有外国人居留许可	√			
持有外国人就业证或者外国专家证	√			

五、设计加大房屋增值征税的住房销售税制

总结住房销售税制设计及税制特点，实施路径设计如下：

（1）明确规范免征标准，延长免征优惠的持有时间，并应用免征优惠奖励自住住宅，以及鼓励降价出售。

1）持有并居住连续满5年（含），且无作为出租与营业使用的自住住宅，取消自住住宅增值税及个人所得税。

2）持有并居住连续满5年（含），且无作为出租与营业使用的自住

住宅，个人所得税给予当地住宅平均总价×每年 3% 连续 5 年的复利计算得出的获利免税额。

3）鼓励自用住宅换房，以腾退屋龄长、小户型住房，增加低总价住宅的市场供给量。持有未达 5 年（含），但出售价格低于可比标的物房价，且该差额等同于依该可比标的物房价所测算的应缴个人所得税时，免征个人所得税；若该差额等同于应缴个人所得税与增值税时，再免征增值税。

（2）减少税负转嫁对房价的影响。

1）增值税改采获利为税基，避免增值税转嫁过程中大幅提高房价。

2）加重个人所得税税率，提高个人所得税转嫁导致个人所得税负增加的幅度。

（3）充分考虑非自愿性售房情况，提高税制实用性。非自愿性（离职、非自愿离职）因素 2 年内出售，回归税率 20%。

（4）建立多层次的住房持有期差别税率，强化短期投机的惩罚机制。

1）持有期间增加持有期间 1 年内、持有期间 1~2 年（含）、持有期间 2~5 年（含）的划分，鼓励长期持有，增加持有期间 10 年（含）以上设计。

2）增值税及个人所得税总税率设计，持有期间少于 1 年，建议采取从重征税方式，两税加总最重可对获利的部分 100% 征税，若倾向从轻征收，则可借鉴我国台湾地区现行房地合一税，不应少于 45%，建议在 45%~100%。

借鉴我国台湾地区持有期间从小于 1 年到大于 10 年的设计，并加大打击短期出售行为，将增值税及个人所得税总税率提到最高 60%、最低 15% 设计，各持有年期的税率设计如表 6-12 所示。

表 6-12　住房销售获利税各持有年期的税率设计

持有期/年	总合税率/%	增值税率/%	个人所得税率/%
1	60	15	45
2	55	14	41
3	50	13	37
4	45	12	33

持有期/年	总合税率/%	增值税率/%	个人所得税率/%
5	40	11	29
6	35	10	25
7	30	9	21
8	25	8	17
9	20	7	13
10	15	6	9
税率特点	按年调降5%	按年调降1%	按年调降4%

根据表6-12，各持有期间的税率设计如下：

①持有期间小于1年，对获利的部分征收60%税率。

②持有期间1~2年，对获利的部分征收55%税率。

③持有期间3~5年，对获利的部分征收45%税率。

④持有期间6~10年，对获利的部分征收25%税率。

⑤持有期间大于10年，对获利的部分征收15%税率。

其中，2~5年的总合税率，应与1~2年产生较为明显的区隔，避免鼓励业主在第3年选择出售，故建议选取中位数第4年的税率；同理，6~10年建议选取中位数第8年的税率。

（5）优化土地增值税制度，自住与非自住住宅设不同增值税率。土地增值税是大陆地区已有税种，因此，在住宅交易时，也应当发挥其功能，对自住住宅采取优惠税率，对非自住住宅按原规定的土地增值税税率征收。

综上所述，本书依据各原理提出一个建议版本，如表6-13所示。

表6-13　大陆地区住房出售税制设计

税种	条件	税率
增值税	持有并居住连续满5年（含），且无作为出租与营业使用者的自住住宅	免征
	持有未达5年（含），但出售价格低于可比标的物房价，且该差额等同于依该可比标的物房价所测算的应缴个人所得税与增值税时	免征

续表

税种	条件	税率
增值税	持有期间小于1年	（销售额-购买住房价款-合理费用-土地增值额）×15%
	持有期间1~2年	（销售额-购买住房价款-合理费用-土地增值额）×14%
	持有期间3~5年	（销售额-购买住房价款-合理费用-土地增值额）×12%
	持有期间6~10年	（销售额-购买住房价款-合理费用-土地增值额）×8%
	持有期间大于10年	（销售额-购买住房价款-合理费用-土地增值额）×6%
个人所得税	持有未达5年（含），但出售价格低于可比标的物房价，且该差额等同于依该可比标的物房价所测算的应缴个人所得税时	免征
	持有并居住连续满5年（含），且无作为出租与营业使用者的自住住宅	当获利小于或等于当地平均获利（当地住宅平均总价×每年3%连续5年的复利）时，免税；当获利大于当地平均获利时，按超过部分征收10%的税
	持有期间小于1年	（含税销售额-含税购买住房价款-合理费用-土地增值额）×45%
	持有期间1~2年	（含税销售额-含税购买住房价款-合理费用-土地增值额）×41%
	持有期间3~5年	（含税销售额-含税购买住房价款-合理费用-土地增值额）×33%
	持有期间6~10年	（含税销售额-含税购买住房价款-合理费用-土地增值额）×17%
	持有期间大于10年	（含税销售额-含税购买住房价款-合理费用-土地增值额）×9%；如查无原值，按含税销售额1%征收
土地增值税	自住住宅	土地增值额×10%
	非自住住宅	按土地增值税税率

第七章　社会融合与基层治理

本章主要在社会资本理论指导下，从社区视角寻求实现市民化目标的思路。本章首先论述市民化的实质，以及社区在市民化进程中的重要性；然后从理论上分析社区促进社会融合，实现市民化目标的必要性；最后分别从社区治理和社区教育两个方面，讨论具体实施路径。本章主要观点是：市民化的实质是人的城镇化，既包括观念和生活方式的转变，又包括城镇化进程中的社会融合问题，目标人群涉及外来城市人、外来农村人和本地农村人等。几乎所有城市居民都居住在不同社区，因此，社区是实现市民化目标的重要空间载体和政策工具。实现市民化目标的路径就是培育社会资本的过程。社会资本借由社会网络产生并得到维护，社区治理和社区教育的作用主要体现于此（见图7-1）。

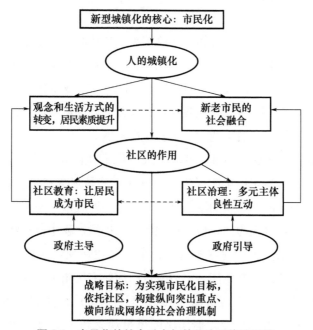

图 7-1　市民化的社会融合与基层治理战略思路

第一节　社区在市民化进程中的重要性

社会融合是个体和个体之间、不同群体之间、或不同文化之间互相配合、互相适应的过程，不可缺少的是本地人口和流动人口发生相互交往和构建相互关系的过程，社区在其中发挥很大的作用。

一、新型城镇化的核心是市民化，市民化的核心是人的城镇化

新型城镇化已经成为新时期的国家发展战略，其内涵与实质首先是人的城镇化，核心是市民化。中国城镇化水平由 1978 年的 18%，于 2011 年首次超过 50%，2016 年年底已达到 57.35%。快速城镇化既是中国改革开放的巨大成就，也带来一系列问题，其中之一就是"仍然存在农业转移人口市民化进展缓慢、城镇化质量不高……问题"（《国务院关于深入推进新型城镇化建设的若干意见》，国发〔2016〕8 号）。可见，在官方表述中，所谓"市民化"主要关注的是农业转移人口如何在城镇安家落户的问题。农业转移人口的市民化问题作为一个历史遗留问题，早已引起各界关注，其中学界长期致力于户籍制度改革和以户籍制度为基础的各种城乡制度改革，推动农民工有序融入城市，并取得实质性进展。2016 年 9 月，《国务院办公厅关于印发推动 1 亿非户籍人口在城市落户方案的通知》（国办发〔2016〕72 号）是从顶层设计对此问题的有力回应，也是破解长期困扰中国城镇化发展问题的一个实质性进展。

但真正实现市民化目标，并非一纸户籍证明能够做到。因为从城镇化的本质来说，人的城镇化体现为两个方面：一是观念和生活方式的转变；二是新进城的居民与原来的城市居民的融合，即城市生态问题。前者以大城市中的本地农村人为例，他们在城市空间扩张过程中，户籍身份由村民变成居民，原来熟悉的村庄被拆迁，集中居住在现代化的城市住宅小区中，但通常这类人群并不能马上适应自己的新市民角色。这些安置小区被称为"过渡型社区""新市民社区"，虽然这些居民实现了地域的转移、职业的转换和身份的转变，但居民的思想观念和生活习惯并没有随之改

变，他们仅仅实现了"半城镇化"。而且社会网络规模小、密度低、网络地位低，以及传统乡村社区社会资本流失而现代城市社会社会资本还未形成等原因，不仅影响着他们的社会融入程度，也使得这类社区治理陷入困境。所谓城市生态问题，也就是社会融合问题，因为城镇化不仅给城市带来更多的人口，也为城市带来更加多元化的人群，包括老市民、新市民，本地人、外地人等，他们彼此之间是否能够和谐相处，不仅事关每个城市居民的幸福感和满意度，也是城镇化健康可持续发展的重要指标。在我国快速城镇化进程中，由于大量人口在城乡和城市之间流动，城市生态问题或者说社会融合问题，是我国今后新型城镇化进程中需要长期面对的问题。如不尽快将市民化与社会融合目标有机植入城市治理之中，将面临城镇化"陷阱"——缘于社会融合的严重障碍而生成的多重经济社会风险与危机，主要表现在城市社会"二元"化、农民工群体边缘化和人口转移泡沫化、短期化，严重影响城镇化健康发展以及社会经济的可持续发展。

二、城镇化与市民化都有阶段性特征，不同阶段应制定有针对性的公共政策

曾有学者研究指出，虽然根据诺瑟姆（Northam）的经典城镇化过程 S 曲线，城镇化水平 30% ~ 60% 统称为中期加速发展阶段，但城镇化水平在 50% 之前和 50% 之后实际上还存在差别，那就是 50% 之后的阶段会出现减速增长如图 7-2 所示。同时，有学者进一步结合中国的城镇化进程，指出中国城乡劳动力转移将遵循"农民→农民工→新市民→市民"的路径，农民工市民化有阶段性特征，获得市民身份的"新市民"向"市民"转化的过程依然是农民工市民化的重要阶段，此时公共政策的重点应着力于社会资本、人力资本的投资，促进"新市民"与原城市居民的社会融合。这一观点同样适用于本地农村人口，如前所述，他们在户籍、职业、生活环境已经城镇化之后，同样面临从"新市民"向"市民"的转化。此外，在劳动力自由流动的时代，大城市还面临从中小城市流入的非本地居民的社会融合问题，即流动人口的本地化问题。由此可见，新型城镇化的目标包括居民素质的提高及促进不同人群的社会融合、本地农村人口和城市人

口的融合、外来农村人口和外来城市人口与本地人口的融合等多个方面。这一议题在外来人口众多，甚至普遍超过本地户籍人口的特大城市中尤其显著。

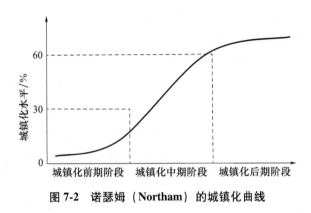

图7-2 诺瑟姆（Northam）的城镇化曲线

三、社区是实现市民化目标的重要政策工具

社区是居民生活的基本单位，也是社会管理的基本单元。推动外来人口与所在城市社区、组织和居民产生更为密切的联系，使外来人口在城市中积累起本地化的社会资本，是促进外来人口融入城市的重要途径。在这个过程中，社区发挥着关键性的作用，因为所有城市居民都居住在城市中的各个社区，而且，在人口流动的社会趋势下，城市规模越大，社区的异质性也越强，即社区不同程度地拥有不同类型的居民。所以，社区作为一定范围内的社会生活共同体，社区融合就是社会融合这一宏观目标在基层的最终反映（见图7-3）。在中国城镇化水平超过50%之后，城市治理开始成为国家治理的重要领域，而大国治理需从小社区做起。我国虽然自20世纪90年代开始社区建设，但长期以提供社会服务、加强基层政权建设和维护社会稳定为主要工作内容，并没有将社区纳入促进社会融合、推动新型城镇化进程的政策领域。在中国城市现有的行政管理体制下，社区已被视为城市的基本管理单元，虽然这与西方对社区的理解有很大不同，但也正因为此，为政府通过社区治理培育社会资本、促进社会融合提供了制度环境。

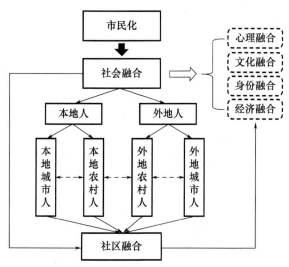

图 7-3 市民化作为社会融合的含义

社区教育是以社区为地域范围进行的、居民自主参与的教育社会一体化的现代教育形式，是终身教育和终身学习的重要组成部分。社区教育作为社会教育的一个重要组成部分，和学校教育、家庭教育一并构成了整个教育体系。区别于正规的学校教育，社区教育强调依托社区力量和社区资源，对社区内的全体成员施以各种形式的教育，来满足社区成员不同层次的教育需要，提高社区成员的整体素质。在社区教育中，有针对性地设置课程内容，既有利于提高居民素质教育、提升新市民的人力资本，同时还可以通过居民之间的交往，促进社区融合。可见，新型城镇化进程中市民化目标的实现，一定程度上就是以社区为单位的城市中不同人群的社会融合过程。其中既有以居民为对象的社区教育过程，也有以居民为主体的社区治理过程。在图 7-1 所示的思路基础上，进一步细化社区治理促进市民化目标实现的路径，如图 7-4 所示。

总之，政府应在社会分层过程中发挥积极作用，以确保社会公平。社区作为城市居民生活和管理的基本单元，英美等西方发达国家早已将其作为政策工具，或者政府干预社会发展的手段。中国在这方面更有制度优势，应在新型城镇化进程中，将社区作为实现市民化目标的重要政策工具。

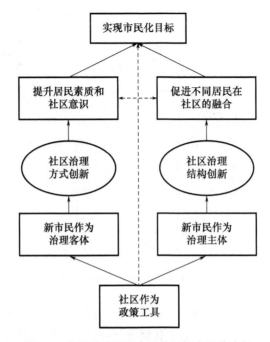

图 7-4　社区治理促进市民化目标实现的路径

四、市民化不充分在社区的表现及其对社区治理造成的障碍

　　城镇化是长期社会经济发展的结果，其中景观上的城镇化（如城镇景观的地域推进等人们看得见的实体的变化过程）和指标上的城镇化（如城市人口比例、产业结构比例等），是相对比较容易达到的目标，但人的城镇化也就是市民化，通常需要经历一个较长的时期。按照市民化的标准，一是观念和生活方式的转变；二是新进城的居民与原来的城市居民的融合，即城市生态问题。市民化不充分既是城镇化快速发展的结果，也是城镇化初级阶段的特征。这是正常现象，但市民化不充分会影响社会经济的可持续发展的方方面面，所以需要引起重视，并采取措施，进行适当的干预，推动市民化过程尽快完成。国外大城市发展的经验也证明，如果一个城市不能尽快将大量移民吸纳和同化进它的社会，就会对城市体制形成潜在的威胁，成为社会动荡和相互对抗的根源，甚至导致体制的解体。在不能融入的情况下，大量外来人口对移入城市没有归属感，使城市发展缺乏

稳定的劳动力支持、人力资本积累和更新的能力，不利于城市社会的长治久安和可持续发展。因此，外来人口的市民化已经成为我国新型城镇化的首要任务。

在充满风险的社会环境中，人们愈发需要社区提供的安全感，因为城市规模的扩大愈加显示出社区保障的重要性。布赖恩·贝利在《比较城市化：20世纪的不同道路》中提到："城市区域范围的扩大使城市的变化更加复杂和迅速，给人们带来不可靠和不安全的感觉。城市过大，让个人感到无所适从。为了在纷繁复杂的社会中寻找自我，人们通过生活在一个易于理解的、社会关系可以预知的社区中，以便混乱达到最小。"

在社区层面，市民化不充分主要表现为以下几个问题。

1. 社区社会分化严重

中国快速城镇化进程得益于市场化改革，伴随着住房商品化的实行，社会空间异质性增强。虽然由于特有的社会主义体制的干预，中国大城市中还没有出现像西方资本主义国家所具有的城市社会空间结构特征，但具体到城市内部的部分区域，大量"封闭的商品房小区"与旧城改造中的"绅士化"过程，导致社区之间的社会分化现象。这种分化有可能进一步演化为社区和社会隔离，带来新的社会风险。

2. 社区社会支持不足

随着城市社会空间重构，传统的邻里关系遭到破坏，加之新移民的不断增加，城市社区中的邻里关系变得十分冷淡，社区社会资本贫乏。社区社会资本是基于邻里交往而产生的信任和互惠的网络，社会资本不足，会导致个人主义和缺乏团结的社区生活，集体行动难以开展；同时，不能有效防止犯罪，不能为居民提供足够的社会支持，从而影响居民生活质量。

3. 缺乏市民意识造成社区治理困境

一方面，大城市没有提供外来人口市民化的基本制度保障；另一方面，有部分外来人口，主要是外来农民工和本地新市民（农转非居民），由于原有的生活方式和社会网络所限，缺乏融入大城市的能力。就前者来说，这些成年以后才进入城市的外来者，虽身处城市空间，但仍旧以乡村的价值观念认知和考量城市，具体表现为普遍缺乏市民意识，不了解所谓城市文明的行为准则，与其他人群居住在同一社区中时，容易引发邻里矛盾。就后者来说，这两类人群的社会支持网络主要是血缘、地缘、亲缘等强关系，以血缘、地缘、亲缘为基础的互动会影响社会交往范围的扩大。这些特征都限制了这些人群有效参与社区公共事务。

第二节　社区作为政策工具实现市民化目标的理论框架与现实基础

社区作为政策工具实现市民化目标的理论基础来自社会资本。社会资本是一个目前广泛应用于社会科学领域的重要概念，奠基人是布迪厄（Bourdieu）和科尔曼（Coleman），但将社会资本研究进行大规模扩展的是政治学家帕特南（Putnam），在其成名作《使民主运转起来：现代意大利的公民传统》（*Making Democracy Work：Civic Traditions in Modern Italy*）中，帕特南指出，社会资本就是社会成员之间的社会联系或者网络关系以及由网络形成的互惠的规范和信任。影响社会发展的原因是多方面的，社会资本的分析途径引起人们对政治、经济以外的非制度性因素的重视。这也是社区能够实现市民化目标的理论基础。

一、社会资本概述

一般认为，首次系统论述社会资本概念的是法国社会学家布迪厄，他把资本分为三类：经济资本、文化资本和社会资本。其中，社会资本是"以社会声誉、头衔为符号，以社会规约为制度化形式。特定行动者占有的社会资本的数量，依赖于行动者可以有效加以运用的联系网络的规模大小，依赖于和他有联系的每个人以自己的权力所占有的资本数量的多少"。在布迪厄的定义中，社会资本是一种个人财产（private goods）。后来，科尔曼进一步系统和深入地论述了社会资本，将其定义为"社会结构资源作为个人拥有的资本财产"，他同时主张社会科学应当以社会系统为单位进行研究，而不是以一个人或者组成系统的其他成分为单位。科尔曼在社会层面对社会资本展开的论述，是他对于社会资本的重要贡献。

第三位对社会资本理论有重要贡献的学者是帕特南，他首次将社会资本引入政治学领域，强调在群体或社会层面如何培育和发展社会资本以有利于群体和社会的发展，进而将社会资本理论扩展到更为宏观的民主治理研究当中，并用社会资本的存量来解释政府的制度绩效、政治参与等政治学现象。帕特南对社会资本的定义包括三个核心内容：信任、规范和网络。他的观点得到奥斯特罗姆（Ostrom）的回应，后者认为，在集体层面，社会资本是一种个体和个体间关系的属性，它增强了个体解决集体行动问题的能力。所以，帕特南所定义的社会资本，又被称为宏观社会资本或者集体社会资本。

社会资本是"个体之间的联系，即社会网络和从人们中产生出来的互惠与信任规范"（帕特南《独自打保龄：美国社区的衰落与复兴》）。一方面，个体层次的社会资本一经创造，就会有益于相关社会结构内的所有个体；另一方面，产生于社会组织内部的社会资本属于所谓的集体社会资本，也是一种公共财产（public goods），其借由社会网络而结成的平等关系，将人力资源、物质资源嵌入其中，不仅对组织的整体发展有利，而且对组织内部的每一个人都有益处。比如，对于流动人口而言，他们与城市社会的融合显得十分必要，但其社会融合的主要障碍是社会资本的匮乏和质量低下，因此，只有构建流动人口社会资本的积累和形成机制，才能促使流动人口更快完成城镇化和市民化的过程。可见，社会资本是促进社会融合的有力武器。

虽然通常认为社会资本对现代社会经济发展有诸多益处，但事实并不尽然。如果社会资本仅仅表现为内部的高度团结和成员之间的高强度联系，反而会使这个群体孤立于社会之外，与现代文明社会所需要的市民精神相违背。因此，随着对社会资本认识的不断加深，对社会资本在个人与社会经济发展中作用的分析，已经从原来偏重从总体的、量的方面考虑，转到从不同类型的、质的分析。帕特南首先提出社会资本的"粘合性"（bonding）和"桥梁性"（bridging）的区别。从社会资本的功能来说，桥梁性社会资本由于跨界所产生的社会凝聚力，对社会稳定、经济发展起到重要作用；相对而言，局限性的人际信任与封闭性的社会网络则对社会治理和发展产生显著的负面作用。对于粘合性社会资本突出的团体和人群来说，培育以桥梁性社会资本为代表的高质量或者新型社会资本尤其重要。

有学者认为，粘合性社会资本由于是在同类人之间建立的排外性团结，因此是创建社会资本的第一步，但真正对治理绩效产生影响的是桥梁性资本社会，因为它可以在具有不同背景的人之间建立包容性团结，特别有助于维持社会信任与合作。所以，不论中外，对于新移民的众多研究都发现，嵌入于移民网络的关系资源对移民社会融合的促进作用，但相对于移民进城前的原始社会资本，新型社会资本对移民的社会地位提高和城市融入的作用更大，因此，构建桥梁性社会资本是他们融入新社会的重要途径。

在中国语境下，社会融合是一个逐步同化和减少排斥的过程，是对城市未来的主观期望和城市客观接纳相统一的过程，是本地人口和外来移民相互作用和构建相关关系的过程。既然社会融合本质上是一种相互同化和相互认同的过程，而社会资本是内嵌于社会网络中的资源，因此，社会资本的积累和转化有助于外来人口更快地适应环境，加快社会融合进程。社会融合也可以看作外来人口的社会资本不断积累和转化的过程。这一过程在社区如何实现呢？以社区治理为例，社区治理可以理解为治理理论在社区层面的运用，意味着政府组织和其他组织通过建立合作关系来实现社区的公共目标。社区治理也是一种过程，即具有一定自治能力的社区成员依托各种社区自治组织，同社区社会组织、政府组织等利益相关主体一道，运用多种方式和手段，在社区的行动场域内合作处理社区公共事务的过程。在这一过程中，不论是治理结构还是治理方式，都是强调关系的建立，也正是在多元主体构建良性互动关系的过程中，社会资本依赖其中所形成的社会网络而产生。

二、社区不同人群的社会资本差异分析

市民化对象，既包括城市新移民，也包括大城市本身在城镇化进程中由于城市空间扩张和社会经济转型所吸纳进来的本地农业人口。其中，城市新移民又分为两类：一类是外来农业人口，即通常所称的"农民工"，另一类是从其他城市主要是中小城市迁入的外来城市人口。这两个群体，其市民化的共同点是都面临本地化问题，不同之处是他们所拥有的社会资本不同，使得他们在社会融入方面具备不同的特征和路径。对于本地农业人口来说，虽然他们的身份、就业和社会保障已实现城镇化，但却面临观念、

生活方式的城镇化问题，即如何成为具有公民精神的真正的市民。特大城市中的城中村和安置房小区，都是这类人群的聚居地，他们的市民化问题也是社区治理的难题所在。上述这些人群通常聚居于城市中的不同社区。

社区居民拥有的社会资本量和类型决定他们的生活质量和生存能力。同时，社会资本的拥有量和类型的差异，是测量社会融合度差异的重要指标。根据帕特南的社会资本二分法，外来城市人、本地农村人、外来农村人和原城市居民在社会资本的拥有量和类别方面有显著差异，如表 7-1 所示。

表 7-1　理论上三类人群的社区社会资本特征

人群属性	桥梁性社会资本	粘合性社会资本
外来农村人	低	低
本地农村人	低	高
外来城市人	高	低
本地城市人	高	高

三类人群的社会资本特征及实现市民化、社会融合所需要培育的社会资本类型简要分析如下。

（一）外来城市人口的本地化

这类人群通常拥有良好的教育背景、职业技能、社会地位和收入水平，并且已具备较高的市民意识。从个人社会资本来看，通常这类人群的桥梁性社会资本较高，但就这类人群所在社区的社会资本来看，大家来自四面八方，都是城市中的新移民，是典型的陌生人社会，导致社区集体活动难以开展，面临的市民化问题是由陌生人变为熟人。因此，这类人群着重关注粘合性社会资本的培育。

（二）本地农村人口的市民化

这类人群因为有传统乡村社会的血缘和地缘关系，在城市空间扩张过程中，形成城中村。在拆迁时，也多采取集中安置的方式。他们的特征是基于血缘和地缘关系的粘合性社会资本高，但适合现代大城市社会发展的桥梁性社会资本较低。这种情况同样为社区治理带来挑战，需要着重关注桥梁性社会资本的培育。

（三）外来农村人口的本地化和市民化

外来农民工群体可简单分为两种情况。一种情况是以个人或家庭为单位，通过亲戚老乡介绍等方式进入城市工作，由于散居于城市各处，表现为粘合性、桥梁性社会资本双低特征，两种类型的社会资本需要同时得到培育。另外一种情况是像北京市著名的浙江村、河南村、新疆村这种血缘、地缘、业缘高度一致的外来农村人口群体，他们其实与本地农村人口的社会资本有相似之处。

还有一类人群，即所谓的富裕阶层，他们的社会网络基本不受空间边界的限制，也有充分的个人资源来保护所在社区的生活质量，并不属于市民化对象，所以也不在本研究范围之内。

（四）认识到不同人群的社会资本水平是提出社区政策的基础

对分别讨论社会资本的影响因素和社会资本的作用的文献研究显示，社会资本不能孤立于经济的和政治的结构单独考虑，因为通过物质资源的获取才形成并塑造社会联系。同样地，就社区社会资本来说，社区特征和社区认知影响社会资本的生成。这说明，不同社区因为已有的社会资本类型不同，会影响社区治理绩效。总之，在城镇化进程中，大城市社区的异质化程度不断提高，社区社会资本发育水平和政府介入社区生活的程度，对社区发展至关重要。

社会资本既是社区治理取得良好成效的助推器，也是体现社会融合的检测器。可见，社会资本与社区治理之间是互为因果的关系，一方面，社区治理的有效开展有赖于社区已有的社会资本特征；另一方面，社区治理通过多元主体参与社区公共事务，动员居民参与社区活动等方式，能够改善社区社会资本质量。因此，对于不同人群所居住的社区，应采取不同的治理方式，培育其所需要的社会资本。认识不同社区居民的社会资本特征，有利于提出相应的社区政策措施。

三、我国城市社区的行政属性和空间特征

与西方语境下的"社区"（community）概念相比，我国的城市社区具

有独特的行政属性及普遍的空间界限，这也是社区能够促进不同人群之间的社会融合、实现市民化目标的制度保障。

（一）社区的来源

当我们今天谈到"社区"这一概念时，首先想到的就是德国社会学家斐迪南·滕尼斯（Ferdinand Tönnies）。1887年，滕尼斯发表了《共同体与社会》（德文书名为 *Gemeinschaft und Gesellschaft*）。他认为，在所有的文化系统中都存在着人类联系的两种基本形式：一是礼俗社会（gemeinschaft），与早期社会形式有关，其中的基本组织单元是家庭或宗亲，其社会关系以深厚、连续、内聚以及完满为特征；二是法理社会（gesellschaft），它被看作城镇化和工业化的产物，导致了建立在角色逐渐分化的个人直接理性、效率及契约约束的基础上的社会和经济联系。第一次世界大战前后，美国社会学家查尔斯·罗密斯第一次把滕尼斯的《共同体与社会》翻译成英文 *Community and Society*。"community"用来反映腾尼斯"gemeinschaft"的含义，即社区是基于亲族血缘关系而形成的社会联合。1933年，芝加哥学派的领军人物帕克在燕京大学讲演，题目叫"Community is not Society"。燕京大学社会学系的师生根据腾尼斯的原意，使用"社区"来作为"community"的中文概念。按照后来费孝通先生的解释，当时在翻译"community"时，选择了具有祭祀、宗社意义的"社"字与具有地域意义的"区"字的结合，创造了"社区"一词。他认为，以全盘社会结构的格式作为研究对象，对象必须是具体的社区，因为联系着社会的是人民的生活，具有时空的坐落，这就是社区。这一中文译词，奠定了"社区"的概念在中国长期采纳地域主义的视角，在后来的面向公共管理的实践中，依然强调以法定社区作为管理单位，即地域界限明显、与大社会沟通联系便捷的社会区域。在农村通常指的是行政村或自然村，根据《民政部关于在全国推进城市社区建设的意见》，城市社区的范围一般是指经过社区体制改革后做了规模调整的居民委员会辖区。

（二）我国社区建设的发展历程

我国的社区建设和发展从一开始就带有很强的行政管理色彩，更多是政府自上而下推动的结果。早在1954年12月，由第一届全国人民代表大会第四次会议通过的《城市街道办事处组织条例》和《城市居民委员会组织条例》，确立了"城市街道—居民委员会"的社区管理体制。但在 20 世纪 80 年代之前，我国社会管理主要依赖单位，社区并没有得到重视。

"社区"概念运用于中国的公共管理实践，要追溯到 20 世纪 80 年代。20 世纪 80 年代中后期，在民政部的倡导下，城市基层政府开始逐步推进以老年人、残疾人、优抚对象和便民利民为内容的"社区服务"工作。20 世纪 90 年代初期，民政部在借鉴西方社区发展理念，提出了社区建设概念。2000 年 11 月，《中共中央办公厅　国务院办公厅关于转发〈民政部关于在全国推进城市社区建设的意见〉的通知》（中办发〔2000〕23 号）就社区的范围及社区建设的定义、原则、目标、具体工作等做出了说明，成为社区建设的纲领性文件。根据中办发〔2000〕23 号文件的表述，社区建设是指"在党和政府的领导下，依靠社区力量，利用社区资源，强化社区功能，解决社区问题，促进社区政治、经济、文化、环境协调和健康发展，不断提高社区成员生活水平和生活质量的过程"，其主要工作是拓展社区服务、发展社区卫生、繁荣社区文化、美化社区环境、加强社区治安等，要坚持以人为本、服务居民，资源共享、共驻共建，责权统一、管理有序，扩大民主、居民自治等原则。由此可以看出，社区建设涵盖了社区服务所有方面，并具有社区自治的内容。

2004 年 10 月，《中共中央办公厅转发〈中共中央组织部关于进一步加强和改进街道社区党的建设工作的意见〉的通知》（中办发〔2004〕25 号）发布，标志着社区建设从民政部主导的以社区服务工作为主要内容，上升到基层政权建设的高度。

由上述发展历程可以看出，独特的行政社区管理体制机制的形成，为基层治理促进外来移民的市民化进程及社会融合提供了条件。

（三）行政社区内居民属性的多元化特征

根据已有的大城市居住空间分异研究可知，不同社会属性的人群在大城市中的分布有明显的空间区位特征，如果以社区为单位考察他们的空间区位特征会发现，不同人群居住的地方通常有与之社会属性相匹配的社区物质环境特征。根据多年观察，初步建立如图 7-5 所示的匹配关系。

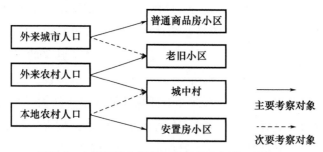

图 7-5　人群属性与居住环境特征之间的匹配关系

需要说明的是，图 7-5 中的人群社会属性与小区特征之间的关系，只是说明了前面提到的三类人群相对集中居住的地方。比如，外来城市人口也会选择住在老旧小区，但比例可能没有普通商品房小区里的高。同样地，大多数城中村里依然是本地农村人为主体，但从市民化的角度看，安置房小区里的本地农村人也是市民化的目标对象。

这些不同性质的小区，进一步组成了中国独特的行政社区。一个行政社区通常包括多个小区，并且可能是不同类型的小区。在这样的行政社区里，小区之间的关系则代表不同人群的社会融合问题。因此，不同社区类型和社区空间尺度，所要解决的社会融合问题不同。在中国语境下，在学术研究领域经常出现不区分地使用"小区"和"社区"这两个概念的现象，并且在日常惯用语中，人们往往也不对"小区"和"社区"进行区分（小区的含义更接近于西方的邻里"neighborhood"）。包含"两层次"社区治理空间的行政社区构成示意图如图 7-6 所示。

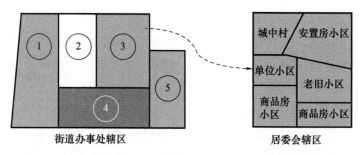

图 7-6　包含"两层次"社区治理空间的行政社区构成示意图

左图是由 5 个"行政社区"——居委会辖区构成的街道示意图，图中不同颜色代表社区分异程度不同（此图可以同样说明由多个街道构成的城区尺度空间分异情况）。右图是左图社区③的内部构成示意图，其中包含不同类型的"小区"——一种更小尺度、更接近本质含义的"社区"。

实际上，大城市中的行政社区大多具有居住人群多样化的特征，并以各种不同小区为聚居单元。而这种多样化的社区更有潜力发展社会资本，促进社会融合。此外，在有多个不同小区的社区里，加强不同人群之间的社会联系，培育社区社会资本，是促进社会融合的高级阶段。而且，这种行政社区由于管辖范围大，通常有能力调配更多资源，更好地将社区作为政策工具，实现市民化目标。

第三节　实施路径

本节延续前两节的内容，针对人的城镇化的本质，分别从社区治理和社区教育两个方面，提出以社区作为政策工具实现市民化目标的实施路径。

一、通过社区治理创新，培育社会资本、促进社会融合

社区治理是指一定社区范围内政府、居委会、营利组织、非政府组织、社会中介组织和社区居民等共同管理社区公共事务，推进社区可持续发展的活动。核心思想是强调多元治理主体的参与，并形成主体之间以及主体与社区之间的良性互动关系。为应对社会转型带来的社会管理挑战，不少地方政府、企业、社会组织已经自行开展了社区治理创新实践，自党的十八大提出社会治理创新之后，社区治理得到更大发展。创新主要表现在治理结构和治理方式上，其中社区治理的主体结构是指参与社区治理的主体类型及其互动方式，治理方式则是指主体作用于客体的工作方式，特别是与社区居民所形成的关系，目前有共治式、互嵌式、参与式等。由于主体性质及掌握的资源不同，会影响其治理方式，两者共同形成不同的社区治理模式。根据主体结构中发挥主导作用者的性质不同，可以将大城市中的社区治理分为以下几种模式：政府主导型（包括地方政府、街道办事处、居委会、基层党组织等）、企业主导型（开发商、物业公司等）、社

会组织主导型、居民自治型（业委会、村委会等居民自治组织）。

社会资本理论被介绍到中国后，得到学者的广泛认同，并在社区领域开展了大量理论探讨和实证研究。对于社会资本与社区治理之间的关系，普遍认同社会资本是与社区治理紧密相连的理论工具，社会资本也会直接影响着社区治理的绩效，社区社会资本的多寡决定了社区活力和凝聚力的强弱，以及社区治理的绩效和效率，而导致城市社区治理困境的重要因素之一就是社会资本的重要作用尚未充分发挥。为实现市民化目标，在实践中应关注社区治理如何促进社会融合，一个很重要的考察标准就是社会资本的培育，包括量的增长和质的改善，为此需要结合社会资本类型进行分析。接下来在第二节的理论框架指导下，进一步总结现有的实践经验，从治理结构和治理方式提出今后社区治理创新的主要措施。

（一）转变政府职能

有研究证实，政府干预能够有效提高社区层面的社会资本，从而从微观层面应对社会现实问题。因为政府通过培育社区社会组织，会在关系网络、社区规范和社区信任等方面产生丰富的社会资本。近年来国外更关注从政府与社会合作的角度，考察对社区社会资本提升的作用。另外，鼓励通过社区治理培育社会资本，也是体现政府治理绩效的方式，因为社区社会资本的增加，意味着居民和社会组织之间可以通过更好的合作解决社区中的问题，因此有助于政府减少相应的执政成本。但是政府如果在治理结构中扮演了不恰当的角色或者在治理过程中采取了不恰当的方式影响治理主体之间的合作，也会阻碍社区治理绩效，因此必须从政府与社区所形成的结构关系特征方面进行考察。

根据中国的历史环境和社会现实，政府简单地放权和分权，未必带来理想的效果。在现阶段乃至今后一段时期内，还需要政府采取合适的方式，引导社会的健康发展走向。其中，治理体现了政府通过设计，形成和执行正确政策来高质高效地履行政府职能的能力。在社区层面，治理结构包括基层政府、居民和社会组织等多个主体，建立多元合作的社区治理结构，有利于培育居民间横向的参与网络，是培育社会资本、实现市民化目标的主要途径。为此，一方面，政府要规范制度化参与机制，比如通过民主选举、民主决策、民主管理、民主监督和制度化参与机制，来实现社区成员广泛参与讨论和决定社区事务与社区公共权利运作的全过程。另一方面，扩大非制度化参与渠道，活跃在社区内部的业主委员会、志愿者协会、文化体育社团等均是社区参与重要的非制度化载体，应该积极发挥它们的结构性作用，将社区参与的范围扩大到经济、社会、文化、体育各个领域。

为实现上述目标，政府的定位，特别是像街道办事处这样的基层政府，需要从招商引资这种直接促进产业发展和推动经济增长的角色，转换为广泛地提供公共服务，鼓励居民自治，培养社会组织，提升社会资本，为地区的创新发展提供良好的社会环境。

（二）鼓励居民参与

居民参与很重要，但并不是简单的个人参与，而是一方面要形成有效的参与机制，另一方面要有组织的参与。就前者来说，所谓有效的参与机制，是一种让居民感到参与有"回报"的机制，这种回报不一定是物质的、有形的回报，更多的是精神上的、情感上的回馈，在此基础上可以形成社会资本所强调的互惠的信任。就后者来说，则是鼓励居民参加各种社区社会组织，形成小规模的群体。社会资本在规模小的人群或者单位更容易形成，原因是这些地方或单位拥有更多的面对面的交往，更容易建立有效的人际关系，增进相互了解和熟知。社区社会资本的培育应当从人们有关系的地方开始，还应当多创建公共空间，举办公共活动，提供给人们更多接触的场所和机会，以便人们相识、熟悉和交往。此外，根据集体行动理论，人群规模越小，越容易形成集体行动。相反，规模越大，越容易导致大量的搭便车行为，对个体的实质性参与产生负面影响，并最终导致集体行动的失败。

社会资本是社区发展中所有能力建设的基础。首先，社区层面的社会资本可以直接影响个人生活，比如提供情感支持和工具支持。其次，社会资本可以促成集体行动，从而有效实现居民自治。提升社区社会资本的基本途径就是居民参与，从提供各种活动促进居民邻里交往开始，尽可能增加居民互动的机会，在这个过程中培养居民的社区意识。社区意识是指居住于某一社区的人，对于本社区及其邻里有一种心理上的认同与融合，此即所谓的归属，亦为社区情感。社区意识与社区参与概念有着很强的关联度，也就是说，居民参与的程度越高，对社区的归属感与认同感越高，反之亦然。当居民对自己所居住的院落具有较强的认同感和归属感时，才可能发生更深层次的居民参与，如自治组织的成立，最终实现真正的居民自治。

决定地区是否有效运作的重要因素是结社生活是否有活力及在这个区域里陌生人之间的信任程度，进而影响经济表现。这就是社会资本，也是人们日常生活中最重要的东西，包括邻里间的善意、伙伴关系、相互同情和社会交往。如果个人与其邻居不断相互接触，相互交往，就会产生社会资本的积累，这些社会资本可以直接满足个人的需要，并且具有社会潜力，足以使整个社区的生活状况得到实质性提高。社区作为一个整体，将受益于其所有成员的合作，个人也会在其社区中发现互助、同情和与邻居友谊中的益处。因此，社区治理通过建立社区参与机制、推动社会关系网络的构建等方式促进社会资本的积累。社区参与网络是居民自治的起点，也是社会资本的实质。在参与网络的基础上，加上相对稳定封闭的环境和长期持久的互动，互惠规范和信任就很容易产生。

（三）培育社会组织

在社区治理主体多元化的趋势下，社会组织成为社区治理的主体之一，并在社区治理中发挥重要作用。社会组织能够协助社区管理社会事务，丰富社区居民的精神生活，提高社区居民参与社区活动的积极性，帮助社区弱势群体，缓解社区矛盾，帮助社区培养公民社会，促进社区的自治和基层民主建设。因此，社会组织也是社区社会资本形成和发展的主要中介，特别是宏观层次的内部性社会资本，作为一种重要的公共物品，对于塑造规范、互惠和信任的社会环境具有重要作用。因此，社会组织在社区治理中具有不可替代的地位，对于社区社会资本的形成和发展，特别是桥梁性社会资本有着重要的助推作用。社会组织有很多类型，本书主要指的是社区社会组织，按照英文的含义，应该属于 CBOs（community based organizations），是指以社区为活动范围，以社区居民为成员或服务对象，以满足社区居民不同的需求为目的而成立的各种社团类组织或民办非企业单位。

以信任为基础的社会资本主要来源于两种组织：家庭和社团。前者注重家庭或家族的团结，但是排斥非家庭成员；后者关注社会所有成员的互助合作，热心于各种社团、社群和社区的活动，注重成员社区意识的提高，有助于促进更广泛的社会信任，提高社会的整合力。前者通常是粘合性资本很高的表现。但仅仅局限于家庭和亲朋之间的信任未必会给整个社会带来益处，而只有在广义信任的基础上建立的社会资本，才能造就高信任度的社会。也就是说，如果一个社会，仅仅是粘合性资本高，并不一定对社会进步有积极作用，反而可能导致宗族势力独大或者黑社会横行，而只有在粘合性资本和连接性资本同时都高的前提下，才能使社会资本的积极作用充分发挥出来。桥梁性社会资本的形成需要广泛的社会网络，各种社会组织的存在正是发挥了在居民之间穿针引线的作用。他们帮助居民创建更多、更丰富的人际网络，带领居民开展各种活动，为共同利益展开合作，使居民在这一过程中增进相互之间的团结与信任。因此，社会组织作为提升社区社会资本的中介，通过促进社区信任、关系网络和规范的形成，大大地降低了社区的交易成本，为社区的健康发展创造了良好的环境。可以说，社会组织是构筑社区社会网络的助推器，在培育社会资本方面能起到至关重要的作用。

基层政府要转变观念，认识到社会组织在社区发展过程中的作用，积极培育社会组织，引导社会组织的发展，将其纳入经济社会发展的整体规划之中，并给予相应的政策支持、财力支持、物质支持、人力支持和组织支持。要制定多样化的支持政策，既要达到有针对性地支持社会组织发展的目的，又要避免社会组织对政府形成依赖，失掉社会组织的本质。同时，政府不能放弃在社会组织的培育和发展中起主导作用，为社会组织的健康发展提供动力。一方面，建立对社会组织的效能检查考核机制和监管制度；另一方面，也要帮助社会组织本身完善内部的规章制度，促进社会组织尽快形成自我管理、自我约束的自律机制，包括要求社区社会组织的财务状况向居民公开，建立社区社会组织的信用等级制度、评估机制和社会曝光机制、项目制和奖惩机制，对社会组织进行评估时要为居民参与提供平台等。总之，政府应该根据本地区的发展状况来制定有利于社区发展的社会组织的政策，以规范社区社会组织的发展。

（四）重视发挥基层党组织的作用

在社区社会组织的力量还比较薄弱，社区居民又普遍缺少参与意识的时期，基层党组织将是非常有潜力的替代力量，应该成为具有中国特色的社区发展道路上的重要组成部分。基层党组织既是社区治理中的一个主体，同时，其独特的身份又让它能够摆脱利益主体的简单思维，站在更加公正客观的角度，平衡社区治理中的各个主体的利益。

社区治理意味着政府的权力逐渐淡出，那么政府权力的真空应该由谁来填补呢？居委会从法律地位上来说属于居民自治组织，但目前居委会的行政色彩浓厚，在实际工作中必须承担大量政府交办事务，基本上等同于政府组织的一部分，很难履行居民自治的责任。于是造成如下困境：社会组织的力量还很有限，普遍缺乏居民自治意识，政府权力撤离后所造成的权力真空也不是社区居委会所能立即填补的。这就需要另外一种力量，否则，社区自治能力不足就会引发政府的行政干预，政府的行政干预反而进一步增强了社区对政府的依赖，导致行政权力延伸的程度与居民自治程度的负相关，即行政干预越深，居民的自治水平就越低。目前看来，基层党组织不失为一条更为合理的介入途径。因为与行政权力外在于社区不同，社区基层党组织是内在于社区的，也就是说，基层党组织的党员都是社区内的居民，党组织对社区公共事务的介入，同时也就意味着党员居民的政治参与。而且，基层党组织对居民的动员并不依赖于物质利益或行政权力，而是组织本身所具有的强大的组织资源。

从国外的经验来看，社区治理中发挥很大作用的除了社区自治组织，就是社会组织，也可以称为非政府组织（NGO）。但中国的现实是，还没有培育发展出众多与西方发达国家类似的社区社会组织。在这种情况下，必须结合中国的现实特点，寻找推动社区治理的突破口。属地化管理之后的社区党组织其实也是一种社区组织，而且因为群众基础深厚、数量大、有众多优良传统，所以基层党组织是中国式社区治理创新中不可忽视的一股重要力量，党员的模范带头作用、基层党组织团结群众的作用，在推动居民参与，监督社会组织等方面，都会发挥积极作用。

二、通过社区教育，转变观念和生活方式促进社会融合

2014 年，教育部等七部门《关于推进学习型城市建设的意见》提出了"广泛开展城乡社区教育，推动社会治理创新"行动目标，为今后社区教育更好地融入社会治理创新，服务新型城镇化以人为本和市民化的大目标，提供了制度保障。针对城镇化进程中的主要社会问题，也就是城市生态或者社会融合挑战，社区建设的重点应落在社区交往与社区认同问题上。社区教育在这方面有极大的拓展空间。

（一）面向新市民的市民化教育

新市民主要包括两类，一是以农民工为代表的主动转移进来的新市民，二是城市郊区失地农民为代表的被动转化而来的新市民。他们在身份、地位、价值观、社会权利及生产生活方式等方面有别于城市市民，并处于向市民的转变过程中。社区教育有助于这一过程的完成。

我国城镇化进程中的主要表现是大批流动人口从农村进入城市，这些流动人口的生存和发展，以及伴随的社会问题正是新型城镇化战略要关注的。其中，社会排斥是流动人口面临的一大生存现状，目前普遍认为，开展针对流动人口的社区教育是解决流动人口社会排斥问题的有效途径。社区教育是以所有社区居民为对象，为居民提供教育、社交、文化活动的机会，由于其开放性和灵活性，入学门槛低，参加者一般没有年龄、身份、地位的限制，是流动人口接受再教育的重要平台。社区教育可以为流动人口市民化提供以下帮助：一是提高流动人口的知识和技能，帮助他们提高社会竞争力和自我维权能力，促进流动人口的社会流动和社会地位的提高；二是提高他们的生活质量，以及满足他们的精神需求和自我发展需要；三是为流动人口与当地居民提供一个相互接触、交流、了解的机会。交往的增多可以拉近彼此之间的心理距离，建立相互理解、相互信任的关系，减少直至消除流动人口与当地居民之间的歧视与隔阂，促进社会融合。

对于本地的由失地农民转化而来的新市民来说，在生活方式和观念等方面，有一些特征与从外地来的流动人口相似。但由于他们通常集中安置在同一社区中，传统的以血缘和地缘关系所形成的粘合性社会资本得以维

持与延续。但这种社会资本也会阻碍他们成为真正的城市居民，社区教育需要为他们开设新市民生活教育。

（二）社区参与教育

1955 年，联合国提出了社区发展的十项原则，社区参与是其中的一项。在此后各国的相关文件中都强调了社区发展中的社区居民参与问题。社区参与是培养居民社区意识，进而形成社区归属感和认同感的重要途径。但长期以来，我国城市社区建设中的一大问题是居民的参与意愿低。另外，现在有一些社区居民想要参与社区公共事务，但苦于没有途径，也不知道正确的参与方法。一些社会组织已经做了很好的探索，专门开设相关培训课程，让居民学习开会议事规则。

（三）由"陌生人"变为"熟人"的兴趣爱好教育

大城市社区中的一个突出问题是居民来自各地，彼此都是陌生人，缺乏交往，更不用说开展一些集体行动，这种现象在一些商品房社区中尤为突出。如何改变呢？针对城市居民的生活需要，社区教育学院或者街道的社区教育中心普遍采取开展兴趣爱好班的方式，比如插花、茶道、烘焙、瑜伽、亲子班等，吸引年轻居民参加。在这些课程的学习过程中，居民建立了交往关系，由于有共同的兴趣爱好，更容易彼此认同，非常符合社区的另一个核心要素，即基于共同的情感与意识，形成所谓共同体的社区意识。

（四）通过地方性教育培养居民对社区的归属感和认同感

城镇化导致全国范围内的人口流动，很多人因为上学和工作而离开自己的出生地，来到大城市定居。虽然物质生活得到很大改善，但对新的地方长期难以实现心理融合和精神融合，于是造成新市民的情感割裂：一方面，他们因为离开故土而丧失了对家乡的归属感，而家乡也在城镇化浪潮中不断发展变化，导致徒留乡愁；另一方面，他们在新的城市又迟迟不能形成归属感。这是我们在以往的城镇化进程中所一直忽略的问题。解决这个问题的一个有效途径也是社区教育。在发达国家的社区教育中，尤其是日本，特别重视地方历史、文化、物产、人物等方面的内容，这些知识不但增强了居民对自己所在地的了解，有助于培养居民的归属感，同时，依赖这些知识和技能的传播，为社区营造及进一步发展地方文化旅游业打下了基础——地方传统文化的发扬光大通常也要靠外地人带来的创新理念。目前，我国的社区教育在这方面还没有开展相应的课程设计，是新型城镇化进程中特别需要加强的内容。

社区既有地域性特征，同时，社区空间也是在现实中被重新构建出来的，这种空间基于人的各种感官经验，然后将各种经验、感觉、想象、意向与内在的文化知识、观念相互作用，从而转变为一种独特的、直觉的空间观。其中既包括对某特定空间地域的认同，也包括对居住在这一地域中的人群的认同，后者是实现社会融合的主要表现。在这一重新建构的过程中，社区教育将发挥重要作用。开辟更多社区教育场所，统筹来自学校、政府、社区居民自身的多种资源，是发挥社区教育促进市民化目标实现的手段。

同学历教育相比，社区教育属于社会教育，是实现终身学习目标的重要实现途径，但社区教育与其他社会教育形式（开放大学、老年大学等都属于社会教育）的不同之处是其地域性，这一特点在我国的社区教育中往往被忽视。由于承担社区教育的行政部门是教育局及街道办事处，自上而下的行政化领导方式和统一标准与要求，导致社区的地域空间意义被忽视，社区教育失去了地域空间性的基本特征，也脱离了现实与生活。

三、正视社区差异，分类实施差异化社区政策

无论是社区治理还是社区教育，都是通过特定的形式帮助在不同居民之间建立社会关系，也就是社会网络，从而达到培育社会资本、促进社会融合的目标。除了上述这些普适性的政策措施之外，中国城市社区还有一个很重要的特征，需要在制定相关政策时予以重视，那就是社区之间的差异，也可以称为社会空间分异现象。从社会资本角度看，由于不同人群所拥有的社会资本不同，在社区治理过程中，应因人群而异、因地制宜，采取不同的治理手段。由于居住空间分异现象，不同人群正越来越明晰地聚居于不同类型的社区，这为我们采取分类实施策略提供了空间基础。同时，正是由于这种以社区为单位的人群分布差异，使得制定分类政策有其必要性和可操作性。为此，要根据不同社区的人群构成特点，采取有针对性的社区政策。

第四节 主要结论

结合城镇化的本质和内涵来看，市民化的对象应包括外来城市人口、外来农村人口和本地农村人口等不同人群，他们彼此之间以及与本地人口的社会融合，是我国今后城镇化进程中，特别是大城市治理面临的主要挑战。这些不同的人群在城市中聚居于不同空间区位，因此，社区是促进社会融合的主要载体。从社会资本角度看，由于不同人群所拥有的社会资本不同，在社区治理过程中，应因人而异、因地制宜，采取不同的治理手段。同时，社会资本主要通过社会网络予以表现和生产，外来干预主体的存在因为有助于减少社会网络中的冗余社会资本，从而会提高治理效率。这就是政府领导下的社区治理创新能够发挥积极作用的原因。总之，社区治理对推动市民化进程、实现社会融合的作用亟须重视。社会网络在社会资本的定义中扮演重要角色，帕特南对社会资本的定义包括三个核心内容：信任、规范和网络。有学者认为，社会网络就是社会资本的指示器。市民社会的标志也是人们通过互动的网络，分享价值观、责任和相互的信赖。

对于市民化的研究主要集中在流动人口群体，较少关注外来城市人口和本地农村人口的本地化和市民化问题，更几乎没有对不同群体的系统性和综合性研究，而后者恰恰是新型城镇化所应关注的城市多元化人群的社会融合问题。中国城市现有的行政管理体制，为政府通过社区治理培育社会资本促进社会融合提供了制度环境。实际上，作为市民化对象的不同人群都属于不同社区，社区尺度的空间分异现象在大城市中普遍存在，而且在大城市中，不同人群的空间分异现象更为复杂，很可能在同一个行政社区里，有不同人群特征的小区，由于他们拥有的社会资本不同，需要采取不同的社区治理模式。同时，社会资本是可以"生产"的，政府干预能够有效提高社区层面的社会资本，因为政府通过培育社区社会组织，会在关系网络、社区规范和社区信任等方面产生丰富的社会资本。

基于这些认识，我们最后提出了依托社区构建社会治理机制的想法，这就是以实现市民化为目标，依托社区，构建纵向突出重点、横向结成网络的社会治理机制。从政府角度看，对于各级主管社区的政府部门来说，应该加大对社区教育的重视，让社区教育成为政府开展市民教育的主要阵地，有效贯彻国家新型城镇化以人为本、实现市民化的战略意图。对于基层政府来说，则针对各自辖区的具体特点，鼓励社区治理创新，让不同人群以社区为平台，建立社会关系，形成社会网络，培育社会资本，实现市民化目标。

第八章　全覆盖多层级职业培训

推动流动人口市民化是在我国新型城镇化背景下提出的一项重要任务。由于城乡二元结构体制，大部分流动人口需要先经过农民工阶段，再向市民阶层迈进，这种二步转变的路径进入前一阶段相对容易，而后一阶段的完成则存在着诸多障碍。因此，采取有效措施推动流动人口向城市居民转变是市民化工作的重要内容，其基础是明确制约流动人口市民化的影响因素。根据已有研究，制度因素、成本因素及人力资本因素是被学界普遍认可的三大影响因素。《国家教育事业发展"十三五"规划》提出"形成更加适应全民学习、终身学习的现代教育体系，现代职业教育体系更加完善"，以破解流动人口职业教育的发展困境，形成无差别、低门槛的现代化国民职业教育培训服务体系。

第一节　市民化导向的流动人口职业教育体系

职业教育与培训是提升流动人口人力资本水平，增强劳动力可持续就业创业能力，助力产业结构优化升级的重要途径。职业教育是相对于普通教育而言的，按照不同标准，职业教育可以划分为若干种类。在流动人口职业教育中，要充分利用不同维度、不同形式的职业教育，全方面开展培训，提高其就业技能。

一、国民体系中的职业教育

我国的职业教育体系包括职业学校教育与职业培训。其中，职业学校教育又可分为初等职业教育、中等职业教育和高等职业教育三类，不同等级的职业教育要求的最低学历不同；职业培训则可分为两种形式，一类是用人单位针对已就业人群组织开展的提高员工职业技能的教育形式，通常由专门的职业培训机构或相关职业教育院校负责开展；另一类是针对低学历、低技能人口开展的提升科学文化知识和职业技能的教育。职业培训与职业学校教育相比具有更大的灵活性。

由于职业教育面向的人群差异较大，因此体系复杂，以职业学校教育中的中等职业教育为例，获得"中专"或同等学力，就可以通过三种方式实现，且生源可以是应届生、往届生、未成年人、成年人、在职者、未就业者等。此外，职业教育和普通教育之间也可以在一定条件下互相转换，如参加完普通教育后可以考取高等职业学校继续深造，参加过职业教育的成人也可通过同等学力考试进入部分大学继续学习深造等。

国民教育体系基本情况如图 8-1 所示。

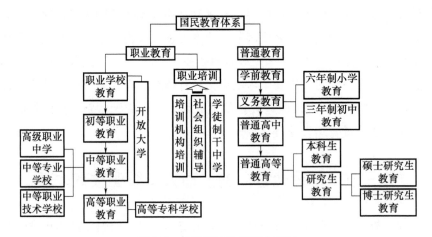

图 8-1　国民教育体系基本情况

二、流动人口市民化与职业学校教育

职业学校教育分为初等职业教育、中等职业教育和高等职业教育三类。初等职业教育是小学后，初中阶段的职业技术教育，实施这种教育的学校主要是初级职业中学，招收小学毕业生和相当于小学文化程度的青少年，学制三至四年，培养具有某种初步的职业基础知识和一定职业技能的工人、农民和其他从业人员。这类学校大部分存在于中国经济欠发达的农村地区，它是适应农村经济发展对劳动的需求而设立的。近年来，随着我国九年义务教育的普及，初中阶段的职业教育几近消失，现存的初等职业教育学校也多与职业中学合并办学，技能培训多从高中阶段开始。

中等职业教育是初中后，高中阶段的职业教育。实施这种教育的学校主要是高级职业中学（或职业高级中学，也就是人们常说的"职高"）、中等职业技术学校（也就是人们常说的"技校"）和中等专业学校（也就是人们常说的"中专"），招收初中毕业生和相当于初中文化程度的青少年，学制三年。职高、技校和中专之间具有一定的差异，表 8-1 是三种中等职业教育的对比。中等职业教育毕业后获得与中专学历一致或相当的同等学力。

表 8-1　中等职业教育三种模式的比较

办学模式	办学特征	招生对象	主管部门	毕业证书
高级职业中学	一般由中学举办，偏重理论学习，可参加高考考取高职院校	初中毕业生	教育部门	颁发教育部门印制的中等专业学校毕业证书，如果通过劳动部门的职业资格鉴定考试，可获得初级或中级职业资格证书
中等专业学校	偏重理论学习，但也注重实践操作技术，可参加成人高考	初中毕业生或相当学历		
中等职业技术学校	偏重专门技术学习，可参加高级职业技术学校考试	初中毕业生或相当学历	劳动部门	颁发人社部门印制的技校毕业证书和初级或中级职业资格证书

高等职业教育是高等教育的重要组成部分，是以培养具有一定理论知识和较强实践能力，面向基层、面向生产、面向服务和管理第一线职业岗位的实用型、技能型专门人才为目的的职业技术教育，是职业技术教育的高等阶段。高等职业教育与高等专科教育同属于大学专科教育形式，高等职业教育的学生修完专业所规定的课程且考试合格后，学校会发放国家承认学历的大专毕业证书，与普通大专毕业生享有同等待遇。近年来，国家大力推进高等职业教育改革，从招考形式、办学方式、人才培养等方面做出了重大突破，旨在培养高素质的专业化人才。需要强调的是，高等职业教育和高等专科教育从本质上并无差别，只是侧重点有所不同，前者更侧重职业技术，而后者则更偏向理论学习。此外，通过成人自考考取相应学校、参加开放大学培训等也可以获得相应的大专学位，可看作另一种形式

的高等职业教育。高等职业教育等较高层级的专业教育可以通过多种形式实现"专升本"，以获取本科层次或更高学历。

从理论上来讲，由于流动人口群体已经在流入城市务工，属于成人群体，因此，其可以参加的职业学校教育相对有限，一是可以参加中等职业技术学校即技校教育；二是在获得高中水平教育证书后可以通过参加成人自学考试的形式考取高级职业教育学校；三是通过开放大学接受专科函授教育。参加职业学校教育的要求较为严苛，它既存在对学生年龄的部分限制，又有对学历基础的要求，并且参加职业学校教育需要脱产，学习周期相对较长，最短也需要一年时间。因此，对于流动人口群体来说，要通过参加职业学校教育提升个人综合素质，付出的代价相对较大。从职业学校教育的体系来看，门类繁多是其最大特点，一是主管部门多，二是教学侧重点不同，三是社会认可度不同，这在一定程度上影响了我国职业学校教育的发展，需要进行有序整合。

三、流动人口市民化与职业培训

我国开展职业培训至今已有 70 多年的时间。职业培训，就是按照职业岗位对劳动者提出的要求所进行的培养和训练，旨在把一般的人培养训练成为具有一定政治文化和技术业务素质的合格的劳动者，以适应职业岗位的需要。它以培养训练工人和其他熟练劳动者为主，同劳动就业紧密结合，是劳动工作的重要组成部分，也是介于教育和经济部门的不可缺少的事业。尽管职业教育发展已经历了多个阶段的更迭，但其根本目的都是为了培养符合职业岗位需求的更高素质劳动者。

针对流动人口的职业教育培训起步于大量农村劳动人口流入城市从事二、三产业之后，2003 年出台的《2003—2010 年全国农民工培训规划》，将农民工培训工作列入各级政府年度工作考核的内容当中，实行目标管理。自此之后，国家先后开展了"阳光工程""农村劳动技能就业计划""雨露工程""星火计划"等一系列有关流动人口尤其是农民工培训的项目，取得了一定成效。2010 年，中央一号文件进一步提出新生代农民工的概念之后，各界对具有更高学习能力和更强学习意愿的、包含农民工在内的新生代流动人口的职业培训关注更加密切。

针对流动人口的职业培训仍以传统面授和岗位现场辅导为主，由政府、企业或社会组织通过培训机构、职业院校或自组织团队开展培训活动，具有周期性短、针对性强和实用程度高的特点。然而，在实际运作过程中，流动人口职业培训仍存在诸多问题，因此需要进一步改革。

四、流动人口职业教育的途径

近年来，随着我国职业教育的不断扩大和发展，各类同等学力之间的差异正在逐步缩小，尤其是不再过分强调理论和技能之间的侧重点，因此，亟须对现有的教育体系进行调整，建立现代化的国民职业教育培训服务体系。

基于目前的国民教育体系和社会发展，提升流动人口的人力资本，可通过以下方式实现：一是依托我国现有的职业教育体系，以就业为导向进行农民职业技能的专业化培养，即农村职业教育；二是进入城市务工后，通过企业及社会力量开展有针对性的流动人口职业技能培训，即流动人口职业教育。此外，我们发现学者的既有研究主要集中在流动人口进城后的职业技能培训方面，其次是就业前的专业化职业教育，而对于流动人口市民化的生活辅导，相关研究还相对较少，而这是流动人口社会融入的主要内容。基于此，我们在本章第二节和第三节将对提升流动人口人力资本的两种实现方式（即农村职业教育和流动人口职业教育）进行梳理，并从政策层面总结推动流动人口综合素质提升的改革思路及相关路径，第四节提出市民化发展辅导概念，并提炼农民工市民化视域下的教育培训思路。

第二节　农村职业教育

农村职业教育是我国职业教育的重要组成部分，对提升农村现有人口的人力资本、实现剩余劳动力转移、培养高素质新型城镇居民具有关键作用。我国的农村职业教育发展经历了不同阶段，且各阶段特征较为显著。新时期的农村职业教育更加注重对新型城镇居民的培养，强调从结构、体系和战略层面实现转型。

一、农村职业教育的阶段划分及发展特征

根据职业教育的目标、内容和方式，大致可以将我国的农村职业教育划分为三个阶段，分别为传统农业技能教育阶段（20 世纪 70 年代末至 90 年代初）、三产专业技能并举教育阶段（20 世纪 90 年代初至"十五"末期）和新型城镇居民专业教育阶段（"十一五"至今）。

（一）传统农业技能教育阶段

传统的农村职业教育主要以培养农村技术人才为主，以达到"立足农村，服务农村"的目的。根据国家相关政策文件的统一部署，这一阶段的农村职业教育形式主要是乡镇开办农业技术中学，县市中等和高等院校开设农业技术专业课程，并承担各类专业技术干部的培训任务。此外，学校还积极鼓励毕业生回乡务农，从事相关农业生产活动。从教学的内容来看，课程设置起初主要是农业生产技术，但随着家庭联产承包责任制的推行，一些地区开始试点农产品加工技术和农机操作技术的培训课程，不过并未得到普及。传统农业技能教育阶段主要政策文件及内容如表 8-2 所示。

表 8-2　传统农业技能教育阶段主要政策文件及内容

时间	发文字号	文件名称	相关内容
1982 年 1 月	中发〔1982〕1 号	《全国农村工作会议纪要》	县级及县级以下农业中学要设置农业课程，高等农业院校和中等农业学校都要拿出必要的力量承担培训各类专业技术干部的任务，培训内容以农林牧副渔业等涉农产业技能为主
1987 年 1 月	国办发〔1987〕1 号	《国务院办公厅转发国家教育委员会等部门关于全国职业技术教育工作会议情况报告的通知》	实行"先培训，后就业"的根本目的；使多数回乡的初中、高中毕业生，受到不同程度的职业技术培训；使他们在原有文化基础上再掌握一定的专业知识和实用生产技术
1990 年 6 月	教职〔1990〕6 号	《关于动员农林中专和农村职业中学做好科技兴农工作的通知》	要为农村培养大量的技术人员和新型农民；利用学校办学条件，直接为振兴农业、林业，确保粮棉油等主要农产品的稳定增产，促进农、林、牧、副、渔全面发展服务；为适应农村家庭联产承包的体制和满足广大农民致富的要求，要适当拓宽专业面，主学一样，兼学多样，但必须重视粮棉油等生产技术的学习

（二）三产专业技能并举教育阶段

随着改革开放的不断推进，农村开始出现大量剩余劳动力向城镇转移从事二、三产业的现象。特别是 20 世纪 90 年代以来，农村职业教育开始向离土教育与培训方向发展，其教育目标也逐步由培养适应固农的守土人才向培养劳动力转移人才转变。社会主义市场经济体制确立后，城乡之间的封闭状况进一步被打破，伴随着城市建设的快速推进，大量岗位急需劳动人口，"乡—城"流动人口开始大规模地出现在城市。为了适应经济社会发展需要，提升进城务工人员的劳动力素质，国家适时转变了农村职业教育思路，开始重视培养思想道德和文化科技水平相对较高的劳动力转移人才，使其具备综合性的文化素质。这一时期的课程内容主要分为两个方面，一是思想政治理论知识，包括社会道德、职业道德、法律规范、心理健康等知识；二是专业技能知识，包括现代生产技术、信息技术、生产加工技术、服务管理技能等内容。同时，教育培训的办学规模不断扩大，民营教育加入其中，教学点集于县市，教育培训的对象主要以初中、高中毕业生为主。

（三）新型城镇居民专业教育阶段

城市建设用地的不断扩张必然导致城郊农村的逐渐消失，在此过程中，大量失地农民的基本生活和长远生计问题备受关注。为了保障农民的合法权益，维护社会稳定，促进城镇化的健康发展，国家层面开始将农民的城镇生活和生产技能培训作为一项专门工作来抓[1]，标志着我国农村职业教育思路的再转型，即通过职业教育，将农民培养成为适应城镇生活要求的新型城镇居民。另外，随着产业结构的不断升级，传统的生产、服务行业同样要求改变低端落后的面貌，对劳动力的素质要求进一步提高。党的十八大提出了新型城镇化的发展战略，2013 年 11 月，十八届三中全会通过了《中共中央关于全面深化改革若干重大问题的决定》，都强调要健

---

① 2006 年 4 月，《国务院办公厅转发劳动保障部关于做好被征地农民就业培训和社会保障工作指导意见的通知》（国发办〔2006〕29 号）发布，强调在城市规划区内，各地要有针对性地制订适合被征地农民特点的职业培训计划，通过订单式培训等多种方式帮助被征地农民实现就业。在城市规划区外，各地要针对被征地农民的特点积极开展职业培训，提高被征地农民的就业竞争能力和创业能力。

全城乡发展一体化体制机制，推进农业转移人口市民化，逐步把符合条件的农业转移人口转为城镇居民。2016 年的中央一号文件更是进一步提出了一亿农业转移人口市民化的目标，标志着我国在以人为本的新型城镇化过程中，农村职业教育培养目标逐步向"培养新型城镇居民"的深化发展阶段转变的思路。在这一阶段，国家加大了对职业教育的财政投入力度，农村学生接受职业教育可享受更多优惠，如减免学费，发放生活补贴等。此外，办学规模进一步扩大，县乡一级逐步建立职业教育学校，面向就业的高技能人才培养体系日渐成熟，课程内容涉及金融财会、商贸物流、信息技术、机电汽配、现代服务管理等更多方面，使农村学生通过职业教育具备城镇就业生活的基本素质。

二、农村职业教育面临的挑战及改革思路

农村职业教育作为从源头上培养适应城镇生产生活的高素质劳动人口的重要保障力量之一，是除了全日制普通高等教育外，推动农村人口市民化的最有效途径。然而，我国的农村职业教育发展尽管取得了显著成绩，但仍然面临诸多现实挑战，需要从发展实际出发，转变思路，实现战略转型。

（一）农村职业教育面临的挑战

（1）农村职业教育的专业结构仍需完善。城镇化的首要任务是分流农村富余劳动力，促进他们向城镇的二、三产业转移。然而，我国农村的职业教育体系基本上是改革开放初期适应农业体制改革和中等教育结构调整需要而建立发展起来的，传统的农、林、牧专业力量比较强，而适应城镇化发展、促进农村富余劳动力分流的二、三产业专业力量还比较弱，布局也不尽合理。尤其是新型城镇化战略提出后，国家对推进农村富余劳动人口向城镇转移的要求进一步明确，从长远角度提升农村劳动人口的人力资本是实现这一目标的关键所在，这需要进一步加强与城镇生产生活相关的专业设置，并且要做精做专。否则，不尽快改革农村职业教育专业结构就不能真正满足农村劳动力离农谋业的需要，城镇化的质量和速度就会大打折扣。

（2）农村职业教育的办学模式亟须创新。为了扩大农村职业教育的覆盖范围，鼓励更多的农村劳动人口接受就业前的专业化培训，国家大力推

行县乡中等职业教育，通过在县乡办职业中学的形式鼓励义务教育毕业生选择职业教育，提升综合发展素质。然而，职业中学师资力量薄弱，硬件设施不完善，使得对学生的培养处于一种"一瓶不满，半瓶晃荡"的尴尬境地，学生的专业技能学习无法满足实际工作需要。此外，受近年来"就业难"影响和"普高热"挤压，农村职业教育在招生、就业等方面同样遇到了许多困难，有些职业学校甚至走上了高考应试、对口升学的老路，偏离了职业教育的本质理念。因此，农村职业教育应积极创新办学模式，促进学历教育与短期培训、学分制和弹性学制的融合，满足农村劳动力多样化的学习意愿。

（3）农村职业教育的办学地位较为尴尬。我国民众对职业教育的认知长期存在一定的偏见，认为职业教育多是成绩不佳者的"无奈"选择，致使职业教育发展在社会中处于尴尬地位。而在实际办学中，的确也存在上述问题：一些职业学校生源较差，学生多是无法考取高中或高考成绩不理想的。而学校的管理方式相对简单粗放，教师的时间精力大部分花在了维持学生纪律上，使得学校学习氛围不浓厚，学生厌学情绪较大，学生流失率严重。这就形成了一种恶性循环，致使地方政府和民众对农村职业教育的支持和认可程度逐步下降，形成了职业教育不受重视的局面。

（4）农村职业教育的经费投入仍然不足。尽管我国持续加大对职业教育的投入力度，但在教育总体投资不足的背景下，职业教育投资结构仍然不尽合理，农村教育财力资源配置明显偏弱。投入结构的不合理导致农村职业教育进一步呈现出结构性的短缺。

（二）农村职业教育的改革思路

针对农村职业教育存在的问题，结合新型城镇化的战略思想，应从推进农村劳动人口市民化的角度推进职业教育改革，从源头上为城镇供给具有竞争力的、能够快速适应城镇生产生活的高素质人口。一是加强政府统筹，完善农村职业教育制度，建立城乡统一的劳动培训体系；二是强化校企合作，构建农村职业教育发展平台，以就业为导向，更好地吸引生源；三是加大经费投入，提高软硬件设施实力，增强农村职业教育效能；四是引入市场调节，激发农村职业教育办学活力，根据市场需求培养合适的高素质人才。

第三节 流动人口职业教育

伴随着我国工业化和城镇化脚步的加快，越来越多的流动人口流向大城市，成为我国城市建设的主力军。然而，尽管流动人口群体为我国经济的高速增长做出了突出贡献，但不得不承认，流动人口群体普遍存在着文化程度偏低、职业技能缺乏的现象，尤其是随着产业结构的升级，流动人口的职业技能已难以适应新形势、新业态的要求。在对流动人口的教育培训的研究过程中，学界发现，新生代流动人口在主观意愿上更倾向于接受职业技能培训，并更愿意留在城市发展；在受教育程度上则普遍高于老一代农民工，且学习能力更强。因此，新生代流动人口是流动人口职业技能培训的重要力量，同时也是未来新市民的重要组成部分。

在推进流动人口市民化的视域下，流动人口转变为城市居民的过程实质是流动人口的城镇融入问题。研究显示，教育培训对流动人口城镇融入具有显著影响。具体来说，职业教育对流动人口城镇融入的影响既可能是正向的，也可能是负向的，既反映于学历，也反映于能力，而且这种影响体现于经济融入、社会融入和心理融入等各个层面。因此，我们需要直面流动人口职业教育存在的问题，再探寻针对性的措施，促进流动人口职业教育水平的提升。

一、流动人口职业教育存在的问题

（一）基于流动人口维度的问题

（1）流动人口对职业教育的重视程度不高。区别于接受职业教育的劳动人口，流动人口多是选择放弃继续教育后进城务工的，因此本身对参与培训的积极性并不高。仅有少数流动人口在工作过程中会意识到个人职业技能不足而产生继续参加职业教育的意愿，而最终付诸行动的相对更少。同时，从群体上看，新生代流动人口的教育需求意愿整体高于老一代流动人口，这与其从事的工作种类和对城市生活的心理预期紧密相关。

（2）流动人口参与职业教育的成本较高。尽管很多教育培训是由政府或社会团体资助的，但由于需要支付培训产生的车费、伙食费、住宿费等多项费用，以及较多的时间成本，多数农民工认为参与职业教育是成本较高的事情，因此削弱了自身的积极性。

（3）流动人口对职业教育存在心理负担。由于流动人口自身学历较低，对课堂学习具有恐惧感，并且碍于情面等，因此其对参与职业教育存在一定的心理负担。当然，社会对流动人口职业教育的偏见或不认可，也会形成舆论场，干扰流动人口参与职业教育的心态。

（二）基于企业维度的问题

（1）企业的社会责任意识不强。企业除了获取经济利益外，还需要承担一定的社会责任。然而，对于规模差异较大、综合发展实力不同的企业来说，其社会责任意识也具有较大差异。一些企业只注重经济利益，较少或几乎不愿承担社会责任，因此对组织开展流动人口的职业技术培训重视程度不高。

（2）企业面临流动人口跳槽风险。企业出于利益最大化的考虑，不愿多花成本进行流动人口培训。而对于技术要求较高的工种，企业会直接招聘技校毕业生。如果企业招聘流动人口从事技术工作，面临的不仅是高昂的培训成本，还会承担流动人口掌握技术后跳槽带给企业的风险。

（3）企业更倾向于岗前基础培训。相关调查显示，多数企业只愿意对流动人口进行简单的岗前培训，这样既不会花费很高的培训成本，也不用担心员工跳槽。而这些基础性的培训活动并不能从本质上提高流动人口的人力资本。

（三）基于培训机构维度的问题

市场上的教育培训机构同企业一样，以营利为目的。培训机构作为市场参与者难以获得财政补贴，若仅靠收取流动人口一定的培训费用又难以获得较大收益，因此，专门针对流动人口群体的教育培训机构十分缺乏。即使有教育培训机构开设相关课程，但由于面对群体敏感，会受到政府和社会的多重限制，因而也会削弱培训机构的培训投入及工作积极性。此外，培训机构往往是一些中职技校或与中职技校合作，但学校除了需要满足自身学员的培训外，还要承担额外职业培训的工作，师资力量和教学条件都十分有限，会出现难以协调上课时间、内容的问题，进而无法达到预期效果。

（四）基于政府维度的问题

政府在流动人口培训中应负责培训的规划、预算的编制与安排、培训机构的选择和在培训过程中对其进行监督和监控、培训效果的评估，以及职业资格认证工作的开展。然而，在实际操作中，政府的主导地位尚不清晰。

（1）政府缺乏有效规划和资源整合。流动人口教育培训涉及的主管部门较多，结果是"九龙治水"的多部门管理方式使得职业教育培训效率不高，缺乏明确的目标导向，进而导致资源过度分散。

（2）政府缺少有效的监管。对企业开展人才培养的有效监管缺失，使得企业往往不注重承担应有的社会责任，对流动人口的教育培训"敷衍了事"，或挤压流动人口业余时间，使其没有精力参加教育培训。

（3）流动人口教育培训体系和制度尚未建立。政府还未制定形成一套完整的职业培训体系和保障制度，难以真正起到保障流动人口接受职业培训的作用。

（4）财政投入资金不足。对于流动人口的职业教育培训，政府扮演的多是政策制定者和监管者的角色，对于教育的资金支持投入相对较少，政府直接办学的教育培训形式并未形成。

（5）培训宣传力度不够。即使政府或社会开办了针对流动人口的职业技能培训，但对其的宣传力度往往难以落实到基层，多数流动人口几乎并不知晓有相关的培训。在新传媒被流动人口群体普遍使用的今天，教育培训知晓率低也侧面反映出政府没有采用适合的方式做好宣传工作。

二、流动人口职业教育发展的思路

综合来看，造成流动人口职业教育培训存在诸多问题的原因主要是主客观因素共同作用，需要从流动人口的实际情况出发，理顺政府、企业和培训机构的关系，建立保障制度，形成多方参与、全面联动的培训网络体系，加大投入，充分激发主观兴趣和客观活力，高效利用资源。

一是完善流动人口职业教育的投入与监管，为流动人口教育提供机制保障。进一步完善教育培训的规范机制，制定一套行之有效的教育法规，加强对流动人口职业教育的补贴力度，建立形成流动人口职业教育的技能认证，激发流动人口学习热情。厘清政府、企业、流动人口三者之间的关系，明确各自应承担的责任和义务，加强对企业的监管力度，将其与企业考核相挂钩，与流动人口的个人发展和市民化相挂钩。

二是开展形式多样的培训方式，充分利用流动人口喜闻乐见的方式开展教育培训。首先要根据流动人口的特点，以市场需求为导向，将二者的目标结合起来，通过教育培训适应市场需求，提升个人薪金及发展水平。其次是对于流动人口的再教育，可以通过政府、企业、机构联合办学的形式，扩大各类学校的招生规模，灵活安排课程时间，采用集体培训、学徒制、送课到基层等多种形式让流动人口便捷地接受教育，同时要充分利用新传媒手段，将课程与新媒体融合，用流动人口喜闻乐见的方式传播知识，并鼓励自学考取等级证书。

三是以市民化政策为导向，重点加强对新生代流动人口的教育培训。结合新生代流动人口与老一代流动人口市民化意愿和学习能力的代际差异，应当重点加强对新生代流动人口的职业教育培训，让其更好、更快地提升个人综合素质，适应城市生活，进而再以已带老扶小的形式实现家庭市民化。

第四节　流动人口市民化的教育培训路径

在推进流动人口市民化过程中，社会层面和经济层面的培训都非常重要。社会层面是加强对流动人口的市民角色培养，需要加强流动人口"软实力"的发展型教育辅导，从思维方式和言谈举止上规范其行为；经济层面则主要是职业技能培训，从人力资本角度提升流动人口个人劳动技能，进而从经济层面保障其生活水平。

一、市民化发展辅导

市民化发展辅导，即通过社区、公益组织等力量对流动人口的生活、心理状况进行干预和引导，培养和激发流动人口的生活爱好及兴趣，教授流动人口城市生活思维和方式，以使其更快地适应城市生活、融入城市生活，进而能够达到市民化的多维标准。其中，社区教育是面向社区全体居民的普惠性教育，工作、生活于城镇社区中的流动人口理所当然地成为社区教育的服务对象，社区教育在促进流动人口社会融入和心理融入方面，也有其独特的空间和内容优势，是流动人口融入城镇生活的重要平台和纽带。

然而，目前对流动人口"软实力"建设的教育相对匮乏。一方面，文化层面的发展需要建立在经济基础之上，流动人口的生存状况目前仍存在诸多问题。根据马斯洛（Maslow）的需求层次理论，只有在基本的物质生活有保障的基础上，人们才会向尊重需求和实现自我的更高层次迈进，流动人口群体不实现基本物质生活的富足，就很难向更高的需求层次迈进。另一方面，社会对流动人口群体仍存在较大偏见，愿意主动接纳流动人口与其共同生活并给予其帮助的市民群体仍未形成规模。这些因素共同导致了流动人口文化软实力的教育辅导缺失，因此需要引起高度重视。

二、市民化视域下的流动人口教育培训发展

中央提出了提高户籍人口城镇化率的目标和要求，其实现的主体为占人口绝大多数的流动人口。要推进流动人口市民化，教育培训工作的地位不容小觑。把流动人口培养成为合格的城市居民，需要全面提升流动人口的综合素质，包括劳动技能、基本政治社会常识、城市居民生活思维及习惯、市民心理等的全面提高。结合我国对流动人口教育培训的方式，形成从准备到过程、从基础到全面、从课堂到生活的全方位培养体系是实现快速提升流动人口综合素质的关键。

（1）从准备到过程。准备阶段指的是农村人口未进入城市工作之前的农村职业教育，这是从源头上提高人口素质，也是推进市民化中最有效的方式；过程阶段指的是针对已进入城市的流动人口群体的综合性教育培训，包括职业技能培训和生活发展辅导。

（2）从基础到全面。对流动人口的教育培训内容要从单一走向多元，既要教授基础的职业技能知识，又要将综合性的文化、科技、法律知识穿插在教育培训中，除此之外，城市生活的理念、方式也是不可或缺的教学内容。

（3）从课堂到生活。流动人口由于工作原因，业余时间往往十分有限

或固定，要根据流动人口的现实情况，采用灵活多样的教学模式进行培训，除了课堂教学外，还可以通过现场教学或网络新媒体手段教学，将流动人口的时间充分整合、高效利用起来。

基于此，要进一步构建以输入地和输出地衔接为重点的现代国民职业教育培训服务体系；建立以政府为主导、校—企为主体，非政府组织为补充的职业教育培训体制；强化以新生代流动人口为主体的补偿职业教育培训；加强对流动人口市民化职业教育培训的制度配置与政策创新（立法、流动人口市民化培训长效机制、流动人口职业资格认证制度），实现流动人口综合素质的提高以适应市民生活需要。

市民化视域下流动人口职业教育培训服务体系如图 8-2 所示。

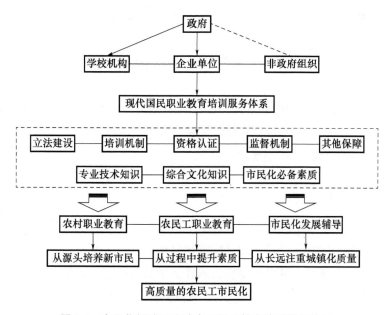

图 8-2　市民化视域下流动人口职业教育培训服务体系

第九章 流动人口市民化的财政成本与收益评估

流动人口市民化是一个涉及政策、社会、文化等多维度的系统工程。流动人口对迁入地的经济、社会可持续发展至关重要。本章以广东省广州市和浙江省德清县两地作为研究对象，对流动人口市民化的财政成本与收益进行评估，为地方政府推进市民化工作提供参考。

第一节 理论基础与评估框架

本节从人口流动对经济和社会发展的影响等方面进行简要的理论回顾，并构建市民化财政成本与收益的评估框架，为后文测算流动人口市民化的财政成本与收益奠定基础。

一、理论回顾

人口流动不仅受经济和社会因素的影响，反过来也会对经济和社会发展产生影响，尤其是给迁入地造成直接的影响。

人口与经济增长的关系早在古典经济学家的研究中就是一个重要的议题。两百多年前，经济学之父亚当·斯密（Adam Smith）就在《国富论》中提出，提高劳动者在人口总数中所占的比重和提高劳动生产率，是增加收入的重要途径。现代经济增长理论则为劳动促进经济增长提供了进一步的理论依据。20世纪40年代末提出的哈罗德-多马模型（Harrod-Domar model），以凯恩斯（Keynes）的收入决定论为理论基础，在凯恩斯的短期分析中加入了经济增长的长期因素，主要研究了产出增长率、储蓄率与资本产出比三个变量之间的关系，认为资本积累是经济持续增长的决定性因素。作为现代增长理论基石的索洛模型（Solow model）以柯布-道格拉斯生产函数为基础，假定储蓄率不变，人口增长率不变，技术进步不变，认为资本和劳动这两种生产要素之间能够相互替代，并给了经济增长过程调整的能力。总之，在经济学上，劳动一直被认为是影响经济增长的重要因素。流动人口为迁入地的经济发展提供了丰富、低廉的劳动要素，使得各种生产要素在城乡不同部门之间的配置得以优化，提高了劳动生产率，从而推动了经济的发展。

人口流动对于社会的发展同样具有重要影响。人口社会学研究了人口和社会变迁的关系，两者之间并不是单向的因果关系，而是相互促进，同步发展。人口社会学理论认为，人口的规模、结构、密度等都对社会发展产生影响。社会结构的变迁又对社会进步具有重要作用。人口流动改变了迁入和迁出地的人口规模和构成，与当地的社会发展存在着密切的联系，尤其是给迁入地的社会同时带来正面和负面的影响。

二、评估框架

（一）流动人口市民化成本和收益的概念界定

市民化的成本和收益是指当流动人口迁入某地稳定地生活、工作之后，对迁入地产生的积极和消极两方面的影响。根据不同的标准，市民化成本和收益存在不同的分类。

1. 经济性与非经济性的成本与收益

按照是否能够以货币价值的形式进行计量，市民化的成本与收益可分为经济性成本与收益、非经济性成本与收益。经济性成本和收益是指能够通过货币进行计量的成本，非经济性成本和收益是指无法或难以用货币来量化的成本。经济性成本和收益主要涉及流动人口对经济方面的影响，非经济性成本和收益则更侧重对社会的影响。

从成本方面看，有些可以量化的，比如迁入地政府为流动人口提供公共服务所付出的成本，目前学者们也在这方面做了较多的研究，但另一些却是难以量化的非经济成本。非经济成本主要来源于流动人口对迁入地社会系统的冲击。在中国长期的城乡二元结构之中，城市内部已经形成一个相对稳定的社会系统，当出现流动人口大量涌入的情况，在一定程度上这个社会系统会受到冲击。比较突出的是流动人口的犯罪问题。流动人口的增加会提升犯罪率，在短期内对迁入地社会城市系统的稳定存在一定的负面影响，是迁入地社会承受的一个隐形代价，但具体造成多大的损失却未能精确地加以量化。另一个突出的负面影响是文化冲突与隔阂。许多研究表明，迁移人口较难以在文化、情感上融入当地社会，与本地居民的交流、沟通存在壁垒。流动人口与原有户籍人口之间的隔阂促使原来农村与城市的老二元结构转化为城镇内部户籍居民与流动人口的新二元分割，从而阻滞城镇化过程中的社会融合，但对于这种负面影响也难以进行量化。

从收益方面看，同样有一些是可以量化的经济收益，而另一些则属于不能或难以量化的非经济收益。就公共性的收益而言，一方面，流动人口除对于迁入地的经济和财政影响，容易找到比较科学的方法进行量化。另一方面，流动人口对迁入地社会所带来的正面影响，包括促进多元文化的融合等，是潜在、长远的，难以用货币价值来表示。就私人收益而言，企业因获得低成本的劳动力而增加的利润、个人及家庭在迁入地获得的更高收入、因享受更好的医疗服务而节约的医疗开支等，都是可以量化的。但迁入地良好的社会秩序和教育对流动人口与其家庭成员的身心健康和发展产生的益处，则难以准确地用货币来计量。

2. 公共性与私人性的成本和收益

按照承担成本和获得收益的主体是否为个体，市民化的成本与收益可分为公共性和私人性的。从成本方面看，当流动人口迁入某地时，会对当地政府的基本公共服务产生需求，包括教育、医疗、公共安全等各个方面。而且，当某地的流动人口数量达到一定规模时，会超出原有公共设施和公共资源的承载能力，如原有的道路需要增加或拓宽，原有的公交运力不能满足新的需求，原有的医院、学校设施面临不足等，从而需要政府修建新的基础设施。为流动人口提供公共服务和基础设施的投入都属于公共成本。对于企业、个人及其家庭而言，迁移行为需要付出成本，包括企业承担的工资、社会保障等成本，个人在迁入地增加的生活成本，因社会文化方面的差异而产生的心理成本，这些都属于私人成本。

从收益方面看，流动人口不但为迁入地提供了新增劳动力，从而为当地的经济发展做出贡献，而且能够改善迁入地的人口年龄结构，对于延缓老龄化趋势、促进社会的可持续发展有积极作用，此外，其还将促进流入地的社会文化融合，有益于长期的社会稳定以及社会治理能力的提升。这些都是迁入地获得的公共性收益。同时，个人及其家庭从较落后地区迁入发达地区，收入增加，生活质量提升，并获得更广泛的发展机会，这都属于私人收益。

流动人口市民化的成本与收益分类如表9-1所示。

表 9-1　　流动人口市民化的成本与收益分类

类型	公共		私人	
	成本	收益	成本	收益
经济	基本公共服务	对迁入地经济增长、财政的贡献	企业承担的工资、社保费用、个人增加的生活费用	企业增加的利润、个人增加的收入
非经济	文化冲突、隔阂	促进文化融合和社会治理能力	个人心理的负面影响	个人及家庭成员生活质量提升、发展机会增加

（二）流动人口市民化财政成本与收益评估的框架

如前文所分析的，流动人口对于迁入地所产生的影响是多方面的，包括经济的、社会的、文化的。其中，有些可量化，有些难以量化；有些属于对迁入地政府和当地社会的公共性影响，有些属于迁入地的企业、流动人口个人及其家庭的影响。为了能对成本与收益进行具体测算，并为地方政府实现市民化目标提供直接的决策参考，本书将评估对象界定为政府为实现市民化而承担的经济性成本和市民化给政府带来的经济性收益，即市民化的财政成本和财政收益。

就市民化的财政成本而言，对于迁入地政府而言，市民化的主要任务是向流动人口提供与本地居民均等的基本公共服务，因此，迁入地政府承担的成本就是向流动人口提供均等化基本公共服务而发生的成本。根据《国家基本公共服务体系"十二五"规划》，基本公共服务指"建立在一定社会共识基础上，由政府主导提供的，与经济社会发展水平和阶段相适应，旨在保障全体公民生存和发展基本需求的公共服务。享有基本公共服务属于公民的权利，提供基本公共服务是政府的职责"。其范围包括"保障基本民生需求的教育、就业、社会保障、医疗卫生、计划生育、住房保障、文化体育等领域的公共服务，广义上还包括与人民生活环境紧密关联的交通、通信、公用设施、环境保护等领域的公共服务，以及保障安全需要的公共安全、消费安全和国防安全等领域的公共服务"。在国家规划出台以后，各省及省以下政府也都以国家规划为标准，编制实施了本级的基本公共服务专项规划或行动计划。在测算中，本书采用以上基本公共服务的定义与范围。

就市民化的收益而言，首先，流动人口通过劳动力、资本等要素投入，为迁入地的经济增长做出贡献，从而增加了迁入地的税收收入，这是政府获得的主要财政收益。其次，流入的青壮年人口参加迁入地的社会养老与医疗保险，有利于维持社会保险体系的可持续性。尤其是在我国部分积累制的社会养老保险模式下，流入的青壮年人口在迁入地参加社会养老保险，可以改善参保人员的年龄结构，无论对于养老保险基金的短期平衡，还是长期的可持续都十分有益。

市民化财政净收益是将财政成本与财政收益相抵之后得到的部分，能够直接反映出流动人口市民化对迁入地政府财政产生的综合影响。

流动人口市民化财政成本与收益的评估框架如图 9-1 所示。

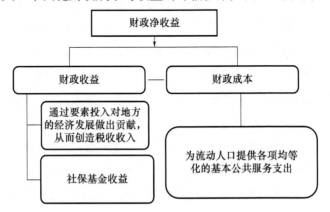

图 9-1　流动人口市民化财政成本与收益的评估框架

第二节 测算前提和测算方法

本章选择广东省广州市和浙江省德清县两地展开市民化财政成本和收益的测算。广州是具有规模巨大的流动人口的一线城市，浙江省德清是经济具有活力的县域，两地在经济和社会发展方面对流动人口的依赖程度都比较高，在研究流动人口市民化推进方面具有较好的代表性。

一、测算前提

为了提高评估的准确性和严谨性，在测算之前设定必要的前提如下：

第一，评估期为"十三五"期间。

基于所掌握的资料和数据的情况，我们认为能够较好地把握"十三五"时期内与测算有关的各项因素，但对于更长远时期有关变量的变化则难以预测。因此，将测算期设为"十三五"时期，即2016—2020年。

第二，评估基于两地的城镇化背景展开。

作为国家中心城市和综合性门户城市、国际商贸中心和综合交通枢纽、粤港澳大湾区的核心引擎，广州市在经济社会方面对流动人口的依赖程度很高。根据广州市第七次全国人口普查公报，广州市常住人口城镇化率达86.19%。根据广州市统计年鉴公布的数据，广州市非户籍常住人口规模在常住人口中的占比从2006年的23.7%稳步上升到2016年的48.1%，随后保持稳定。2020年常住人口规模为1867.7万人，非户籍常住人口规模为882.6万人。根据第七次人口普查数据显示，非户籍常住人口规模达937.9万人。尽管两个统计来源的流动人口数据相差50多万人，但流动人口占比基本达到了50%左右。

德清县的流动人口以县以外流入的人口为主，根据德清政府提供的资料，这部分人口占全部常住人口的比重为1/4~1/3。这一人口构成比例在"十三五"期间将略有上升。

本章的评估将在两地各自的城镇化背景下展开，将测算全部流动人口实现市民化而发生的财政成本与收益。

第三，静态与动态测算相结合。

市民化的财政成本与收益与人口、政策方面的因素密切相关，在测算时尽可能地考虑了这两方面的因素变化，具有一定的动态性质。但由于对某些因素的变化无法准确地进行预测，如养老保险的参保率、缴费率、流动人口随迁子女人数的变化等，假定"十三五"时期跟"十二五"时期相比保持稳定，测算时采用历史数据，这使得测算也具有静态性质。

第四，将各类成本与人口的关系均视为线性关系。

流入地政府为流动人口提供均等化基本公共服务的成本中，包括经常性支出与资本性支出两类。前者一般与人口之间具有线性关系，例如随迁子女教育的支出，每增加一个接受义务教育的学龄儿童，政府就要相应地多付出一笔经费支出。资本性支出如公共基础设施的建设，由于具有规模效益，因此与人口不具有线性关系。在人口数量没有达到基础设施可容纳人数的上限之前，政府并不需要额外投入资金增加公共基础设施。但由于无法取得相关数据来模拟公共基础设施等资本性支出关于人口的函数，因此，采用跟大多数已研究一样的处理方式，假定各项公共服务成本与人口之间都是线性关系。

二、测算方法

（一）市民化财政成本的测算方法

根据《国家基本公共服务体系"十二五"规划》关于基本公共服务的定义和范围，狭义的基本公共服务包括义务教育、住房保障、医疗和卫生服务、就业服务、社会保险、安全服务，广义还包括公共基础设施、环境保护、交通、通信等。

在广州的测算中，考虑到广东省出台了《广东省公共服务"十四五"规划》，提出"幼有所育、学有所教、劳有所得、病有所医、老有所养、住有所居、弱有所扶"，再结合数据获得情况，最终确定广州市流动人口市民化成本的测算涉及六项基本公共服务，包括随迁子女义务教育、公共安全服务、就业服务、住房保障、公共医疗卫生和社会保障。根据政府财政预算科目对以上各项支出的定义，各项成本具体界定如下：

义务教育成本是流入地政府为流动人口随迁子女提供九年义务制教育的支出；公共安全服务成本主要是维护社会公共安全的支出，包括预防和应对自然灾害对公共安全造成的威胁，以及预防和应对公共安全事件带来的威胁和伤害而发生的支出；就业服务成本是为从业人员提供就业咨询和就业培训等发生的支出。住房保障服务成本是提供公租房、廉租房、经济适用房等有关保障性住房的支出；公共医疗卫生成本主要包括公立医院和公共卫生机构的建设和运营、药品及医用物品费用、疾病控制中心等其他公共卫生机构建设和运营、医疗科研等其他医疗卫生事业费用等。社会保障指政府用于城市最低生活保障等福利的支出。

根据前文中设定的测算前提，各项公共服务支出与人口规模之间构成线性关系，因此采用以下公式计算年度成本：某项基本公共服务的年均成本=年人均成本×每年享受服务的流动人口数。

在德清县的测算中，由于获取了基础设施支出方面的数据，因此在六项基本公共服务之外，还增加了公共基础设施的成本。

（二）市民化财政收益的测算方法

如前文所述，市民化财政收益包括两部分：一部分是流动人口对迁入地经济增长做出贡献而创造的税收收入；另一部分则是因流动人员参保改善社保参保人员的年龄结构而带来的社保基金收益。由于未获得医疗保险基金的有关数据，所以只测算养老保险基金的收益。

1. 税收收入的测算方法

第一步：建立基于 $C\text{-}D$ 函数的经济计量模型，计算流动人口的劳动投入对于 GDP 增长的贡献率。

根据 $C\text{-}D$ 函数，$Y=F\ (A,\ L,\ K)\ =AK^\alpha L^\beta$。其中，$Y$ 为产出总量，A 为技术进步，K 为资本投入，L 为劳动投入，α 为资本的产出弹性，β 为全部人口劳动投入的产出弹性。两边取对数，得到以下方程：$\ln Y=\ln A+\alpha\ln K+\beta\ln L$。在方程中，$Y$ 为国内生产总值（GDP），A 为常数项，L 为就业人数，K 为固定资产投资总额，α 和 β 分别为资本和劳动的产出弹性系数。

第二步：测算流动人口对 GDP 的贡献率。

尽管流动人口的平均受教育程度低于迁入地户籍的平均受教育程度，但流动人口的劳动时间平均而言相对更长。在受教育程度和劳动时间长度两者共同作用下，可以认为两个群体的劳动生产率比较接近。因此，假定流动人口与城市居民的劳动生产率相同。这样，设流动人口数量为 L_1，将流动人口劳动投入占全部劳动投入的比例与劳动投入对 GDP 的贡献率进行相乘，即通过 $L_1/L×β×\ln L/\ln Y$，就可得到流动人口对 GDP 的贡献率。

第三步：根据历年 GDP 与税收收入数据，求出平均的宏观税收负担。再结合第二步的计算结果，计算出每年流动人口所创造的税收收入。

2. 社会养老保险基金收益的测算方法

由于流动人口多为青壮年，他们加入迁入地的社会养老保险体系有利于保持基金的短期支付平衡和长期的可持续运转，减轻迁入地财政的养老保障负担。通过比较有无流动人口参保情况下养老保险基金结余的变化，可以得出迁入地获得的基金收益。由于可获得的数据有所差异，本章对广州市和德清县采取的测算方法有一些不同，具体如下。

（1）广州市的测算。

①测算步骤与公式。由于获得了包含流动人口在内的全部人员参保的基本养老保险基金收支及结余数据，但缺乏流动人口参保情况的数据，因此，先估计无流动人口参保情况下的基金收支及结余/缺口，再与前者进行比较。测算步骤如下。

第一步：估算无流动人口参保情况下基本养老保险基金的当年收入。考虑到流动人口大部分参加的是城镇职工基本养老保险，按以下公式测算：

无流动人口参保情况下基本养老保险基金当年收入＝当年城镇职工基本养老保险收入×（1−流动人口缴费比率）

第二步：估算无流动人口参保情况下基本养老保险基金的当年支出。按以下公式测算：

无流动人口参保情况下基本养老保险基金当年支出＝当年城镇职工基本养老保险支出×（1−流动人口享受待遇比率）

第三步：将无流动人口参保情况下每年基本养老保险基金收支相减后，得到结余/缺口，再将其与包含流动人口在内的基本养老保险基金收支及结余/缺口数进行比较。

②数据来源。以上公式中各指标的数据来源如下。

城镇职工基本养老保险基金总收入和总支出：采用广州市人社局公布

的数据。

全部缴费人数：采用广州市人社局提供的数据。

流动人口缴费比率和享受待遇比率：通过流动人口可参保人数与流动人口缴费比例相乘计算得出。其中，流动人口可参保人数是指流动人口中可以参加城镇职工基本养老保险的人员数量，根据广州市人社局提供的数据和《2021广州社会蓝皮书》的调查数据推算得到，流动人口缴费比例设置了三种情形：第一种是低缴费比例，设置为20%；第二种是中缴费比例，设置为50%；第三种为高缴费比例，设置为70%。流动人口享受待遇比率通过广州市人社局提供的数据和《2021广州社会蓝皮书》的调查数据推算得到。

（2）德清县的测算。

①测算步骤与公式。

第一步：估算有无流动人口参保两种情况下基本养老保险基金的年均收入。按以下公式测算：

$$基本养老保险基金收入 = 当年缴费人数 \times 年人均工资 \times$$
$$（企业缴费率 + 个人缴费率）\times （1 + 基金收益率）$$

包括流动人口的情况下：

$$缴费人数 = 当年常住人口数 \times 缴费人口率$$

不包括流动人口的情况下：

$$缴费人数 = 当年常住人口数 \times 缴费人口率 - 流动人口数 \times 参保率$$

第二步：估算每年基本养老保险基金的支出。按以下计算公式测算：

$$基本养老保险基金支出 = 当年享受待遇人数 \times 年人均工资 \times 替代率 \times$$
$$（1 + 收益率）$$

在不包括流动人口的情况下，享受待遇人数中扣掉领取养老金的流动人口数。

第三步：将前两步计算结果进行相减，差额为基金收支的差异，即结余/缺口。再比较有无流动人口参保情况下基金收支的差异。

需要指出的是，基本养老保险基金年收支的计算涉及许多不确定因素，如参保率、缴费人口、享受待遇人口、缴费基数等，难以对这些变量进行准确预测。本章的测算是假定在"十三五"期间，这些变量跟历史相比，没有大的变化情况下进行的。这样，测算结果与实际情况会有所出入。这也是本研究没有进行中长期预测的原因。

②数据来源。以上公式中各指标的数据来源如下。

常住人口数："十三五"期间每年常住人口的数量，数据来源于德清县政府提供的《德清人口预测报告》。

流动人口数："十三五"期间每年流动人口的数量，数据来源于《德清人口预测报告》。

缴费人口率，根据基本养老保险缴费人数/全部常住人口计算得到，基础数据来源于德清县社保局和统计局。

参保率：根据 2014 年德清县政府问卷调查的统计结果，参保率为 45%。

企业缴费率：按德清县政策，企业为 14%，个人为 8%。

享受待遇人口率：采用 2015 年离退休人员数/常住人口数的比例计算得到，基础数据由德清县社保局提供。

年人均工资：指"十三五"期间的年人均工资，根据"十二五"期间的年人均工资预测得到。

替代率：采用 2015 年养老金替代率 43.6%。

基金收益率：采用 3% 的比率，略高于同期三年和五年期银行存款利率。

第三节　广州市流动人口市民化财政成本与收益的测算[①]

作为国家中心城市和综合性门户城市、国际商贸中心和综合交通枢纽、粤港澳大湾区的核心引擎，广州市近年来城市功能不断强化，城镇化率水平提升。根据广州市第七次全国人口普查公报，广州市常住人口城镇化率达 86.19%，相较 2010 年第六次全国人口普查时的 83.78% 提升了

---

① 本节用到的相关数据来源于"十三五"期间《广州市统计年鉴》《广州市国民经济和社会发展统计公报》《广州市一般公共预算支出执行情况表》等政府公开资料，以及 2022 年广州市政府相关部门提供的资料和数据。

2.41 个百分点。2021 年 12 月，《广东省新型城镇化规划（2021—2035年）》（粤府〔2021〕74 号）正式印发，广州市将进一步促进农业转移人口全面融入城市。

一、广州市经济社会发展概况

（一）经济发展概况

1. 经济综合实力强，战略性新兴产业成为"新引擎"

随着我国经济发展进入新常态，广州积极转变发展方式，经济由高速增长阶段转向高质量发展阶段，按可比价格计算，2012—2021 年广州地区生产总值年均增长 7.7%，增速高于 6.6% 的全国增速和 6.9% 的全省增速，是全国经济发展最具活力的地区之一。按常住人口计算，广州人均 GDP 从 2012 年的 95550 元提升至 2021 年的 150366 元；按现价计算，2021 年是 2012 年的 1.5 倍，按平均汇率折算为 23307 美元，达到世界银行划分的高收入经济体的水平。

近年来，广州着力发展新兴产业，推动其成为经济高质量发展的"新引擎"。2021 年，广州"3+5"战略性新兴产业增加值 8616.77 亿元，占地区生产总值的比重从 2018 年的 30.0% 提升至 2021 年的 30.5%，对 GDP 增长的贡献率为 28.9%。2021 年，全市固定资产投资超 8500 亿元，是 2012 年的 2.9 倍，2012—2021 年年均增长 11.3%，其中工业投资近 3 年连续超千亿元。

2. 城乡融合发展取得新进展

党的十八大以来，广州城市吸引力不断增强，2021 年年末全市常住人口比 2012 年增加 465.53 万人，十年来年均增加 45 万人以上，为广州发展提供了丰富的人力资本。城镇化率从 2012 年的 83.85% 提高到 2021 年的 86.46%，到 2020 年，广州市户籍人口城镇化率提高到 79.80% 左右，户籍人口城镇化率与常住人口城镇化率差距较 2013 年缩小 2 个百分点以上，城镇化进程稳步推进。

城乡居民人均可支配收入差距进一步缩小。广州市城镇居民可支配收入从 2012 年的 35408 元提高到 2021 年的 74416 元，其中在 2014 年、2016 年、2019 年和 2021 年先后跨过 4 万元、5 万元、6 万元和 7 万元大关，多年稳居全省第一，2012—2021 年年均增长 8.6%；农村居民可支配收入于 2016 年、2020 年分别跨上 2 万元、3 万元台阶，从 2012 年的 14234 元提高到 2021 年的 34533 元，2012—2021 年年均增长 10.3%。城乡收入比由 2012 年的 2.49：1 缩小至 2021 年的 2.15：1，形成了更加协调、更有效率的城镇化格局。

（二）人口结构

1. 老龄化趋势日益突出

据第七次全国人口普查数据统计，2021 年年末广州市常住人口高达 1867.66 万人，非户籍常住人口为 869.5 万人，流动人口占比为47.3%。

在全部常住人口中，60 周岁及以上人口占比为 11.41%，达 213.06 万人。65 周岁及以上人口占比为 7.82%，达 146.03 万人。老年人口数的增加意味着广州市即将面临人口结构进一步向老龄化发展的趋势与老龄化背后存在公共服务资源配置供给的巨大压力，如何应对老龄化带来的挑战，是广州市必须面对的问题。

2. 流动人口市民化任务积极推进

为深入贯彻落实《国务院办公厅关于印发推动 1 亿非户籍人口在城市落户方案的通知》（国办发〔2016〕72 号）和《广东省人民政府办公厅关于印发广东省推动非户籍人口在城市落户实施方案的通知》（粤府办〔2017〕24 号），广州市加大对非户籍人口市民化的财政支持力度。广州市落实超大城市的主体责任，实施非户籍人口市民化奖励机制，增加市、区两级政府落实非户籍人口市民化政策的财政保障能力，推动落实非户籍人口落户城镇的目标任务，逐步使非户籍人口与户籍人口享受同等基本公共服务，促进基本公共服务均等化。

二、市民化财政成本的测算

（一）各项基本公共服务成本

1. 随迁子女义务教育

根据调研，2020 年广州市义务教育阶段流动人口子女规模为 116.8 万人。

根据广州市公布的 2020 年政府预算执行情况，2020 年广州市教育总支出为 548.6 亿元，义务教育支出占教育总支出的比重约为 28%，义务教育支出约为 153.6 亿元。再根据广州市统计局公布的数据，2020 年义务教育学生总数为 166.8 万人，计算得到人均义务教育成本为 0.92 万元。

根据本章第二节提出的测算公式和以上基础数据测算得到，如果全部流动人口子女（包括留守儿童）都随迁至广州市，并都享受义务教育，流动人口随迁子女的年均义务教育成本为 107.57 亿元。

2. 公共安全服务

公共安全服务包含公安、武装警察、检察院、法院、司法等，由于其具有典型的公共产品特征，因此可认为已覆盖了包括流动人口在内的所有常住人口。根据"十三五"期间广州市历年财政决算报表，广州市年均公共安全总支出为 205.52 亿元，"十三五"期间广州市年均流动人口数为 857.36 万人，年均常住人口数为 1784.22 万人，流动人口平均占比为 48.05%。根据本章第二节提出的测算公式和以上基础数据计算得到，广州市为全部流动人口提供公共安全服务的年均成本为 98.75 亿元。

3. 住房保障

根据叶裕民等学者的研究，大部分流动人口的保障住房问题可通过包容性的城中村改造模式来解决，政府只需对 10% 的最低收入者按人头进行房租补贴。根据城市经济学基本原理，"租金－收入比"小于 25% 为租得起住房的最低标准，因此，政府需要对流动人口租金超过收入 25% 的部分进行补贴。

根据作者在 2021 年对广州市流动人口的调查结果，2019 年广州流动人口中的 10% 最低收入者月均收入约为 1595.62 元，年均收入 18715.44 元。再根据广州市 2019—2020 年城镇居民可支配收入的增幅估算，2020 年广州市流动人口中的 10% 最低收入者年均收入约为 19651.02 元。

根据广州市房地产租赁管理所发布的"2020 年广州市房屋租金参考价"，广州市各区房租情况如表 9-2 所示。

表 9-2　2020 年广州市各区房租情况与流动人口分布情况

地区	居民用房（包括楼梯楼、电梯楼和集体住宅）/［元/（建筑面积 m²·月）］	长租公寓/［元/（建筑面积 m²·月）］	综合平均房租/［元/（建筑面积 m²·月）］	2020 年流动人口数/万人	获得补贴的流动人口数/万人
荔湾区	31.12	64.35	47.74	55.6	11.12
越秀区	41.97	91.06	66.52	29.1	5.82
海珠区	40.10	77.00	58.55	79.36	15.872
天河区	50.88	87.10	68.99	131.8	26.36
白云区	25.37	45.95	35.66	237.6	47.52
黄埔区	19.02	51.58	35.30	69.5	13.9
番禺区	15.00	43.29	29.15	150.6	30.12
花都区	10.83	24.25	17.54	79.9	15.98
南沙区	10.61	21.00	15.81	39.2	7.84
从化区	9.81	25.00	17.41	14.8	2.96
增城区	11.88	29.00	20.44	50.6	10.12

以 2020 年广州市各区流动人口规模及占比情况为基准，按照人均租房面积 20m²[①]，计算可得到 2020 年广州市流动人口的年均租房成本为 9013.31 元。

根据公式"广州市流动人口年人均住房保障补贴成本＝低收入者的年均租房成本−低收入者年均收入×25%"，计算可得流动人口年人均住房补贴成本为 4100.55 元，进而计算可得到，广州市为 10% 的最低收入流动人口提供住房保障的年均成本为 35.16 亿元。

4. 就业服务

按照政府收支分类科目，社会保障和就业科目中与就业基本公共服务相关的款项主要包括就业补助、社会福利等。根据"十三五"期间广州市历

---

① 根据中国城市规划设计研究院联合中国建筑设计研究院有限公司发布的《城镇家庭居民"住有所居"量化指标研究报告》，人均住房使用面积低于 20 m²，就可认定该城市住有所居面积不达标。

年财政决算报表, 广州市年均就业相关支出为 102.11 亿元。

考虑到就业服务可能还未完全实现均等化, 只有部分流动人口享受了均等化的就业服务。假定目前有 50% 的流动人口已经享受了就业服务, 即可测算出目前已享受就业服务的流动人口数量, 再按本章第二节提出的测算公式, 可计算出广州市就业服务覆盖全部流动人口的年均成本为 78.17 亿元。

5. 公共医疗卫生

根据《2021 年政府收支分类科目》, 医疗卫生与计划生育支出科目中主要包括公立医院、基层医疗卫生机构、公共卫生等, 但并非所有细分的服务项目都实现了均等化。其中, 公立医院具有典型的公共产品特征, 可认为已覆盖全部流动人口。基层医疗卫生和公共卫生等可能还存在未全覆盖的情况, 因此, 这两部分服务的财政成本需分别测算。

以 2017 年数据为基础计算, 实现全覆盖和非全覆盖的两部分成本占全部医疗卫生成本的比重分别为 39.51% 和 60.49%, 假定这两部分占比保持稳定。根据"十三五"期间广州市历年财政决算报表, 广州市年均医疗卫生与计划生育支出为 220.90 亿元, 则上述两部分年均支出分别为 87.27 亿元和 133.62 亿元。在不同的流动人口享受比例下, 医疗卫生成本不同。假定目前有 50% 的流动人口享受了公共医疗和卫生服务。

根据本章第二节提出的测算公式和以上基础数据测算可得到, 广州市医疗卫生覆盖全部流动人口的年均成本为 146.24 亿元。

6. 社会保障

根据 2015 年出台的《广州市最低生活保障办法》, 具有本市户籍的居民, 其共同生活的家庭成员人均月收入低于本市居民最低生活保障标准, 且家庭财产状况符合规定条件时, 以家庭为单位申请, 可以依法享受的基本生活保障待遇。2020 年, 广州市将全市城乡最低生活保障标准从每人每月 1010 元提高到每人每月 1080 元。

根据 2020 年流动人口数量的 10% 估算流动人口应享受低保的人数, 结合以上最低生活保障人均标准, 按照本章第二节提出的测算公式, 可得广州市为低收入流动人口提供生活保障的年均成本为 114.39 亿元。

（二）基本公共服务的总成本

"十三五"期间，广州市流动人口新增约 74.7 万人，截至 2020 年年末，广州市流动人口约为 882.55 万人，占常住人口比例为 47.27%。根据以上测算，如广州市政府向这些流动人口提供均等化的六项基本公共服务，平均每年财政需要投入 580.28 亿元，年人均成本约为 0.71 万元。按各项服务年均成本占年均总成本的比重大小，在六项基本公共服务成本中，占比排在第一的是公共医疗卫生，约占 25.20%；第二是社会保障，约占 19.71%；第三是随迁子女义务教育，约占 18.54%，结果如图 9-2 所示。

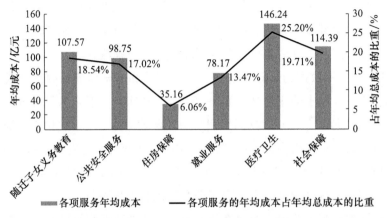

图 9-2　广州市"十三五"期间流动人口市民化的各项基本公共服务成本

三、市民化财政收益的测算

（一）流动人口对税收收入的贡献

根据测算公式和基础数据计算得到，技术、资本和劳动对广州 GDP 的增长弹性分别为 2.68、0.31 和 0.29，进一步可得，"十三五"期间，资本投入对 GDP 的年均贡献率为 35.92%，劳动投入对 GDP 的年均贡献率为 36.99%，技术投入对 GDP 的年均贡献率为 27.09%。"十三五"期间，广州市年均 GDP 为 22524.23 亿元，因此，资本、劳动和技术对 GDP 的年均贡献额分别为 8090.70 亿元、8331.71 亿元和 6101.81 亿元。

根据参加就业的流动人口占全部就业人口的比重和劳动对 GDP 的贡

献率计算得到,"十三五"期间,流动人口对 GDP 的年均贡献率为
20.80%,年均贡献额为 4685.04 亿元。各年贡献率如图 9-3 所示。

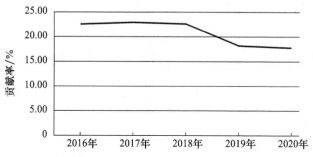

图 9-3 广州市"十三五"期间流动人口对 GDP 的贡献率

"十三五"期间,广州市的年均 GDP 约为 22524.23 亿元,年均税收
收入为 1925.30 亿元,占年均 GDP 的比重约为 8.55%,结合流动人口对
GDP 的 20.80% 的年均贡献率计算得出,"十三五"期间,广州市流动人
口创造的年均税收收入约为 400.54 亿元。

（二）流动人口对基本养老保险基金的贡献

按照前文设定的三种缴费比例,在"低缴费比例（20%）"情形
下,2016—2020 年,流动人口中的全部青壮年人口参加基本养老保险与
他们不参加相比,平均每年养老保险基金的缺口将缩小 137.26 亿元,
如表 9-3 所示。

表 9-3 流动人口对基本养老保险基金的贡献（20%的缴费比例） 单位：亿元

年份	基本养老保险基金结余/ 缺口（流动人口参保）①	基本养老保险基金结余/ 缺口（流动人口不参保）②	对基本养老保险 基金的贡献①—②
2016	56.96	-40.89	97.85
2017	110.72	-11.97	122.69
2018	230.67	72.22	158.45
2019	362.31	174.17	188.14
2020	-15.90	-135.07	119.17
平均值	148.95	11.69	137.26

在"中缴费比例（50%）"的情形下，2016—2020 年，流动人口中的全部青壮年参加基本养老保险与他们不参加相比，平均每年养老保险基金的缺口将缩小 343.15 亿元，如表 9-4 所示。

表 9-4　流动人口对基本养老保险基金的贡献（50%的缴费比例）单位：亿元

年份	基本养老保险基金结余/缺口（流动人口参保）①	基本养老保险基金结余/缺口（流动人口不参保）②	对基本养老保险基金的贡献①—②
2016	56.96	−187.67	244.63
2017	110.72	−196.01	306.73
2018	230.67	−165.45	396.12
2019	362.31	−108.05	470.36
2020	−15.90	−313.84	297.94
平均值	148.95	−194.20	343.15

在"高缴费比例（70%）"情形下，2016—2020 年，流动人口中的全部青壮年参加基本养老保险与他们不参加相比，平均每年养老保险基金的缺口将缩小 480.42 亿元，如表 9-5 所示。

表 9-5　流动人口对基本养老保险基金的贡献（70%的缴费比例）单位：亿元

年份	基本养老保险基金结余/缺口（流动人口参保）①	基本养老保险基金结余/缺口（流动人口不参保）②	对基本养老保险基金的贡献①—②
2016	56.96	−285.52	342.48
2017	110.72	−318.70	429.42
2018	230.67	−323.89	554.56
2019	362.31	−296.19	658.50
2020	−15.90	−433.01	417.11
平均值	148.95	−331.46	480.42

四、市民化对财政的综合影响

以上测算结果表明，"十三五"期间，如要实现全部流动人口的市民化，广州市政府每年需承担约 580.28 亿元的基本公共服务成本。同时，每年获得的财政收益由两部分构成：一部分是流动人口创造的税收收入，平均每年约为 400.54 亿元；另一部分是流动人口对基本养老保险基金的贡献。在低流动人口缴费比例（20%）、中流动人口缴费比例（50%）和高流动人口缴费比例（70%）三种情形下，基本养老保险基金的收益平均每年分别为 137.26 亿元、343.15 亿元、480.42 亿元。从净收益来看，低、中、高三种参保比例下，市民化的财政收益与成本相抵后，年均净收益分别为-42.48 亿元、163.41 亿元、300.68 亿元，如表 9-6、表 9-7、表 9-8 所示。

表 9-6 广州市实现流动人口市民化的财政收益和成本（低缴费比例 20%）

单位：亿元

财政收益 537.80		财政成本 （基本公共服务成本）	净收益-42.48
创造的税收收入	对基本养老保险基金的贡献	580.28	
400.54	137.26		

表 9-7 广州市实现流动人口市民化的财政收益和成本（中缴费比例 50%）

单位：亿元

财政收益 743.69		财政成本 （基本公共服务成本）	净收益 163.41
创造的税收收入	对基本养老保险基金的贡献	580.28	
400.54	343.15		

表 9-8 广州市实现流动人口市民化的财政收益和成本（高缴费比例 70%）

单位：亿元

财政收益 880.96		财政成本 （基本公共服务成本）	净收益 300.68
创造的税收收入	对基本养老保险基金的贡献	580.28	
400.54	480.42		

第四节　德清县流动人口市民化财政成本与
收益的测算①

浙江省德清县是经济具有活力的县域，在经济社会发展方面对流动人口的依赖程度较高，德清县在 2005 年 11 月成为国家第二批新型城镇化综合试点地区，在流动人口市民化方面开展了有益的实践与探索。

一、德清县经济社会发展概况

（一）经济发展概况

1. 经济发展水平和产业结构

从整体经济发展水平来看，德清县已达到高收入国家水平。2015 年，全县实现地区生产总值 396.9 亿元，年增长 8%，财政总收入 66.64 亿元，增长 6%。2015 年，人均 GDP 为 89874 元，相当于 14430 美元，高于世界银行高收入国家标准 11%，居民人均可支配收入 34367 元。产业基础雄厚，拥有较强的综合实力和竞争力。三次产业统筹协调发展，三次产业结构由 2010 年的 7.5∶59.1∶33.4 调整为 2015 年的 5.3∶54∶40.7。2015年，第三产业增长速度为 13.1%，制造业仅增长 6.2%，开始呈现工业化后期的产业结构特征。

2. 城乡一体化程度较高

作为中国全面小康十大示范县之一，2015 年，德清县城镇常住居民人均可支配收入 42662 元，农村常住居民人均可支配收入 24934 元，分别增长 8% 和 9.3%。城乡居民收入比为 1.7∶1，城乡收入差距远远小于 2.7∶1 的全国城乡居民收入差距。通过一系列改革举措，县内已经初步实现城乡一体化发展格局。在教育、医疗已实现基本公共服务一体化建设的基础上，全面推进了供水一体化、污水处理一体化、垃圾处理一体化、交通一体化，基本实现基本公共服务均等化，同步推进"三中美丽建设"，即

---

①　本节采用的数据主要来源于 2015 年和 2016 年在德清县调研获取的资料和数据，感谢当时在校的硕士研究生何彦仪在德清县的测算中所做的基础性工作。

把中心城市建设成为美丽县城，把中心城镇建设成为美丽城镇，把中心村建设成为美丽乡村，城乡一体化发展取得了良好的成效。

（二）人口结构

2015 年，全县常住人口 50.7 万人，户籍人口 43.7 万人（其中，户籍人口流出约 3.0 万人），人口净流入 10.0 万人。户籍人口城镇化率为 28.0%，低于 39.9% 的全国平均水平。常住人口城镇化率为 70.9%，高于 56.1% 的全国平均水平。两率相差 42.9 个百分点，远高出 16.2 个百分点的全国两率之差的平均水平。

常住人口中流动人口达到 21.8 万人。其中，本县流动人口 11.8 万人，本省外市流入 0.9 万人，外省流入 9.1 万人，分别占全部常住流动人口的 54.1%、4.1% 和 41.8%。虽然德清县本地流动人口占多数，但由于城乡之间的基本公共服务均等化较高，城乡一体化不断加速，他们可以与城镇居民同等地获得基本相同的公共服务和就业机会。而且，由于户籍改革制度，德清县本地的农业人口也已经获得了统一的城乡居民户口。因此，德清县市民化任务主要是外省流入的流动人口的市民化。

据此，以 2015 年近 10 万人的跨省流入的常住流动人口为基数，按"十二五"期间迁入流动人口的年均增长率估算，2016—2020 年均跨省流入的常住外来流动人口数约为 13.7 万人。

二、市民化财政成本的测算

（一）各项基本公共服务成本

1. 随迁子女义务教育

年生均成本：以 2011—2015 年五年平均数为基数，基数＝扣除基建支出后的年均事业经费支出/年均义务教育段的学生数。再根据 2011—2015 年事业经费支出的年均增长率调整基数计算得出，"十三五"期间，随迁子女的义务教育年生均成本为 1.59 万元。

年均在校生人数：这一人数为年均义务段的非户籍学生。以 2011—2015 年年均义务教育在校生为基数，根据人口增长率计算出 2015—2020 年义务段全部在校学生年均增长率后调整基数，得到 2016—2020 年年均义务段在校生人数。假定义务教育阶段非户籍学生占全部学生的比例在未来五年保持稳定，按 2015 年的比例可计算出"十三五"期间，每年享受义务教育的非户籍在校生人数约为 1.19 万人。

因此，按照本章第二节提出的测算公式，"十三五"期间，随迁子女义务教育年均成本为 1.59 万元/人×1.19 万人＝1.89 亿元。

2. 社会保险补贴[①]

（1）企业职工养老、医疗保险。这两项保险基金筹资由企业和个人承担，财政无直接的投入。

（2）城乡居民养老保险。德清县流动人口很少参加，因此在本研究中忽略。

（3）城乡居民医疗保险。此项保险的受益对象为流动人口随迁子女，财政每年投入一定数额补贴。

年人均成本：以 2015 年对医疗保险的人均财政补贴为基数，按 2011—2015 年社会平均工资年均增长率调整后，得到"十三五"期间人均补贴为 0.098 元。

年均享受人数：这一人数为年均流入学生数，由义务教育段、学前教育、高中段年均流入学生数加总得到。"十三五"期间，年均流入学生数约 2 万人。

因此，按照前面提出的测算公式，"十三五"期间，流动人口社会保险的年均财政补贴为 0.098 万元/人×2 万人＝0.20 亿元。

3. 公共医疗卫生

年人均成本：以 2015 年人均基本医疗与公共卫生服务支出为基数，基数＝2015 年基本医疗与公共卫生服务支出/当年常住人口。再按 2011—2015 年基本医疗与公共卫生服务支出的年均增长率进行调整后计算得到，"十三五"期间，基本医疗与公共卫生服务年人均成本为 0.0602 万元。

年均享受人数："十三五"期间跨省流入的常住流动人口年均 13.7 万人。

因此，按照前面提出的测算公式，"十三五"期间，流动人口基本医疗与

---

① 由于 2015 年调研时未获得社会保障方面的完整数据，故在德清县测算中，未估算社会保障，而是根据德清县的情况，测算了社会保险的财政补贴。

公共卫生服务年均成本为 0.0602 万元/人×13.7 万人 = 0.82 亿元。

4. 住房保障

（1）货币化补贴。从 2015 年开始，为提高住房保障的效率，扩大保障范围，德清县在住房保障方面探索以货币化补贴为主的模式。

年户均成本：以 2015 年的货币化补贴 0.33 万元/户为基数，根据 2011—2015 年均职工工资增长率调整，得到 2016—2020 年户均成本为 0.47 万元。

年均享受户数：根据 2016—2020 年年均常住流动人口 13.7 万人，其中 20% 的人口需要政府提供住房保障[①]，平均每年需要住房补贴的全部流动人口约 2.74 万人，按平均每户 2.8 人计算，则享受户数为 0.98 万户。

因此，按照本章第二节提出的测算公式，"十三五"期间，每年住房保障货币补贴为 0.47 万元/户×0.98 万户 = 0.46 亿元。

（2）棚户区改造成本。根据"十三五"时期财政用于改造棚户区和农村危房的投入与受益于棚户区和农村危房的群体占全部受益人数的比例，则年均成本为 1.35 亿元。

住房保障的总成本为货币化补贴和棚户区改造成两项成本的加总，"十三五"期间，住房保障的总年均成本为 1.81 亿元。

5. 就业服务

根据德清县"十三五"基本公共服务均等化规划，以 2016 年支出为基数，按"十二五"期间该项支出的年均增长率调整，再按流动人口占全部从业人员比例分摊，得到"十三五"期间，就业服务年均成本约为 0.30 亿元。

6. 公共安全服务

年人均支出：以 2015 年人均支出为基础，再按 2015 年该项支出的年均

---

① 作者曾经通过对广州和北京的研究，论证提出大城市以上规模的城市"二二四二"的健康可支付住房方案：20% 高收入流动人口购买商品房，20% 中低收入单身住企业或开发区的集体宿舍，40% 中低收入居家迁移人员租住通过城中村改造提供的合法可支付健康住房，最后不超过 20% 的低收入群体租住政府的公共租赁住房或者廉租房。基于对德清县的调研，作者认为德清县也适合"二二四二"模式。

增长率调整，计算得到"十三五"期间年人均支出为 0.058 万元。

年均享受人数："十三五"期间年均常住流动人口为 13.7 万人。

因此，按照本章第二节提出的测算公式，"十三五"期间，公共安全服务的年均支出为 0.058 万元/人×13.7 万人＝0.79 亿元。

7. 公共基础设施

根据所获得的各项公共服务基础设施投资的相关资料和数据，包括教育设施、养老设施、文化设施、医疗和公共卫生设施、其他城乡社区设施都纳入公共基础设施中进行测算，计算得出，"十三五"期间，各项公共基础设施的年均财政投入为 2.25 亿元。

（二）基本公共服务的总成本

根据测算，"十三五"期间，德清县来自省外的流动人口每年平均为 13.7 万人。为这一规模的流动人口提供均等化的基本公共服务，每年财政需要投入 8.07 亿元，平均每年每一个流动人口市民化的财政成本为 0.59 万元。按各项服务年均成本占年总成本的比重大小，"十三五"期间，在七项基本公共服务中，成本占比排第一的是公共基础设施，约占 28%；义务教育和住房保障的占比非常接近，都在 23% 左右；公共医疗卫生排在第三，占比约为 10%。

以上结果如表 9-9 所示。

表 9-9　"十三五"期间德清县流动人口市民化年均财政成本

项目	各项服务年均成本/亿元	各项服务年均成本占年均总成本的比重/%
一、义务教育	1.89	23.42
二、社保补贴	0.20	2.48
三、公共医疗卫生	0.82	10.16
四、住房保障	1.81	22.43
五、就业服务	0.30	3.72
六、公共安全服务	0.80	9.91
七、公共基础设施	2.25	27.88
合计	8.07	100

三、市民化财政收益的测算

(一) 流动人口对税收收入的贡献

应用 *C-D* 函数建立模型,测算流动人口对 GDP 的贡献率。根据采集的 2006—2015 年 GDP、固定投资、流动人口就业人数等基础数据,结合本章第二节提出的测算公式和步骤,计算得到德清县流动人口对于 GDP 的贡献率,结果如表 9-10 所示。

表 9-10　德清县流动人口对 GDP 的贡献率

年份	贡献率/%
2006	9.33
2007	10.18
2008	11.24
2009	13.84
2010	14.58
2011	17.49
2012	18.33
2013	20.12
2014	18.49
2015	22.90

可见,2006—2015 年,流动人口对德清县 GDP 的贡献所占比重呈逐年上升趋势,计算可得到十年间对 GDP 的平均贡献率为 15.65%。按照德清县"十二五"期间的 GDP 和税收可以估算出,在"十三五"期间,年均 GDP 约为 500 亿元,税收占 GDP 的年均比重为 9.2%。按此计算,"十三五"时期,全部外来的常住流动人口对税收的年均贡献约为 7.36 亿元。

(二) 流动人口对基本养老保险基金的贡献[①]

目前,德清县流动人口绝大部分参加的是企业职工养老保险。2015

---

① 在测算德清县农业人口带来的养老保险基金收益时,假定参保率、缴费人口、享受待遇人口、替代率等在"十三五"期间保持稳定,就会导致测算结果与实际的养老保险基金年收支差异有一定出入。

年全部的缴费人数约为 20 万人，其中流动人口约为 6.5 万人，占全部缴费人数的 33%。参保的流动人口基本上都是青壮年劳动力，在未来 5~10 年未到退休年龄，只履行缴费义务，不领取养老金。

根据前文提出的测算步骤和公式，在"十三五"期间，在流动人口加入养老保险基金的情况下，前四年基金都有结余。但如果每年没有流动人口参保，那么养老保险基金将持续收不抵支，而且缺口越来越大，结果如表 9-11 所示。

表 9-11　两种情况下的养老基金收支结余/缺口的比较　　单位：亿元

年份	流动人口参保情况下（结余/缺口）	流动人口不参保情况下（结余/缺口）
2016	3.18	−4.17
2017	2.51	−5.35
2018	2.80	−6.03
2019	1.85	−8.00
2020	−0.54	−11.3

可见，"十三五"期间，在 43.6% 的替代率之下，德清县企业职工养老保险基金的年均结余为 1.96 亿元。如果没有流动人口参加养老保险，就变为支付缺口，年均缺口达到 6.97 亿元。因此，他们所带来的养老保险基金年均收益为 8.93 亿元。可见，流动人口加入保险，在"十三五"期间保证养老保险基金的平衡是十分必要的。在未来更长远时期，可以预见的是，如果缴费人数相对于领取养老金人数的增速不提高或参保人员的年龄结构不持续改善，那么更大的缺口难以避免。而依靠本地人口的自然增长来改善参保人数的年龄构成十分缓慢，由此可见，流动人口中的青壮年人口加入养老保险基金的作用非常显著。

四、市民化对财政的综合影响

（一）财政成本与财政收益的测算结果

在财政成本方面，根据测算，"十三五"期间，为流动人口提供基本公共服务的年均成本为 8.07 亿元。

在财政收益方面，首先，流动人口对税收的年均贡献约为 7.36 亿元。其次，"十三五"期间，德清县企业职工养老保险基金的年均结余为 1.96 亿元。如果没有流动人口参加养老保险，就变为支付缺口，年均缺口达到 6.97 亿元。因此，养老保险基金收益为 8.93 亿元。

（二）成本收益的比较

"十三五"期间，为规模 13.7 万人左右的常住流动人口提供均等化的公共服务，每年的财政成本为 8.07 亿元，由各项基本公共服务的支出构成。每年的财政收益总计为 16.29 亿元，由两部分构成：一是流动人口参与创造 GDP 从而对税收收入做出的贡献，每年为 7.36 亿元，这一部分与市民化财政成本比较接近；二是对维持养老保险基金平衡做出的贡献，每年为 8.93 亿元。

"十三五"期间，德清县一般公共预算收入年均达到约 45 亿元，流动人口市民化财政成本占一般公共预算收入的比例年均为 17.93%。再考虑到有一部分为中央、省级财政负担，实际每年由县本级财政承担的基本公共服务成本占可支配财力之比还会更低一些。市民化财政收益占一般公共预算收入的比例年均为 36.20%。从净收益来看，市民化财政收益与成本相抵后，每年地方政府获得的净收益为 8.22 亿元，每年净收益占一般公共预算收入的比例约为 18.27%。

以上结果如表 9-12 所示。

表 9-12　"十三五"期间德清县流动人口市民化财政成本与收益

年均财政收益		年均财政成本		年均净收益	
绝对数/亿元	占一般公共预算收入的比重/%	绝对数/亿元	占一般公共预算收入的比重/%	绝对数/亿元	占一般公共预算收入的比重/%
合计：16.29	36.20	8.07	17.93	8.22	18.27
其中 税收：7.36					
养老保险基金收益：8.93					

第五节　主要结论与政策建议

对广州市和德清县流动人口市民化财政成本和收益的评估表明，流动人口对地方的经济增长、税收增加、养老金体系可持续发展至关重要，但是地方政府对于推进流动人口市民化的积极性仍有待加强，市民化进程仍有较大的加速空间。

一、阻碍地方推进流动人口市民化工作的因素

流动人口市民化并不是简单的改变居住地和户籍，它是一个涉及政策、文化、社会等多维度的系统工程。然而实践中，地方政府对于推进流动人口市民化的积极性仍有待加强，仅从财政成本和收益的角度，主要存在以下几方面的阻碍因素。

第一，片面强调成本，缺乏对成本与收益的综合评估。只关注成本，而比较忽视收益，是市民化研究和实践工作中比较普遍存在的问题。片面强调成本而忽视收益，缺乏综合评估，必然导致市民化政策目标和执行的南辕北辙。

第二，对市民化公共服务成本的评估不够准确。对市民化成本准确评估建立在可靠的基础数据、资料和调研的基础之上，同时需要掌握人口、政策变化。相对于学术机构，地方政府自身对相关数据、资料、情况了解更清楚，掌握也更全面，但实践中，基层地方政府较少开展相关的研究测算。

第三，各级政府之间的事权和支出责任划分不合理①。人口的跨区域流动涉及地区之间到经济、财政利益的再分配。尽管国家通过将均衡性转移支付在各省之间的分配与市民化工作的成效挂钩，以促进省政府推动流动人口市民化工作的积极性。但长期以来，不合理、不清晰的事权和支出责任划分不利于基层政府对市民化工作的推进。

---

① 由于无法获得相关的数据，作者未能对市民化成本在各级政府之间的分担问题进行研究和测算。

二、基于市民化财政成本收益评估结果的研究结论

本章采用统一的评估框架、测算前提、基本相同的测算方法对广州市和德清县开展了市民化财政成本和收益的评估。广州市是经济发达的城市，流动人口的规模在 900 万人左右，占全部常住人口的比重接近 50%。德清县是一个经济较发达的县域，流动人口接近 14 万人，占全部常住人口的比重超过 1/4。两地的经济社会发展都对流动人口存在高度依赖。由于基础数据的构成、测算方法存在一些差异，两地的评估结果无法直接比较。然而，仍然可从两地的评估结果中发现明显的共同点，具体如下。

第一，流动人口给迁入地创造的税收收入与迁入地政府为其提供均等化基本公共服务的成本接近，收益与成本之间略有缺口，对财政产生一定的压力。

流动人口为迁入地的经济增长做出贡献，为当地创造税收，与政府为其提供均等化基本公共服务的成本接近，两者之间存在一定缺口。测算表明，"十三五"期间，广州流动人口每年带来 400.54 亿元的税收，政府提供均等化基本公共服务的年均成本为 580.28 亿元，市民化平均每年给一般公共预算带来近 179.74 亿元的缺口。德清县流动人口每年创造的税收收入约为 7.36 亿元，政府为他们提供均等化的基本公共服务，每年需投入约 8.07 亿元，市民化给一般公共预算带来的年均缺口为 0.71 亿元。这说明，靠迁入所在地的政府完全承担市民化任务有一定压力，需要在各级政府之间合理划分市民化的事权与支出责任。

第二，流动人口对于保障迁入地基本养老保险基金平衡具有显著的积极影响。

在测算中，由于相关数据无法获得，假定广州市流动人口的养老保险缴费率存在低（20%）、中（50%）、高（70%）三种情形，而在德清县，根据调研获取的资料，这一比重约为 1/3。由于流动人口的绝大多数都是青壮年劳动力，所以在未来较长时间还不到退休年龄，是社会养老保险的纯贡献者。两地的测算均表明，如果这些人口不参加养老保险，那么当地基本养老保险基金的收入将显著减少，缺口增加。从广州市来看，三种缴费比率下，流动人口对基本养老保险的贡献分别是 137.26 亿元、

343.15亿元、480.42亿元，而在德清县的贡献为8.93亿元，这表明流动人口参保对于迁入地社会养老保险短期平衡，乃至长期可持续运转具有显著作用。

第三，从市民化财政成本的结构来看，市民化的主要任务是向流动人口提供随迁子女义务教育、公共医疗卫生、住房保障等公共服务。

由于测算背景、基础数据、计算细节的差异，所以两地的年均财政成本及其构成无法直接比较，但共同点在于，占比在前几位的都包括随迁子女的义务教育、公共医疗卫生、住房保障等，说明向流动人口提供这些方面的基本公共服务是流入地政府在市民化过程中承担的主要任务。

三、政策建议

第一，地方政府尽早主动承担起为流动人口提供均等化基本公共服务的责任。按照受益与成本的对等原则，地方政府享受了流动人口在经济发展和社保体系方面所带来的益处，就负有不可推卸的责任向流动人口提供均等化的基本公共服务。同时，在人口出生率下降和老龄化加速的背景下，未来一段时间青壮年流动人口将成为地区劳动力竞争的重要对象，地方政府尽早承担起为流动人口提供均等化基本公共服务的支出责任，才有持续享受流动人口的红利。

第二，流动人口市民化财政成本是动态变化的，应编制中期财政预算，做好流动人口市民化政策与财政预算的衔接。本章节评估的市民化财政成本是基于"十三五"时期特定背景下的成本，但成本是动态变化的。从主要几项基本公共服务成本的变化趋势来看，在义务教育方面，如果未来流动人口新生儿的出生率有所下降保持稳定，则政府承担的流动人口随迁子女的义务教育成本也将下降；在公共医疗卫生方面，随着人口老龄化程度加深，为流动人口提供医疗服务的成本还将继续提高；在住房保障方面，如果包容性的城中村改造模式能够得到实施，从长期来看，流动人口住房保障的成本将逐步下降。综上所述，基本公共服务的成本随人口的变化、政策的调整而变化，政府应做好政策与预算之间的衔接，以便稳妥地推进流动人口市民化工作。

　　第三，明确地方各级政府在市民化各项基本公共服务方面的支出责任划分，是推进市民化下一步的关键工作。"营改增"后，地方财政的压力迅速上升，已成为一个突出问题。市民化带来的一般公共预算缺口在短期内必然增加迁入地财政的压力，因此，必须且也只有通过政府间事权和支出责任的深化改革，合理地划分并落实省以下各级政府的财政事权和支出责任，才能更好地推进流动人口市民化。

参考文献

［1］陈冀周．治理绩效与社会资本研究：基于社会资本外部性视角的分析［J］．中共浙江省委党校学报，2010，26（4）：97-103．

［2］陈捷，卢春龙．共通性社会资本与特定性社会资本：社会资本与中国的城市基层治理［J］．社会学研究，2009，24（6）：87-104，244．

［3］陈雷．论社会资本：社会资本视角下的社区主导型发展研究［M］．北京：中国社会出版社，2011．

［4］陈鹏．城市社区治理：基本模式及其治理绩效：以四个商品房社区为例［J］．社会学研究，2016，31（3）：125-151，244-245．

［5］陈彦光，周一星．城市化Logistic过程的阶段划分及其空间解释：对Northam曲线的修正与发展［J］．经济地理，2005（6）：817-822．

［6］陈燕，郭彩琴．中国城市社区治理：困境、成因及对策［J］．苏州大学学报（哲学社会科学版），2016，37（6）：36-41．

［7］陈云松，张翼．城镇化的不平等效应与社会融合［J］．中国社会科学，2015（6）：78-95，206-207．

［8］丁萌萌，徐滇庆．城镇化进程中农民工市民化的成本测算［J］．经济学动态，2014（2）：36-43．

［9］杜玉华，吴越菲．从"政社合作"到"互嵌式共治"：社区治理结构转型的无锡实践及其反思［J］．人口与社会，2016，32（1）：4-13．

［10］方然．"社会资本"的中国本土化定量测量研究［M］．北京：社会科学文献出版社，2014．

［11］费孝通．乡土中国生育制度［M］．北京：北京大学出版社，1998．

［12］费孝通．中国现代化：对城市社区建设的再思考［J］．江苏社会科学，2001（1）：49-52．

［13］国务院发展研究中心．中国新型城镇化：道路、模式和政策［M］．北京：中国发展出版社，2014．

［14］何腊柏．构建农民工培训体系的几个重要环节［J］．中国人力资源开发，2006

（3）：65-66.

［15］黄立敏．社会资本视阈下的"村改居"社区治理：以深圳市宝安区为例［J］. 江西社会科学，2009（9）：215-219.

［16］姜振华，胡鸿保．社区概念发展的历程［J］．中国青年政治学院学报，2002 （4）：121-124.

［17］蒋慧，吴新星．"过渡型社区"治理问题的政治社会学解析：基于社会资本的 视角［J］．大连理工大学学报（社会科学版），2012，33（1）：101-105.

［18］金诚．新生代农工民犯罪问题研究［M］．北京：人民日报出版社，2016.

［19］金晓彤，李杨．新生代农民工职业培训研究述评［J］．中国人力资源开发， 2014（19）：6-10.

［20］冷向明，赵德兴．中国农民工市民化的阶段特性与政策转型研究［J］．政治学 研究，2013（1）：17-25.

［21］李东泉，蓝志勇，徐传峰．社会资本视域下的社区治理创新研究：以成都市高 新区为例［M］．北京：中国建筑工业出版社，2017.

［22］李芳芝，李超．农民工对经济增长贡献的统计测算［J］．统计与决策，2014 （13）：131-133.

［23］李梦卿，张欢．我国农村职业教育发展：从农业化走向城镇化［J］．教育发展 研究，2014，34（Z1）：50-58.

［24］李婷，赖雄麟．社会资本视域下的中国城市社区发展［J］．西北大学学报（哲 学社会科学版），2012，42（1）：151-155.

［25］林建鸿，郑明芬．论城市化进程中的新市民社区教育［J］．福建农林大学学报 （哲学社会科学版），2010，13（3）：22-26.

［26］林素絮，何琳．农业转移人口市民化何以影响家庭消费水平和结构?：基于 CHIP 数据的实证分析［J］．广西财经学院学报，2023，36（4）：98-117.

［27］刘传江，周玲．社会资本与农民工的城市融合［J］．人口研究，2004（5）： 12-18.

［28］刘小年．农民工市民化的影响因素：文献述评、理论建构与政策建议［J］．农 业经济问题，2017，38（1）：66-74.

［29］刘亚娜．社区视角下老漂族社会融入困境及对策：基于北京社区"北漂老人" 的质性研究［J］．社会保障研究，2016（4）：34-43.

［30］马福云．中国户籍制度变迁及其内在逻辑［J］．北京科技大学学报（社会科学 版），2013，29（1）：100-104.

［31］马建富．新型城镇化进程中农民工人力资本提升的职业教育培训路径［J］．教育发展研究，2014，34（9）：7-14.

［32］毛寿龙，李梅，陈幽泓．西方政府的治道变革［M］．北京：中国人民大学出版社，1998.

［33］彭刚，黄卫平．发展经济学教程［M］．北京：中国人民大学出版社，2007.

［34］任远，陶力．本地化的社会资本与促进流动人口的社会融合［J］．人口研究，2012，36（5）：47-57.

［35］任远，邬民乐．城市流动人口的社会融合：文献述评［J］．人口研究，2006（3）：87-94.

［36］单菁菁．农民工市民化研究综述：回顾、评析与展望［J］．城市发展研究，2014，21（1）：18-21.

［37］宋喆．拆迁安置社区治理结构变迁及其机制研究：以南京市S新村社区为例［J］．南京农业大学学报（社会科学版），2015，15（3）：19-25，121-122.

［38］王瑞民，陶然．"城市户口"还是土地保障：流动人口户籍改革意愿研究［J］．人口与发展，2016，22（4）：19-28.

［39］王同益．外来人口、户籍制度与刑事犯罪［J］．人口研究，2016，40（2）：63-74.

［40］王霞．全面回归：社区教育的内涵解读［J］．教育理论与实践，2016，36（7）：12-15.

［41］魏义方，顾严．农业转移人口市民化：为何地方政府不积极：基于农民工落户城镇的成本收益分析［J］．宏观经济研究，2017（8）：109-120.

［42］吴光芸，杨龙．社会资本视角下的社区治理［J］．城市发展研究，2006（4）：25-29.

［43］吴晓林，郝丽娜．"社区复兴运动"以来国外社区治理研究的理论考察［J］．政治学研究，2015（1）：47-58.

［44］吴晓燕，关庆华．"村改居"社区治理中社会资本的流失与重构［J］．求实，2015（8）：37-45.

［45］吴晓燕，赵普兵．"过渡型社区"治理：困境与转型［J］．理论探讨，2014（2）：152-156.

［46］徐林，许鹿，薛圣凡．殊途同归：异质资源禀赋下的社区社会组织发展路径［J］．公共管理学报，2015，12（4）：122-130，159.

［47］徐婷婷．福建省基本养老保险基金收支平衡现状、预测及影响因素分析［J］．

社会保障研究, 2018 (1): 42-49.

[48] 杨晓军. 农民工对经济增长贡献与成果分享 [J]. 中国人口科学, 2012 (6): 66-74, 112.

[49] 叶裕民. 中国城市化之路: 经济支持与制度创新 [M]. 北京: 商务印书馆, 2001.

[50] 叶裕民, 张理政, 孙玥, 等. 破解城中村更新和新市民住房"孪生难题"的联动机制研究: 以广州市为例 [J]. 中国人民大学学报, 2020, 34 (2): 14-28.

[51] 尹广文. 多元主体参与社区场域中的协同治理实践: 基于四种典型的社区治理创新模式的比较研究 [J]. 云南行政学院学报, 2016, 18 (5): 125-130.

[52] 张晨. 城市化进程中的"过渡型社区": 空间生成、结构属性与演进前景 [J]. 苏州大学学报 (哲学社会科学版), 2011, 32 (6): 74-79, 196.

[53] 张冬敏, 张思锋. 省际人口迁移对基本养老保险基金缺口的影响研究: 以陕西省为例 [J]. 统计与信息论坛, 2012, 27 (1): 89-94.

[54] 张国胜. 基于社会成本考虑的农民工市民化: 一个转轨中发展大国的视角与政策选择 [J]. 中国软科学, 2009 (4): 56-69, 79.

[55] 张锦华, 龚钰涵. 走向共同富裕: 农民工市民化的财政学考察: 基于系统动力学建模及政策优化仿真 [J]. 南方经济, 2022 (5): 14-28.

[56] 张可云, 黎思灏, 席强敏. 市民化的农村居民收入增长效应: 基于 2014 年户籍制度改革的证据 [J]. 经济学家, 2023 (10): 53-64.

[57] 张文宏, 雷开春. 城市新移民社会融合的结构、现状与影响因素分析 [J]. 社会学研究, 2008 (5): 117-141, 244-245.

[58] 张占斌, 冯俏彬, 黄锟. 我国农村转移人口市民化的财政支出测算与时空分布研究 [J]. 中央财经大学学报, 2013 (10): 1-7.

[59] 赵罗英, 夏建中. 社会资本与社区社会组织培育: 以北京市 D 区为例 [J]. 学习与实践, 2014 (3): 101-107.

[60] 赵延东, 王奋宇. 城乡流动人口的经济地位获得及决定因素 [J]. 中国人口科学, 2002 (4): 10-17.

[61] 中国现代化报告课题组. 中国现代化报告 (2001) [M]. 北京: 北京大学出版社, 2001.

[62] 周晨虹. 城中村居民的"城市融入": 基于社区社会资本的类型分析 [J]. 农林经济管理学报, 2015, 14 (5): 531-537.

[63] 周春山, 杨高. 广东省农业转移人口市民化成本: 收益预测及分担机制研究

[J]. 南方人口，2015，30（5）：20-31.

[64] 周红云. 社会资本与社会治理：政府与公民社会的合作伙伴关系 [M]. 北京：中国社会出版社，2010.

[65] 周一星. 城市地理学 [M]. 北京：商务印书馆，2003.

[66] 朱健，陈湘满，袁旭宏. 我国农民工市民化的影响因素分析 [J]. 经济地理，2017，37（1）：66-73.

[67] 贝利. 比较城市化：20 世纪的不同道路 [M]. 顾朝林，汪侠，俞金国，等译. 北京：商务印书馆，2008.

[68] 诺克斯，平奇. 城市社会地理学导论 [M]. 柴彦威，张景秋，等译. 北京：商务印书馆，2005.

[69] 帕里罗，史汀森 J，史汀森 A. 当代社会问题：第 4 版 [M]. 周兵，等译. 北京：华夏出版社，2002.

[70] 帕特南. 独自打保龄：美国社区的衰落与复兴 [M]. 刘波，祝乃娟，张孜异，等译. 北京：北京大学出版社，2011.

[71] ANDREWS R. Exploring the impact of community and organizational social capital on government performance：evidence from England [J]. Political research quarterly，2011，64（4）：938-949.

[72] BORJAS G J. The economic benefits from immigration [J]. Journal of economic perspectives，1995，9（2）：3-22.

[73] CATTELL V. Poor people，poor places，and poor health：the mediating role of social networks and social capital [J]. Social science & medicine，2001，52（10）：1501-1516.

[74] HUNTOON L. Government use of nonprofit organizations to build social capital [J]. Journal of socio-economic，2001，30（2）：157-160.

[75] KIM S. The workings of collaborative governance：evaluating collaborative community-building initiatives in Korea [J]. Urban studies，2016，53（16）：3547-3565.

[76] LIN N. Building a network theory of social capital [J]. Connections，1999，22（1）：28-51.

[77] NEAL Z. Making big communities small：using network science to understand the ecological and behavioral requirements for community social capital [J]. American journal of community psychology，2015，55（3/4）：369-380.

[78] PATRAPORN R V，PFEIFFER D，ONG P. Building bridges to the middle class：the

role of community-based organizations in Asian American wealth accumulation [J]. E-conomic development quarterly, 2010, 24 (3): 288-303.

[79] VARDA D M. A network perspective on state-society synergy to increase community-level social capital [J]. Nonprofit and voluntary sector quarterly, 2011, 40 (5): 896-923.

[80] WHITE L. Connection matters: exploring the implications of social capital and social networks for social policy [J]. Systerms research and behavioral science, 2002, 19 (3): 255-269.

中国人民大学重大规划项目"中央高校建设世界一流大学(学科)和特色发展引导专项资金"(项目批准号16XNYLG05)支持

中国流动人口市民化研究
差异化方案

叶裕民　杨胜慧　等　著

知识产权出版社

全国百佳图书出版单位

—北　京—

图书在版编目（CIP）数据

中国流动人口市民化研究．差异化方案/叶裕民等著．—北京：知识产权出版社，2024.10

ISBN 978-7-5130-9140-4

Ⅰ.①中… Ⅱ.①叶… Ⅲ.①流动人口—城市化—研究—中国 Ⅳ.①D631.42

中国国家版本馆 CIP 数据核字（2024）第 016662 号

本成果由中国人民大学重大规划项目"中央高校建设世界一流大学（学科）和特色发展引导专项资金"支持，项目批准号为16XNYLG05。

责任编辑：杨 易　　　　　　　　责任校对：谷 洋
封面设计：商 宓　　　　　　　　责任印制：孙婷婷

中国流动人口市民化研究：差异化方案

叶裕民　杨胜慧　等著

出版发行：知识产权出版社 有限责任公司	网　　址：http：//www.ipph.cn
社　　址：北京市海淀区气象路 50 号院	邮　　编：100081
责编电话：010-82000860 转 8789	责编邮箱：35589131@qq.com
发行电话：010-82000860 转 8101/8102	发行传真：010-82000893/82005070/82000270
印　　刷：北京九州迅驰传媒文化有限公司	经　　销：新华书店、各大网上书店及相关专业书店
开　　本：710mm×1000mm 1/16	印　　张：8.25
版　　次：2024 年 10 月第 1 版	印　　次：2024 年 10 月第 1 次印刷
字　　数：122 千字	定　　价：199.00 元（全三册）

ISBN 978-7-5130-9140-4

目　　录

第十章　央地关系与市民化政府责任

　　市民化是中国特有的问题，其核心问题是常住人口城镇化率、户籍城镇化率和市民化率之间存在较大差别，这主要是由于户籍制度限制导致城镇化和农业转移人口市民化不同步造成的。根据 2019 年国民经济统计公报，中国城镇常住人口 84843 万人，占总人口的比重（常住人口城镇化率）为 60.60%，比 2018 年年末提高 1.02 个百分点。户籍人口城镇化率为 44.38%，比 2018 年年末提高 1.01 个百分点。这说明，在常住城镇化率和户籍人口城镇化率方面有 16.22 个百分点的差距，涉及 2.27 亿人左右的农业转移人口。这是以户籍人口城镇化率来估计市民化率，如果根据一些学者对农业转移人口的市民化进行评估，中国的真实市民化率介于常住城镇化率和户籍人口城镇化率之间，高于户籍人口城镇化率，低于常住人口城镇化率。以 2011 年为例，中国常住城镇化率为 51.27%，而学者估算的市民化率仅为 42.28%。如果实现更为严格的市民化标准，按照户籍、居住与从事非农业相统一，中国市民化率则更低。以 2010 年全国人口普查数据为例，城镇中本地非农业户口大约为 3.56 亿人，城镇非农业户口人员占总人口比例为 27%，低于常住人口比率 23%。很显然，与城镇化的世界发展趋势和农业转移人口的市民化需求相比，中国的市民化进程和真正的城镇化率还有很长的路要走。

　　党和国家已经意识到市民化对于中国城镇化的意义，并且将人的城镇化作为整个城镇化率的工作重点和战略目标。《国家新型城镇化规划（2014—2020 年）》在阐述了规划背景、指导思想和发展目标之后，首先将"有序推进农业转移人口市民化"作为新型城镇化规划的重要内容，并将"努力实现 1 亿左右农业转移人口和其他常住人口在城镇落户"作为规划目标，提出了从户籍制度改革、完善基本公共服务和具体推进机制。党的十九大报告提出："以城市群为主体构建大中小城市和小城镇协调发展的城镇格局，加快农业转移人口市民化。"这为我国下一阶段推进农业转移人口市民化指明了方向。农业转移人口市民化是一个复杂的系统工程，它从根本上看是一个国家经济社会发展的战略转型，是从农业化向工业化、城镇化转型中的产物。在这一进程中，如果各级政府能够较好地发挥作用，就能够加快这一进程，让更多的农业转移人口享受城镇化带来的"红利"。

为此，本章试图从中央与地方政府间关系和政府责任的视角出发，讨论农业转移人口的市民化问题，认为农业转移人口需要发挥中央与地方的两个积极性，通过中央与地方的协同和共同承担责任，为农业转移人口市民化创造良好的制度环境，解除制约农业转移人口市民化的体制机制障碍，为更多的农业转移人口成功地实现市民化承担应有职责，努力降低中国户籍城镇化率与常住人口城镇化率之间的差距，真正推动高质量城镇化，实现人的城镇化。本章安排如下：首先，阐述了中国当前市民化的主要矛盾，即农业转移人口市民化需求和意愿与现有体制机制不匹配的矛盾；其次，对现有市民化研究的文献进行简要回顾，重点讨论了有关市民化的定义、指标体系和衡量、市民化成本核算、市民化障碍和市民化政策创新需求等；再次，从中央与地方关系视角出发，讨论基于政府责任建立推进中国农业转移人口市民化的框架结构；从次，分别从中央政府与地方政府出发，详细研究了他们在农业转移人口市民化中的职责；最后，提出如何让各级政府真正能够承担责任，使得责任能够落实的保障机制。

第一节　市民化需求与体制机制障碍

党的十九大报告提出，"中国特色社会主义进入新时代，我国社会主要矛盾已经转化为人民日益增长的美好生活需要和不平衡不充分的发展之间的矛盾"。对于农业转移人口而言，美好生活需要就是实现市民化，能够享受城市户籍人口的同等待遇，真正融入城市，实现生产与生活方式的变革。对于市民化的定义，有学者将其界定为："以农民工整体融入城市公共服务体系为核心，推动农民工个人融入企业，子女融入学校，家庭融入社区，也就是农民工在城市'有活干，有学上，有房住，有保障'。"越来越多的研究者开始关注农民工或者农业转移人口的市民化意愿研究，这些研究发现，与市民化能力和实际的市民化相比，农民工的市民化意愿率较高。例如，有学者通过 Logistic 回归，以武汉大学课题组 2007 年 2—3 月的数据为例，研究显示："具有市民化意愿和市民化能力，以及已经成为市民的农民工的比例呈明显的下降趋势，分别为 68.3%、32.7% 和 6.7%。随后的一些研究者也进行了市民化意愿的实证研究。又如，有学者将市民化意愿分为市民化愿望强烈的人群、市民化愿望较弱的人群和中间人群等三类，其中，市民化意愿强烈的人群占到 43.64%，低于此前的研究。尽管如此，目前的市民化进程仍然不能够满足人民对美好生活的需求，不能够满足农业转移人口对城镇化生活的需求，政府的制度和政策没有能够有效地与农业转移人口的市民化需求相匹配。很多研究者对农民工第二代的特征进行了分析，指出农民工第二代无论是在市民化意愿，还是在市民化能力方面都比农民工第一代强，这更为中国推进市民化进程增加了紧迫感。

市民化也是高质量城镇化的应有之义，更是中国实现高质量发展的重要衡量指标和组成内容。2017 年，中央经济工作会议提出，中国经济已经由高速增长阶段转向高质量发展阶段，它强调："推动高质量发展是当前和今后一个时期确定发展思路、制定经济政策、实施宏观调控的根本要求，必须加快形成推动高质量发展的指标体系、政策体系、标准体系、统计体系、绩效评价、政绩考核，创建和完善制度环境，推动我国经济在实现高质量发展上不断取得新进展。"高质量城镇化是中国经济高质量发展阶段的内在要求，它要求城镇化率从数量向质量转变，注重常住人口城镇化率与市民化率同步。市民化的进程所反映的真实城镇化率是一项重要的衡量指标，它是以人为中心的新型城镇化的核心。有些学者从资源环境效率的角度对新型城镇化质量进行评价，他们通过投入-产出模型对新型城镇化的技术效率和规模效率进行了分析，并重点讨论了地级市在土地效率、能源效率、水资源效率和环境效率等方面的差异，为高质量新型城镇化提供了一个评价方法。还有些学者从城镇自身发展质量、城镇化推进效率和城镇化协调程度三个方面，构建了包含 34 项指标的新型城镇化质量评价指标体系，运用熵值法与层次分析法相结合的方法，对中国 31 个省（区、市）2003—2014 年的城镇化质量与效率水平进行了综合评价。总体上看，中国城镇化质量还有待提高。

这意味着，新时代高质量城镇化发展的主要矛盾是市民化意愿与现有体制机制不匹配，需要通过体制机制改革为更高质量的城镇化提供治理基础。对此，中央已经意识到市民化是高质量新型城镇化的核心，提出了新型城镇化的核心在人，并提出要通过制度改革和强化政府责任来提升市民化率。有些学者依据农业转移人口市民化意愿需求及制度供给层面政府对农业转移人口市民化的政策支持力度，将农业转移人口市民化进程划分为四个阶段：虚化阶段、弱化阶段、强化阶段、深化阶段，相对应地提出农业转移人口市民化意愿需求与制度供给存在着匹配错位、匹配归位、匹配合位、匹配到位的层进演化机理，最终以实现农业转移人口市民化意愿需求与供给侧改革相得益彰的同步推进。根据这一研究，中国正处于匹配到位阶段，中国政府正在尝试通过制度变革来应对市民化需求。还有一些研究者也开始讨论目前的公共政策体系与农业转移人口的市民化需求不相匹配，在公共服务供给方面没有落实公民权和市民待遇，这些公共政策体系制约了农业转移人口市民化进程。

尽管如此，学术界对于政府在推进农业转移人口市民化中具体职责和角色的相关研究不够，尤其是缺乏系统化的关于政府如何行动的知识供给，这直接限制和阻碍了实践中体制机制变革。此外，学术界对于农业人口转移市民化的讨论，更多是从农业转移人口的角度进行分析，研究这些人群的需求、能力和社会认同，这一视角有很多优势，可以为农业转移人口市民化提供微观基础。不过，除了从农业转移人口视角看农业转移人口市民化之外，还需要从政府的视角看农业转移人口市民化，将农业转移人口市民化看作农民的公民权在城市中实现，政府需要在农业转移人口市民化中承担其应有责任。由于城镇化总是发生在具体的城市中，这使得对农业转移人口市民化政府责任的讨论需要思考中央与地方政府在这一进程中的职责分配。在提出一个从中央与地方关系视角出发，强调通过政府责任来推进农业转移人口市民化的分析框架之前，我们有必要对市民化研究进行简要回顾。

第二节　市民化研究的文献回顾与评述

对于市民化研究，基本上在两套话语体系下展开，即农民工市民化和农业转移人口市民化。对于农民工市民化的研究，研究者又通常会将第一代农民工市民化和新生代农民工市民化进行区分，讨论不同代际农民工市民化的差异性，开展更为精细化的研究。这是对市民化对象的不同指称，主要与国家有关市民化政策相关。对于城镇化常住人口中流动人口，中国政府在称谓上经历了从"农民工"向"农业转移人口"的变迁，这也是对常住人口中流动人口身份建构过程，后一种称呼更加中性和正面，政府也给予了更多的政策和资金支撑。

随着政府开始使用"农业转移人口"取代"农民工"，"农业转移人口"开始逐渐进入学术研究的话语体系。很多学者开始分别对"农民工"市民化的研究和"农业转移人口"市民化的研究进行文献回顾，这为进一步深化研究奠定了基础。有学者对农业转移人口市民化中存在的一些理论问题进行了反思性批判，其指出，随着农业转移人口问题的拓展和日益复杂化，农业转移人口市民化问题不再是单一视角下的制度问题，也不是简单的个人发展问题，农业转移人口问题研究在理论方法研究和实践应用方面面临诸多挑战，这种挑战表现在新形势下对农业转移人口市民化的重新界定、市民化程度测量标准和指标的重新确立、概念框架的统一与理论体系的重新构建、研究领域的多学科交叉与融合。还有学者按照农业转移人口的称谓演变、农业转移人口市民化内涵的界定、农业转移人口市民化阶段判断、农业转移人口市民化水平测度、农业转移人口市民化的宏观障碍与微观障碍、推进农业转移人口市民化的对策和建议等内容，对现有的研究进行了综述，从中可以窥探农业转移人口市民化的全貌。

结合本书的研究，我们将重点对中国推进市民化的政策体系与阶段研究、市民化进程的指标体系建构和衡量、市民化的意愿与影响因素分析、市民化的障碍与问题、市民化的路径选择、市民化的成本等方面进行简要回顾，以为下一部分的理论建构奠定基础。

一、中国推进市民化的政策体系与阶段研究

对于农业转移人口市民化的阶段研究与中国政府对农民工或农业转移人口的政策态度有密切联系。有学者曾经将中国特有的户籍制度下的市民化划分为三个阶段：第一阶段为集中化阶段，此为农村人口城镇化的前期阶段；第二阶段为常住化阶段，又称过渡城镇化阶段；第三阶段为市民化阶段。还有些学者将农业转移人口的增长划分为五个阶段，即第一阶段为20世纪80年代的就近转移期，第二阶段为20世纪90年代前期的跨省转移期，第三阶段为20世纪90年代后期的缓慢增长期，第四阶段为2001—2002年的补偿反弹期，第五阶段为2003年以来快速增长稳定期。有些学者将"农民工市民化"界定为农民工由农民转化为市民的过程和现象，并将学界主流的市民化理论总结为"两步理论"，即"农民—农民工—市民"，他们认为这一理论并不能够很好地解释中国农民工市民化过程，提出了"农民—农民工—新市民—市民"的"三步理论"，认为农民工市民化需要经历从"农民工"到"新市民"的过程，"新市民"是"农民工"转化为"市民"的过渡环节。由此可见，目前学者对于真正城镇化进程争论的焦点是如何实现从农民工向市民化转型，即农民工市民化的路径和阶段问题。

无论是对于"农民工"市民化的阶段划分，还是"农民工"数量转变过程，都会受到中国政府对农民工政策的影响。改革开放初期，由于中国对

农民到城市就业有较多限制，这使得农民流向城市的数量较少，权益也得不到保障，农民工讨薪曾经是中国社会的一个焦点问题。不过，中央政府对农民工权益的保障实施，使得农民工进入城市数量增多。而用农业转移人口和农民工的交替使用，则是中国对农民工身份的又一次建构，这为市民化的发展带来了新的历史契机。有些学者将中国政府对农民工的政策划分为五个阶段，即 1979—1983 年的控制流动、1984—1988 年的允许流动、1989—1991 年的控制盲目流动、1992—2000 年的规范流动、2000 年左右的公平流动。有些学者将改革开放以来中国农民市民化政策划分为四个发展阶段，即严格控制阶段（1978—1991 年）、鼓励和引导阶段（1992—1999 年）、规范管理阶段（2000—2009 年）与科学发展阶段（2010 年至今）。结合上面的分析，表 10-1 列举了 1980 年以来的农民工政策。

表 10-1　农民工政策（1980 年以来）

序号	文件名称	主要内容	年份
1	《进一步做好城镇劳动就业工作》	对农业剩余劳动力，要采取发展社队企业和城乡联办企业等办法加以吸收，并逐步建设新的小城镇。要控制农业人口盲目流入大中城市，控制吃商品粮人口的增加。要压缩、清退来自农村的计划外用工。确需从农村中招工的，要从严控制，须经省（市、自治区）人民政府批准	1980
2	《中共中央、国务院关于广开门路，搞活经济，解决城镇就业问题的若干决定》	对农村多余劳动力，要通过发展多种经营和兴办社队企业，就地适当安置，不使其涌入城镇。根据目前我国的经济情况，对于农村人口、劳动力迁进城镇，应当按照政策从严掌握	1981
3	《国务院关于严格控制农村劳动力进城做工和农业人口转为非农业人口的通知》	严格控制从农村招工；认真清理企业、事业单位使用的农村劳动力；加强户口和粮食管理	1981

续表

序号	文件名称	主要内容	年份
4	《中共中央关于一九八四年农村工作的通知》	1984年，各省、自治区、直辖市可选若干集镇进行试点，允许务工、经商、办服务业的农民自理口粮到集镇落户	1984
5	《国务院关于农民进入集镇落户问题的通知》	凡申请到集镇务工、经商、办服务业的农民和家属，在集镇有固定住所，有经营能力，或在乡镇企事业单位长期务工的，公安部门应准予落常住户口，及时办理入户手续，发给"自理口粮户口簿"，统计为非农业人口	1984
6	《中共中央、国务院关于进一步活跃农村经济的十项政策》	在各级政府统一管理下，允许农民进城开店设坊，兴办服务业，提供各种劳务。城市要在用地和服务设施方面提供便利条件	1985
7	《国营企业招用工人暂行规定》	企业招用工人，应当公布招工简章，符合报考条件的城镇待业人员和国家规定允许从农村招用的人员，均可报考	1986
8	《国务院办公厅关于严格控制民工盲目外出的紧急通知》	要控制民工盲目外出和大量集中外出	1989
9	《中央社会治安综合治理委员会关于加强流动人口管理工作的意见》	加强疏导，促进农村剩余劳动力就地就近转移；加强对农村剩余劳动力跨地区流动就业的调控和管理，提高劳动力跨地区流动的组织化、有序化程度；实行统一的流动人口就业证和暂住证制度	1995
10	《国务院办公厅转发劳动部等部门关于进一步做好组织民工有序流动工作的意见的通知》	民工输入、输出地区应建立必要的联络和协商制度，及时协调解决工作中的困难和问题，进一步加强民工流动过程中的管理与服务工作	1997

续表

序号	文件名称	主要内容	年份
11	《劳动和社会保障部、国家发展计划委员会、农业部、科技部等七部门关于进一步开展农村劳动力开发就业试点工作的通知》	试行城乡统筹就业； 大力组织转移培训； 推进西部开发就业； 鼓励扶持返乡创业	2000
12	《农业部关于做好农村富余劳动力转移就业服务工作的意见》	积极开展农村富余劳动力的职业技能培训； 努力做好农村富余劳动力转移就业的信息服务工作； 切实保障外出农民的土地承包经营权； 主动配合有关部门积极做好维护农民工合法权益工作	2002
13	《国务院关于同意建立农民工工作联席会议制度的批复》	加强部门间的协调配合，建立国务院农民工工作联席会议	2006
14	《国务院关于解决农民工问题的若干意见》	抓紧解决农民工工资偏低和拖欠问题； 依法规范农民工劳动管理； 搞好农民工就业服务和培训； 积极稳妥地解决农民工社会保障问题； 切实为农民工提供相关公共服务； 健全维护农民工权益的保障机制； 促进农村劳动力就地就近转移就业	2006
15	《国务院办公厅关于切实做好当前农民工工作的通知》	采取多种措施促进农民工就业； 加强农民工技能培训和职业教育； 大力支持农民工返乡创业和投身新农村建设； 确保农民工工资按时足额发放； 做好农民工社会保障和公共服务； 切实保障返乡农民工土地承包权益	2008

续表

序号	文件名称	主要内容	年份
16	《国务院办公厅关于进一步做好农民工培训工作的指导意见》	搞好培训工作统筹规划； 建立规范的培训资金管理制度； 充分发挥企业培训促进就业的作用； 努力提高培训质量； 强化培训能力建设	2010
17	《国务院关于进一步做好为农民工服务工作的意见》	着力稳定和扩大农民工就业创业； 着力维护农民工的劳动保障权益； 着力推动农民工逐步实现平等享受城镇基本公共服务和在城镇落户； 着力促进农民工社会融合； 进一步加强对农民工工作的领导	2014
18	《国务院办公厅关于印发推动1亿非户籍人口在城市落户方案的通知》	进一步拓宽落户通道； 制定实施配套政策	2016
19	《国务院办公厅关于全面治理拖欠农民工工资问题的意见》	全面规范企业工资支付行为； 健全工资支付监控和保障制度； 依法处置拖欠工资案件； 改进建设领域工程款支付管理和用工方式	2016
20	《国务院办公厅关于印发保障农民工工资支付工作考核办法的通知》	保障农民工工资支付工作的年度考核	2017

二、市民化进程的指标体系建构和衡量

对于市民化研究的另一个重要主题是，对中国市民化进程的指标体系建构和衡量，这是由中国特殊的城镇化造成的。户籍制度的限制，使得中国城镇化率与真实城镇化率之间存在差别。这两者有差别的主要原因是市民化程度，即那些进入城市的农业转移人口是否真正地实现了市民化。于是，一些学者开始提出衡量市民化的内涵和测量标准，并根据数据对市民

化进程进行了评估。针对市民化的内涵和测量标准，不同学者给出了不同定义，并结合不同的数据来源进行了衡量，如表 10-2 所示。

表 10-2　市民化的内涵、测量标准、数据来源与衡量

研究者	内涵与测量标准	数据来源	市民化率
王桂新、沈建法和刘建波（2008）	居住条件、经济生活、社会关系、政治参与和心理认同	上海市农民工问卷共调查了 1026 份，涉及 137 个问题（或指标）；上海市居民问卷共调查了 667 份，涉及 64 个问题	总体市民化率为 54%；居住条件市民化程度为 61.5%；经济生活市民化程度为 54.4%；社会关系市民化程度为 58.2%；政治参与市民化程度为 34.8%；心理认同市民化程度为 56.1%
刘传江、程建林（2008）	生存职业、社会身份、自身素质和意识行为	2005 年 3 月农民工课题组收集有效问卷为 436 份，其中第一代农民工有效样本为 304 个，第二代农民工有效样本 132 个	第二代农民工市民化率为 50.23%，而第一代农民工市民化率仅为 31.30%
魏后凯、苏红键（2013）	政治权利、公共服务、经济生活和文化素质	《中国统计年鉴》(2012)、《中国人口和就业统计年鉴》（2012）、《2011 年我国农民工调查监测报告》、国务院发展研究中心课题组（2011）数据	2011 年中国农业转移人口市民化程度为 39.56%。政治权利（37.2%）、公共服务（45.2%）、经济生活（50.77%）、文化素质（35.63%）
沈映春、王泽强、焦婕、魏潇潇（2013）	居住条件、经济条件、社会融入、政治参与和心理适应	2012 年上半年对北京市农民工进行了抽样调查，共发放问卷 500 份，其中有效问卷 491 份，有效率达 98.2%	总体市民化程度为 48.2%；居住条件市民化程度为 53.1%；经济条件市民化程度为 72.1%；社会融入市民化程度为 47.9%；政治参与市民化程度为 23.1%；心理适应市民化程度为 44.8%

续表

研究者	内涵与测量标准	数据来源	市民化率
王伶、梅建明(2015)	教育、政策制度、市民化的意愿和能力	对全国22个省、4个直辖市和3个自治区的4275名农民工实地调研	全国城市平均市民化率为42.02%

　　从表10-2中可以看出，大部分对市民化程度的衡量都可以归为两个因素，一个是个人自身因素，另一个是社会因素。对于个人自身因素，又涉及个人能力、意愿和行为等。对于社会因素，则涉及社会与政治认同、制度和公共服务等。从不同程度的测量看，中国农民工市民化程度不高，大致维持在40%，这说明在常住人口城镇化率和户籍人口城镇化率中存在较大缺口。市民化程度不高，也是影响中国高质量城镇化率的重要因素。

三、市民化的意愿与影响因素分析

　　市民化的意愿主要是指农民工希望转化为市民的倾向性，它是市民化进程的重要个人推动力量。因此，学者在衡量市民化进程水平时，通常会将农民工个人意愿作为一个重要指标。在研究市民化的意愿时，另一个重要内容是探讨市民化意愿的影响因素，对于影响因素的分析有很强的政策意蕴。有些学者提出了一个影响农民工市民化的分析框架，即外部环境和个人特征，并用2005年上海市闵行区流动人口抽样调查数据对分析框架进行验证，发现经济收入是最显著的影响因素，城市吸引力、婚姻家庭状况以及个人特征对流动人口的居留意愿有较明显的影响，最显著的相互作用体现在流动人口的受教育程度、户籍制度、职业类型、经济收入、城市社会融合。有些学者以上海市为例，对农民工的意愿和影响因素进行分析，他们的研究结论表明，城市农民工的市民化意愿主要受个人自然、社会经济特征及区域环境条件等多种因素的综合影响，其中尤以婚姻状况、在城市的居留时间及找工作的困难等因素的影响最为显著。有些学者利用2011年国家卫计委全国流动人口抽样调查数据，考察我国城市农民工的社会保障状况及其市民化意愿，就业保障、社会保险、住房保障及教育保障等社会保障状况对城市农民工市民化意愿具有显著正向影响，其中尤以养老保险和子女教育等社会保障状况的影响更显著，城市农民工当下的社会保障状况越好，其市民化意愿就越大。

除了对农民工总体市民化意愿进行研究之外，还有一些学者专门将农民工区分为第一代农民工和第二代农民工，并对第二代农民工的意愿进行了研究。有些学者的研究表明，高学历年轻的第二代农民工更向往城市生活，他们的市民化意识与意愿更高，市民化的可能性也更强，第二代农民工具有市民化意愿的占该群体的 63.6%。有些学者从资本和认知的视角出发，使用结构方程模型分析新生代农民工市民化意愿的影响因素，他们的研究结论表明：新生代农民工对务工动机、农村生活、社会身份和城市生活境遇的认知显著影响其市民化意愿；同时，家庭非农劳动力个数、家乡和家庭的经济水平也对新生代农民工市民化意愿有显著影响。

四、市民化的障碍、问题与路径选择

很多学者开始尝试对市民化的障碍和问题进行归纳和总结，探讨制约市民化的重大影响因素，并探讨可能的路径。有学者通过分析研究范式、现实障碍、市民化路径以及研究趋势来梳理、总结与评价农民工市民化问题的研究成果，其认为农民工市民化的研究始于21世纪，2000年第1篇文献至今已经有20多年历史。其重点对农民工市民化的障碍进行了分析，认为阻碍农民工市民化的八个现实障碍是：制度壁垒论（Institutional Barriers）、政策排斥论（Policy Exclusions）、进程阻碍论（Process Blocks）、城市成本论（Cost of City）、素质欠佳论（Poor Qualities）、生活价值论（Living Values）、土地限制论（Land Limitations）、成本高企论（High Cost）。

制度壁垒论强调农民工市民化主要是由于户籍制度和城乡二元结构等一系列制度安排，使得农民工不能够享受城市户籍居民的同等权利，限制了农民工的市民化。政策排斥论强调，地方政府在对待农民工的问题上，

存在着亲城市居民的政策偏好，在教育、医疗、住房等政策方面对农民工提出了限制性措施。进程阻碍论强调，在农民工市民化进程中可能会出现前进、后退或者终止的可能性，这是农民工自身素质和制度、政策、社会环境等外在因素共同作用的结果。城市成本论强调，农民工市民化难以很好进行下去的部分原因可以解释为某些地方政府和城市在获得农村大量资源（尤其是农产品资源）发展起来后不愿意支付农民工市民化的部分成本。素质欠佳论认为，农民工群体与城市市民相比，前者的教育水平以及相应的经济承担能力处于不利地位，这限制了农民工市民化进程。生活价值论认为，农民的生产生活方式和价值观影响市民化。土地限制论认为，无论农民主动失去土地，还是被动失去土地，都不足以支撑其城市中住房。成本高企论认为，市民化会导致很高的成本，这些成本中最重要的是住房，无论是临时性住房，还是产权性住房，都是阻碍市民化的重要因素。

对于市民化的路径，很多学者都是从市民化的要素出发，分要素讨论实现市民化的路径。有学者提出了基于"农村退出—城市进入—城市融入"三阶段的农民工市民化路径，针对"农村退出—城市进入"，其路径是：生存职业非农化、社会网络非农化、社会保障非农化、自身素质非农化和意识行为非农化；针对"城市进入—城市融入"，其路径是：生存职业市民化、社会网络市民化、社会保障市民化、自身素质市民化和意识行为市民化。

五、市民化的成本

农民工市民化面临的一个最大因素就是成本问题，很多城市认为实现农民工市民化需要付出较大代价。为此，很多学者对不同城市的市民化成本进行了测算，并讨论成本在政府、企业和个人之间的分摊问题。国务院发展研究中心课题组对嘉兴市、武汉市、郑州市和重庆市的市民化成本按照义务教育、住房、社会保障、城市管理等方面进行了测算，他们认为："细分后，基本判断是，每个农民工市民化的公共支出成本约 8 万元

（2010 年不变价）。但去除养老保险的远期支出后，即期平均成本为 4.6 万元左右。如果再将年度支付的日常费用分解，一次支付平均最多为 2.4 万元，年度支付约 560 元。对公共支出分解后的分析表明，农民工的市民化成本并非不可承受，关键在于政府的行动能力。"有些学者利用第六次全国人口普查资料，采用核算的方法测算了不同视角下江苏省外来农民工市民化的费用，结果显示，江苏省一个外来农民工市民化，需要支出 12.3 万元，其中，第一代农民工的市民化成本约为 11.2 万元，新一代农民工市民化的成本约为 14.3 万元。

通过对以上文献的回顾分析，我们发现，对市民化的研究缺乏公共管理的视角，尤其是从政府责任的角度讨论农民工市民化问题。但是越来越多的研究者开始认识到政府在农民工市民化过程中的重要性，开始关注政府在农民工市民化过程中的作用。例如，在讨论市民化成本时，就涉及政府、企业和个人之间的成本分担；在讨论市民化面临的问题和障碍时，就提出了制度障碍；在探讨市民化的改进建议时，有一些学者提出了加强基本公共服务均等化来促进农民工市民化。为此，我们认为，有必要从政府责任的角度来讨论市民化问题，将农民工市民化上升到政府的责任和义务，这是政府必须要承担的基本责任，并在此基础之上具体思考政府应该采取什么样的行动。

第三节　作为政府责任的市民化及其框架结构：央地关系的视角

从政府责任的角度研究农民工市民化，其核心是讨论政府如何通过制度、政策和公共服务来促进市民化，更好地实现高质量的市民化。与此同时，尽管中国是中央集权制，现实中除了中央政府之外，还存在根据地域划分的多层次地方政府，这使得对于市民化政府责任的讨论需要从中央与地方关系视角来分析，研究中央政府和各级地方政府在市民化中的责任分担问题，实现不同层级政府在推进农民工市民化中的合作共治。目前对于农民工市民化研究，或者从微观层面，或者从中观层面，或者从宏观层面进行分析，缺少一个连通微观、中观与宏观的系统思维。为此，本项研究试图以市民化中政府责任为主要内容，从央地关系视角出发，系统地讨论微观、中观与宏观层面的农民工市民化问题。其中，微观主要是市民化意愿和能力的讨论，中观主要是市民化的制度、政策和公共服务，宏观主要是农民工市民化的顶层设计和系统化解决这一问题的整体构想。这样就可以形成一个基于央地关系的市民化政府责任的分析框架，将市民化的微观、中观与宏观问题进行整合（见图10-1）。

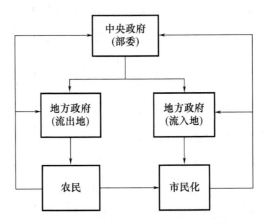

图 10-1　基于央地关系视角下的市民化政府责任框架

由图10-1可以看出，市民化是农民从农村迁徙到城市的过程，在这一空间转移中，实现生产方式、生活方式和社会认同等全方位的变革。从农民到农民工市民化，就是从微观层面分析市民化，目前更多的是研究市民化的意愿、能力和影响因素。市民化首先是一个个人选择的过程，从个人选择的意义上看，政府的主要责任就是为个人选择创造条件，避免对个人选择的限制。中国城镇化过程，其实就是农民转化为市民的过程，也是农民工市民化过程。在改革开放之初，农民进城受到严格限制。随着市场经济的建立及经济全球化，农民工市民化的进程也加快，农民有了更多选择和自由。当然，第二代农民工的市民化意愿比较强，这也为政府在市民化中发挥作用创造了条件。

　　一旦从市民化意愿和能力转向市民化的影响因素和整体进程，研究就进入了中观层面讨论。对于市民化影响最深的因素是制度供给和公共服务，前者强调农民工获得公平的机会和平等对待，后者强调公共服务从户籍人口扩展到所有人口。两者存在密切关系，没有制度的正义和公平，就没有基本公共服务的平等享有。这意味着在中观层面，中央政府和地方政府都需要承担责任和发挥重要作用。一方面，中央政府需要在避免制度歧视上贡献力量，这和统一市场一样，都需要中央政府发挥作用，它是公民权利的具体体现，让每一位公民都拥有国民待遇。此外，中央政府还需要通过转移支付来平衡不同地方之间的财力差异，保障基本公共服务在全国层次的均等化提供。另一方面，地方政府需要在制度落实和公共服务提供中能够承担应有的责任，为市民化提供制度保障和公共服务保障，从而提升城镇化的质量。在这个层面中，发达地区的地方政府尤其需要发挥较大作用。很多地方政府将市民化作为一种成本来看待，他们没有动力给予农民工市民待遇，并且通过户籍制度来限制，使得农民工在获取教育、医疗等基本公共服务中存在较多限制。

　　宏观层面则涉及市民化战略和进程的整体设计，以及制度和公共服务实施的监督。一般而言，中央政府会在宏观层面承担更多的责任，这与其拥有的决策权和监督权存在紧密联系。由于地方政府只考虑本地域或本区域的情况，故不利于区域之间合作。为了避免这种情况发生，就需要中央政府在宏观层面设计统一的制度和公共服务体系，为各个地方执行市民化提供制度参照。与此同时，中央政府也需要监督各个地方对整体性战略、制度和政策的落实情况。简言之，中央政府是宏观层面的整体战略的制定者、制度和标准的制定者、制度和标准落实情况的监督者。

　　从央地关系的角度讨论市民化的政府责任，一个重要的因素是不同地方政府之间，以及地方政府与中央政府之间的博弈与可能的策略行为。博弈的结果很有可能是所有的地方政府都希望获得农民工给城市经济社会发展带来的收益，而不愿意承担农民工市民化的成本，或者说不愿意对可持续发展进行投资。其中有一个很常见的问题是农民工欠薪问题，由于企业处于强势，所以地方政府有动机包庇企业，使农民工权益受损。因此，中央政府在很长一段时间的主要政策目标就是保障农民工权益，尤其是就业权益和保证按时支付工资。而农民工其他方面的权益，如住房、健康、安全等则是 2005 年之后才考虑的内容。不同地方政府之间也存在博弈，与流出地地方政府相比，流入地地方政府更不愿意承担农民工市民化的成本，更希望将成本转移给流入地。

只有通过中央政府和各级地方政府在微观、中观与宏观层面的通力合作，才能够为农民工市民化创造良好的制度和秩序环境，提供良好的公共服务保障，从而减少农民工市民化的障碍，提高农民工市民化的意愿和能力，促进高质量城镇化的发展。当然，市民化涉及不同地方政府之间的协调，涉及财政转移支付，以及基本公共服务资源配置再分配，它需要发挥中央与地方的两个积极性，共同实现中国社会的转型，推动中国从农业社会向工业社会转型，从乡村社会向城镇社会转型。

第四节　中央政府在推进市民化中的战略目标与行动路径

农民工市民化是农民追求美好生活的路径，是中国高质量城镇化的举措，是实现乡村振兴、减少贫困和实现可持续发展的重要方式，是中央政府最重要的责任。通过为农民工市民化提供制度和公共服务保障，可以帮助农民工更好地融入城市和追求美好生活。无论是中央政府，还是地方政府，都需要承担各自的责任。对于中央政府而言，它需要在农民工市民化的顶层设计中做出贡献，承担起"总负责人"的角色。这意味着中央政府需要承担双重责任，一方面，它要承担其自身在农民工市民化中的责任，另一方面，它还要承担监督和督促地方政府履职的责任。前者属于直接责任，后者属于间接责任。对于中央政府承担的直接责任，主要属于顶层设计层面，它需要为农民工市民化制定战略目标，出台一般性制度和原则。对于中央政府承担的间接责任，主要属于监督职能，它需要监督地方政府履行农民工市民化的义务。具体而言，包括如下几方面的责任。

中央政府应该尽快出台农民工市民化的顶层设计，对战略目标、重点领域和行动路径等进行详细规定，为农民工市民化规划宏伟蓝图。事实上，国家也十分重视出台保护农民工权益的意见和办法，如2014年出台《国务院关于进一步做好为农民工服务工作的意见》，2016年发布《推动1亿非户籍人口在城市落户方案》等，这些对于保护农民工权益、推动农民工市民化有很重要的作用。不过，这些方面还没有专门将农民工市民化作为一个重要战略问题来考虑，并没有从系统层面思考如何实现中国农民工市民化，这与中国新型城镇化的发展要求，以及农民工对于城市美好生活的追求存在较大差距。农民工市民化的整体战略不仅仅是保护农民工权益和为农民工提供服务，它是让农民工融入城市，实现农民工市民化的过程。

中央政府应该建立一套农民工市民化的制度支撑体系，为农民工市民化的自愿选择创造良好的土壤和环境。农民工市民化是一个过程，它是农民从农村迁入城市，实现身份的转变。很多学者对中国农民工市民化的进程进行了评估，在进行市民化进程评估的过程中，这些学者提出了农民工市民化的衡量指标。这些衡量指标包括经济、社会、文化、住房、观念等不同方面的内容，这说明农民工市民化是一个多维度的概念体系，而非单一维度的概念。这些多维度的概念体系也为政府承担农民工市民化的助推作用提供了概念性框架，中央政府可以根据农民工市民化的内涵和衡量指标体系，建立一套促进农民工市民化的四梁八柱的支撑体系，这也是从制度上保障农民工市民化的有力尝试。目前，中央政府最需要打破的制度障碍和壁垒就是户籍制度，需要根据城镇化发展规划，有步骤和有计划地取消歧视性制度，为农民工市民化消除制度障碍。

中央政府应该建立一套农民工享受基本公共服务的标准体系，并尽快促进基本公共服务向常住人口的全覆盖。2017年，中国出台了基本公共服务均等化的"十三五"规划，除了要实现城乡均等、区域均等和人群均等之外，城市内部不同群体之间，尤其是城市居民和农民工在享受基本公共服务方面的均等是均等化的重要目标之一，也是实现均等化的主要难点。基本公共服务中的就业、社会保障、医疗、教育、养老、住房等是农民工市民化中获得基本公共服务最重要的组成部分，也是影响农民工市民化意愿的重要影响因素。因此，中央政府需要在农民工市民化的公共服务体系中建立标准和清单制度，促进各级地方政府实现基本公共服务对常住人口的全面覆盖，保障农民工的基本权益，加快农民工市民化进程。

中央政府可以根据城镇化水平和总体城镇化发展战略，分别制定不同类型的城镇、大城市、中小城市、小城镇的市民化路线图，这可以为不同类型城市实现市民化提供指引，也可以让农民工在进行市民化选择时有更多的预期。除了针对特大城市的市民化适当提高门槛之外，各级各类城市应该为市民化提供较为宽松的环境和条件，让农民根据自身的偏好、能力和经验选择适合自身的城市进行市民化。在分类推进的基础之上，最终实现全国迁移的自由流动，让人才要素能够自由选择城市，让城市去吸引人才。

中央政府应该建立有利于农民工市民化的专项财政转移支付制度，为农民工市民化提供财力保障。为了激励地方政府积极实行市民化，让更多的农民工能够享受城镇化的好处，就需要在农民工市民化的成本方面建立中央政府与地方政府之间的分担机制。要建立财政共享和分担机制就需要核算市民化的成本，根据不同地区市民化成本的不同，建立中央财政补偿和转移支付机制。通过财政转移支付制度实现农民工市民化的激励相容，让地方政府有动力来推进本地区的市民化工作。对于市民化的财政转移支付制度，可以以农民工个人为基础，也可以以市民化的项目为基础，如基于住房的转移支付，基于教育的转移支付。

中央政府应该在制度、标准和权利维护方面发挥监督责任，保障市民化在中国的顺利实现。农民工市民化首先是一项基本权利，它是农民作为国民的基本权利，它需要对妨碍这种权利实现的户籍制度进行破除。此外，中央政府也需要监督地方政府对于统一化市民化制度的落实，以及为农民工市民化提供基本公共服务保障。当中央政府行使这一职能时，它属于间接职能，发挥督查作用。在没有监督的情况之下，地方政府很可能会采取推卸责任的形式。例如，地方政府同时面临着经济发展和基本公共服务供给时，他们会有动力发展经济，而没有动力提供基本公共服务。在这种情况之下，就需要中央政府发挥监督作用，作为农民工的代理人，促使地方政府履行农民工市民化的责任。

中央政府除了直接和间接承担市民化责任之外，还可以为市民化成功实施出台一些保障性政策。这些保障性政策可以是土地制度、金融制度、税收制度等不同类型的政策工具，为市民化的顺利实施起到助推作用。例如，在建设用地指标上，可以根据市民化的成效进行土地指标的增减。除此之外，还可以通过金融政策来为市民化提供融资，让市民化成本在不同历史时期实现平均分摊。

第五节　各级地方政府在推进市民化中的战略目标与行动路径

各级地方政府根据中央的制度安排和规定，以人的城镇化作为最根本目标，应该将市民化作为城镇化的最重要战略之一，促进城镇化与市民化的同步推进，真正实现高质量城镇化发展。事实上，地方政府在市民化中承担着首要责任，这主要是由于所有市民化都是发生在具体空间和地域的，与特定城市联系在一起，所有中央政府的制度、政策和标准最终都需要地方政府来落实。要让地方政府承担市民化的责任，首先需要促进地方政府观点变革，让他们意识到市民化对于国家发展战略和本地发展的意义，它可以推进本地区的可持续发展，避免劳动力短缺，产生规模经济和规模效应。因此，市民化首先是观点变革，要从成本的观点转向收益的观点，要从短期思考问题转向长期思考问题，在观点变革中承担农民工市民化的重大责任。为此，各级地方政府在推进市民化中应该承担主体责任，具体包括如下内容。

各个地方政府应该制定本市的市民化规划和路线图。根据本市的实际情况以及城镇化发展规划，地方政府应该制定城市市民化的 20 年发展规划，将市民化的战略目标、主要内容、路径和手段等进行详细阐述，成为未来落实市民化的行动指南。这一规划应该是中长期规划和短期规划相结合，并且有明确的行动路线。只有实现农民工市民化，才能够真正实现人的城镇化。

不同地方政府应该根据自身情况制定农民工转化为市民的条件，应该与户籍制度改革相结合起来，规定落户的条件。很多地方对于人才落户给出了较为宽松的条件，人才竞争在不同城市中展开。但是，对于农民工落户，尤其是农民工的市民化，各个地方都不是太积极。人的城镇化和真正的城镇化是户籍的城镇化，人的身份从农村户口转化为城市户口。绝大多数城市和中小城市对于农民工落户不应该设置过多的限制条件，尤其是第二代农民工落户不应该规定过多的限制条件。即便有一些限制条件也不应该很严格，应该是大部分人通过自身努力能够实现的。

各个地方政府应该完善市民化的制度支撑体系，为农民工市民化提供制度保障。市民化过程要具有可持续性，就必须建立在一系列支撑制度之下。除了户籍制度之外，还包括社会保障制度、住房制度、医疗制度等一系列制度，通过这些制度让农民工在市民化过程中，实现身份转化与权利对接，这也是市民化最核心和最实质的内容。很多学者在讨论市民化进程时，就非常重视制度化进程在市民化过程中的作用，例如政治参与制度和选举权益保障制度等，还包括一些社区融入制度也是市民化过程的重要内容。通过制度体系的完善，可以让农民工在市民化过程中真正实现全方位变革，最终达到人的城镇化。

各个地方政府应该在基本公共服务方面实现常住人口全覆盖。关于农民工市民化，有学者提出了两步走的战略，认为农民工先转化为新市民，随后从新市民转化为户籍人口。而转化为新市民的一个重要内容就是获得与户籍居民大致相同的基本公共服务，这些基本公共服务包括教育、医疗、住房、社会保障、卫生、就业等。对于农民工而言，早期主要关注就业问题和个人权益，以获得较高收入。当前，他们开始关注社会保障、医疗、下一代子女的教育、住房和养老等不同类型的问题。因此，对于一些暂时不能够马上实现市民化的地方，要分批分步骤实现，并且要将基本公共服务逐步向农民工开放，实现农民工市民化的自发推进。

各个地方政府还需要将市民化战略与当地城镇发展战略、产业发展战略等同步规划和同步推进，为市民化提供坚实的产业和财力基础。农民工市民化最终是生产和生活方式等全方位的变革，而生产方式又是最基础的，它要求从依靠农业获得收入转身依靠非农业获得收入，这就需要工业化的产业保障，尤其是产业升级发展为农民工市民化提供保障。没有产业支撑，市民化既不可持续，也不能够实现人的城镇化。

第十一章　超大城市的市民化路径

超大城市人口规模大、增长迅速并呈现持续增长的趋势，引起各界重视，人口规模引导与调控成为特大城市规划的重中之重。[①] 2014 年 2 月，习近平总书记在北京市考察时，针对北京市环境污染严重等问题提出要"调整疏解非首都核心功能，……，有效控制人口规模，增强区域人口均衡分布，促进区域均衡发展"；2014 年 7 月 30 日，国务院发布的《国务院关于进一步推进户籍制度改革的意见》中正式提出"严格控制特大城市人口规模"。对此，各城市也采取相应措施解决该问题，很多城市把规模调控作为城市发展的目标，甚至采用行政手段或户籍控制手段控制流动人口，加强对街边摊贩、群租房等的整治。

然而，流动人口是特大城市的有机组成部分。世界城市经验表明，发展现代服务业不能满足群众所有生活服务需求，如家政服务、饭店或酒吧服务、保安服务、个人服务等，而这也往往成为流动人口集聚的领域。而且，行政手段在人口规模调控中缺位与越位现象并存，调控措施方向有失；以直接控制人口为主要调控手段的政策效应不足，这只限制了一部分人群在大城市长期定居，但是不能阻止其在特大城市就业。

那么，超大城市的发展与流动人口的规模引导之间、流动人口规模引导与素质的提升以及流动人口市民化之间，到底是一种怎样的关系？如何更好地解决？为深入了解超大城市人口发展状况带来的相关问题，以及对于人口规模引导采取的相关措施及政策，作者对具有代表性的北京市、上

---

① 按城市划分标准，城区常住人口 500 万人以上 1000 万人以下的城市为特大城市，城区常住人口 1000 万人以上的城市为超大城市。本章涉及的北京市、天津市、上海市为超大城市。本章表格中纳入一些特大城市相关数据，方便与超大城市进行对比分析。

海市、深圳市等地进行调研。本章首先结合人口普查数据对包括北京市、上海市、深圳市等在内的特大城市的流动人口状况及市民化困境进行分析，然后分析超大城市北京市、上海市、深圳市等人口流动及市民化状况，总结其发展经验，最后提出超大城市人口市民化的相关政策建议。

第一节　特大城市人口流动状况与市民化困境

人口的集聚，尤其是向特大城市集聚，在为特大城市发展注入新活力的同时，也相应地带来一些问题。本节根据人口普查数据分析特大城市流动人口的流动原因、流动时间、就业特征等流动特征，以及特大城市人口规模调控的困境。

一、特大城市人口流动特征

特大城市流动人口增长迅速，对流动人口尤其是跨省流动人口的集聚力增强。2010 年，我国共有北京市等 14 个特大城市（见表 11-1），2000年，第五次全国人口普查时，这 14 个特大城市的流动人口总共为 4227 万人，占全国总流动人口的 29.28%；2010 年第六次全国人口普查时，流动人口增加到 7814 万人，占全国的比重为 29.95%。但是，从跨省流动人口来看，2000 年，这 14 个特大城市的跨省流入人口为 2024 万人，占全国总流动人口的 48.15%；2010 年，流动人口增加到 6601 万人，占全国的比重提高到 62.64%，即跨省流入人口更多的集聚到特大城市。

表 11-1　2000—2010 年特大城市流动人口迁移距离变化情况

城市	2000 年构成/%			2010 年构成%			构成变动/百分点		
	近程流动	中程流动	远程流动	近程流动	中程流动	远程流动	近程流动	中程流动	远程流动
上海市	19.03	22.75	58.22	13.16	16.07	70.77	-5.87	-6.68	12.55
北京市	43.86	3.03	53.11	15.07	17.83	67.10	-28.79	14.80	13.99
重庆市	66.30	18.34	15.36	48.46	34.17	17.37	-17.84	15.83	2.01

续表

城市	2000 年构成/%			2010 年构成%			构成变动/百分点		
	近程流动	中程流动	远程流动	近程流动	中程流动	远程流动	近程流动	中程流动	远程流动
深圳市	3.66	29.53	66.81	2.78	29.15	68.07	-0.88	-0.38	1.26
广州市	22.63	27.16	50.21	11.86	39.30	48.84	-10.77	12.14	-1.37
天津市	63.75	2.56	33.69	22.12	17.47	60.41	-41.63	14.91	26.72
武汉市	55.36	33.30	11.34	27.88	58.40	13.72	-27.48	25.10	2.38
东莞市	1.73	15.69	82.58	3.01	15.99	81.00	1.28	0.30	-1.58
佛山市	8.17	27.70	64.13	7.50	27.83	64.67	-0.67	0.13	0.54
成都市	41.01	50.56	8.43	17.55	69.65	12.80	-23.46	19.09	4.37
南京市	43.09	29.03	27.88	18.03	50.34	31.63	-25.06	21.31	3.75
沈阳市	67.48	17.58	14.94	30.14	51.95	17.91	-37.34	34.37	2.97
西安市	42.36	29.41	28.23	23.11	51.93	24.96	-19.25	22.52	-3.27
杭州市	35.26	30.88	33.86	16.67	32.30	51.03	-18.59	1.42	17.17

资料来源：《中国 2010 年人口普查分县资料》。

注：近程流动是县内跨乡（镇、街道）流动；中程流动是省内跨县（市、区）流动；远程流动是跨省流动。

特大城市远程流动比重高于全国平均水平。2010 年，我国流动人口中，近程、中程和远程流动的比重分别为 34.6%、32.5% 和 32.9%，三种距离流动人口数量差别不大。特大城市中，三种距离的流动人口比重分别为 18.4%、36.6% 和 45.0%，差异明显，远程流动人口比重明显高于全面平均水平。

人口向特大城市集聚缓解其老龄化压力。在全国人口结构普遍趋向于老龄化的背景下，特大城市的老龄化程度在加重，但是人口流入却在一定程度上缓解了其老龄化程度。表 11-2 表明，尽管上海市老龄化程度高于东部地区平均水平，但 2000—2010 年老年人口比重下降 1.33 个百分点；东部地区的沈阳市和西部地区的重庆市老龄化程度高于所在区域的平均水平，且增长幅度在特大城市中较高；东部地区中北京市、广州市等经济发达且人口流入较多地区的老龄化程度低，增长缓慢；而中西部特大城市的老龄化程度增长速度相对高于东部地区特大城市。

表 11-2　2000—2010 年特大城市老年人口比重变动

地区	2000 年占比/%	2010 年占比/%	占比变动/百分点
东部地区	7.80	8.97	1.17
北京市	8.42	8.71	0.29
天津市	8.41	8.52	0.11
上海市	11.46	10.13	-1.33
沈阳市	8.65	10.37	1.72
南京市	8.49	9.18	0.69
杭州市	8.83	9.02	0.19
广州市	6.10	6.67	0.57
深圳市	1.23	1.79	0.56
佛山市	4.94	5.25	0.31
东莞市	2.09	2.29	0.20
中部地区	6.78	8.79	2.01
武汉市	6.85	8.13	1.28
西部地区	6.52	9.01	2.49
重庆市	8.01	11.72	3.71
成都市	8.11	9.71	1.60
西安市	6.59	8.46	1.87

资料来源：《2000 年第五次全国人口普查主要数据》《中国 2010 年人口普查资料》。

注：老年人口比重指"65 岁及以上"老年人口占总人口的百分比。

务工经商与家属随迁为跨省人口流动的前两位因素，但特大城市"随迁家属"比重低于全国平均水平。就业是人口流动的主要因素，全国跨省流动人中 74.68% 是由于"务工经商"的原因，其次为"随迁家属"，比重为 9.29%。北京市、上海市与天津市跨省流入人口因"务工经商"流入的比重与全国相差无几，但是"随迁家属"的比重均低于全国平均水平。而重庆市跨省流动人口因"务工经商"流入的比重较低，仅为

46.55%，学习培训和随迁家属的比重相对较高，分别为 19.90% 和
9.16%，如表 11-3 所示。

表 11-3　2010 年部分特大城市人口流动原因分析　　单位:%

地区	务工经商	工作调动	学习培训	随迁家属	投亲靠友	拆迁搬家	寄挂户口	婚姻嫁娶	其他
全国	74.68	2.48	4.40	9.29	3.26	0.86	0.14	2.56	2.33
北京市	73.90	3.64	4.66	8.03	4.50	0.67	0.15	2.92	1.53
天津市	78.83	1.94	3.68	6.23	2.20	0.84	0.60	1.74	3.94
上海市	78.32	1.67	2.00	8.45	4.73	1.10	0	2.14	1.59
重庆市	46.55	4.90	19.90	9.16	6.14	3.06	0.14	6.32	3.83

资料来源:《中国 2010 年人口普查资料》。

特大城市中差异大，北上广等家庭迁移阻碍大。从四个直辖市的分析
可以看出，北京市、上海市与天津市随迁家属的比重相对低，这与其市民
化缓慢、阻碍因素高有一定的关系，在一定程度上阻碍家庭迁移；而以重
庆市为代表的中西部地区发展相对缓慢，流动人口的市民化工作相对到
位，随迁家属比重相对高。

流动人口流动时间较长，已成为"实际意义"的常住城市人口。如表
11-4 所示，从流动时间看，全国省内流动人口中超过 1/4 流动时间在六年
以上，跨省流动人口中有超过 1/5 流动时间在六年以上。在直辖市城市
中，北京市与上海市的该比重高于全国平均水平，跨省流动人口流动六年
以上的比重分布为 24.85% 和 27.37%，可见，这两座城市不仅对流动人口
的吸纳能力强，而且能留住流动人口，对此，如何将这些实际意义的流动
人口市民化就尤为重要。

表 11-4　2010 年部分特大城市流动人口流动时间分析　　单位:%

地区	两年及以下		两年至四年（含）		四年至六年（含）		六年以上	
	省内	省外	省内	省外	省内	省外	省内	省外
全国	40.33	44.78	24.95	24.14	9.37	10.38	25.35	20.70

续表

地区	两年及以下		两年至四年（含）		四年至六年（含）		六年以上	
	省内	省外	省内	省外	省内	省外	省内	省外
北京市	20.51	34.22	28.41	28.70	13.98	12.23	37.10	24.85
天津市	33.12	55.24	29.84	22.99	10.61	5.92	26.43	15.85
上海市	22.76	32.53	22.77	26.35	14.53	13.75	39.94	27.37
重庆市	48.77	49.65	25.94	25.35	8.75	8.26	16.54	16.74
广州市	37.71	48.63	24.44	23.81	9.64	9.87	28.21	17.69

资料来源：《中国2010年人口普查资料》。

特大城市在城镇化中对吸纳新增就业人口作用突出。如表11-5所示，2012年100万人及以上城市市辖区吸纳的就业人口占全国城镇就业人口总量的47.6%，其中4个1000万人及以上超大城市的就业规模占全国城镇就业人口总量的15.7%。2008—2012年新增城镇就业人口中，100万人及以上城市吸纳的新增城镇就业占全国新增城镇就业的71.2%。此外，北京市、上海市、深圳市等超大城市在吸引第三产业就业具有非常重要的地位，2008—2012年新增第三产业就业占全国新增第三产业就业的44.6%。可以说，超大城市承载非农就业的效果显著。

表11-5　2008年与2012年规模等级地级以上城市就业贡献率　　单位：%

地级市市辖区	2012年占全国城镇就业比重			2008—2012年新增城镇就业占全国新增比重		
	合计	第二产业	第三产业	合计	第二产业	第三产业
1000万人及以上	15.7	13.0	18.3	33.2	22.8	44.6
500万（含）~1000万人	10.6	11.0	10.7	13.8	12.6	15.1
300万（含）~500万人	7.3	8.2	6.7	8.6	8.7	8.0
100万（含）~300万人	14.0	16.0	12.6	15.6	14.5	15.9
50万（含）~100万人	10.8	12.0	9.8	6.9	6.4	7.6
20万（含）~50万人	4.9	4.6	5.3	4.0	3.0	5.5
20万人以下	0.4	0.3	0.5	0.6	0.4	0.7
小计	63.7	65.2	63.8	82.7	68.4	97.3

资料来源：《中国城市统计年鉴》。

就全国层面而言，私营与个体零售逐步成为城镇人口就业的重要形式。生活性服务业是形成个体和私人企业就业的主要空间。2013年，城镇就业人口38240万人，其中第二产业（制造和建筑业）从业人员为11333万人（单位就业人员占72.2%），生活性服务业（批发零售、住宿餐饮和居民服务）从业人员为9248.3万人（单位就业人员占13.7%），生产性服务业（交通仓储、信息技术与金融、科学研究和教育业等）从业人员为9119.4万人（单位就业人员占84.8%）。换言之，城镇生活性服务业发展主要依赖个体和私营企业，是流动人口就业的重要领域。在特大城市，如果不正确处理好流动人口市民化的问题，可能导致城市生活性服务业的萎缩，并因此提高城镇居民的生活成本。

城市规模越大，生活性服务业就业比例越高，而且特大城市新增就业中生活性服务业比例较高。据《中国城市统计年鉴2013》，1000万以上人口城市的生活性服务业就业比例（2012年）达到25.3%，500万以上人口城市市辖区就业人口中生活性服务业就业比重达到20.2%。此外，2008—2012年市辖区新增就业中，特大城市和超大城市的第二产业新增就业占比相对较少，说明服务业已经成为超大城市就业增长的主要来源。

特大城市人口受教育水平高于全国平均水平，且差距扩大。从常住人口的受教育程度来看，绝大多数特大城市常住人口专科、本科及以上的比重均高于全国平均水平，其中重庆市、东莞市、佛山市的常住人口受教育水平低于全国平均水平，这与其产业结构有很大的关系。以受教育程度最高的北京市为例，2000年时本科及以上占9.64%，较全国平均水平高8.3个百分点；2010年时上升到20.20%，与全国平均水平的差距增大到16个百分点，如表11-6所示。

受高校分布影响，特大城市内部区域人口受教育水平的差异明显。从表11-6中可以看出，北京市、上海市、武汉市、广州市、南京市、沈阳市及西安市的常住人口受教育水平远高于其他城市。一方面，与这几个地区是高校集中地有关；另一方面，北京市、上海市与广州市对较高文化程度的流动人口吸纳程度较高。而且，这几个城市的上升幅度高于其他城市。

人口流动的选择性使得较高素质的流动人口集聚特大城市，提高了其整体人口素质。如表 11-7 所示，从全国平均水平来看，跨省流动人口中本科及以上占 5.51%，常住人口该比重仅为 4.01%。从北京市等 4 个直辖市来看，天津市跨省流入人口的文化素质低于全国平均水平，但常住人口的文化素质超过全国的两倍。北京市、上海市及重庆市跨省流入人口的文化素质远高于全国平均水平及各自常住人口的水平。需要特别强调的是，重庆市流动人口中本科及以上的比重高达 14.89%，而常住人口仅为 3.97%。可以推断，重庆市吸引的跨省流动人口中更多的是素质较高的本科毕业生，而对较低文化水平流动人口的吸引能力不足，这也意味着其辐射能力还有待提高，产业结构也并不完善；另外，这与重庆市流动人口的流动原因有一定的关系。

表 11-6　2000—2010 年特大常住人口受教育程度变化情况　　单位:%

地区	小学及以下		初中		高中		大学专科		本科及以上	
	2000 年	2010 年	2000 年	2010 年	2000 年	2010 年	2000 年	2010 年	2000 年	2010 年
北京市	22.50	12.31	35.82	32.73	24.14	22.12	7.91	12.64	9.63	20.20
天津市	32.36	20.33	36.30	39.84	21.90	21.57	5.40	8.79	4.04	9.47
上海市	26.55	17.28	38.20	38.06	23.89	21.84	5.91	10.04	5.45	12.78
重庆市	55.84	41.01	31.83	35.77	9.29	14.15	1.97	5.10	1.07	3.97
武汉市	30.86	16.50	35.26	34.44	21.37	22.75	6.48	12.24	6.03	14.07
广州市	28.89	17.70	39.42	37.38	21.78	24.33	5.63	10.09	4.28	10.50
深圳市	14.07	10.09	54.26	46.29	23.29	25.10	5.10	10.08	3.28	8.44
东莞市	19.88	14.84	61.62	56.29	16.26	21.36	1.74	5.13	0.50	2.38
成都市	42.74	28.33	35.50	36.77	14.09	17.49	4.32	9.00	3.35	8.41
南京市	33.71	20.09	32.26	30.92	21.10	21.73	6.63	11.92	6.30	15.34
沈阳市	28.37	17.07	42.23	42.91	17.86	18.81	6.68	10.22	4.86	10.99
西安市	30.13	17.50	37.57	37.56	20.41	21.76	6.07	11.48	5.82	11.70

续表

地区	小学及以下		初中		高中		大学专科		本科及以上	
	2000年	2010年	2000年	2010年	2000年	2010年	2000年	2010年	2000年	2010年
杭州市	42.55	28.13	35.25	33.44	14.57	18.61	4.01	9.22	3.62	10.60
佛山市	35.03	23.47	45.44	45.49	15.62	20.81	2.67	6.43	1.24	3.80
全国	47.72	33.75	36.52	41.70	11.95	15.02	2.51	5.52	1.30	4.01

资料来源:《中国2000年人口普查分县资料》《中国2010年人口普查分县资料》。

表11-7　2010年部分特大城市常住人口与流动人口受教育程度比较　　单位:%

地区	初中及以下		高中		大专		本科及以上	
	常住	外来	常住	外来	常住	外来	常住	外来
全国	75.45	71.66	15.02	16.76	5.52	6.07	4.01	5.51
北京市	45.04	56.10	22.12	19.55	12.64	11.02	20.20	13.33
天津市	60.17	71.67	21.57	18.53	8.79	6.19	9.47	3.61
上海市	55.34	69.68	21.84	16.27	10.04	6.65	12.78	7.41
重庆市	76.78	53.72	14.15	18.77	5.10	12.62	3.97	14.89

资料来源:《中国2010年人口普查资料》。

改革开放以来,尤其是20世纪90年代以来,我国人口流动更加活跃,流动人口向城镇地区、向东部经济发达地区集聚,远程流动的比重不断增加,同时,城镇群成为吸引流动人口的主要载体。在此过程中,城市数量却未同步增加,这使得城市规模不断增大,特大城市人口规模进一步膨胀。

二、特大城市人口规模调控的困境

特大城市发展中面临的规模调控问题是世界性难题,交通问题为所有国家大城市的共性问题,环境问题在发达国家发展过程中共有,发展中国家还伴有社会问题。

优质资源配置在特大城市集中配置促进人口集聚,特大城市市民化压力大。我国公共资源城乡差异明显，且优质资源又特别集中。我国城市行政级别决定资源分配，行政级别等级越高的城市，获取资源的能力越强（见表 11-8）。城市公共服务资源积聚往往与行政职能积聚交织在一起，如学校、行政办公、医疗等关键性的资源往往布局在城市市辖区核心地区，尤其是优质的三甲医院、高等院校等。全国排名前 50 的医院主要分布在北上广。其中，北京市有 18 个，上海市有 13 个，广州市有 6 个。我国大部分高校都集中分布于一、二线城市。其中，北京市拥有"211 工程"重点高校 23 所，占全国 20% 以上。公共资源的数量和质量是人们选择居住地点的重要影响因素，优质资源在大城市中心区过度聚集必然带来城市人口膨胀，同时吸引短期以就医等为目的的短期流动人口的流入。

表 11-8　全国城市市政公用设施水平（2013 年）

分类	城市	县城	镇
人均日生活用水量/L	173.51	119.06	98.58
用水普及/%	97.56	88.14	81.73
燃气普及/%	94.25	70.91	46.44
建成区供水管道密度/（km/km²）	13.51	9.97	——
人均道路面积/m²	14.87	14.86	12.26
建成区排水管道密度/（km/km²）	9.71	7.63	6.75
污水处理率/%	89.34	78.47	——
污水处理集中处理率/%	84.53	76.25	——
人均公园绿地面积/m²	12.64	9.47	2.37
建成区绿化覆盖率/%	39.7	29.06	15.42
建成区绿地率/%	35.78	24.76	8.64
生活垃圾处理率/%	95.09	82.34	——
生活垃圾无处理率/%	89.3	66.07	——

人口集聚及城市规划管理滞后，加剧城市人口问题的严重性。特大城市发展过程中随着流动人口集聚对居住需求的增加，城市郊区产生大量的非法建筑，地下产业、非法建筑中的居住问题，是城市问题最为严重的地方，面临严重的挑战。再者，在以往的城市规划中，忽略城市内部中心城区与郊区的协调发展，功能区的规划单一，没有充分考虑到就业人口的职住平衡问题，以及较远距离的通勤带来的交通拥堵和环境污染等一系列问题。最后，以往的规划中对流动人口的居住及公共服务有所缺失，流动人口流入到城市完成空间流动后只能停留在较低阶层中，未能提供给他们上升的渠道，而发达国家流动人口的流入与融入是持续的，流入后很快可以转化为主流阶层。社会流动受阻导致大量的流动人口问题积累，产生一系列问题。

城市规模调控是世界特大城市面临的共同问题。大城市超前增长是世界各国的共性特征，它符合城市聚集经济的基本规律。德国等少数国家城镇体系具有均衡性有其特殊的历史和民族的原因，中国很难生硬效仿。即便是德国，二战以后200万人以上特大城市也由柏林1个增长到4个（柏林、汉堡、慕尼黑和法兰克福）。

控制特大城市规模是世界性课题，然而随着城镇化水平的提高，大城市人口规模的扩大是城市增长的必然趋势。大城市具有规模效应和集聚效应，产业发展动力充足，就业机会多，公共服务较为完善，文化包容性强，是人口不断积聚的重要原因。随着城镇化水平的提高，大城市人口规模的扩大是必然趋势。由于大城市是工商业中心、庞大的人口规模支撑起庞大的市场和就业机会，在给人们带来更为丰富的消费品和服务种类的同时，大城市借助于人与人之间的互动产生相互的学习效应，从而有利于提升个体素质、提高劳动生产率。因此，就人口迁移的选择而言，向大城市集聚是符合自然规律的。城市人口规模的扩张为迁入人口提供了许多生活性服务业就业的机会，并进一步降低城市生活成本，提升大城市对流动人口的吸引力。例如，截至2012年年末，北京市常住人口2069万人，突破2020年规划的1800万人目标；《北京市国土空间近期规划

（2021年—2025年）》提出，到2025年常住人口控制在2300万人以内。其他大城市也存在实际常住人口增长屡屡突破城市规划设定的增长规模的现象。

控制特大城市规模是世界性难题。巴黎、东京、纽约规模控制也长期成为城市发展与规划的共同课题，其基本特征是：第一，手段多元化，在全国或区域尺度上以疏导为主，在城市尺度上以精细化管理为主；第二，城市规模在控制中增长，迄今为止几乎没有特大城市实现了规模控制；第三，以包容的心态对待持续增长的人口，并实施系统公平的公共服务。我国特大城市面对严峻的环境与经济社会问题，需要尊重规律，冷静思考，系统规划，多元合作，多管齐下，真正实现长治久安。

特大城市超前发展是我国市场化改革的必然结果。在改革开放之后，以"重规模、轻质量"为主的发展路径下，许多特大城市聚集了一批产业效率低、对城市环境产生不良影响的传统产业。任何城市的产业发展都是一个系统工程，尤其是特大城市分工高度发达，在"高大上"缝隙中产生大量市场需求，一个庞大的为其服务的物流、商贸、服务、餐饮等配套产业体系，作为特大城市产业发展的补充和活化剂，在强大的市场拉动下长期存在和发展。而流动人口正是这些配套产业的主要劳动力，一旦他们大量弃离城市，又将加剧特大城市民工荒现象。例如，2014年北京市劳动力市场的求人倍率已高达4.17，其中供不应求的前四类就业者是从事简单体力劳动者、推销展销人员、营业员、餐厅服务员和厨工。

市场经济发展中，城市具有市场资源积聚效益，自然是市场交易主体的聚集地。然而，由于管理机制没能同步更新，虽然市场经济起来了，市场资源聚集，但是市场秩序还没制定好，短期集聚过快、无序的拓展与竞争，使得城市的产业结构较低。与发达国家的大城市比较，我国大城市仍表现为流动人口高度聚集在制造业、商务服务业等部门，仍处于产业调整与升级的转型阶段，人口规模过大与人力资本低水平积累并存。

第二节　北京、上海和深圳流动人口管理与规模调控

2014 年 7 月 30 日，我国正式对外发布了《国务院关于进一步推进户籍制度改革的意见》的重要文件，该文件中明确提出了"严格控制特大城市人口规模"的重要战略。这一战略的提出，对于我国包括超大城市在内的特大城市来说，无疑是一个全新的挑战和机遇。各个超大城市对此的态度及相应措施各有差异，体现了各地在改革过程中的特色和智慧。

为了深入理解和掌握超大城市流动人口的实际情况及其增长趋势，以及更加全面地了解各地对于人口规模引导采取的相关措施及政策，本节将根据对北京市、上海市、深圳市的深入调研，分析三个超大城市流动人口的现状及规模控制状况，以期能为我国其他城市的户籍制度改革提供参考和借鉴。

一、北京市人口流动与规模控制

（一）北京市流动人口现状

北京市流动人口对于常住人口的增长贡献巨大。北京市作为超大城市，人口规模之庞大、增长速度之迅猛是令人瞩目的。在诸多影响人口增长的要素中，流动人口的作用尤为突出，他们是推动北京市人口总量上升的关键因素。根据 2013 年的统计数据，北京市的常住人口已经达到了2114 万人，2000—2013 年，北京市人口总量增加了 757 万人，年均增长58 万人，年均增速达到 3.7%。其中，流动人口的增加占主力，增长规模达 546 万人，占常住人口增长总量的 72%。由此可见，流动人口在北京市人口增长中的重要地位，同时也说明了流动人口对于北京市人口结构和社会经济发展的深远影响。

北京市流动人口年龄构成较为年轻。在年龄分布上，流动人口的主体集中在能够提供劳动力的年龄段，具体来说，15~59 岁的群体构成了常住

外来人口中的绝大多数，占比高达 90%。

北京市流动人口整体文化素质有待提高。流动人口的受教育水平普遍较低，大多数人的学历为初中及以下水平。2010 年全国人口普查时，在流动人口中，初中及以下学历的占比为 54.7%，专科及以上学历的占比为 26.0%。

北京市流动人口在就业方面也呈现出一定的结构性问题。流动人口以寻求工作机会为主要目的，2010 年全国人口普查数据显示，北京市流动人口因务工经商而流入北京的占 73.9%。他们在职业选择上倾向于那些对教育水平要求不高、技能要求相对较低的行业，主要集中在商业、服务业以及生产、运输业等第二产业和第三产业中的较低职位。据统计，超过七成的流动人口从事这类工作。这种就业结构的不合理性，一方面反映了我国流动人口在教育与职业发展上的局限性，另一方面揭示了我国在促进流动人口融入城市社会、提升其生活质量方面还存在着一定的挑战。

北京市流动人口主要来源地集中在北京市的周边省份。这些流动人口的来源地主要是一些劳动力资源丰富，但是经济发展相对落后的地区，主要包括河北、河南、山东、四川、安徽、东北三省等。这些省份的一些劳动年龄人口，为了寻求更好的就业机会和生活条件，选择来到北京市谋求发展。

北京市中心城面临着庞大的人口压力。具体来看，北京市中心城的人口过于集中，2013 年的统计数据显示，中心城的常住人口规模达 1270 万人，其中，流入人口占比接近一半，达到 500 万人。

同时，北京市城乡接合部的发展显得杂乱无章，这些问题导致职住分离的现象日益明显。更为直观的是，人口密度已经超过 2 万人/km²，这样的高密度区域已经从中心地区蔓延至边缘地区。作者在调研中发现，五环路至六环路的区域是人口集聚速度增长最快的地区。流动人口在中心城和城乡接合部的集中分布，主要集中在朝阳区、海淀区、丰台区、石景山区、昌平区、大兴区、通州区、房山区、顺义区等，这一现象在外来人口总量中占比高达 87.9%。人口过度集聚和职住分离的问题，不仅影响了城市的健康发展，也给居民的生活带来了诸多不便。因此，采取有效措施，合理引导人口分布，优化城市规划，成为北京市面临的重要任务。

北京市的资源环境问题是其面临的首要问题。北京市资源的紧缺状况日益严重，人口的急剧增长导致了资源的紧张和环境的恶化，这一问题已经成为北京市发展的瓶颈。同时，基础设施和公共服务不足的问题也日益凸显，人口的快速增长使基础设施和公共服务设施的建设远远跟不上需求的增长，影响市民生活质量。此外，流动人口的快速增加也带来了一系列社会问题，如就业压力、住房紧张等，这些问题如果不能得到妥善解决，很容易引发社会的不稳定。因此，需要高度重视这些问题，采取有效措施，促进城市的可持续发展。

（二）北京市人口规模控制与流动人口管理

北京市政府高度重视城市人口增长问题，并明确提出了"严格控制人口规模"的战略方针。相关部门指出，城市管理的粗放式发展模式是导致诸多问题的根源。这催生了大量不合理的就业机会和低廉的居住成本，进而吸引了大批非正规就业的外来务工人员，他们大多选择居住在城乡接合部等地区。在这些地区，普遍存在的群租和廉租现象是低居住成本的直接体现。这种现象在外来人口聚居地尤为突出，不仅带来了诸多社会问题，也存在严重的安全隐患。廉租房屋的条件通常十分简陋，不仅环境恶劣，基础设施也不完善，给租户的生活带来极大不便，同时也存在一定的安全风险。此外，非法的低成本用工现象也是导致人口集聚的重要原因。许多小型企业依赖这种非法用工方式来降低成本，维持运营。这不仅违反了法律法规，也严重影响了正常的市场秩序，更给外来务工人员带来了极大的权益风险。

北京市在城市建设管理方面，始终坚持把管理放在首位，积极推行功能疏减政策，与此同时，高度重视新城建设与违法建设的拆除工作。在此背景下，北京市对房屋出租管理工作给予了极高的关注，通过完善相关法律法规，强化对房屋业主主体责任的监管和约束，确保了房屋租赁市场的健康发展。此外，北京市还积极开展房屋中介市场的整治行动，严厉打击群租行为，切实保障广大租户的合法权益。为了进一步提高城乡接合部房屋租赁管理的水平，北京市还在积极探索新的管理模式，以期形成一套具有地方特色的房屋租赁管理经验。

"以产引人、以业控人、以房管人（顺义模式）"是北京市在人口调控方面的一项创新措施。这一模式通过发展产业吸引人才，通过优化产业结构控制人口流动，通过加强房屋管理约束人口规模，有效地实现了人口调控的目标。这一经验做法不仅在北京市顺义区取得了显著成效，也为其他地区提供了有益的借鉴。

北京市强调以功能疏解带动人口疏解，降低中心地区人口密度和开发强度。新城建设也被北京市视为引导人口分布、控制人口规模的重要手段。在这个过程中，北京市将职住平衡作为核心目标，积极调整新城的规模和职能，希望通过优质的公共资源和增量投资，提升新城的人口承载力。与此同时，北京市也在加强对土地使用的总量规划控制，严格限制中心城区新增学校、医院、行政办公、商品住宅等建设规模。此外，北京市对新增居住用地规模和大型经营性公共设施项目的审批也将变得更加严格。通过这些措施，北京市希望能够实现更加合理的人口和土地利用结构，为城市的可持续发展奠定坚实的基础。

二、上海市人口流动与规模控制

（一）上海市流动人口现状

上海市人口规模大，但是增速放缓。2012 年为 2380 万人，2013 年为 2415 万人，上海市人口保持增长状况，但是增速放缓，2000—2013 年，每年平均增长 50 万人左右，2011—2013 年，年均增量仅为 30 万人左右。

上海市流动人口文化水平低，在高端就业市场中的占有率较低。上海市相关部门在调查中指出，上海市流动人口文化水平低，高学历人数低于北京市、南京市、武汉市的水平；而且对学历、技术等要求较高的服务业的就业人数较少，例如金融就业人口为伦敦的 1/4。

上海市常住人口分布呈现显著的不均衡状态，中心城区的人口密度居高不下，而郊区的各个新城则相对人口稀少。具体来看，上海市的中心城区的人口密度高达 1.7 万人/km²，与此形成鲜明对比的是，郊区的各个新城仅吸引了郊区总人口的 20%，这从侧面反映出上海市郊区的开发程度还有待提高，人口分布的均衡性亟须改善。

在面临土地资源环境约束等问题上，上海市的形势不容乐观。资源环境的紧缺，不仅对城市的发展造成了限制，同时也对流动人口的增加产生了制约。流动人口的增加，无疑加剧了人口资源环境的压力，使资源环境问题更加突出。此外，在调研过程中，作者还发现流动人口的不断涌入，给城市治理也带来了一系列新的挑战。如何有效管理和服务好这部分人口，成为上海市面临的一大课题。

另外，上海市中心城区与郊区的公共服务配置也存在不小的差距。中心城区的公共服务设施相对完善，能够满足居民的需求。然而，在流动人口较为集中的郊区，公共服务资源就显得相对紧张，难以满足日益增长的人口需求。这一现象如果不加改善，将可能导致郊区居民的生活质量下降，进一步加大中心城区与郊区之间的差距。因此，上海市在未来的发展中，需要更加注重郊区的开发和公共服务设施的建设，以实现人口的均衡分布和城市的可持续发展。

（二）上海市人口规模控制与流动人口管理

上海市在规划发展中，强调要同时关注人口结构与规模，并明确提出应根据中心城区与郊区的不同特点进行区分对待。在上海市的调研中，他们明确指出，人口问题并非仅是规模问题，人口规模与人口结构问题是密不可分的，以往的规划往往过于重视人口规模，而对人口结构关注不足。因此，在进行人口规模调控时，应特别强调"严格控制城区的人口规模"，同时要区分中心城区与郊区的人口规模调控策略，进一步向新城进行人口疏导，以优化人口分布结构。

　　上海市也认识到，在进行人口规模调控时，不能仅仅将"人"作为规划的对象，而应从资源配置的角度来考虑人口规模调控问题。资源配置是影响人口规模和结构的重要因素，合理的资源配置能够有效引导人口流动，优化人口分布。只有通过合理规划和发展，才能实现城市人口的可持续发展，推动城市整体发展。因此，上海市在发展过程中，强调公共服务均等化，重视区域协同发展，尤其注重中心城市的控制，以及新城与郊区的发展。

　　上海市始终强调市场对资源配置的基础性作用。城市决策者不过分进行政治干预，而是尊重市场规律，让市场在资源分配中发挥主导作用。在人口管理方面，上海并未采取强制性的手段来削减人口指标，反而采取了一种更为灵活和开放的态度，为人口的适度增长提供了空间。上海市采取"以业调人"策略，即通过产业结构的优化升级来引导人口的流动和分布。具体而言，将更多的产业布局在郊区，通过发展郊区产业来吸引人口转移。这不仅能有效疏解中心城区的人口压力，还能促进郊区的经济发展，实现人口的合理布局。通过这种方式，上海市既保持了市场经济的活力，又避免了人口过度集中的问题，实现了人口与产业的良性互动，这也为其他城市提供了可借鉴的经验。

　　上海市高度重视区域之间的协同发展，致力于在长三角城镇群内部实现基础设施、功能设施等方面的无缝对接和协作，以此搭建起区域间协作的平台，旨在促进区域间的资源共享，优势互补，共同发展。在空间布局的发展上，首先，上海市提出了"网络化、多中心、组团式、集约型"的空间布局理念，这一理念的核心在于，通过科学的规划，实现大城市、中等城市和小城镇之间的协同发展。这种布局方式不仅能够优化空间资源配置，提高空间利用效率，还能够促进城市间的互动和合作，形成一个有机的城市发展网络。其次，上海市提出了"分区域调控"的思想。对于中心城区，上海市通过调整就业岗位的分布，控制人口总量，以此来优化城市功能，提高城市运行效率。而对于新城区，上海市则采取增加就业岗位，吸引中高端人才，加强产业和城市生活的融合，以此推动新城区的发展。此外，上海市还高度重视土地资源的利用，提出严格控制用地规模，按照规划实施建设用地的政策。这一政策的目的是防止土地资源的浪费，确保每一寸土地都能发挥出最大的效益，推动上海市的可持续发展。

三、深圳市人口流动与规模控制

（一）深圳市流动人口现状

深圳市流动人口流动性强，素质提升快。作者在深圳市调研中了解到，深圳市流动人口的流动比例约为 1/3。在深圳市流动人口中，初中及以下学历占比从 2000 年的 70% 下降到 2010 年的 60%。而且深圳市流动人口培训比重高，每年参加职业培训的人次超过 300 万（职业教育体系中）。

深圳市人口密度高。2014 年时，深圳市常住人口密度超过 5000 人/km²，其中，福田区的人口密度最大，高达 17253 人/km²，大鹏新区的人口密度最低，为 453 人/km²。深圳市街道的人口规模很大，作者在调研中了解到，沙井、松岗等街道的人口规模都在百万以上。

（二）深圳市人口规模控制与流动人口管理

深圳市非常注重流动人口对经济进步所起的推动作用，并着重强调了市场机制的重要性。在深圳市的调研中，相关部门工作人员明确表示，他们已经充分认识到流动人口在深圳经济发展中所发挥的不可或缺的作用。流动人口不仅在一定程度上激活了当地的经济，而且在某种意义上，流动人口的增加对经济是有益的，而不是一种负担。这表明，深圳市对流动人口的经济贡献给予了高度评价，并认为他们在市场中起到了积极作用。

在实施人口规模调控过程中，深圳市政府尊重市场机制的自我调节功能，不过度干预，以免对市场秩序造成不良影响。他们认为，深圳经济的成功转型对于实有人口的增长能够起到有效的控制作用。深圳市提出了"通过优质的公共服务吸引人才"的策略，通过提供优质的公共服务来吸引各类人才，其中最为关键的是完善的教育体系和稳定的住房保障。同时，深圳市还提出了"为不同人群提供相应服务"的理念，以满足各类人口的需求。对于常住人口，要实现基本公共服务的均等化，确保每个人都能够享受到公平的教育、医疗、养老等基本服务；对于实有人口（在本地居住 7 天以上的人口），要提高城市的综合承载能力，包括优化资源配置、提升公共卫生服务水平等。对于时点人口（在本地居住 7 天以下的人口），则着重于基础设施建设和交通条件的保障，以满足这部分人口的基本需求，同时也有利于提高城市的整体运行效率。通过分层次、精细化的人口管理策略，可以更好地平衡人口规模与城市发展的关系，推动城市的健康、可持续发展。

在产业发展问题上，深圳市展现出其前瞻性的战略眼光，明确提出通过调整产业结构来间接调控人口结构。这一策略的核心在于，通过推动低端产业的转型升级来实现相关产业从业人口的减少。同时，深圳市不仅关注经济增长的速度和质量，更兼顾了就业这一重要方面，将经济发展与就业机会的创造紧密结合，确保在追求更高经济增速的同时，也能保障社会就业的基本盘稳定。

在规划问题上，深圳市深刻认识到，住房问题无疑是其中的核心，只有住房供给得到有效控制和管理，才能确保城市健康发展。为此，深圳市积极采取措施，防止诸如"群租"等不良现象的出现，力求在保障住房需求的同时，维护住房市场的秩序。此外，深圳市还非常重视产业与城市的融合发展，认为就业地点与居住地点的紧密结合（昼夜人口分布）是提升城市生活品质的关键。

在城市管理方面，深圳市坚持以产业发展为基础，认识到人口流动与管理在产业发展中的重要作用。通过有效的产业政策，引导人口流动，使人口分布更加合理，从而为城市管理提供有力支撑。这种以产业为核心的城市管理理念，不仅有助于推动产业的发展，也为城市的繁荣稳定提供了坚实的基础。

第三节　超大城市流动人口市民化的思路与对策

超大城市规模控制和引导是我国实施"以人为本"的新型城镇化战略的前沿。本节从超大城市人口规模调控与市民化的关系入手，构建超大城市人口市民化的原则与框架，提出超大城市人口市民化的对策与建议。

一、超大城市人口规模调控与市民化的关系

习近平总书记在主持召开中央财经领导小组第九次会议时强调："推进城镇化的首要任务是促进有能力在城镇稳定就业和生活的常住人口有序实现市民化。"因此，各超大城市需要编制市民化规划，对于将要疏解的功能和人口，也不能试图在短期内通过一拆了之的简单办法予以解决，需要通过规划以及规划的有效实施进行有序引导。深圳市 2014 年流动人口规模是户籍人口的 2.1 倍，在数量比上是超大城市中流动人口压力最大的城市。但是，深圳市在拆违的举措上是理性的，重点是坚决控制拆除新增的违法建筑，对于历史遗留的大量城中村问题，则相继颁布《深圳市城市更新办法》（2009）、《深圳市城市更新办法实施细则》（2012），在发展中逐步梳理和解决，并通过引导产业结构升级来促进人口结构优化。深圳市的办法是理性的和科学的，值得借鉴。

超大城市规模控制与流动人口市民化并行不悖。控制超大城市规模是系统性课题，需要政府规划建设管理多管齐下，建立包容的现代治理体系。第一，超大城市需要调整完善空间规划，为单一的大型功能区配置互补功能，最大限度地谋求职住平衡，并规划建设全市性绿色慢行交通系统，减少通勤压力。第二，建立完善的土地市场化机制，提高超大城市制造业发展门槛，以此控制超大城市的基础就业规模，并促进产业结构转型；同时增加居住用地供给，平衡居住与就业的关系；促进城乡建设用地市场一体化，转型城中村改造模式，同步为有稳定就业的流动人口提供可

支付的健康居住。第三，为在城市劳动力市场上（包括传统服务业市场）有竞争能力的劳动力及其家属提供全面的基本公共服务，促进其市民化进程，建立包容性城市新秩序，这是缓解社会矛盾并促进人力资本积累的根本方法。

二、超大城市流动人口市民化的原则与框架

（一）遵循"管理与服务相结合"的原则

超大城市流动人口市民化需要加强"服务与管理"相结合。目前，我国尚未实施流动人口强制登记制度，这对于摸清大城市内部人口实情非常不利。北京市朝阳区网格化管理，上海市建立实有房屋和实有人口的空间管理信息平台，广州市建立来穗人员服务管理局等地方创新实践，将为流动人口提供公共服务与掌握人口实情相结合，为科学调控人口规模提供了依据。同时还要指出，大城市要加强对于就业的规范化管理，尤其是规范用工单位的用工行为。大城市就业机会多，但许多行业（比如房屋租赁行业）缺乏监管，容易形成就业人口过度聚集的形态，并影响行业本身的有序发展，应当适当加强大城市对人口聚集行业的就业监管，建立资质等级体系，具体实施可以由行政部门或行业协会执行。

（二）超大城市人口规模调控与市民化发展相结合

超大城市需要直面人口市民化任务，人口规模控制与市民化发展相结合。新型城镇化过程中人的发展是通过人的两个流动促进两个转化来实现中国社会结构现代化的过程，流动人口市民化既是起点，也贯穿其中，是以人为本、谋求全体人发展的重要任务，中国所有地区、所有等级城市都面临流动人口市民化的任务。

流动人口市民化的理解可以分为狭义和广义。狭义的流动人口市民化主要指公共服务覆盖所有的常住人口，或者使流动人口在城镇落户；广义的流动人口市民化是指流动人口全面发展的过程，不仅享受公平的公共服务，而且具有在城市得到全面发展和上升的通道，是一个人口发展现代化

的过程，其框架如图 11-1 所示。

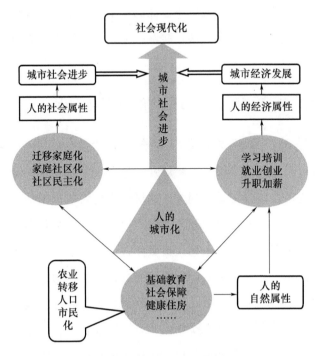

图 11-1　流动人口市民化框架

可见，广义的流动人口市民化包括迁移人口家庭化、家庭生活社区化、人力资源资本化。特别需要指出的是，中国目前的流动人口大部分是新生代流动人口，他们接受了一定的基础教育甚至专业教育，可培训、能创新。只要建立有效的体制机制，全面尊重人的三大属性，必然最大限度地激发起流动人口的创造性和创新能力，这正是新型城镇化发展的新动力。

三、超大城市人口市民化的对策与建议

（一）流动人口市民化与城市二元结构一体化

完善规划和财政保障机制，逐步建立与常住人口规模相挂钩的公共资源配置和财政转移支付制度。在城市规划时，以常住人口规模为基数，合理配置城市基础设施（绿地、公园等）和日常生活服务设施（学校、社

区医院等）。同时，按照财力和事权相匹配原则，中央财政要以常住人口规模为基数加大对各地城镇化发展工作的支持力度。城市政府应承担流动人口的公共教育服务、公共就业服务、公共医疗卫生、社会保障、保障性住房以及市政设施等方面的公共成本。

完善社会保险转移接续办法，推动平等享受城镇社会保障。将流动人口纳入所在城镇的养老保险、医疗保险、最低生活保障和住房保障体系等社保覆盖范围，为流动人口的生存和发展提供坚实可靠的社会保障。流动人口在城镇居住地从事个体经营（无雇工）及灵活就业的，可以个体经营者、灵活就业人员身份在居住地参加或接续城镇职工基本养老保险。持有居住证的省内流动人口，未稳定就业且未参加企业职工基本养老保险的，可在居住地参加城乡居民社会养老保险、城镇居民医疗保险。

建立全新的教育体系，为流动人口创造上升为中产阶级的社会的和经济的通道。要建立健全对流动人口的职业培训体系、丰富培训内容、加大培训投入、提高培训质量等举措，逐步构建起对流动人口职业培训的长效机制。借鉴英国的国家学分累积资格证书框架体系，完善学分累积晋级理念，建立多层级细分行业的职业培训和晋升机制，全面广泛积累人力资本，培育流动人口转化为中产阶级的就业和创业能力，乃至创造和创新能力。通过教育和培训，增强人们对未来生活的可预知性，增强对自我人力资本投资、个人学习效益的可预见性。

专栏：英国国家学分累积资格证书框架体系 QCF 的特点及启示

英国 20 世纪 80 年代首先开始建立职业资格证书框架体系（见图 11-2），规范职业标准。英国的先进性及特点如下。

（1）技术细分：英国官网公布的国家颁发经注册受信任资格证书分 15 个行业 28597 种技能，其中 2013 年生效 4592 种。中国共 1071 种技能，2013 年仅新增 1 个。

（2）多层级技术晋升体系：英国资格证书分为入门级到第八级（Entry Level ~ Level 8）共 9 个级别。中国的职业代码共分 4 级。

（3）专业变换成本低：英国职业技术之间以及职业资格与高等教育资格之间可以互通，资格学习和考试对本领域技术要求入门可差异化，毕业要求标准化。中国通道不畅，入门对本专业领域技术要求标准化，并且重工作时间。

（4）交易成本低：资格信息查询、培训机构、考试机构、鉴定方式等信息公开透明对称，规则清晰、规范。中国交易成本高。

英国义务教育后阶段（相当我国高三及以上）成人在学率为75%以上；中国中新网"第九次全国国民阅读调查"初步成果显示，2011年成人图书阅读率为53.9%。

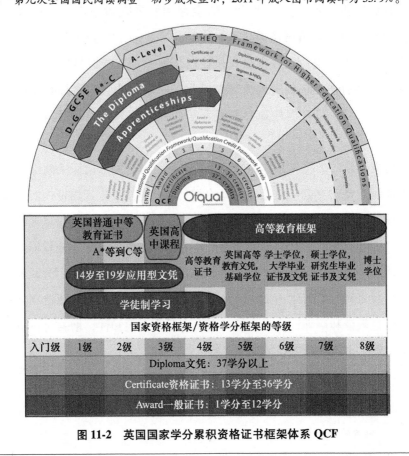

图 11-2　英国国家学分累积资格证书框架体系 QCF

（二）充分发挥市场作用创新中低收入可支付健康住房供给机制

按照"低端有保障、中端有政策、高端有市场"的思路，切实加强基本住房保障水平，大力支持市民自住性、改善性住房需求，优化住房选址，使住房供给与城市经济社会发展水平相适应。健全房屋租赁管理法规，规范房屋租赁市场。

在长期的流动状态及家庭化迁移的影响下，设备齐全的健康住房将是很多流动人口的租房需求，而且需要建造中低收入可支付的健康住房来满足部分流动人口的购房需求。在此过程中，可以发挥市场作用为中低收入阶层提供可支付健康住房，将流动人口培育成城市有产者阶层。

结合规划与政策双视角，利用政府与市场两种力量，在城市更新、城中村改造等过程中，考虑流动人口健康住房的规划与建设。为了减少对房地产的冲击，也为了使流动人口有资本积累的时间缓冲，当前所有面向流动人口的住房全部以出租的形式，5~10 年后陆续转租为卖，使流动人口成为有产者阶层，成为维护和创新社会秩序的动力。

（三）建立"以人为本"的城市管理机制，创新社区治理机制

建立完善的人口服务管理体系，公共服务与管理相一致。促进户籍制度改革，推行居住证制度，建立实有人口服务管理全覆盖体系。建立与居住证制度相配套的各项政策措施，建立与之相匹配的社保、教育、医疗、养老及相关社会权益和公共服务。提高服务管理精细化水平。规范生活成本和公共服务价格，取缔非正规就业和不合理居住。规范用工单位的用工行为，满足签合同、上保险、保工资的基本要求和用工成本。

建立以人口调控为导向、符合市场经济规律的社会治理体系。构建由政府、市场、非政府组织和个人协同治理的格局。坚持"政府制定政策、市场决定岗位、个人决定去留"的原则，以成本调控为突破口，推进居住证管理，提供渐进式服务。建立区域人口统计信息平台。加强城市管理，取缔无照非法经济活动，遏制各种扰乱社会秩序和城市环境的行为。清理业态、规范经营标准。

在城市更新中实现流动人口社区化管理，促进流动人口的社会融入。推动流动人口享受本地居民同等的公共服务权利，根据常住人口规模配置公共设施及相应公共服务；在社会管理中，推动流动人口参与管理公共事

务的权利，达到一定年限后享有选举权，但是不能参与和享受集体资产经营和分配的权利。在此过程中，以社区化管理方式逐步实现流动人口迁移家庭化、家庭生活社区化、社区生活艺术化、社区治理民主化。通过社区服务信息化，为流动人口搭建可获得的、便利的信息平台，引导居民更好融入社区；通过社区生活艺术化，重构城市空间，激发社区活力，引导居民更好享受社区；通过社区治理民主化，形成多元治理主体；通过数字化管理手段，引导居民更好地融入社区。

（四）通过公共服务和设施均衡发展减少流动人口集聚

根据城镇化规律及发达国家经验，控制超大城市规模首先要跳出超大城市，着眼于全国层面，增加中央层面的调控，通过财政转移支付来帮助地方实现公共服务均等化，通过设市促进各地均衡发展，从而减少制度性流动及各地对流动人口的推动作用。

在全国层面，减少全国向超大城市的制度性迁移。通过全国性公共服务均等化，中小城市、小城镇基础设施建设，特别是在各地区城市群和中心城市充分投资建设中高端医院、学校等生活性基础设施，以及博物馆、文化馆、艺术馆等文化性基础设施，吸引企业家在全国各层级城市投资，扩大各层级城市就业机会，吸引各地区特别是中西部地区省份人口就地城镇化，减少向超大城市的跨区域聚集。

通过设市制度改革，改善基础设施建设，吸引经济性流动人口。从人口规模来看，我国有1300多个镇达到设市标准，空间形态和经济发展水平具备城市的标准，但是没有城市的户口，基础设施还是按照镇的标准配置。而城市是城镇化的基本空间载体，加快研究颁布城市设置标准，为我国千余个达到较大规模的县城和中心镇设市，通过设市提高各地基础设施建设标准，使其能够以城市标准规划与发展基础设施和公共服务，吸引企业投资，扩大就业，减少全国向超大城市的经济性迁移，这1000多个中小城市将成为中国新型城镇化的有效载体，以此来推进经济性流动人口的流向与再分布。

第十二章　城市群地区的市民化路径

党的十九大报告在"实施区域协调发展战略"的部分提出，以城市群为主体构建大中小城市和小城镇协调发展的城镇格局，加快农业转移人口市民化。中国作为一个处在城镇化快速发展阶段的人口大国，城市群作为一种高效集约的人口经济空间组织形态，是人口大国城镇化的主要空间载体，是中程流动人口集聚的主要阵地。

第一节　城市群地区基本状况

城市群是城市发展到成熟阶段的最高空间组织形式，是指在特定地域范围内，一般以 1 个及以上特大城市为核心，由至少 3 个以上大城市为构成单元，依托发达的交通通信等基础设施网络所形成的空间组织紧凑、经济联系紧密，并最终实现高度同城化和高度一体化的城市群体。

一、城市群的形成

城市群的概念，最早起源于 1957 年法国地理学家戈特曼（Gottmann）提出的"大都市带"（megalopolis）理论。他认为，在一个城市的发展过程中，会带动周边区域，会同几个规模相近、地域相邻的城市，共同组成区域中心、呈组团式或块状分布的都市群，多个都市群又会形成一个"大都市带"。因此，城市群被认为是工业化、城镇化进程中，区域空间形态的最高组织形式。

从世界发展进程看，城市群的形成分为四个阶段：第一阶段，工业化前期，城市多为分散、均衡的点状分布，且相互之间联系松散；第二阶段，工业化中前期，一些经济发展较快的城市成为一个区域的中心城市；第三阶段，工业化中后期，中心城市的周边，相继出现一些次级中心城市，城市之间的联动效应增强；第四阶段，工业化后期，逐步形成多中心、网络化的城市布局，而随着信息化的出现，中心城市与次级城市呈现高频联动、协调发展的格局，一个城市群形成。

工业化进程较快的西方世界，城镇化程度要远高于中国及第三世界国家。而城市群的发展也领先于世界平均水平。

一般认为，成熟的世界级城市群应具备以下的条件：①区域内城市密集；②拥有一个或几个国际性城市；③多个城市之间有较明确的分工和密切的社会经济联系；④拥有一个或几个国际贸易中转大港（如纽约港、神户港、鹿特丹港）；⑤城镇人口至少达到 2500 万人；⑥是国家经济的核心区域。

根据上述标准，一直以来公认的世界级城市群共有五个（见表 12-1），这五大城市群牢牢把控着世界的金融中心、贸易中心以及权力中心，可谓世界的发动机所在。但这已是旧秩序时代的格局，新的挑战者已经崛起。

表 12-1　世界级城市群

城市群	包含城市	所属国家/区域
北美五大湖城市群	芝加哥、底特律、克利夫兰、多伦多、渥太华、蒙特利尔、魁北克等城市	美国、加拿大
美国东北部大西洋沿岸城市群	波士顿、纽约、费城、巴尔的摩、华盛顿等城市	美国
英国中南部城市群	伦敦、利物浦、曼彻斯特、利兹、伯明翰、谢菲尔德等城市	英国
欧洲西北部城市群	巴黎、布鲁塞尔、安特卫普、阿姆斯特丹、鹿特丹、海牙、埃森、科隆、多特蒙德、波恩、法兰克福、斯图加特等城市	法国、比利时、荷兰、德国
日本太平洋沿岸城市群	东京、横滨、静冈、名古屋、京都、大阪、神户等城市	日本

随着中国经济攀升至世界第二，长三角城市群无论是人口、经济，都已跻身世界级城市群行列，而早在 21 世纪初学术界已认可其为世界第六大城市群。作为中国城市最密集、经济最发达的区域，长三角城市群的 GDP 已经超越英国中南部城市群，但人均 GDP 等指标还有一定差距。长三角城市群与世界五大城市群指标比较如表 12-2 所示。

表 12-2　中国长三角城市群与世界五大城市群指标比较

城市群	中国长三角城市群	美国东北部大西洋沿岸城市群	北美五大湖城市群	日本太平洋沿岸城市群	欧洲西北部城市群	英国中南部城市群
面积/万 km²	21.2	13.8	24.5	3.5	14.5	4.5
人口/万人	15033	6500	5000	7000	4600	3650
GDP/亿美元	20652	40320	33600	33820	21000	20186
人均 GDP/（美元/人）	13737	62030	67200	48315	45652	55305
地均 GDP/（万美元/km²）	974	2920	1370	9662	1448	4485

资料来源：《2019—2025 年中国智慧城市建设行业市场竞争格局及投资战略咨询报告》。

注：中国长三角城市群数据为 2014 年统计数据。其他城市群数据为 2017 年统计数据。

二、中国城市群格局

（一）中国城市群的发展

中国的城镇化一直处于"各自为战"的状态。直到 2006 年，国家"十一五"规划纲要首次提出"把城市群作为推进城镇化的主体形态"，并于 2014 年明确将城市群作为新型城镇化的主导和基调。

"十三五"规划纲要明确提出，优化提升东部地区城市群，建设京津冀、长三角、珠三角世界级城市群，提升山东半岛、海峡西岸城市群开放竞争水平。培育中西部地区城市群，发展壮大东北地区、中原地区、长江中游、成渝地区、关中平原城市群，规划引导北部湾、山西中部、呼包鄂榆、黔中、滇中、兰州—西宁、宁夏沿黄、天山北坡城市群发展，形成更多支撑区域发展的增长极。

国家级城市群是城市发展到成熟阶段的最高空间组织形式，城市群是在地域上集中分布的若干特大城市和大城市集聚而成的庞大的、多核心、多层次的城市集团，是大都市区的联合体。

2008年以后，城市群规划文件正式进入"国字头"时代。国务院连续发布了长三角、珠三角规划，均提出了建设"世界级城市群"的发展目标。"十三五"规划中对城市群的格局基本定了调，进入国家视野的城市群共19个：长三角城市群、珠三角城市群、京津冀城市群、成渝城市群、长江中游城市群、中原城市群、哈长城市群、辽中南城市群、山东半岛城市群、海峡西岸城市群、北部湾城市群、呼包鄂榆城市群、山西中部城市群、关中平原城市群、宁夏沿黄城市群、兰州—西宁城市群、天山北坡城市群、滇中城市群、黔中城市群。

（二）城市群的划分

不同发育阶段的城市群在规模总量和发育特征上具有明显的差异。借鉴国内外已有城市群界定标准的研究成果，根据2010年相关统计数据，从经济总量、人口规模、就业规模、流动人口总量、通勤时间、城市数量等6个方面来对城市群进行界定，具体标准如表12-3所示。

表12-3　不同发育程度城市群的主要界定标准

类别	经济总量/亿元	人口规模/万人	就业规模/万人	流动人口总量/万人	通勤时间/h	城市数量/个
都市连绵区	>10000	>5000	>2000	>1000	<3	>5
成熟城市群	5000~10000	1500~5000	500~2000	300~1000	<2	>3
潜在城市群	<5000	<1500	<500	<300	<2	>2

按照上述6个方面界定标准，根据全国城市群发育状况，结合各级政府对城市群的规划情况，2010年全国共形成24个城市群。其中达到都市连绵区标准的城市群有4个，分别是长三角城市群、珠三角城市群、京津冀城市群、成渝城市群。这4大城市群2010年创造GDP都在1万亿元以

上，常住人口 5000 万人以上，其中吸收外来常住人口 1000 万人以上。达到成熟城市群标准的城市群有 8 个：山东半岛城市群、辽中南城市群、中原城市群、海峡西岸城市群、武汉城市群、长株潭城市群、关中城市群和皖江城市群。这 8 大城市群都发挥着超越省域经济社会发展的复合中心功能，2010 年创造 GDP 都在 5000 亿元以上，常住人口为 1500 万~5000 万人，其中吸收外来常住人口为 300 万~1000 万人。潜在城市群 12 个，它们具有城市群雏形，并在一定程度上已经发挥着城市群的作用，但是发育水平较低，主要有：呼包鄂城市群、长吉城市群、滇中城市群、昌九城市群、哈尔滨城市群、太原城市群、兰州城市群、黔中城市群、乌鲁木齐城市群、银川城市群、环北部湾城市群和浙中城市群。

由表 12-4 可以看出，2010 年 24 个城市群地区已成为全国人口、经济、就业的主要聚集区。从总量上看，24 个城市群占全国 14.7% 的国土面积，创造了 60.5% 的 GDP，聚集常住人口的 46.7%，流动人口的 68.7%，就业人口的 46.6%。从平均量上看，24 个城市群的经济密度（GDP 总量/面积）、人口密度（人口总量/面积）分别为 1723.4 万元/km²、444.8 人/km²，同年全国平均值分别仅为 420.1 万元/km²、139.7 人/km²，分别为全国平均值的 4.1 倍、3.2 倍。其中，都市连绵区经济密度、人口密度更是达到了 3755.2 万元/km²、807.6 人/km²，分别为全国平均值的 8.9 倍、5.8 倍。

表 12-4　中国城市群基本情况（2010 年）

类别	名称	GDP		常住人口		流入人口		就业人口	
		总量 /亿元	构成 /%	总量 /万人	构成 /%	总量 /万人	构成 /%	总量 /万人	构成 /%
都市 连绵区	长三角城市群	59979	14.9	10763	8.0	4053	15.5	6324	8.8
	珠三角城市群	32147	8.0	5613	4.2	3136	12.0	3466	4.8
	京津唐城市群	27970	6.9	6301	4.7	1965	7.5	3180	4.4
	成渝城市群	11210	2.8	5562	4.1	1319	5.1	2309	3.2
	合计	131306	32.6	28239	21.0	10473	40.1	15279	21.4

续表

类别	名称	GDP		常住人口		流入人口		就业人口	
		总量/亿元	构成/%	总量/万人	构成/%	总量/万人	构成/%	总量/万人	构成/%
成熟城市群	山东半岛城市群	21764	5.4	4376	3.3	916	3.5	2509	3.5
	辽中南城市群	13967	3.5	3154	2.4	743	2.8	1659	2.3
	中原城市群	11061	2.7	4153	3.1	596	2.3	2131	3.0
	海峡西岸城市群	9280	2.3	2636	2.0	866	3.3	1428	2.0
	武汉城市群	10007	2.5	3940	2.9	723	2.8	2000	2.8
	长株潭城市群	5509	1.4	1365	1.0	304	1.2	678	0.9
	关中城市群	5215	1.3	2340	1.7	364	1.4	1204	1.7
	皖江城市群	4784	1.2	1537	1.1	337	1.3	691	1.0
	合计	81587	20.3	23501	17.5	4849	18.6	12300	17.2
潜在城市群	呼包鄂城市群	5974	1.5	746	0.6	361	1.4	361	0.5
	长吉城市群	4349	1.1	1209	0.9	249	1.0	639	0.9
	滇中城市群	3440	0.9	1534	1.1	331	1.3	876	1.2
	昌九城市群	3835	1.0	1419	1.1	262	1.0	782	1.1
	哈尔滨城市群	3694	0.9	1668	1.2	240	0.9	830	1.2
	太原城市群	1614	0.4	500	0.4	153	0.6	181	0.3
	兰州城市群	1345	0.3	997	0.7	166	0.6	555	0.8
	黔中城市群	1168	0.3	662	0.5	178	0.7	311	0.4
	乌鲁木齐城市群	1157	0.3	377	0.3	172	0.7	154	0.2
	银川城市群	764	0.2	327	0.2	101	0.4	167	0.2
	环北部湾城市群	2611	0.6	1453	1.1	235	0.9	664	0.9
	浙中城市群	540	0.1	187	0.1	141	0.5	225	0.3
	合计	30491	7.6	11079	8.2	2589	10.0	5745	8.0
总计		243384	60.5	62819	46.7	17911	68.7	33324	46.6

资料来源:《中国 2010 年人口普查分县资料》《中国县(市)社会经济统计年鉴 2011》。

第二节　城市群人口流动及市民化问题与困境

改革开放后，中国城乡经济快速发展，户籍制度对人口流动的约束逐步松动，人口流动日益活跃。进入 21 世纪以来，人口从乡村向城镇流动、跨地区流动依然保持了大规模和快增速。在国家和地区经济社会发展过程中，人口向社会经济发展水平高、就业机会多的区域流动，城市群地区在其中发挥重要作用，城市群地区成为中国城镇化的主要载体。

一、城市群人口流动特征

城市群地区是中国新增人口的核心聚集区域，聚集程度不断增强。从人口总量上看，城市群地区总人口由 2000 年的 53600 万人增加到 2010 年的 62818 万人，所占比重由 2000 年的 42.3% 增加到 2010 年的 46.8%，增加了 4.5 个百分点，但仍不足全国人口的一半。但从人口增量上看，城市群地区新增人口相当于全国新增人口的 125.5%，十年间城市群地区人口增加了 9218 万人，而同期全国总人口仅增加 7348 万人。从增速上看，十年间城市群地区人口增长了 17.2%，远高于全国 5.8% 的平均增速。

如表 12-5 所示，从城市群内部看，主要特征表现为都市连绵区城市人口增长最快，十年间人口增长了 29.4%，占全国新增人口的 87.2%，也即 4 大都市连绵区以 3.6% 的国土面积集中了全国人口增量的接近 90%；其次为成熟城市群，集中了全国新增人口的 22.6%；潜在城市群占全国人口增量的比重最低，仅为 15.6%。值得注意的是，潜在城市群虽然人口总量较小，但其人口增长速度却高于成熟城市群。

表 12-5　2000—2010 年中国城市群常住人口增长状况

类别	常住人口（2000年）		常住人口（2010年）		人口增量		
	总量/万人	构成/%	总量/万人	构成/%	增量/万人	构成/%	累计增长/%
都市连绵区	21829	17.2	28240	21.1	6411	87.2	29.4
成熟城市群	21839	17.2	23501	17.5	1662	22.6	7.6

续表

类别	常住人口（2000年）		常住人口（2010年）		人口增量		
	总量/万人	构成/%	总量/万人	构成/%	增量/万人	构成/%	累计增长/%
潜在城市群	9932	7.8	11078	8.3	1146	15.6	11.5
城市群合计	53600	42.3	62819	46.8	9219	125.5	17.2
全国	126743	100.0	134091	100	7348	100.0	5.8

资料来源：《中国2000年人口普查分县资料》《中国2010年人口普查分县资料》。

城市群对流动人口吸纳能力不断增强，吸纳能力与城市群发育程度正相关。对照2010年第六次全国人口普查各地区人口净流入、净流出情况与人均GDP可以发现，人口净流入、净流出与经济发展程度密切相关，经济发达地区多为人口净流入地区，而经济欠发达地区多为人口净流出地区。城市群地区较周边地区经济发展程度更高，收入水平、生活质量也相对较高，从而形成了对周边非城市群地区人口的巨大吸引力。2000—2010年，城市群地区吸纳流动人口占全国流动人口的比重基本保持在68%以上且有所上升，始终是吸纳流动人口的主要地区，如表12-6所示。

表12-6　2000—2010年中国城市群流动人口增长状况

类别	流动人口（2000年）		流动人口（2010年）		流动人口增量		
	总量/万人	构成/%	总量/万人	构成/%	增量/万人	构成/%	累计增长/%
都市连绵区	5369	37.2	10473	40.1	5104	43.8	95.1
成熟城市群	2705	18.7	4848	18.6	2143	18.4	79.2
潜在城市群	1808	12.5	2589	9.9	781	6.7	43.2
城市群合计	9882	68.4	17910	68.6	8028	68.9	81.2
全国	14439	100.0	26094	100.0	11655	100.0	80.7

资料来源：《中国2000年人口普查分县资料》《中国2010年人口普查分县资料》。

从城市群内部结构来看，流动人口的吸纳能力与城市群发育程度正相关。具体表现为都市连绵区吸纳流动人口能力最强，其次是成熟城市群，潜在城市群对流动人口的吸纳能力最弱。都市连绵区是流动人口主要聚集地，吸纳的流动人口由2000年的5369万人增加到2010年的10473万人，增加了5104万人，占全国流动人口增量的43.8%，增速达到95.1%，高于全国 80.7% 的增长速度。成熟城市群和潜在城市群吸引流动人口总量也保持稳定的增长，但增速特别是潜在城市群流动人口增速相对较慢。

近年来，城市群人口变动趋缓。根据流动人口动态监测调查数据，从年均增长率看，2010—2014 年，中国城市群的人口增减变化率较此前 30 年整体有所减缓。人口增加的县域单元数量减半，其占比减少为 28.98%；人口稳定的县域单元数量则增加 1 倍，其占比上升至 26.26%；人口减少的县域单元数量持平，其占比为 11.64%。具体而言：

国家级城市群人口增加的县域单元数量有所减少，人口稳定的县域单元数量增加到 146 个，相应人口在全国同类地区的占比提高到 42.65%，人口减少的县域单元数量增加到 299 个，相应人口在全国同类地区的占比减少为 29.12%。人口显著增加地区的人口分布格局较此前 30 年没有明显改变，而人口显著减少的县域单元大幅减少，且主要集中在长三角城市群。

区域性城市群中，人口稳定的县域单元数量较此前 30 年大幅增加，占比过半，相应人口占全国同类地区的 26.87%，人口增加的县域单元数量大幅减少，人口减少的县域单元数量基本不变，相应人口占全国同类地区的 20% 左右。

地区性城市群人口趋于稳定，超过半数的县域单元属于人口稳定地区，相应人口占全国同类地区的 7.76%，人口增加与人口减少的县域单元数量之和不足一半，相应人口占全国同类地区比重分别为 5.20% 和 4.69%。

二、城市群流动人口市民化问题与困境

值得注意的是，我国城市群存在一些问题。例如，较为严重的"简单均衡"或"一城独大"现象。此外，从人口发展的角度看，城市群的失业人口数量逐年上升，优质人口资源配置不均问题日益严重。而且，资源与环境压力逐年加大，城市群可持续发展的前景不容乐观。

（一）城市群间人口与经济发展差异明显

真正从人口、经济等各方面比较，能撑起中国未来城市群框架的只有这五个：长三角城市群、珠三角城市群、京津冀城市群、成渝城市群、长江中游城市群。以"一带一路"、京津冀协同发展、长江经济带为出发点，这五大城市群是叠加最明显的地区，也是未来中国最具发展潜力的地区。

如表12-7所示，占国土面积11%、人口39%的五大城市群经济总量占全国55%，占了中国的半壁江山。而京津冀、长三角、珠三角三大城市群以3.6%的国土面积集聚了全国18%的人口、创造了全国35%的国内生产总值，无疑是领头羊。

表 12-7　五大城市群经济与人口规模

类别	城市数量/个	面积/（万 km²）	2016 年 GDP/万亿元	2015年常住人口/人	人均 GDP/元	地均 GDP/（万元/km²）
珠三角城市群	9	5.5	6.8	5874 万	115598	12346
长三角城市群	26	21.2	14.7	1.5 亿	97454	6949
京津冀城市群	13	21.5	7.5	1.1 亿	67524	3499
长江中游城市群	28	34.5	7.1	1.2 亿	56759	2049
成渝城市群	16	24.0	4.8	9819 万	49066	2007
全国	—	960	74.4	13.7 亿	53980	772
五大城市群占比	—	11%	55%	39%	—	—

从人口吸引力看，五大城市群也领先国内。从人口增量看，京津冀城市群受益于北京市、天津市两大城市人口的快速增长，五年常住人口增加近700万人，人口凝聚力居首；虽然珠三角城市群面临制造业向内陆转移的压力，但2015年人口规模相对2010年仍增长4.6%，人口吸引力突出。而长江中游城市群和成渝城市群常住人口规模均超1亿人，虽然人均效益仍与发达城市群相差较远，但其依然是国内产业转移的主要承接地，也是带动整个中西部崛起的核心，未来增长空间较大。

值得一提的是，随着传统的省域经济和行政区经济逐步向城市群经济过渡，城市的集聚效应日益凸显，城市群已经成为中国经济社会发展的重要载体。根据国家统计局数据，2015 年，京津冀、长三角、珠三角三大城市群以 5.2% 的国土面积集聚了 23.0% 的人口，创造了 39.4% 的国内生产总值，成为带动中国经济快速增长和参与国际经济合作与竞争的主要平台。

（二）政府对未来产业及人口发展信心不足

有些城市群的人口增长和新增落户数量低于预期，未来人口增长信心不足，主要表现为两个方面：一方面，本地劳动力总量有逐渐减少的趋势，农民进城务工数量下降；另一方面，进入新常态，经济增长速度降低导致了城镇化速度减慢，常住人口增长和新增流动人口落户数量低于预期。

政府对未来产业及人口发展信心不足，担心规划建设浪费。有些城市的政府反映，随着经济的发展和企业运营成本结构的变化，城市产业升级趋势不可阻挡，流动人口的增减变化的不确定性，可能造成当地的"产业空心化"和"人口空心化"问题。随着企业搬迁，流动人口增长也出现停滞现象，以常州市为例，2014 年净流入 131.4 万人，2015 年净流入 130.1 万人。政府担心企业大量外迁，流动人口下降，给未来的公共服务的运行带来潜在风险。如果政府按照常住人口规模大量投入建设交通、医疗、教育等公共产品，那么流动人口大量回流或者流动到其他就业需求大的城市后，前期投入的公共设施及服务会造成一定程度的闲置及浪费。

实际上，流动人口是相对稳定的，居住时间也比较长，政府的担心在一定程度上为"杞人忧天"。作者在常州市的调查发现，常州市流动人口流动性低，他们在常州市平均居留 5.5 年。调查显示，有 30% 左右的流动人口未来计划在常州市定居，落户常州市，有接近 1/4 的表示未来计划在常州市购房。事实上，如果产业带来充裕的就业岗位，就会吸引流动人口的流入，同时他们对未来生活的预期会决定他们的去留。

市民化是必然的趋势，是推动城市发展的动力，市民化拉动城市消费，同时"以空间换时间"缓解城市老龄化压力，弥补城市劳动力不足的现状。市民化过程中，政府是市民化困境的承担者，政府的收益与个人收入没有关系；老百姓对市民化的支持是一种态度与观念的反映，他们在市民化过程中承担的成本与个人收益成正比。因此，认清市民化的问题与困难，是政府推动市民化的关键。

（三）公共服务均等化、住房、职业培训等发展缓慢影响市民化进程

公共服务尤其是子女教育的非均等化，是流动人口市民化的关键问题。以调研的常州市为例，常州市自 2003 市提出"同在一片蓝天下、同享良好教育"的"蓝天计划"后，先后出台了《关于进一步推进蓝天计划的实施意见》《关于加强对简易学校管理的通知》《常州市流动儿童少年简易学校办学条件标准》等一系列政策文件。然而，入学条件仍旧有一定的区别，民办简易学校存在办学条件简陋、师资力量薄弱、教育质量不高等问题。武进区专门制定的《流动人口子女积分入学管理暂行办法（试行）》使一些流动人口的子女被心仪的学校拒之门外，导致很多流动人口心里认定"没有学上"。这种主客观不一致的做法也说明有时政策制定存在偏差，如何更好地、公平地对待流动人口子女教育是任重道远却又非常紧迫的事情。

住房条件等限制随迁，市民化目标遥远。城市群地区人口流动仍旧以半边家庭流动为主，留守老家的子女及老人比重高。调查发现，尽管流动人口居留时间长，但是居住条件及高生活成本使得他们更多是半边家庭流动，留守子女的照料是心病。流动人口落户常州市的意愿相对比较强，常州市的引力与落户条件的推力等使得部分人犹豫不决，切实推动公共服务全民覆盖，尤其是完全平等的义务教育，是市民化的关键点与抓手。

流动人口素质有待提升，就业市场存在结构性矛盾。近几年，随着产业转型升级步伐的加快，企业对劳动者的素质要求越来越高，而流动人口文化程度相对不高。以常州市为例，在流动人口中，中专/技校/职高/高中仅有 20%，大学专科及以上仅 27%；技能素质总体偏低，常州市超过一

半的被访流动人口没有任何职业等级，16.4%是初级技工，11.8%是中级工，高级工及以上的比重很低。加上企业"重使用、轻培训"，造成企业对技能型劳动力的需求滞后于产业转型升级的步伐，一定程度上给流动人口的稳定就业带来不利影响。虽然政府也安排一定规模的培训，但是以短期培训为主，缺乏长期提高劳动力整体素质的培训计划，劳动力也看不到培训对自己发展的影响，接受就业培训的积极性不高。作者在调查中发现，农民会重视眼前的机会成本而放弃短期低效率甚至于无效的培训。"有人无岗、有岗无人"的结构性矛盾仍然突出。

培训机制不合理，阻碍市民化。政府在流动人口的培训上存在缺位状况。对流动人口的培训主要以企业为主，一般的培训内容局限于企业新录用6个月以内的员工岗前技能培训，以及因产业结构调整、淘汰落后产能、技术进步和为培养紧缺工种技能人才而组织的岗位技能提升培训。政府对取得相应职业资格或专项能力证书的人员给予一定补贴。而针对就业困难人员和创业人员的优惠培训政策，只有本地户籍居民才能享受，流动人口被排除在外。这不利于流动人口职业技能的提升和生活水平的改善，不利于调动流动人口落户的积极性。

培训内容仅局限于职业技能，缺少学历方面的培训。学历越高的流动人口，收入相对越高，落户的意愿也越高。从这个角度看，丰富、完善培训内容，加大对流动人口在职教育的支持力度，有利于推动流动人口市民化。

（四）流动人口对未来缺乏信心

流动人口对未来缺乏信心，将土地视为保障。地级市及县城和镇是流动人口落户意愿的主要载体。作者在常州市开展调查时发现，26.3%的流动人口希望落户在地级市，21.9%希望落户在县城和镇，14.4%希望落户在省会城市，8.5%希望落户在其他大城市，29%表示不想将户口落在城市。常州市外流入人口中14.5%希望户口留在农村老家，30.4%希望落户在常州市，分别有7%、9.8%、32.6%希望落户在老家的省会城市、市区、县城和镇。

流动人口落户的意愿相对比较强，但是引力与推力等使部分人犹豫不决。城市群地区的就业机会吸引流动人口，但是流动人口专业技能相对较低，缺乏上升途径与动力，一些就业培训与需求不相符，培训内容与质量堪忧，流于形式。生活成本高使得部分人犹豫不决，而购买房产落户的条件又把很多人拒之门外。家庭作为基本的生活单位及精神慰藉的第一主体，流动人口越来越重视家人团聚，举家迁移并落户是未来市民化不能忽视的方面。

流动人口对未来没有太大的确定性，他们将土地视为未来的保障，在当前缺乏上升途径的情况下，他们不愿意缴纳社会保险，而是希望换取更多的现金为未来储蓄。老家依旧是他们未来主要的栖息地，作者调研发现，接近一半的被访者希望在老家农村养老。大部分流动人口是在老家缴纳新农合和新农保，在流入地持"能不入就不入"的态度，宁肯多挣一些现金。同时，不想重复上保险、转移困难也是流动人口不在流入地缴纳保险的主要原因，保险转续是当前市民化的重点。

第三节　城市群地区市民化政策与建议

通过对过去 30 多年中国城市群人口空间分布的变动趋势和当前人口空间分布主要特征的分析，我们可以认为中国城市群将由人口快速集聚阶段向发展质量提升阶段转型，但不同类型的城市群依然存在着一定的差异，各类城市群仍需根据自身的状况采取相应的规划调控措施，稳步推进人口向城市群的集聚。

一、指导思想与原则

城市群是我国经济增长的引擎，我国主要城市群 10% 的面积承载超过 2/3 的经济总量，却只承载了全国 1/3 的人口，区域差距问题明显。为更好推动城市群地区流动人口市民化均衡发展，既需要像超大城市一样，建立包容性的公共服务均等化机制，又需要建立完善的跨区域城市发展协调机制。第一，以城市群为主要平台，推动跨区域城市间产业分工、基础设施、环境治理等协调联动。第二，重点探索建立城市群管理协调模式，创新城市群要素市场管理机制，破除行政壁垒和垄断，促进生产要素自由流动和优化配置。城市群未来将是我国大部分人口与产业的承载地，只要城市群地区不同城市和城镇之间协调了，全国区域协调发展的主体格局就形成了。

二、因地制宜，合理规划不同类型城市群的发展

国家级城市群依然在人口的规模、集聚程度及增量变化等方面发挥着主导作用。京津冀、长三角和珠三角城市群未来仍处于人口明显流入阶段，人口持续增长将对城市群特别是中心城市的资源环境造成显著压力。因此，三大城市群在制定合理的中心城市人口规模控制目标的基础上，还应打破行政区划的藩篱，通过落实城市群总体规划，推进中心城市之外的中小城市和卫星城建设，加快中心城市的产业结构调整和优化升级，通过产业转移的方式引导人口的有序聚集和合理迁移，缓解中心城市的压力。与之相对，虽然长江中游和成渝城市群自然环境条件优越、人口自然承载力较高，但人口却大量外流，这需要国家在发展政策上给予适当的倾斜，促进两个城市群的基础设施建设和产业发展，同时增强成都市、重庆市、武汉市、长沙市、南昌市等中心城市的辐射带动作用，完善中心城市周边的城市体系，并支持周边城市通过分担中心城市部分功能的方式发展壮大，从而逐步遏制人口外流并增加对其他地区人口的吸引力。

三、正确处理城市群间、城市群与都市区内部关系

城市群地区是我国存量与增量城镇人口的核心聚集区域，不能控制规模。从人口发展角度看，在城市群层面，需要增强区域人口的综合承载能力，建立以城市功能定位为导向的公共资源合理配置机制，以及城市群内容共建、共享、共担的配置机制。

优化国家级城市群的人口规模，促进人口与资源环境、经济社会的协

调发展。国家级城市群依然在人口的规模、集聚程度及增量变化等方面发挥着主导作用。应打破行政区划的藩篱，通过落实城市群总体规划，提高城市群中心城市的辐射带动作用，完善中心城市周边的城市体系，并支持周边城市通过分担中心城市部分功能的方式发展壮大，从而逐步遏制人口外流并增加对其他地区人口的吸引力。

完善区域性城市群的城镇体系建设，提升其区域竞争力。加快各城市群次一级城市和中小城市的培育工作，并推进城市群内部的交通体系建设，加强各城市之间的联系，完善区域性城市群的城市体系建设，使区域性城市群能够担负起吸纳区域人口和产业集聚的功能。

加强地区性城市群中小城市培育工作，推动人口就近城镇化。在区域内选择若干有条件、有潜力、有特色的中小城镇，通过规划引导、市场运作等方式将其培育为具有较强功能的区域中心城镇，从而起到对周边农村地区的辐射带动作用，并吸引周边地区人口向中心城镇迁移，实现人口的就近城镇化。

高端服务资源的集中是特大城市尤其是中心城区吸纳短期暂住人口和时点人口的主要因素。特大城市较为充裕的就业机会，吸纳以就业为目的的外来常住人口；公共资源尤其是高端服务业的集中，吸纳一部分为了短期享受医疗、文化等服务的暂住人口，例如追求音乐梦想的"北漂一族"，到北京市、上海市等看病的短期流动人口。此外，特大城市开展的大型画展，吸纳一些时点人口。

通过高端服务在城市群层均等化引导城市群之间的人口分布。在城市群内充分投资建设中高端医院、学校等生活性基础设施，以及博物馆、文化馆、艺术馆等文化性基础设施，覆盖全部人口，从而分散集中到特大城市中心城区的短期流动人口，甚至吸引中心城区的人口前来享受高端服务。例如，上海市嘉定区的保利剧院在建成后不仅满足嘉定区居民的需求，而且吸引中心城区的人前来。

城市群和都市区内部的空间优化需要着重考虑以下几个方面。第一，理性看待城镇化过程中人口长期持续向特大城市区域集聚的规律性特征，在抓好规模调控的同时注重引导人口在都市区内部均衡布局。第二，准确把握和区分现阶段我国特大城市都市区人口空间分布与变动的特征及差异，进行分类引导。第三，加快疏散主城区中吸纳人口的优势资源和因素，缓解主城区资源环境压力。第四，提高特大城市都市区外围地区城市建设水平，充分调动特大城市外围空间的人口吸纳能力，及时应对外围地区人口长期持续增长的趋势。第五，完善和丰富特大城市人口规模调控与空间布局引导的手段，从城市规划、产业结构调整、法律等多维度构建人口调控政策体系。

四、建立包容性社会基层民主治理机制

（1）社区服务信息化。通过信息化手段提高流动人口对社区信息的获取度，为流动人口了解并融入社区提供支撑，为提升流动人口对于社区的认同感打下基础。在改造后的社区公共空间或居民委员会办公区域，可通过电子信息牌的方式，将关乎社区生活和居民生活的信息滚动播放，以便村民及时、清晰、全面了解社区事务。同时，依托电子政务便民服务，通过对社区服务分类并细化标准，形成覆盖社区的社会服务信息化系统，在采集并及时完善社区居民信息的情况下，将信息化系统与社区服务相匹配，及时汇总社区服务进展情况。在此基础上，将社区信息即时对接农村地区数据管理系统，完成城市对农村地区服务的动态追踪、维护和反馈。因此实现社区服务从社区发放到市级反馈的纵向反馈、监督系统，实现社区服务的信息化。

（2）社区生活艺术化。基于目前大部分城市群农村地区公共空间缺乏承载社区活力和创新精神的情况，需要通过对城市更新改造后社区的空间重构，激发社区活力，为流动人口融入社区后能真正享受享受社区提供支持。

公共空间局限性较大，需重塑多元化社区公共空间，营造面向多群体的、具有艺术气息的、富有活力的社区公共空间，以加强对于本地居民和流动人口的吸引作用，加强群体之间的交流和互动，促进群体之间的融

合，增强群体对于社区的认同感；通过定期组织面向全体居民和流动人口的社区活动，营造富有活力和极具生活气息的社区氛围，引导其享受社区生活，实现社区生活的艺术化。

（3）社区治理民主化。针对农村社区治理主体单一的情况，在规范现有社区治理体系的前提下，需要引入多元社区参与主体，鼓励流动人口参与社区组织和治理，逐步建立社区全民参与、共同治理的长效机制。社区治理体系需要进一步完善村级组织结构，如图 12-1 所示，通过决策权民主化，使社区公共事务决策更多地体现普通民众意愿，通过监督权强化，使社区治理始终"在阳光下运行"。

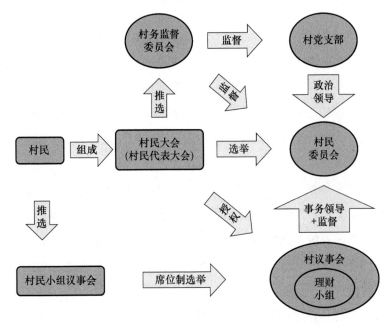

图 12-1　村级组织结构

此外，应鼓励实现流动人口享受本地居民同等公共服务权利，并在不参与和享受集体资产经营和分配的条件下，赋予流动人口一定的参与管理公共事务的权利，并在达到一定年限后享有选举权，逐步探索并建立具有包容性的多元社区参与和治理机制。

第十三章　非城市群地区的市民化路径

进入 21 世纪，城市群地区成为我国城镇化的主要载体，但这并不意味着非城市群地区的市民化无足轻重。推进非城市群地区的市民化，能够为全面推进我国市民化工作提供基础支撑。

第一节　非城市群地区的基本状况

城市群以外的地区为非城市群地区。我国大部分的地区属于非城市群地区，根据 2010 年数据，从面积上来看，我国超过 80% 的国土面积为非城市群，然而非城市群承载的人口数量不足我国人口总量的 60%。

一、非城市群地区范围界定

根据我国城市发展状况及未来发展潜力及 2010 年相关统计数据，我国可以划分出 24 个城市群，包括 4 个都市连绵区、8 个成熟城市群和 12 个潜在城市群（详见表 12-4）。我国城市群以外的所有国土面积都属于非城市群地区。

二、非城市群地区的人口和经济状况

如表 13-1 所示，从变化趋势上看，2000 年以来，非城市群地区 GDP 占我国 GDP 总量的比例保持了较为稳定的状态，占比一直保持在 30% 左右；人口占我国人口总量的比例却处于持续下滑的状态，占比从 2000 年的 60% 降低到了 2015 年的 54%。

表 13-1 主要年份非城市群地区 GDP 和人口占我国 GDP 和人口总量的比例变化

项目	GDP			人口		
年份	2000	2010	2015	2000	2010	2015
占比/%	29	28	29	60	55	54

资料来源:《中国城市统计年鉴》。

从非城市群地区各个城市的人口变化来看,2000—2010 年,非城市群地区人口较少,人口密度低,增长缓慢,一些地区出现人口不断减少的状况。2010—2013 年,更多城市开始出现人口减少的情况,非城市群地区人口减少问题日益突出。

2000 年以来,非城市群地区人均 GDP 有了较大幅度的增长,但一直以来都远低于全国平均水平(见表 13-2),表明非城市群地区经济发展与城市群地区存在较大差距。

表 13-2 非城市群地区主要年份人均 GDP 变化情况

年份	2000	2010	2015
GDP/亿元	26101	111681	194519
人口/万人	77903.5	73908.7	73867.8
人均 GDP/万元	0.34	1.51	2.63
全国人均 GDP/万元	0.69	2.97	4.92

资料来源:《中国城市统计年鉴》。

第二节 非城市群地区流动人口市民化存在的问题

非城市群地区以第二、第三产业不太发达的城市和县域为主,市民化的对象主要是从行政区域内的农村地区迁往城市的流动人口,必须从实现城乡一体化的高度推进非城市群地区的市民化,促进城镇化与农村现代化

的同步发展。非城市群地区从实现城乡一体化的高度推进非城市群地区的
市民化存在的问题如下。

一、经济发展落后，不利于推进城乡一体化及市民化工作

非城市群地区经济较为落后，推进市民化缺少资金支持。2015 年，
非城市群地区人口规模高达 7.39 亿人，但 GDP 规模不足 19.5 万亿元，人
均 GDP 为 2.63 万元，仅为全国人均 GDP 的 53.5%。经济落后直接导致本
地的财政资金短缺，2013 年，城市群地区人均财政收入达到 0.74 万元，
人均财政支出达到 1.01 万元；而非城市群地区人均财政收入仅为 0.26 万
元，人均财政支出 0.52 万元，非城市群地区推进市民化工作缺少必要的
资金支持。

在传统城镇化"重视城市、轻视乡村"思想的影响下，我国的公共服
务资源配置具有明显的行政中心偏向和大城市偏向，导致远离大城市和高
等级行政中心的小城镇和农村地区的发展机会和公共设施投入少，公共服
务严重滞后。2013 年，非城市群地区城区人均公共财政支出达到 0.73 万
元，而全域其他地区人均公共财政支出仅 0.46 万元。非城市群地区城区
人口占总人口的比重仅为 23%，但教育支出占全域教育总支出的 32%，城
区医院数量占全域医院总数量的 36%。城乡公共服务差距大，不利于社会
公平和城乡一体化。

城乡社保差异大、异地投保报销困难是流动人口面临的主要问题，这
使得很多流动人口在就业时与用人单位达成协议"不缴纳保险、换为略高
水平的现金收入"。然而，这一方面使得流动人口的很多权益得不到保障，
另一方面也不利于社会保险体系的完善，不利于社会健康发展。同时，异
地就医报销困难给他们的就诊、就医带来很大的不便。

二、农村贫困与流动人口缺少培训并存

随着"资本下乡"的不断推进，农村地区能够通过大规模土地租赁

来实现农业规模化经营，这在一定程度上推动了农业的现代化。但是，这种资本下乡推动的农业规模化经营仍然以蔬菜等种植业为主，经营模式简单，没有与第二、第三产业有机结合，农业生产仍旧仅仅承担着为城市提供农产品的职能。农业企业除了支付当地农民极低的土地租金外，没有对当地经济发展产生明显的带动作用，农村贫困依然存在。

流动人口缺少培训。流动人口文化水平相对较低，进入城市后由于难以享受到与当地居民同等的市民化待遇，往往被排斥在城市地区的就业培训政策之外，导致流动人口无法接受必要的劳动技能培训，人力资本难以得到有效积累，最终也不利于城市自身的产业转型升级。

三、乡村人口大量流出导致乡村空心化现象严重

非城市群地区市民化的一个显著特征是，农村居民已经在城区购买住房且常住在城区，但不愿意将农村户口迁入城镇，导致常住人口城镇化率明显高于户籍人口城镇化率。究其原因，除了小城市公共服务水平不高之外，更重要的是我国农村土地政策不明确，且缺少合理有效的土地权益退出机制，农民担心市民化之后丧失在农村所有的土地权利。土地政策不明确，严重制约了非城市群地区市民化进程。

我国农村地区存在大量低效乃至废弃宅基地，导致乡村空心化现象严重。出现乡村空心化的原因如下。

第一，"一户多宅"现象普遍存在。第二次全国农业普查共调查农户221078163户。根据普查数据，我国拥有两处住宅的农户数量达到14211051户，占农户总数的6.4%。除此之外，还有774544户农户拥有3处及以上宅基地，占农户总数的0.4%，如图13-1所示。

第二，大量农村宅基地闲置。2011年，我国自然资源部官方网站数据显示，"我国2亿亩农村宅基地10%～20%是闲置的，部分地区闲置率甚至高达30%"。这种状况的出现，一方面是由于"一户多宅"现象广泛

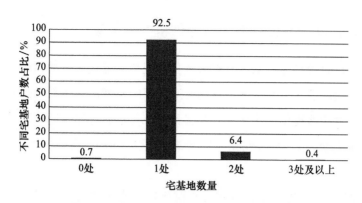

图 13-1　我国农村拥有不同宅基地户数占比

资料来源：《中国第二次全国农业普查资料综合提要》。

存在，但更为重要的是，随着城镇化的推进，大量农民进入城市乃至在城市买房定居，但其农村宅基地仍旧保留，最终被闲置。

乡村空心化现象不仅造成土地资源的浪费，还会造成公共服务资源配置的浪费。引导乡村地区适度规模集聚，是未来非城市群地区推进城乡一体化的必然选择。

第三节　非城市群地区推进市民化的路径选择

非城市群地区的市民化肩负着推进新型城镇化和实现农业现代化的双重任务，面临着与城市群地区同样艰巨的市民化难题，需要引起国家的高度重视。国家需要针对非城市群地区的实际情况，制定系统的、有针对性的市民化推进方案。

本地流动人口多，并且户籍迁移意愿不强，甚至希望把户口回迁到乡村，这是非城市群地区市民化的一个特点。本地居民无需城镇户口，可以享受城市的公共服务和就业机会，他们不迁移户口符合经济人的理性选择。因此，建议在县域层面不能生硬地套用"户籍人口城镇化率"考察城镇化质量。

一、实现城乡公共服务均等化和社保统筹

建立财政转移支付制度实现城乡公共服务均等化。公共财政转移支付制度是发达国家支付基于公平目标普遍采用的制度，以确保各地各级政府有财政能力能够提供均等化的公共服务。成都市通过建立财政转移支付制度推进城乡公共服务均等化，已经取得了良好的效果，相关经验值得借鉴。

成都市从 2003 年开始建立公共财政转移支付制度。自 2003 年开始，在成都市的财政转移支付中，边缘郊区占 70% 以上，近郊区占 20% 以上，中心城区占比不到 10%。成都市以 2008 年为基数，各级政府每年新增的公共事业和公共设施建设政府性投资主要用于农村公共事业和公共设施建设，直至城乡公共服务基本达到均等化。

在重点镇，成都市通过实施"1+28"标准化建设，全面推进公共服务均等化（见表 13-3）。在农村新型社区，则通过推进"1+21"标准化建设推进公共服务均等化（见表 13-4）。

表 13-3　成都市重点镇"1+28"标准化建设项目表

类别	序号	项目	配置标准	供给主体	配置弹性	备注
公共管理服务体系及设施	1	城乡建设规划体系		政府为主	必须配置	
	2	综合性便民服务中心（含水、电、气等代收代缴网点等）	建筑面积不低于 100m²	政府为主	必须配置	
	3	城市管理队伍		政府为主	必须配置	
	4	农业服务中心	建筑面积不低于 800m²	政府为主	必须配置	
	5	网络设施	可接入成都市电子政务外网，接入带宽根据实际业务需求进行配置	政府为主	必须配置	

续表

类别	序号	项目	配置标准	供给主体	配置弹性	备注
教育设施	6	标准化学校	按照（成府办〔2012〕2号）文件执行	政府为主	必须配置	
	7	幼儿园	生均用地不低于13m²，生均建筑面积不低于8.8m²	政府为主	必须配置	
医疗卫生设施	8	标准化卫生院	建筑面积不低于3000m²	政府为主	必须配置	
社会福利和保障设施	9	职业技能培训点（应急教育宣传点）	建筑面积不低于1000m²	政府为主	必须配置	可共享
	10	社会福利院（敬老院）		政府为主	必须配置	可相邻共享
文化体育设施	11	标准化体育设施（田径、灯光球场、羽毛球场等）	可与镇域学校或其他单位共享	政府为主	必须配置	
	12	全民健身广场	平原镇（乡）地区用地面积不低于2000m²，丘区、山区根据实际情况	政府为主	必须配置	可共享
	13	综合文化活动站（含青少年空间）	建筑面积不低于500m²	政府为主	必须配置	可共享
商业服务设施	14	农贸市场	按场镇规划，根据实际情况配置	市场为主	必须配置	
	15	市场化商业服务设施（超市、农资等设施）	结合实际需求	市场为主	按需配置	
	16	特色商业街区或商业综合体	根据条件和结合历史文化遗存建设，发展特色商业或现代服务业	市场为主	必须配置	可与市场商业服务设施统筹整合

续表

类别	序号	项目	配置标准	供给主体	配置弹性	备注
市政公用设施	17	污水收集及处理系统	能进管网的全部进管网，未能进管网的污水处理率不低于75%	政府为主	必须配置	
	18	自来水供应系统	城镇自来水供水率不低于85%	政府为主	必须配置	
	19	环卫洒水车	不低于2台	政府为主	必须配置	
	20	垃圾收运设备	按人口需要配置垃圾运输车或实行外包服务	政府为主	必须配置	
	21	交通客运站（公共交通站点）	以停车场为依托具有集散旅客、售票和停发客运班车功能的场站，占地面积不低于200m²	政府为主	必须配置	
	22	公园或公共绿地	结合环境和地形地貌建设	政府为主	必须配置	
	23	公厕	每2000人配置一座三星级公厕	政府为主	必须配置	
	24	公共停车场		政府为主	按需配置	可共享
	25	非机动车公共存放处		政府为主	按需配置	
金融邮电设施	26	金融服务网点		市场为主	按需配置	可整合
	27	邮政网点	建筑面积不低于150m²	政府为主	必须配置	可整合
	28	电信业务网点	建筑面积不低于30m²	政府为主	必须配置	可整合

表 13-4　成都市农村新型社区"1+21"标准化建设项目表

类别	序号	项目	配置标准	供给主体	配置弹性	备注
公共管理服务设施	1	社会综合服务管理工作站（劳动就业、社保等）	建筑面积不低于 80m^2（其中劳动保障站单独建设建筑面积不低于 50m^2，与其他部门合建分配面积不低于 25m^2）	政府为主	按需配置	与所在村（社区）共享
	2	社会组织和志愿者服务办公室		政府为主	按需配置	可以共享
	3	水、电、气等代收代缴网点		政府为主	必须配置	可以共享
	4	网络设施	可接入成都市电子政务外网，接入带宽根据实际业务需求进行配置	政府为主	必须配置	
教育设施	5	幼儿园	生均用地不低于 13m^2，生均建筑面积不低于 8.8m^2	市场为主	按需配置	相邻共享
医疗卫生设施	6	卫生服务站	建筑面积不低于200m^2	政府为主	必须配置	可共享
文化体育设施	7	全民健身广场	根据具体居住人口确定面积	政府为主	必须配置	相邻共享
	8	综合文化活动室	根据具体居住人口确定面积	政府为主	必须配置	
商业服务设施	9	农贸市场		市场为主	按需配置	相邻共享
	10	日用品放心店	建筑面积不低于20m^2	市场为主	必须配置	相邻共享
	11	农资放心店	参照市农委制定的星级农资店建设标准	市场为主	必须配置	相邻共享

续表

类别	序号	项目	配置标准	供给主体	配置弹性	备注
市政公用设施	12	污水处理设施及排水配套管网建设	（1）能进管网的进管网，没有进管网的污水处理率不低于70%；（2）农村生活用水供水入户率不低于96%，集中供水率要不低于85%	政府为主	必须配置	
	13	垃圾收集房（点）	按照市城管局制定的"农村垃圾"收运处置体系建设标准	政府为主	必须配置	
市政公用设施	14	公厕	不低于一座二星级公厕	政府为主	必须配置	
	15	民俗活动点	结合群众需求	市场为主	按需配置	
	16	公共停车场所（公共交通招呼站点）		政府为主	按需配置	
	17	小区物管用房（有线广播电视站）	建筑面积不低于40m²	政府为主	必须配置	
金融邮电设施	18	金融服务站自助设施		市场为主政府补贴	按需配置	可整合
	19	电信业务代办点		市场为主政府补贴	按需配置	可整合
生产配套设施	20	工具房	结合群众需求	社区为主政府补贴	按需配置	
	21	养殖房	结合群众需求	社区为主政府补贴	按需配置	

通过财政转移支付制度，成都市系统化地推进城乡公共服务均等化在城乡就业服务、社会保障、公共教育、医疗卫生、基础设施和公共文化等

方面取得了很大的成就。非城市群地区可以借鉴成都市经验，通过建立财政转移支付制度实现城乡公共服务均等化。

逐步实现社保的城乡统筹及异地转移接续。针对城乡社保差异大、异地投保报销困难等问题，一方面，逐步实现全国统筹城乡社会保险，实现城乡平等的社会保障制度；另一方面，逐步推动社会保险的异地转移接续手续，包括养老、医疗、住房公积金等。

推动平等享受城镇社会保障。将流动人口纳入所在城镇的养老保险、医疗保险、住房保障体系等社保覆盖范围，为流动人口的生存和发展提供坚实可靠的社会保障。流动人口在城镇居住地从事个体经营（无雇工）及灵活就业的，应该以个体经营者、灵活就业人员身份在居住地参加或接续城镇居民基本养老保险和城镇居民医疗保险。

逐步完善社会保险转移接续方法。持有居住证的本省流动人口，未稳定就业且未参加企业职工基本养老保险的，可在居住地参加城乡居民社会养老保险、城镇居民医疗保险。

二、加快农村土地确权和产权交易，推动流动人口落户城镇

非城市群地区要加快推进流动人口市民化，就必须加快农村土地确权，放宽农村产权交易限制。

明确土地承包关系长期稳定的法律概念。《中华人民共和国农村土地承包法》明确了耕地的承包期为 30 年，并规定"国家依法保护农村土地承包关系的长期稳定"，但并没有明确"土地承包关系的长期稳定"的具体法律概念，进城农民担心 30 年承包期过后，他们因丧失农村户口而失去土地承包经营权。因此，流动人口对土地承包经营权长久不变的政策有诉求，希望中央早日明确长久不变的法律概念，真正厘清和明确农民财产性权利。

在确权的基础上，进一步加大赋权活权力度，放宽农村产权交易限制，促进农村产权市场化进程。允许农村集体经营性建设用地使用权出让，允许农村土地（林地、水面）承包经营权、农村居民住房财产权、农

村集体经济股权抵押贷款，不断完善农村综合产权流转交易体系，建立统一的农村产权交易平台，通过市场竞争体制保障农民在产权交易中获得实惠，进而促进更多流动人口参与产权流转；稳妥推进农村集体经营性建设用地入市，完善集体经营性建设用地入市收益分配机制，建立城乡统一的建设用地市场。

宅基地使用权交易尚存在较多法律和政策限制，导致大量流动人口因宅基地使用权无法流转而对进城落户有后顾之忧。建议国家放宽限制，试点先行，积极推进宅基地跨村、跨镇交易机制，将宅基地使用权交易纳入县级农村产权交易市场。有效实现进城农民"死产"变"活权"，"活权"生"活钱"，推动流动人口落户城镇。

三、构建全新培训教育体系，推动流动人口人力资本积累

建立全新的培训教育体系，加强流动人口职业培训教育，能够为流动人口上升为中产阶级提供重要社会通道。要建立健全对流动人口的职业培训体系、丰富培训内容、加大培训投入、提高培训质量等举措，逐步构建起对流动人口职业培训的长效机制。借鉴英国的国家学分累积资格证书框架体系，完善学分累积晋级理念，建立多层级细分行业的职业培训和晋升机制，全面广泛积累人力资本，培育流动人口转化为中产阶级的就业和创业能力，乃至创造和创新能力。通过教育和培训，增强人们对未来生活的可预知性，以及对自我人力资本投资、个人学习效益的可预见性。

强化企业、政府、个人三大职业培训体系，完善终身教育体系。通过强制性政策规定，建立企业定期培训制度，以及员工每年培训不少于20天（或100个学分、100个学时）的培训制度；通过财政补贴方式，鼓励企业对员工进行培训；通过学费补助方式激发个人参加培训和学习的积极性，例如，考取技能证书后返还一半学费等。通过激励措施，多管齐下，形成合力，不断推动流动人口人力资本的积累，为形成以中产阶级为主的新型社会奠定基础。

四、建立城乡人口自由流动制度

当前，户籍制度限制了城乡之间的自由流动，阻碍了人力资源在城乡之间的最优配置。尤其是城市人口进入乡村受到严格限制，导致乡村振兴缺少人力资本支持，制约了农村现代化发展。

成都市从 2003 年开始循序推进了 5 次户籍制度改革，在全市范围内解除了对公民自由迁徙权的不合理管制，在全国率先实现了城乡人口自由双向流动。2003 年，取消入户指标限制，以条件准入代替"落户指标"；2004 年，打破城乡二元户籍等级制度，取消"农业户口"和"非农业户口"性质划分，统一登记为"居民户口"；2006 年，实现本市农民租住统一规划修建的房屋满一年可入户；2008 年，实现本市农民租住私人住房可入户，不设年限；2010 年，提出到 2012 年底实现全域同一户籍，城乡居民自由双向迁徙。

户籍制度改革实现了城乡全域更大规模的人力资本的优化配置，结合公共服务均等化，城乡居民经由系统的培训，人力资本不断提升，在实现空间流动的同时也实现了社会流动，中产阶层加速形成，消费潜力不断释放，推动了成都市发展方式的转变。2003—2016 年，成都市社会消费品零售额从 776 亿元增加到 5742 亿元，增长了 639.9%，内需为主体的经济运行格局开始形成。

未来，非城市群地区可以借鉴成都市的经验，以市为单位在城市辖区范围内建立自由、有序的人口流动制度。

第一，乡村人口自由进城。就业并缴纳社会保险一年以上，根据自愿原则可在城市落户。同时建立广州市乡村人口住房退出与小城镇建筑面积互换（按比例），或者与公共租赁住房互换的制度，激励进入城市就业的乡村居民融入城市，从而提高本地居民户籍城镇化率。

第二，城市人口有条件下乡。在乡村建设用地总量控制的前提下，鼓励城市人口到农村租住房屋，开发产业，或者休闲居住，培育新型农村主体，为乡村发展注入活力。

五、引导乡村人口适度规模集中居住

非城市群地区人口呈下降趋势，乡村地区出现了普遍的"空心村"现象。未来推进城乡基本公共服务均等化的过程中，如果每个乡村都配备一定的基本公共服务，势必会造成公共资源的极大浪费。而且，我国经济已由高速发展转变为中高速常态发展，经济发展新常态下，我国的财政收入将变得"不宽松"。历史上日本没有在适当时机积极引导乡村适度规模集中，结果造成公共资源的极大浪费，也为我们提供了前车之鉴。有鉴于此，非城市群地区借鉴日本经验，引导乡村人口适度规模集中居住具有很大的必要性。

日本提出"积极退出的农村规划"。历史上，日本乡村规划没有积极引导农村居民适度规模聚居，农村建设和农民居住比较分散。20世纪60年代开始，日本乡村和地方的年轻人大量涌入东京、大阪和名古屋等大城市寻找工作并在城市定居，乡村人口不断减少。随着日本财力的衰退，日本财政难以支撑和维护庞大而分散的乡村公共服务设施，一些乡村开始不断衰败。

由于乡村人口减少和政府财力衰退而导致的公共服务供给难以为继，很多房屋和田地被荒置。这种由于人口减少和缺少适度规模聚居的规划引导而导致的乡村衰败甚至消失的现象被日本学者称为"消极的退出"。"消极的退出"不仅会导致乡村物质生活的进一步衰败，还会造成乡村固有文化的丧失，危害极大，如图13-2所示。

为应对"消极的退出"给日本乡村生活和文化传承带来的挑战，日本国土、基础设施、交通和旅游省共同负责制定切实可行的政策举措。日本共同研究会承担该课题并提出"积极的退出"这一乡村规划发展理念并于2006年5月启动退出的农村规划，规划主体和范围是市町村，以村为主。"积极的退出"并不是对村庄现状的完全否定，而是为了维持高龄化显著的过疏地区的居民生活和村组织，进而提升该地区环境的可持续性（防止灾害和保持生物多样性），而对需要管理的居住地、资本、土地的劳动力

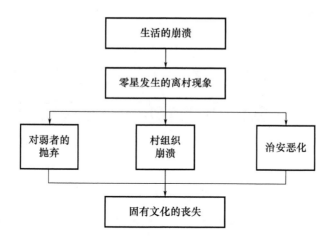

图 13-2　"消极的退出"对日本乡村的危害示意图

资源进行战略性再配置。其主要手段是通过对 30~50 年后的乡村未来进行设想，通过规划引导村民适度规模聚居并集中提供公共服务，来缓解财政压力，保证公共服务供给，保持乡村活力。

　　我国非城市群地区可以借鉴日本经验引导乡村人口适度规模居住。第一，保护乡村历史文化体系，普查乡村历史文化名村、传统村落以及历史文化古迹、文物，制定全市性乡村文化保护规划，所有涉及历史文化保护的村庄全部进行保护性开发与发展。第二，其他村庄引导适度聚集，借鉴日本村庄发展的经验教训，改变当前完全分散布局村民住房的状况，通过公共服务集中规划引导村民适度聚集，通过 10~20 年的过渡，形成相对集中居住的乡村空间形态。

第十四章　改革市制增强县城和重点镇市民化的空间依托

回顾中国几十年来改革和发展历程，一个重要经验是通过"设市"制度来推动行政区划和行政体制改革，进而促进经济社会发展，它们构成了中国经济和政治改革的"空间逻辑"。"设市"改革与中国市场化、工业化和城镇化进程紧密相连，为中国实现从计划经济向市场经济转型、从农业社会向工业社会转型、从乡村社会向城市社会转型提供了空间和体制基础。不过，这一"空间逻辑"常被学者忽略。

市制改革是推进新型城镇化与促进农民市民化的重要手段与实现形式。一方面，设市改革、增加城市供给，能为农民转变为市民提供空间支撑，是市民化的城市载体。另一方面，被市民化的"市民"是城市建设发展的主体，为推进新型城镇化和实现市民化提供了巨大动力。

设市改革与中国的城镇化、市民化进程是紧密伴随的。这些"市"在不同时期有不同名称。例如"经济特区""计划单列市""副省级城市""直辖市""地级市""县级市"和"镇级市"等。不同名称常与不同的经济改革和行政管理权限联系在一起。有些城市被赋予经济改革的权限，试点改革开放政策，如深圳市；有些城市则被赋予行政管理权限，拥有更多的行政审批权，如计划单列市。这说明，市制改革总是与其背后的政策试点、经济改革、城市规划和行政管理等权限联系在一起，它本质上是一个中央、省、地级市等不同类型和层级市政府放权和分权的过程，是权力配置制度的改革和调整。

在推进市民化的背景之下，我们需要思考通过行政体制改革，尤其是设市制度改革来为市民化提供体制机制基础。在这些设市制度改革中，一个重要的内容是通过增加城市供给数量来为市民化与城镇化提供空间，"镇改市"问题成为中国设市制度改革的一个重点和难点。因此，本章在市民化的战略背景下，从市制演进史视角出发，对中国建市制度史进行回顾，讨论不同类型市的层级和权限，对中国"县改市"和"镇改市"的实践与争论进行评述，借鉴国外设市制度的经验，提出"镇改市"的观点与思路设计。

第一节　我国市制的沿革与类型

中华人民共和国成立后经历的四次设市标准的调整，在城市规模及数量上对中国的城市产生巨大影响，表征了中国城市发展的非线性增长态势。然而，自 1997 年《中共中央、国务院关于进一步加强土地管理切实保护耕地的通知》中冻结县改市的审批以来，中国的设市工作一直处于停滞状态。设市滞后造成中国城市体系规模结构不合理，严重限制了发达建制镇的发展。

一、我国市制滞后

城市是工业化、城镇化发展的主要空间载体，设市制度是城镇化的基础性制度，也是改革滞后最为严重的制度领域。1997 年以来，我国城镇化水平不断提高，但是城市个数不增反降，违背城市发展规律，并带来一系列城市问题。

设市滞后造成中国城市体系规模结构的不合理日趋严重，城市体系规模结构不合理。中华人民共和国成立后，中国的城市个数增长明显，由 1949 年的 132 个城市，增长到 2009 年的 654 个城市；同时，大城市和中城市的个数及比重均出现增长，而小城市的绝对个数和比重均呈下降态势，如表 14-1 所示。

表 14-1　中国城市体系规模结构的演变

年份	城市合计/个	≥100 万人		50 万~100 万人		20~50 万人		<20 万人	
		数量/个	比重/%	数量/个	比重/%	数量/个	比重/%	数量/个	比重/%
1949	132	5	3.8	7	5.3	18	13.6	102	77.3
1957	176	10	5.7	14	8.0	37	21.0	115	65.3
1978	193	13	6.7	27	14.0	60	31.1	93	48.2
1985	324	21	6.5	31	9.6	93	28.7	179	55.2
1993	570	32	5.6	36	6.3	159	27.9	343	60.2
1998	668	37	5.5	48	7.2	205	30.7	378	56.6
2009	654	59	9.0	88	13.4	243	37.2	264	40.4

资料来源：根据相关年份《中国城市统计年鉴》数据整理而得。

　　参照日本的城市发展情况，1950—1955 年，日本城镇化水平突破 50%，表 14-2 是这期间日本城市数量的变化情况。由表 14-2 可以看出，日本城市数量由 254 个增加到 496 个，新增城市 242 个，其中 207 个城市的人口规模在 10 万人以下。可见，城镇化水平的提高要求城市数量增加，而大量新设城市是城市数量增加的必要手段。当今中国的城市发展与 20 世纪 50 年代的日本类似，通过设市工作的调整大量增设城市，完善城市体系规模结构是发展的必然要求。

表 14-2　日本 1950—1955 年城市体系规模结构的变化

年份	城镇化率/%	城市总数/个	<10 万人		10 万~20 万人		20 万~50 万人		50 万~100 万人		>100 万人	
			数量/个	比重/%	数量/个	比重/%	数量/个	比重/%	数量/个	比重/%	数量/个	比重/%
1950	37.3	254	190	74.8	40	15.7	18	7.1	2	0.8	4	1.6
1955	56.1	496	397	80.0	64	12.9	28	5.7	2	0.4	5	1.0

　　设市滞后造成人口规模已然突破 10 万人的发达建制镇不能正常升级为城市，限制了建制镇的发展。2009 年，中国大于 10 万人的建制镇有 192 个，占建制镇总量的 10%，其中，镇区人口在 10 万~20 万人之间的

有 178 个，20 万~30 万人的有 11 个，30 万人以上的有 3 个，分别为东莞市虎门镇、中山市小榄镇、常熟市虞山镇，如表 14-3 所示。

表 14-3　中国大于 10 万人口的建制镇的人口分布

人口分段	数量/个	镇区人口/万人
10 万~20 万人	178	2338.0
20 万~30 万人	11	257.1
30 万人以上	3	116.9
总计	192	2712.0

资料来源：《中国建制镇基本情况统计资料 2010》。

从城市与镇的规划技术指标要求来看，镇规划的要求远远低于城市规划的技术要求。城市用地分类采用大类、中类和小类三个层次的分类体系，共分 10 大类、46 中类、73 小类，镇用地分为 9 大类和 30 小类，镇用地分类在居住类别、对外交通和绿地三方面差异最为明显。在公共设施配置方面，城市规划中对行政办公、商业金融、文化娱乐、医疗卫生、社会福利等在用地指标（包括各项用地占中心城区规划建设用地的比例和人均规划用地）均给予了明确的规定，然而镇规划中仅对中心镇和一般镇在公共设施的配置方面提出应设项目和可设项目的要求，并无明确规定。可见，城市和镇从发展的起点——规划上就天然地造成了发展的差别，致使发达建制镇的规划无法跟上其实际的发展。

如表 14-4 所示，从实际发展水平来看，与同等规模城市的发展水平相比，发达建制镇在经济发展、城市建设等方面都存在着较大的差距。从佛山市南海区西樵镇和江门市恩平市的情况来看，两地镇（城）区人口规模基本相当，西樵镇镇区 14.80 万人，恩平市 16.14 万人。但两地在经济发展、居民生活、城市建设水平等方面差距悬殊。从经济发展来看，2009年西樵镇 GDP 为 161.97 亿元，远高于恩平市的 95.00 亿元，西樵镇的固定资产投资额为 72.95 亿元，相当于恩平市的 2 倍多。从居民生活来看，西樵镇的农民人均纯收入为 13151.00 元，而恩平市只有 5171.00 元。从城市建设水平来看，恩平市的人均公园绿地面积为 11.02m²，西樵镇仅有 3.03m²；恩平市的绿化覆盖率、绿地率达到 40.23%、22.78%，而西樵镇仅有 11.81%、11.81%。

表 14-4　镇（城）区人口规模基本相当的建制镇与城市发展水平的比较

项目	佛山市南海区西樵镇	江门市恩平市	项目	佛山市南海区西樵镇	江门市恩平市
行政区域面积/km²	176.63	1698	农民人均纯收入/元	13151.00	5171.00
总人口/万人	21.90	50.63	人均日生活用水量/L	185.09	193.65
人口密度/（人/km²）	8045	2027	用水普及率/%	100.00	90.25
镇区人口/万人	14.80	16.14	燃气普及率/%	95.00	90.25
GDP/亿元	161.97	95.00	人均公园绿地面积/m²	3.03	11.02
财政收入/亿元	7.69	4.81	绿化覆盖率/%	11.81	40.23
固定资产投资/亿元	72.95	35.21	绿地率/%	11.81	22.78

资料来源：西樵镇数据：http://baike.baidu.com/view/865930.htm.，访问时间为 2011 年 4 月 25 日；恩平市数据：国家统计局城市社会经济调查司.中国城市统计年鉴 2009 ［M］.北京：中国统计出版社，2010.

二、我国市制沿革

作为商品交易固定场所的"市"，早在西周时期就已经出现；而作为一级行政区划的"市"，则是近代的产物。在古代，中国虽然出现了大量城市，但这些城市并没有单独作为一种类型的行政区划从地域型政区中分离出来。

1911 年，江苏省通过《江苏暂行市乡制》将县制所在地与人口在 5 万人以上的镇统称为"市"。这算是中国建"市"的开始。此后，北洋政府、南京国民政府发展与丰富了市制。中华人民共和国成立后，中央对设市的标准和城乡区划做出了更加具体的规定。截至 2013 年年底，中国大陆共计有直辖市 4 个、地级市 286 个、县级市 368 个、镇 20117 个。中国市制的沿革如表 14-5 所示。

表 14-5　中国市制的沿革

时期	年份	文件	内容
北洋政府	1921	《市自治制》《市自治实施细则》	凡满一万以上人口的城镇区域均可设市，并依地位将市划分为普通市和特别市。普通市属县领导，特别市属省领导，其地位相当于县
国民政府时期	1928	《特别市组织法》《普通市组织法》	设南京、上海、北平、天津、青岛、西安等 6 个特别市，直属中央政府管辖，普通市则属于省政府领导，不列入县行政范围
	1930	《市组织法》	规定市的行政地位分为直隶于行政院的市与直隶于省的市两种，院辖市的地位相当于省，省辖市的地位相当于县
新中国时期	1955	《关于设置市、镇建制的决定》	市是属于省、自治区、自治州领导的行政单位。聚居人口 10 万人以上的城镇，可以设置市的建制。聚居人口不足 10 万人的城镇，必须是重要工矿基地、省级地方国家机关所在地、规模较大的物资集散或者边远地区的重要城镇，并确有必要时方可设置市的建制
	20 世纪80 年代	《关于调整设市标准和市领导县条件的报告》（1986 年 2 月 3 日）	为适应经济发展与行政改革需要，建市的标准有所放宽，出现了"撤地设市""地市合并""撤县设市"的热潮。镇级市县级市地级市
	20 世纪90 年代	《民政部关于调整设市标准的报告》	县级市地级市
	2014	《关于调整城市规模划分标准的通知》	城市划分依据人口分为五类七档小城市<50 万人Ⅰ型小城市 20 万~50 万人Ⅱ型小城市<20 万人中等城市 50 万~100 万人大城市 100 万~500 万人Ⅰ型大城市 300 万~500 万人Ⅱ型大城市 100 万~300 万人特大城市 500 万~1000 万人超大城市>1000 万人

资料来源：谢庆奎. 当代中国政府与政治［M］. 北京：高等教育出版社，2003：153-154.

1993 年 5 月 17 日，国务院批转民政部《关于调整设市标准的报告》。该报告对县级市和地级市的设置标准进行了严格规定，这是中国新阶段的设市标准。表 14-6 对该报告的内容进行了描述。

表 14-6　中国现行的设市标准

指标		县级市			地级市
		原来县的人口密度/（人/km²）			
		>400	100~400	<100	
人口	县镇人口： 非农业人口 非农业户口人口	≥12 万人 ≥8 万人	≥10 万人 ≥7 万人	≥8 万人 ≥6 万人	市政府驻地非农业户口 人口>20 万人
	县总人口中 非农产业人口	≥15 万人 ≥30%	≥12 万人 ≥25%	≥10 万人 ≥20%	市区人口中非农业人口> 25 万人
经济	全县乡镇以上 工业产值 占工农业总产值	≥15 亿元 ≥80%	≥12 亿元 ≥70%	8 亿元 ≥60%	市区 工农业总产值>30 亿元 工业产值占比>80%
	全县 GDP	≥10 亿元	≥8 亿元	≥6 亿元	市区 GDP>25 亿元
	全县第三产业 占 GDP	>20%	>20%	>20%	第三产业占 GDP>35%
	地方预算内 财政收入	≥100 元/人 ≥6000 万元	≥80 元/人 ≥5000 万元	≥60 元/人 ≥4000 万元	地方预算内财政收入> 2 亿元
基础设施	自来水普及率	≥65%	≥60%	≥55%	
	道路铺装率	≥60%	≥55%	≥50%	
	排水系统	较好	较好	较好	

现阶段，中国（大陆地区）的城市可以从国家结构制度、政权组织制度与行政管理层级三方面划分为不同的类型，如表 14-7 所示。

表 14-7 中国"市"的类型

层面	类型	内容
国家结构制度	作为国家(一级)基本行政单位的城市	北京市、天津市、上海市、重庆市四个直辖市
	作为地方行政单位的设区的市和不设区的市	设区的市主要指地级市;不设区的市主要指县级市;另有 5 个不设区的地级市
	实行高度自治的城市	作为特别行政区的香港和澳门
政权组织制度	中央直辖市	中央政府下辖拥有相应的立法、司法、行政和军事四种权力机构的城市
	作为特别行政区的市	拥有完全独立的立法、司法和行政三种权力系统的城市
	设区的市	一类是具有相应的行政、司法、军事等三种权力机构的城市;另一类是具有相应立法、行政、司法和军事等四种权力机构的城市
	不设区的市	一般有相应的司法权和行政权,而没有立法权
行政管理层级	省级城市	北京市、天津市、上海市、重庆市和香港、澳门地区
	副省级城市	中央和省、自治区共同管辖的城市,包括计划单列市、省会城市(自治区首府城市)、经济特区城市
	地(州、盟)级城市	省、自治区管辖的设区的城市
	县级市	由地区(盟)行署、地(州)级市管辖的不设区的城市
	乡级镇	县、县级市、旗和市辖区管辖的建制镇

资料来源:刘君德,范今朝.中国市制的历史演变与当代改革 [M].南京:东南大学出版社,2015:18-19.

目前,中国"建制市"的政区层级可分为直辖市、地级市与县级市,而行政级别上则分为省级市(即直辖市)、副省级市、地级市、副地级市(是中国市级行政区的非正式行政级别,如四川省绵竹市、河南省济源市)、县级市五级。而在政区层级上,副省级城市被列为地级市,副地级市被列为县级市。需要注意的是,城市的级别必须由编制委员会发布的正式文件来明确，一个城市首长的行政级别与该城市的行政级别并不必然关联。即部分城市存在市委书记、市长高配的情况，但并不意味着该市行政级别的升格。

在近几十年的市制演变中，出现了"较大的市""计划单列市""副省级市"等概念。但严格来说，较大的市、计划单列市和副省级市并不属于单独的行政区划层级，在行政区划统计中仍属于地级市序列。

关于"较大的市"有广义和狭义两种理解。广义的理解主要表现在行政区域划分上。2018 年修正的《中华人民共和国宪法》第 30 条规定，直辖市和较大的市分为区、县。此种角度的"较大的市"是指下辖区、县（县级市）的地级市，而非所有的地级市。狭义的理解则主要体现在地方立法权的意义上。1982 年颁布的《中华人民共和国地方各级人民代表大会和地方各级人民政府组织法》写入："省、自治区的人民政府所在地的市和经国务院批准的较大的市的人民代表大会常务委员会，可以拟定本市需要的地方性法规草案，提请省、自治区的人民代表大会常务委员会审议制定，并报全国人民代表大会常务委员会和国务院备案"，"省、自治区的人民政府所在地的市和经国务院批准的较大的市的人民政府，还可以根据法律和国务院的行政法规，制定规章"。即经国务院批准的较大的市拥有地方立法权。国务院分四批次先后批准了 19 个较大的市，分别是唐山市、大同市、包头市、大连市、鞍山市、抚顺市、吉林市、齐齐哈尔市、无锡市、淮南市、青岛市、洛阳市、宁波市、邯郸市、本溪市、淄博市、苏州市、徐州市和重庆市（1997 年设为直辖市后不再属于较大的市）。这些较大的市"为解决地级市立法权而设"。它们"拥有地方性法规和地方政府规章的立法权"。2015 年 3 月修订的《中华人民共和国立法法》删除"较大的市"说法而改为"设区的市"的表述，而赋予了"设区的市"地方立法权。2022 年修正的《中华人民共和国地方各级人民代表大会和地方各级人民政府组织法》中规定："省、自治区、直辖市的人民代表大会根据本行政区域的具体情况和实际需要，在不同宪法、法律、行政法规相抵触的前提下，可以制定和颁布地方性法规，报全国人民代表大会常务委员

会和国务院备案。""设区的市、自治州的人民代表大会根据本行政区域的
具体情况和实际需要，在不同宪法、法律、行政法规和本省、自治区的地
方性法规相抵触的前提下，可以依照法律规定的权限制定地方性法规，报
省、自治区的人民代表大会常务委员会批准后施行，并由省、自治区的人
民代表大会常务委员会报全国人民代表大会常务委员会和国务院备案。"
该组织法将"直辖市""社区的市"等纳入规定中。

"计划单列市"（国家社会与经济发展计划单列市），是在行政建制不
变的情况下，省辖市在国家计划中列入户头并赋予这些城市相当于省一级
的经济管理权限（国家发改委和国务院有关部委下达省、直辖市的中长期
的年度计划中，在所在的省、市的名义下，列出"其中：某某市"的指
标，并直接下达；统计数字也照此办理；国家有关部门召开省、直辖市参
加的会议和其他专业会议，均邀请这些城市参加；发给省市文件，同样发
给这些城市。对这些城市进行政治经济体制改革的综合试点）。计划单列
市四套班子的一把手官员由所在省提出建议，中央任命，级别为副省级。
计划单列市的收支直接与中央挂钩，由中央财政与地方财政两分，而无须
上缴省级财政。20 世纪 50、60、80 年代，分别进行了三次计划单列。但
1993 年印发的《关于党政机构改革的方案》和《关于党政机构改革方案
的实施意见》规定，除重庆市、深圳市、厦门市、宁波市、青岛市、大连
市 6 个非省会城市保留计划单列城市外，其余 8 个省会城市不再实行计划
单列。1997 年，重庆设为直辖市后，不再实行计划单列，计划单列城市
为大连市、青岛市、宁波市、厦门市、深圳市。

副省级市是在计划单列市的基础上发展而来的。1994 年 2 月，中央决
定将哈尔滨市、长春市、沈阳市、大连市、青岛市、南京市、宁波市、厦
门市、武汉市、广州市、深圳市、成都市、重庆市、西安市、济南市、杭
州市共 16 个市的政府机关行政级别定为副省级。因重庆市在 1997 年升为
直辖市，故目前共有 15 个副省级市。副省级市在所在省的领导下比其他
地级市享有更多的管理权限。同时，中央在机构设置、干部配备、工作部
署等方面与一般地级市也有不同政策规定。

三、市的类别、层级与权限

中国市制管理的多样性与丰富性，决定了市的类别、层级的多样性与管理权限的差异性。就目前的市制来看，"市"的类型包括直辖市、经济特区市、副省级市、较大的市、设区的市、地级市、县级市［分省（区）直辖、自治州（盟、地区）直辖与一般县级市］，如表14-8所示。

表14-8　市的类型汇总

法定名称	具体情况
直辖市	北京市、上海市、天津市、重庆市（市委书记为政治局委员，市长为省部级干部）
市	（1）经济特区"市"：深圳市、珠海市、厦门市、汕头市（特区人大可制定适应特区的法规，不受省人大约束。市级正职一般为厅局级干部）
	（2）"副省级市"：哈尔滨市、长春市、沈阳市、济南市、南京市、杭州市、广州市、武汉市、成都市、西安市、大连市、青岛市、宁波市、厦门市、深圳市（含10个省级行政中心以及5个"计划单列市"）（市级正职是副省级干部）
	（3）"较大的市"
	1）广义：《中华人民共和国立法法》所确定的，"省、自治区的人民政府所在地的市，经济特区所在地的市和国务院批准的较大的市"
	2）狭义：国务院单独批准的"较大的市"（市级正职是厅局级干部，市人大可以制定地方法规，地方法规效力同于省人大制定的地方法规）
	（4）"设区的市"：设有市辖区的建制市，包括绝大部分地级市（但不包括直辖市）①。设区的市的人大代表由下级区、县、市人大推选产生，而非直选产生
	（5）"地级市"：设区的市与不设区、县的市，市级正职是厅局级干部
	（6）省（区）直辖县级市
	1）海南省的省直辖行政单位：文昌市、琼海市、万宁市、五指山市、东方市、儋州市②
	2）新疆维吾尔自治区的自治区直辖行政单位（实为新疆生产建设兵团管辖）：石河子市、阿拉尔市、图木舒克市、五家渠市、北屯市、铁门关市③
	3）由省级政府管辖的不设区的市，虽然其干部可能享受副地（厅）级甚至地（厅）级待遇，但这些城市本身应当还是县级行政建制，只不过是其干部高配而已，如河南省的济源市，湖北省的仙桃市、天门市、潜江市

续表

法定名称	具体情况
市	（7）自治州辖"市"、盟辖市、地区辖市：属于县级市，但由自治州管辖，或由省（区）的派出机构"地区""盟"管辖。现主要为自治州辖市，地区辖市主要在西藏、新疆，盟辖市主要在内蒙古自治区
	（8）一般"县级市"：由地区（盟）行署、自治州、地级市管辖的不设区的城市。市长是县处级干部，一般由地级市代管，或由自治州、盟、地区管辖，少数由省直管

①截至 2024 年 12 月，共有广东省中山市、东莞市，海南省三沙市、儋州市与甘肃嘉峪关市 5 个地级市下不设市辖区而划为乡、镇、街道。

②2015 年 2 月，儋州市升为地级市。

③截至 2024 年 12 月，新疆维吾尔自治区的自治区直辖行政单位除表中所列 6 个市外，新增双河市、可克达拉市、昆玉市和胡杨河市 4 个市。

资料来源：刘君德、范今朝. 中国市制的历史演变与当代改革 ［M］. 南京：东南大学出版社，2015：148-149.

　　直辖市直属于中央政府管辖，是中国城市政府中居于最高级别的政府。与地级市、县级市相比较，城市政府级别最高；与省、自治区相比较，虽然级别相同，但直辖市具有明显的大城市特质。直辖市的权限如表 14-9 所示。

表 14-9　直辖市的权限

类型	内容
立法权	直辖市的人民代表大会及其常务委员会根据本行政区域的具体情况和实际需要，在不与宪法、法律、行政法规相抵触的前提下，可以制定地方性法规。除《中华人民共和国立法法》规定的由全国人大及其常委会、国务院及其各部委制定法律法规的事项外，其他事项国家尚未制定法律或者行政法规的，直辖市可根据本地方的具体情况和实际需要，可以先制定地方性法规。在实践中，直辖市经常制定一些省（自治区）政府不涉及的城市管理方面的行政法规与部门规章，且具备较高的法律权威，有时成为全国城市管理方面立法的先驱，得到全国人大及其常委会、国务院的认可。直辖市的人民政府可以根据法律、行政法规和本直辖市的地方性法规，制定规章

续表

类型	内容
行政设置	行政级别，虽与省、自治区政府平级，但在实际政治过程中，直辖市政府的政治地位要稍高于省、自治区政府。由于城市管理的特殊性，直辖市政府的机构设置一般要多于省、自治区政府。直辖市政府下辖的区、县政府的行政级别，比一般的区、县政府要高一级，与地级市政府的级别相同
管理权力	直辖市下辖并直接领导县乡两级政府，其领导的下辖区、县政府比省（自治区）级政府领导的区、县政府拥有更多的职权和资源

资料来源：刘君德，范今朝．中国市制的历史演变与当代改革［M］．南京：东南大学出版社，2015．谢庆奎．当代中国政府与政治［M］．北京：高等教育出版社，2003．周平．当代中国地方政府与政治［M］．北京：北京大学出版社，2015．以及《中华人民共和国立法法》《中华人民共和国地方各级人民代表大会和地方各级人民政府组织法》等相关资料。

地级市是中国城市的主体，直接隶属于省级政府，而且下辖县级政府。地级市的行政级别相当于地区行署；除少数副省级城市外，各省会城市一般是地级市，但其政治地位比一般的地级市要高。2015 年修订的《中华人民共和国立法法》规定，设区的市都可以制定地方性法规。"设区的市"为法律用语，而绝大多数设区的市都是地级市；地级市则为行政区划用语。地级市（设区的市）的权限如表 14-10 所示。

表 14-10 地级市（设区的市）的权限

类型	内容
立法权	设区的市的人民代表大会及其常务委员会根据本市的具体情况和实际需要，在不同宪法、法律、行政法规和本省、自治区的地方性法规相抵触的前提下，可以对城乡建设与管理、环境保护、历史文化保护等方面的事项制定地方性法规，法律对设区的市制定地方性法规的事项另有规定的，从其规定。设区的市的地方性法规须报省、自治区的人民代表大会常务委员会批准后施行。除《中华人民共和国立法法》规定的由全国人大及其常委会、国务院及其各部委制定法律法规的事项外，其他事项国家尚未制定法律或者行政法规的，设区的市可根据本地的具体情况和实际需要，可以先制定地方性法规。设区的市的人民政府，可以根据法律、行政法规和本省、自治区、直辖市的地方性法规，制定规章

续表

类型	内容
行政设置	地级市直接隶属于省级人民政府,参照省级人民政府进行机构设置和权力配置,在行政级别上为"地市级"(地厅级);按照我国行政纵向体制中的设置原则,省级人民政府下管一级,即直接管理地级市,地级市政府的职权和资源来源于其所隶属的省级人民政府的授予
管理权力	地级市政府实行"市管县"体制,具有地级行政建制的市领导县,以经济发达的中心城市带动周围农村

资料来源:刘君德,范今朝.中国市制的历史演变与当代改革[M].南京:东南大学出版社,2015.谢庆奎.当代中国政府与政治[M].北京:高等教育出版社,2003.周平.当代中国地方政府与政治[M].北京:北京大学出版社,2015.以及《中华人民共和国立法法》《中华人民共和国地方各级人民代表大会和地方各级人民政府组织法》等相关资料。

县级市在中国城市体系中属于基础城市,其行政级别相当于县。设立县级市需要在人口密度、非农人口规模与比重、经济发展水平、城市公共基础设施发展水平等方面达到一定标准。县级市的权限如表14-11所示。

表14-11 县级市的权限

类型	内容
立法权	无
行政设置	大多数县级市行政级别与市辖区、县等县级行政区平级,并一般由地级行政区管辖,但个别县级市由所在的省级行政区直接管理(称为"省直管市"),该类县级市与地级行政区基本享有相同的政治、经济和社会管理权限
管理权力	县级市一般由省政府直管、地级市政府管辖,县级市政府的行政管理权限比县政府大一些,往往具有"副地级市"的审批权。省里给予县级市明显的政策优惠。县级市政府职能须同时考虑城区、乡村管理,注重协调城乡关系,城市建设是其重点职能之一

资料来源:刘君德,范今朝.中国市制的历史演变与当代改革[M].南京:东南大学出版社,2015.谢庆奎.当代中国政府与政治[M].北京:高等教育出版社,2003.周平.当代中国地方政府与政治[M].北京:北京大学出版社,2015.以及《中华人民共和国立法法》《中华人民共和国地方各级人民代表大会和地方各级人民政府组织法》等相关资料。

副省级市是在国民经济和社会发展中占据重要地位、行政级别享受副省级待遇的特大型城市。与一般城市的区别在于，在国民经济与社会发展计划方面，国务院和国家发改委等主管部门将副省级市视为省一级计划单位。副省级市的权限如表14-12所示。

表14-12 副省级市的权限

类型	内容
立法权	现有的15个副省级市，皆属于省（自治区）所在地的市、经济特区所在的市或经国务院批准的较大的市，因此其市人民代表大会及其常务委员会根据本行政区域的具体情况和实际需要，在不同宪法、法律、行政法规相抵触的前提下，可以制定地方性法规；市人民政府，可以制定规章
行政设置	副省级市仍为省辖市，由所在省的省委、省政府领导。副省级市的市直机关即市直工作部门为副厅级，内设机构为处级；市辖区及其工作部门的级别，比照市直机关相对应的关系确定；副省级市四套班子的正职领导为"中管干部"，职务任免由省委报中央审批
管理权力	在国民经济和社会发展规划上，副省级市拥有省级政府的职权。可以直接与中央、部委沟通，获得战略资源

资料来源：刘君德，范今朝. 中国市制的历史演变与当代改革［M］. 南京：东南大学出版社，2015. 谢庆奎. 当代中国政府与政治［M］. 北京：高等教育出版社，2003. 周平. 当代中国地方政府与政治［M］. 北京：北京大学出版社，2015. 以及《中华人民共和国立法法》《中华人民共和国地方各级人民代表大会和地方各级人民政府组织法》等相关资料。

第二节 "镇改市"：提出、设计与地方实践

设市是一个城市得到"城市身份"认同和相关规划建设管理权限的起点，使城市规模与城市建设的投资规模、生产要素聚集程度和公共服务的供给水平相一致，从而促进城市的健康、科学、可持续发展。为适应社会经济发展，中国经历了撤县设市、县改市、镇改市等阶段，也设置过镇级市、副县级市等。

一、"县改市"与"镇改市"

20世纪90年代，为适应经济发展和行政改革的需要，出现了"撤县

设市"的热潮。近几年，随着国家部委提出合理增设城市建制以来，各地"县改市""镇改市"的积极性又被激活。县改市与镇改市提出的原因在于目前一般"建制市"行政区划体制存在的问题，即"市管县"与"市-县-乡（镇）"体制存在的矛盾与问题（见表14-13）。

表14-13 关于"市管县"问题的代表性观点

代表性人物	主要问题
戴均良	（1）经济利益的矛盾。即市县争利问题。 （2）行政管理的矛盾。市管县体制下，市对县的领导是全方位的具体的领导，县的自主权比地区体制时期不是扩大而是缩小了。 （3）城乡关系的矛盾。市管县体制下，市既要抓城市工作，又要抓农村工作，存在工作不平衡
刘君德、范今朝	（1）经济方面。 1）"小马拉大车"问题：有的中心城市不具备经济条件或领导县过多，超出其实际能力； 2）市管县打破了旧的条块分割，又出现了新的条块分割，束缚了县的主动性与积极性； 3）"三农"工作相对于地区行署时期有所弱化。 （2）行政方面。 1）市管县增加一级政权管理层次，不利于政府机构高效运转； 2）机构、编制膨胀和财政支出加大问题； 3）市县职能定位不清，市县竞争加剧

资料来源：戴均良．行政区划应实行省县二级制：关于逐步改革市领导县体制的思考 [J]．中国改革，2001（9）：38-39．刘君德，范今朝．中国市制的历史演变与当代改革 [M]．南京：东南大学出版社，2015：211-212．

自"市管县"体制推行伊始，就存在很大的争议。而"整县改市（县级市）"作为市管县体制的修正性方案被逐步推行。但"撤县设市"有一些明显优势，但也存在诸多弊端，如表14-14所示。

表 14-14　"撤县设市"的优势与弊端

类别	内容
优势	（1）打破了市县分设、城乡分割、人为割断城乡经济有机联系的局面，利于城乡接合、工农结合，促进城乡经济协调发展。 （2）解决了市县并存、同驻一地的矛盾。 （3）精简了机构，减少了行政编制，节约了经费开支。 （4）使市有广大的农村为腹地，回旋余地大，便于长期发展
弊端	（1）混乱了市的概念，搞得市不像市、县不像县（整县改市扩大了市的范围，市不再是传统意义的"市"）。 （2）市域内农村人口比重过大，城乡概念模糊，出现了"假性城镇化"现象。 （3）造成城郊比例严重失调。 （4）不利于行政区划长远的宏观管理（撤县设市基本思路并不明确，是用市制代替县制，还是县制、市制并存？）。 （5）缺乏对市、县功能差异的认识，"设市热"，设市名不副实。 （6）很多整县改市的县级市，城区管理体制未理顺

资料来源：浦善新等．中国行政区划概论［M］．北京：知识出版社，1995：351-355. 刘君德，范今朝．中国市制的历史演变与当代改革［M］．南京：东南大学出版社，2015：183-184.

随着经济社会的发展与城镇化进程的推进，国内学者逐步提出从农村城镇化、积极发展小城市（镇）和现行行政区划体制改革等角度提出"县下辖市"，对部分区位条件好、经济实力强的镇改设为市，并以此来创新乡镇体制和市制。其代表性观点如表 14-15 所示。

表 14-15　关于"镇改市"的代表性观点

代表性人物	主要观点
田穗生（1989）	为真正有利于为数众多的小城市的健康发展，建议考虑实行设置县辖市。即以县城关镇的城市地区为主，含少量乡村，设置市的建制由县领导。这种市在行政隶属关系上与镇一样受县领导，但享有国家给予市的各种政策，按市的建制设置机构进行管理，由县长兼任市长

续表

代表性人物	主要观点
刘君德（1991）	设立不同等级规模的城镇型政区体系，包括中央辖市、省辖市、县辖市，县辖市为 10 万人以下的小城市
胡序威（1991）	先让已达到城市应有规模和水平的县辖镇设市，对外可直接打出市的牌子，但在行政隶属关系上仍归县领导，属县辖市，市长相当于副县长级
周一星（1999）	保留县，取消县级市，县内有几万人的发达建制镇均设县级市，今后主要"撤镇设市"
杨开忠、顾朝林（1999）	调整县改市模式，实行县辖市体制
胡序威（1999）	对城镇化水平较高的县在设立县级市后可同时保留"县"和"市"两块牌子，市长和县长同兼一身，作为县长主管全县的区域，作为市长主管中心城区与镇区，当县内的某些小城镇发展成为拥有 5 万~10 万人的小城市时，可以设立县辖市
连晓鸣（1999）	随着主管城镇化进入高发期，小城镇开始分化与重组，一批具有要素集聚优势者将逐步提升并发展为中心镇或小城市，提出要以"镇"为重心转换为以"市"为重心，重新构造大中小城市以及乡镇的总体城市体系，县辖市是适应农村城镇化高速发展期的战略措施
魏清泉（2003）	适应城镇化的要求，实施县内设市的制度；同时，对一般乡镇采取"乡镇自治"的方法
张开琳（2005）	针对较发达、有发展前景的中心镇，应该设置与一般建制镇有区别的新的建制：新市镇——县辖市
袁中金（2006）	对市镇制度进行创新，实行县辖市，并初步提出县辖市的条件与方案选择

资料来源：刘君德，范今朝. 中国市制的历史演变与当代改革［M］. 南京：东南大学出版社，2015.

随着城镇化迅速发展，县以下的镇级层面的改革是行政区划体制改革的重点。"镇改市"的设市模式主要有"切块升格""县下辖市"和"变更通名"三种主要模式，如表 14-16 所示。

表 14-16 "镇改市"的三种主要模式

模式	内容	优势	问题
切块升格	按现有方式,"切块设市",把达到标准的特大镇从原来所在的县级政区中划出,单独新设"市"的建制,升格为县级	该模式是现有设市标准中所允许采用的设市方式,实施起来没有法律法规方面障碍	一是涉及利益分割,对经济社会各方面影响较大,实施有阻力;二是推广面较窄,一般只能在县域双中心或多中心的极个别的特大镇推行。无法从根本上解决数量众多的中心镇、特大镇的设市需要
县下辖市	创新市制,在地域型政区的县级政区之下设市;行政区划层级上,与镇、乡平级;赋予其法定的、副县级的管理权限	保持县级政区的稳定,避免"切块设市"所引起的社会波动;同时,县以下的乡、镇、市可以正常进行建制转换,有激励和引导作用;有明确的标准和清晰的程序,可避免某些因素干扰。重要的是,为城乡统筹发展、为小城镇的健康发展,提供了可靠的行政区划体制保证	与目前的法律规定冲突(即市与县平级,县级政区不可辖市),必须在修订相关法规的前提下实施
变更通名	可将符合标准的"镇级市"冠以"新镇"或"城市镇"通名,明确"新镇(城市镇)"的行政地位,享有法定赋予其的副县级的管理权限,可建立类似于"计划单列"的制度,实行小城市规划建设和管理	既不与现行法律矛盾,又可以保持传统县制的稳定,因此具有较强的可操作性	变更通名实际为绕过现有法规的不得已而为之的一种特殊措施,具有过渡性特点,未来仍应加以规范

资料来源:刘君德,范今朝. 中国市制的历史演变与当代改革 [M]. 南京:东南大学出版社,2015:291.

二、"镇级市"与"副县级市"

"镇级市"是镇改市的一种模式,即县下辖市,其地位与乡镇相当。早在民国时期,广东省就进行了给经济强镇"扩权设市"的尝试,设置过8个市级镇。1953年,国家取消了县辖市。除少部分县辖市升格为地辖市(县级市)外,绝大多数改为镇。而后,"镇级市"的提法与改革则以温州市的"镇改"为标志。2010年2月,温州市提出把乐清市柳市镇、瑞安市塘下镇、永嘉县瓯北镇、平阳县鳌江镇、苍南县龙港镇这5个试点强镇建设成为镇级市。"镇级市"是县下辖市的一种模式,尽管其与镇、乡并列,但具备"市"的管理权限,相当于计划单列,仍隶属于县级政区之下。当然,针对"镇级市",也有观点指出要注意此处的"市"不是行政级别概念,而是功能概念。即是以"镇"来建设小城市。建设适应城镇化、市民化和现代化的小城市,才是镇级市的真正含义。

目前,国内还没有"副县级市"的正式提法。只是在特大镇设市改革的过程中,有学者在"县下辖市"中提出"副县级市"的设想。近年来,江苏省、浙江省、广东省的一些特大镇启动了新的设市改革,如浙江省宁波市有9个镇成为浙江省小城市培育试点。有学者主张,特大镇改市,则由县管,即县辖市。但县下所辖的"市",是否应该有级别?或有什么级别?其指出:"这个县管市,……,如果要有级别的话,就是副县级市。"副县级市的本质是县管市。如果是县级市,就需要将其从所属的县独立出来;但如果是镇级市,则矮化了"特大镇"。因此,恰当的方式是建立县下辖的"副县级市"。

无论是"镇级市"还是"副县级市",都是在不改变原来隶属关系的情况下进行的改革。在保持县级镇区稳定的情况下进行建制转换。其核心是赋予改市的镇以相应的城市管理权限,即在土地使用权、财政支配权、行政审批权和事务管理权等方面进行放权,让有条件的镇级政府承担起城市建设的职能,并且有镇级政府承担县级管理的责任与能力,解决特大或中心城镇"责大权小"的问题,推动城镇向城市转型,同时为市民化增加城市数量供给，增加城市空间。

"小城市是中国城镇体系的最大短板。"据统计，2014 年，中国 20 万人以下的城市只有 240 个，并且比 1998 年的 379 个负增长 130%。小城市数量有限，严重制约了城镇化与市民化。因此，要实现就近城镇化与在地市民化，就需要增加城市供给，尤其是需要更多小城市。通过市制改革，尤其是通过在县下设市，推动城乡统筹发展与城乡一体化进程，实现农民的就地市民化。

三、镇改市的中央设计

2004 年 2 月，建设部（现住建部）、国家发改委、民政部、国土资源部、农业部、科技部共同发文，确定全国重点镇 1887 个。全国重点镇是当地县域经济的中心，承担着加快城镇化进程和带动周围农村地区发展的任务。2013 年 8 月，七部委决定对 2004 年公布的全国重点镇进行增补调整，重点镇增至 2500 个以上。

2014 年，国家发改委等 11 部门下发了《关于开展国家新型城镇化综合试点工作的通知》及《国家新型城镇化综合试点方案》，提出"按照城市设置与简化行政机构联动原则，在符合行政区划合理调整的前提下，选择部分有条件的地方进行撤镇设市设区试点，优化行政层级和行政区划设置，积极借鉴发达镇行政体制改革试点的经验，探索更加精干、高效的组织架构和行政体制。推进扩权强镇改革，促进这些镇更好地吸纳人口、增强经济实力，实现经济社会更好更快发展，充分发挥其在新型城镇化建设中的示范带动作用"。

2016 年，中共中央办公厅、国务院办公厅印发了《关于深入推进经济发达镇行政管理体制改革的指导意见》，强调"扩大经济社会管理权限，探索建立简约精干的组织架构、务实高效的用编用人制度和适应经济发达镇实际的财政管理模式"。文件指出"符合法定标准、具备行政区划调整条件，且行政管理体制改革成果显著的经济发达镇可稳妥有序推进设立市辖区或县级市工作"。

2016 年，《国家发展改革委关于加快美丽特色小（城）镇建设的指导意见》提出，在特色小城镇建设过程中，要"深入推进强镇扩权，赋予镇区人口 10 万人以上的特大镇县级管理职能和权限，推动具备条件的特大镇有序设市"。

2017 年 3 月，国务院政府工作报告提出要"支持中小城市和特色小城镇发展，推动一批具备条件的县和特大镇有序设市"。

四、镇改市的地方实践

近年来，我国一些省份特别是东部沿海省份，涌现出一大批人口聚集规模大、经济实力突出、地方财力雄厚、发展势头迅猛的建制镇，其中一些特大镇已相当于小城市甚至是中等城市的规模；但在行政区划体制上，仍属于镇一级建制，在机构设置、人员编制、城市管理、市政建设以及规划计划、财权事权等方面，均难以与小城市发展的要求相匹配，这样就限制了小城市的正常发展，阻碍了新型城镇化战略与城乡统筹发展的顺利实施。但由于在现实操作层面上，推行"整县改市"已不现实，东部很多地区进行了"中心镇""重点镇"设市的探索。设市的重点转到县以下的中心镇，选择其中符合条件、达到标准的中心镇，选择适当的设市模式予以设市。

浙江省是最早进行小城镇综合试点改革的省份。1994 年 11 月，浙江省就开始进行小城镇综合改革试点，提出建设 100 个现代化的小城镇。而在 1995 年全国 57 个综合试点的小城镇中，浙江省就有 6 个。1998 年，浙江省确定了 112 个综合改革试点镇，其中全国试点镇 28 个。2000 年，浙江省确立了 136 个省级中心镇，并把择优发展小城镇作为这一阶段综合改革的主要目标。2005 年 11 月，浙江省开始试点"中心镇培育工程"，即"强镇扩权"，率先在绍兴市杨汛桥镇、钱清镇等实行中心镇培育试点。随后几年，浙江省先后出台了《关于加快推进中心镇培育工程的若干意见》（2007）、《关于进一步加快中心镇发展和改革的若干意见》（2010）、《关于开展小城市培育试点的通知》（2010）、《浙江省强镇扩权改革指导意见》（2010）等一系列支持和加快中心镇培育、发展和改革的文件。浙江省小城镇发展与镇改市的探索经历了由"中心镇培育""中心镇发展"到"小城市培育"的转变。2016年年底，浙江省共进行了三批小城市培育试点。

江苏省在1999年、2000年分别出台了《关于进一步加快小城镇建设的意见》《省政府关于推进小城镇建设加快城镇化进程的意见》等文件，提出抓好200个左右的重点中心镇建设。2005年，江苏省将省级中心镇的数量优化为100个左右。2006年，江苏省公布了南京市浦口区汤泉镇等98个镇为省重点中心镇的名单，并提出要加快推进重点中心城镇的发展。

广东省在2000年出台了《关于推进小城镇健康发展的意见》，提出重点建设300个左右的中心镇。2003年，广东省又出台了《关于加快中心镇发展的意见》，并提出从规划编制和管理、产业引导、拓展建设资金渠道、土地政策倾斜、户籍制度改革和管理体制改革等六个方面推进中心镇发展。2010年9月，广东省发布了《广东省中心镇名单》。在2014年发布的《国家新型城镇化综合试点方案》中，确定了广东省东莞市虎门镇和长安镇开展撤镇设市设区试点，赋予县级管理权限，重点解决"小马拉大车"问题。主要做法包括：①提高行政级别，减少行政层级。新型设市后，不简单复制县一级的行政模式，不配齐四套班子，不下设街道办事处，继续实行扁平化管理。②优化机构设置，控制不增编制。拟将市直部门派驻机构与政府内设部门整合为若干个工作部门。同时，不增加机构和人员编制。③赋予县级权限，推动事权下放。梳理新型市权责清单，进一步简政放权，直接赋予虎门、长安县级管理权限。

海南省在推进中心镇建设和"镇改市"探索上具有明显的体制特色。海南省自1988年建省以来就实行省直管市县体制。因此，行政区划体系的改革和创新是海南省体制机制改革中的重要一环。在2011年2月通过的《海南省国民经济和社会发展第十二个五年规划纲要》中，海南省提出"省域中心城市—区域中心城市—县城镇—中心镇"的四级城镇化空间体系，并提出旅游风情小镇建设，规划建设100个左右的中心镇，促进大中小城市和小城镇协调发展。在完善省直管市县体系化方面，提出"乡镇机构改革的重点要放在大力增强乡镇社会管理和公共服务职能上，对具备一定人口规模和经济实力的中心镇赋予必要的城市管理权限"。

另外，四川省在《四川省人民政府关于深入推进新型城镇化建设的实施意见》提出，"在法律法规允许的前提下，赋予镇区规划人口 3 万人以上的中心镇部分县级管理权限"。

为扩大经济社会管理权限、完善地方政府职能，推进基层治理体系和治理能力现代化，中央在宏观层面上进行顶层设计，推进中心镇、重点镇建设和改革，并有序推动镇改市（区）的试点工作；同时，地方政府也在积极探索中心镇、重点镇发展的新模式。可以说，中央有推动镇改市的政治意愿，地方有推动镇改市的内在冲动。无论是中心镇还是重点镇建设，无论是特色小镇还是特色小城镇建设，无论是中心镇培育还是小城市培育，无论是扩权强镇还是镇改市，都说明作为一级治理单位的镇在城镇化进程、基层治理转型与国家治理中的地位和改革需求越来越突出。中央的设计提供了镇改市的政治资源，地方的探索累积了镇改市的实践经验。"镇改市"是中心镇或重点镇改革的方向，但是改为"县级市"还是"镇级市"，抑或其他模式，需要我们更加深入的分析探讨和科学的政策设计。

第三节　发达国家设市制度的主要经验和做法

市制既是各国地方行政区划体系的重要组成部分，也在推动城市进步方面扮演着重要作用，还是调整中央与地方关系这一国家治理的重要结构性主题的关键工具。尽管各国的市制设置没有统一的模式和标准，但以比较的视角分析各国市制的基本形态、特征和经验总能为中国当前的市制改革提供有益启示和借鉴。

一、美国的市制

美国的行政区划设置是多中心治理体制的代表。市、镇通常是基础地方自治单位。在联邦制体制下，美国的州政府并不是最高一级的地方行政区划。县（county，又译为"郡"）作为州政府的代理机构，是美国州以下的最高行政区域，纯粹是州政府为了行政管理的需要而设立的行政单位。在县以下的建制行政区划包括市（city）、镇（town）和村（village），以及学区、消防区、公园区等行使单一功能的特别区。从严格意义上讲，县制和市制属于不同的体系。美国的市是一种市政自治体或地方自治单位，是由指定地区的人们联合起来建立的一个政府，它没有立法权，而是协助州政府来管理地方和社区事务。城市地区也可以根据当地居民的自愿申请，经州议会审议并颁发特许状设立城市。同时，市设立后并不从县内划出，但具有更多的自主权。另外，县和市在行政区域上存在重合和交错，一个市辖区可能会跨越多个县。这也被形象地描述为美国地方政府的"巴尔干化"。截至2012年，美国50个州，共有县3031个，市19519个，镇16360个，学区12880个，特别管理区38266个。从数量上来看，美国地方政府的总数超过9万个，全美共有规模不等的城市19519个。因此，美国城市的管辖区面积都不大，通常大都市区存在多个市政府。

而美国各州的市制并不统一，城、镇的规模由各州的法律自行规定。通常市的规模要大于镇的规模，但由于缺乏统一的衡量标准，市与镇之间并不存在清晰的界定，各州的城镇规模标准大不相同。例如，伊利诺伊州规定人口超过2500人可以升格为市，但不少的市的人口在该标准之下。

可见，美国的市镇制度具有以下特征：一是地方行政区划设置的多样化。州以下的地方政府形式多样，既有市、镇等城市政府，也有行使单一职能的特别区。二是地方行政区划体系的扁平化。县以下直接管辖市、镇及特别区，市、镇及特别区就是最基层的地方治理单位。同时，有的州以下设特别市，并不隶属县。三是行政区域的重叠化。美国地方政府数量众多、类型繁杂，也使得地方行政区域呈现碎片化、分散化与交错重叠的特征。四是由于各州具有相当大的自治权，使得市、镇设置的标准差别较大，具有明显的地区特色和区域差异。

二、日本的市制

日本的市制包括区域（都、道、府、县）和聚落（市、镇、村）两套地方政府行政管理制度。两套制度"在充分发挥地方发展自主性和城市经济增长方面均发挥了积极作用，满足了国民经济高速发展的需要"。都、道、府、县作为第一地方行政区，在下设市、町、村。市和町作为城市性质的基层政权。经过多次市町村合并，町和村的数量持续下降，市的数量则不断增加。2010 年，市的数量首次超过町的数量。2013 年，日本的市的数量为 789 个，町的数量为 746 个，村的数量为 184 个。在日本，按照人口规模，"市"划分为政令指定市（超过 70 万人）、中核市（超过 30 万人）、特例市（达到 20 万人）和普通市（5 万人以上）。

按照日本《地方自治法》，地方政府主要负责增进居民福利、自主且综合地安排和实施本地域的行政工作。都道府县主要承担区域性及"市町村"不能单独解决的事项，而市町村作为基层自治实体，则承担与居民生活相关的事务。在国家与地方、地方与地方的权力关系上，按照 2000 年实行的《地方分权一揽子法》，除"法定受托事务"，国家或都道府县还保留对市町村的同意、许可和指示等上下级关系外，国家对市町村没有指挥监督的权力，而"都道府县"与"市町村"之间也是对等关系。

日本的市制主要有以下特点：一是地方行政区划层级的简化，并注重调动"地方公共团体"的积极性。日本在地方行政区划体系中包括"都道府县"与"市町村"两套制度，市町村均作为直接面向居民提供服务的地方自治单位，并无隶属关系，因此地方行政层级相对精简。同时，国家尊重地方政府的自主治理权，权力关系是对等的。二是设市标准的简单化。人口的规模和比例是日本设市的最重要甚至是唯一标准。同时，日本《地方自治法》对地方公共团体的设置进行了统一规定。这决定了日本市、町的设置标准相对统一。三是市町等"建制市"数量庞大。与狭小的国土面积相比，日本市町的数量超过 1500 个，可谓数量庞大。可见，日本市制的一个重要特征在于它是按照人口划分为较小的地方治理单元。

三、德国的市制

德国是具有悠久联邦传统的国家。州以下为地方政府。地方政府一般由两个层级构成，即作为地方政府最基层的乡镇和乡镇之上的县。而当一些较大的城市满足一定要求（超过 10 万人，且地位重要）则可设为"市"。截至 2009 年，在德国 12011 个基础行政区（乡镇）中，有 2073 个获得了市的称号。德国行政区和不分区的州下分为 301 个县和 111 个自由市。从行政层级来看，自由市相当于与县平级的行政区划。但较大的城市要升格为自由市的标准在各个州并不一致。

总体而言，德国对"市"和"镇"并没有明确的区分，而是以"城镇"予以统称，并且依据人口规模划分为小镇、小城镇、中等城镇、大城镇和特大城镇。在市制的特征上呈现以下特征：一是实行小县小乡镇制。二是县市职能的双重性。县市既是隶属于州的行政区划单位，又是享有高度地方自治权的地方实体。三是作为最基层治理单元的乡镇，虽然是县市的组成部分，但在职权和组织上完全独立。它们在宪法的范围内，对地方的一切事务自立自主地作出决定。

四、法国的市制

法国的行政区划体制实行"大区—省—市、镇"三级制。大区包括数个省，是最高政区单位。省是比大区低一级别的行政区域。但省的职责范围经常与大区重叠。法国是传统的单一制国家。中央对地方的人事和财政进行较强的控制。因此，法国各省的省长皆由中央任命，是中央在省的代表，执行中央委托办理事项。大区主席则由大区所在省的省长兼任。市（镇）则是法国最基层的行政和地方自治单位。除巴黎市外，法国其他的市镇都拥有同样的行政结构及法律制度。法国大多数市镇的人口规模都较小。为解决城镇规模过小、公共服务供给不足和跨界事务等问题，法国许多市镇建立了不同层次的共同体，如城市共同体〔人口至少达到 50 万，且至少一个市（镇）的人口超过 5 万〕、城郊共同体（总人口在 5 万以

上。中心市镇的人口应该在 1.5 万以上或是省会所在地）和市镇联合体
［市（镇）具有地域联系性］。

法国的市制设置在保持中央政府对地方的控制时，也开始进行地方自
治改革。特别是颁布了扩大地方权力和自由的法案后，地方政府的权限明
显扩大。总体来说，法国的地方行政区划体系具有典型单一制国家的结构
特征。

五、小结

由于政治经济条件、社会文化差异与制度背景，不同国家在市镇制度
的层级结构、类型设置、管理体制等方面都存在显著差异。但差异性的存
在并不影响我们对规律性与通用性的把握。总结而言，上述主要国家市镇
体制的实践和演变对我们有以下启示：

一是市制设置的多样化。无论是不同国家之间，还是一国内部，市制
设置都是充满复杂化和多样性的。比较不同国家的市制模式，我们发现，
很少有国家能够用一种单一模式来进行行政区划的设置，而必须进行多样
化、多中心的市制安排。例如，在美国除了市、镇等成建制的行政区，还
包括形式多样、功能专一的特别区；同时，县、市还存在地域交错和交叠
管辖。

二是市制是动态调整的。大多数国家的市制都不是一成不变的，而是
处于动态调整之中。市制在保持总体稳定的情况下，随着经济社会发展，
会进行再设置和调整，并服务于公共事务管理、公共服务供给和城市治理
等需要。

三是城市数量众多。从地域性质来看，"市"和"镇"并没有明显区
别，均属于城市型政区。许多国家在县（郡）下设置的镇级别的行政区都
纳入建制城市的序列。因此，在美国、德国、日本等国存在"县下辖市，
数量众多"的特征。

四是弱化行政等级，注重公共服务。西方国家不同地方政府间的隶属
关系较弱，各级地方政府通常作为自治的地方治理单位而存在。在法律地位

上，这些地方政府是对等的，相互之间无隶属关系，只是人口规模、职能范围的差异。在这一意义上，城市的区域性概念则优先于行政等级概念。而市的设置更多是基于公共服务的供给，以及区域之间的协调和合作。

五是设置标准的简单化与行政区划层次的扁平化。尽管各国乃至各国内部各地区进行市镇设置时的标准并不统一，但通常把人口因素作为市制设置的首要或唯一因素。同时，为激发地方政府活力与促进地方自治，设市的要求和标准也偏低。而行政区划的层次也力求简单和扁平化，三级制或两级制是较为普遍的模式。

六是通过市制改革，特别是多样化的城市设置快速推进城镇化和市民化进程。通过市制创新，从行政体制和管理体制方面赋予镇级市较大的城市管理权限，为释放城镇化与市民化潜能创造城市空间。

第四节　"镇改市"的规模设定及实施思路

市制改革是中国深化改革的重要内容，也是推进市民化的重要途径。中国市制改革的总体思路是：通过增加小城市供给，构建多模式、多层级与多中心的市镇体系，渐次推进市制改革，推动行政区划建制的多元化，充分释放地方政府活力，为推动新型城镇化与市民化提供空间支撑与体制保障。

一、主要目标和基本原则

市制改革的重点是减少市的层级与弱化市的级别，逐步形成"直辖市—省辖市—县辖市"的三级市制体系，通过镇改市以增加城市供给数量，实现市制设置与释放地方活力，促进地方经济发展，完善公共服务，与促进地方治理现代化相适应。

（1）多样化原则。未来县域治理中的区划制应向着多元化发展，构建多中心的地方治理体制，即县下面有乡、镇、市（镇级市），并且要通过行政建制的调整来推进基层治理的变革，逐步向多元共治、基层自治发展。在市制模式的选择上，要避免"制度万能药"，积极探索"撤县设市""撤镇设市"和"县下辖市"适用的情境，同时推进三种模式组合，因地制宜选择不同的设市模式。

（2）差异化原则。"镇改市"要遵循差异化逻辑，而非单一化路径。东、中、西部的地域差异、经济发展水平的不同，各个省市的城镇化程度差异，决定了不能将"镇改市"片面化与单一化。例如，尽管西部有的镇远超过 10 万人，但并没有支撑城市发展的产业基础与基本条件，这些镇改为市可能并不合适。镇改市需要构建科学完善的镇改市指标体系，指标体系应不仅限于人口指标，还应该包括经济状况、基础设施、城镇化水平、公共服务等指标，强化"镇改市"的指标约束。因此在建制调整中必须审慎仔细地评估。"镇改市"究竟采用哪种模式，则要充分考虑地域特征、经济发展水平、与县和其他乡镇的关联程度等。一镇一议，区别对待，避免"一刀切"。

（3）减少政区层级与弱化行政级别。未来中国的市制改革要逐步减少行政区划层级，逐步向省—县—乡三级基本政区发展。将市分别纳入省辖或县辖，即省辖市或县辖市，市不再作为介于省和县之间的中间层级，而是直接面向城市居民的地方治理实体。

（4）地方自主性与中央能动性之间的平衡、下级的自主性与上级的能动性之间的平衡。市制改革要在动态调整中，充分调动"两个积极性"。既要发挥中央政府或上级政府在顶层设计、宏观规划与统筹协调方面的能动作用，又要赋予地方充分的管理权限，对条件成熟的镇下放一部分市级政府的权力，赋予其较大空间的地方自主权，激发镇的自主性与活力。

二、设市标准规模门槛的设置

中国城镇化的高速成长，以及城市的健康、科学发展需要在新的形势下实施设市标准改革，推出新的设市标准。而纵观国外设市标准可以发现，各国的设市标准中主要涵盖五个基本要素——人口规模、人口密度、行政区划、职业构成及城市设施，如表 14-17 所示。同时，人口规模是其基本标准，世界上有 80 多个国家和地区的设市标准中包含人口规模指标，其中单以人口规模作为设市标准的国家就有 50 多个。因此，中国的设市标准也可以参考以人口规模作为设市的基本标准。

表 14-17 各国城市设置标准中使用的指标归类

标准分类	含义
人口规模	人口的数量和集聚程度
人口密度	单位地域空间内聚居人口的密度高低
行政区划	以政府的规定或立法宣布的结果作为划分城市的标准
职业构成	将人口职业的构成，尤其是从事非农业生产的人口比例作为划分城市的标准
城市设施	建筑物间隔、相连市镇数、地址密度等

建制镇的规模效率反映的是建制镇的规模与其生产部门的经济效益之间的关系。在现实中，由于投入产出关系复杂，我们很难将生产部门的成本和收益因素进行综合的考量。因此，本书拟采用经济活动的基本要素，即资本、土地和劳动力在不同规模的建制镇之间的投入产出效率来衡量建制镇的规模效率。

设一个城镇的人口数量为 M，投资为 TK（包括基础设施投入 IK，公共产品投入 WK，生产性投入 PK），国内生产总值为 GDP，建成区面积为 A，非农业就业人口为 TL，则理论上有方程

$$G_i(m) = g\left(\frac{GOP_i}{TK}, \frac{A_i}{M_i}, \frac{TL_i}{M_i}\right)$$

式中，i 为某一规模等级的城镇；$G_i(m)$ 为该级规模城镇的规模效率值。测定不同规模的建制镇效率的高低，即转化为一个研究具有相同类型决策单元的相对有效性的问题。数据包络分析（data envelopment analysis），简记为 DEA 方法，是当前研究这类问题的广为运用且有效的方法。该方法由著名的运筹学和管理学专家查恩斯（A. Charnes）等于 1978 年创立，之后得以迅速发展，成为研究具有相同类型决策单元的相对有效的方法，同时也是处理多目标决策问题的理论上较为完备的手段。但是，DEA 模型在有效性评价中的问题在于，在进行多方案决策与优选时，常常出现几个有效的方案，甚至所有的方案都是 DEA 有效的情况，致使我们很难客观选

择出更合理的方案。基于此，有些学者借助系统论与信息论中关于熵的理论，提出和建立了熵-DEA模型和熵-DEA有效性的概念。有学者在其论文《我国城镇的合理规模及其效率研究》中运用此方法，基于国家统计局等11个部委1996年对全国1034个建制镇的抽样调查资料，对建制镇的规模效率问题进行了实证分析。因此，本书试图运用同样的方法，来衡量中国当前建制镇的规模效率。熵–DEA方法的表述如下：

假设有 n 个可行方案，表示为 n 个决策单元 (X_1, Y_1)，(X_2, Y_2)，$\cdots$，(X_n, Y_n)，共有 m 个投入指标，s 个产出指标，于是 n 个方案构成的可行集为

$$T = \left\{ (x_1, \cdots, x_m)^T > 0, \ Y = (y_1, \cdots, y_s)^T \right\}$$

在 T 集合中使得

$$H(x, y) = \left(\sum_{i=1}^{m} e^{kx_i} + \sum_{j=1}^{n} e^{ky_i} \right)$$

式中 $H6$ 越大，其有效性程度就越高。

三、设市标准调整对中国城市体系规模结构的影响

如果以镇区人口5万人的规模标准设市，中国的城市数量和体系规模结构将发生巨大变化。2009年，中国现有城市654个，而镇区人口规模在5万人以上的建制镇共有809个，其中10万人以上的为192个，5万～10万人的有617个。以新的设市标准为指导，中国将有809个新城市诞生，加上已有的654个城市，中国的城市数量将达到1463个城市。参照日本的城市发展情况，日本在1950—1955年实现了城镇化水平从37.3%到56.1%的飞跃，城市个数由254个增至496个，增加了近一倍。依此，中国的城市数量由654个增加为1463个是合理的。

在城市数量大量增加的基础上，中国城市体系的规模结构也将发生变化。如表14-18所示，与2009年的城市体系规模结构相比，中国小城市的数量剧增，达到1059个，占72.4%，城市人口为10030.88万人，占24.5%，相较于设市前的264个和3785.9万人，小城市的数量显著增加，

城市人口迅速提升。

表 14-18　大量设市后中国的城市体系规模结构

人口规模	城市		人口	
	个数	比重/%	人口数量/万人	比重/%
≥100 万人	59	4.0	17014.21	41.5
50 万~100 万人	89	6.1	6233.42	15.2
20 万~50 万人	256	17.5	7704.62	18.8
10 万~20 万人	381	26.1	5382.81	13.1
<10 万人	678	46.3	4648.07	11.4
总计	1463	100.0	40983.13	100.0

从设市前后的城市等级规模分布模型来看，如表 14-19 所示，与 2009 年设市前的等级规模分布相比，大量设市后形成的等级规模分布更加合理，城市人口分布在各个等级的城市中，中小城市的发育相对更为成熟，力量有所壮大。图 14-1 为设市前后中国城市体系规模结构的金字塔，可见，设市后中国的城市等级规模分布更符合金字塔图，结构更加合理。

表 14-19　设市前后等级规模分布模型的变化

设市前	设市后
$P \times I^{0.938} = 298538261.9$	$P \times I^{0.934} = 322106879.1$
$R^2 = 0.942$	$R^2 = 0.988$
说明：P——城市规模；I——城市所在的序列号；R^2——回归的相关系数	

资料来源：根据《中国城市建设统计年鉴 2010》数据计算而得。

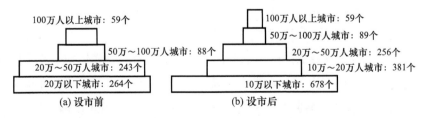

图 14-1　设市前后中国城市体系规模结构的金字塔

四、设市标准规模门槛的实证分析

以江苏省为主要分析单元进行实证分析。长期以来,江苏省的建制镇发展一直都走在全国前列,其整体发展水平较高;另外,省域内不同地区之间也存在着较大的差异:苏北地区经济欠发达,建制镇的发展也相对落后;苏中地区整体已进入工业化推动时期,建制镇正处于迅速发展的时期;而苏南地区经济基础较为雄厚,建制镇发展态势良好,相互之间协作也不断增强,建制镇的发展已成为推动城镇化的重要力量。这种省域内发展的巨大差异与中国东、中、西部地区的发展差异存在着很大的相似性。因此,以江苏省的建制镇为蓝本,分析中国建制镇的规模效率问题,从而求得中国城市设置标准的规模门槛,具有一定的指导意义。

本书选取 5 个指标来反映建制镇的要素配置效率:人均城镇固定资产投资额①、人均用地②、土地产出率③、二、三产业就业人员比重④和人均财政收入⑤。以下采用的数据均来自《江苏统计年鉴 2010》。

为便于分析,本书将小城镇的规模等级按照镇区人口规模分成 6 个等级:5000 人以下,5000~10000 人,1 万~3 万人,3 万~5 万人,5 万~10万人和 10 万人以上。其各项指标的计算结果如表 14-20 所示。

---

① 人均城镇固定资产投资额表征资金的利用效率,为城镇固定资产投资额与镇区人口之比。由于中国的统计体制中未对建制镇的固定资产投资情况进行统计,文中的人均城镇固定资产投资额选取的是建制镇所在的区(县)的数据。

② 人均用地表征土地的利用效率,为建制镇的行政区划面积与镇区人口之比。

③ 土地产出率表征土地的利用效率,为 GDP 除以土地面积。由于缺乏建制镇的 GDP 数据,本书选取财政收入作为替代。

④ 二、三产业就业人员比重指代劳动力的利用状况,为二、三产业的就业人口占建制镇总人口的比重。

⑤ 人均财政收入为综合性的产出指标,是建制镇财政总收入与镇区人口的比值。

表 14-20　不同规模等级投入产出指标的计算结果

方案编号	人口规模	人均固定资产投资额/(万元/人)	人均用地/(公顷/人)	就业比重/%	人均财政收入/(万元/人)	土地产出率/(万元/公顷)
1	5000 人以下	1.050	1.796	0.306	1.531	0.852
2	5000~1 万人	0.997	1.027	0.320	0.826	0.805
3	1 万~3 万人	1.150	0.495	0.383	0.953	1.925
4	3 万~5 万人	1.447	0.249	0.451	1.028	4.122
5	5 万~10 万人	2.174	0.121	0.556	1.517	12.513
6	10 万人以上	1.343	0.081	0.500	1.106	13.656

根据熵–DEA 方法的测度公式，取 $k=1$，可得

$$H_1 = e^{-1.050} + e^{-1.796} + e^{0.306} + e^{1.531} + e^{0.852} = 8.84$$

$$H_2 = 6.63$$

$$H_3 = 11.84$$

$$H_4 = 67.09$$

$$H_5 = 271802.25$$

$$H_6 = 852194.77$$

因此，有 $H_6 > H_5 > H_4 > H_3 > H_1 > H_2$。计量结果说明三点问题：第一，建制镇的效率随规模的增加而呈递增态势，规模在 10 万人以上的建制镇的效率最高，其次是 5 万~10 万人，第三位的是 3 万~5 万人。这也说明培育建制镇，促进建制镇中人口的集聚和规模的递次升级，可以提高建制镇的效率。第二，建制镇的规模效率在 5 万人以下时呈现缓慢的递增趋势，而在 5 万人以上时效率有了极大的提升，因此可以认为，人口规模在 5 万人时是建制镇规模效率急剧提升的临界点，这个人口规模可作为设置城市时的门槛规模。第三，建制镇的规模在 5000~10000 人时效率最差，这可能与其资金利用效率较低有关。

基于此，中国设市标准的改革的基本思路在于：重启设市工作，简化、降低、统一设市标准，以镇区人口 5 万人作为设市的规模门槛。

五、实施步骤与具体思路

从总体上讲，中国市制改革在于完善市、镇设置，推进有条件的镇有序设市，构建科学合理的市制体系。而在市制改革的具体实施中应遵循以下逻辑和步骤：改革策略遵循由地方试点到全面推广；改革模式由"撤县设市"向"撤镇设市"转变；改革层级由"县辖市"向"县辖市"与"省辖市"配套拓展；改革区域由发达地区向全国范围扩展。

（1）改革策略：地方试点→全面推广。市制改革，特别是镇改市，涉及中国行政区划体系的调整，也是地方治理的重要转型。因此，推进市制改革要遵循渐进的策略，将地方试点与中央统筹谋划、政策引导相结合，各省市要探索适合省情、地情的市制改革模式与道路。在中央层面进行全国设计，在省级层面进行宏观谋划，各地方特别是进行全国试点的中心镇（重点镇）可以根据自身实际和特色进行探索，选择既有利于镇域发展，又能有效平衡镇与镇、镇与县之间利益和关系，还能够不造成机构和人员膨胀、政府开支增加的模式。

（2）改革模式：撤县设市→撤镇设市。推进市制改革要避免"一刀切"，即整齐划一推行"撤镇设市"。要探索适合不同地区、不同镇的合理模式。从20世纪80年代以来，撤县设市是中国市制改革的主要模式。因此，在控制县改市总量的前提下，重点推进符合升格为地级市或县级市的镇设为市。同时，随着中国城镇化进程的深入推进，一方面，镇在国家治理中的作用越来越凸显，另一方面，镇的人口、经济发展水平、产业集聚都形成一定规模，因此，镇改市将是未来一段时间市制改革的重点。那么，切块升格模式将不是主流，县下辖市是未来市制改革的主要模式。

（3）改革层级：县辖市→县辖市与省辖市配套。推进市制改革特别是镇改市的重要意义在于，推动中国地方行政区划体系的调整，理顺地方政府间的层级关系。一方面，推动镇改市或县下辖市，可以将与省管县改革相配合，逐步取消地级市管理县的功能。另一方面，有利于实现市政府功能向经济社会资源的主要组织者和公共物品供应者的角色回归。最后形成

"省（直辖市）—县（地级市）—乡镇（县辖市）"的地方政府体系。

（4）改革区域：发达地区→全国范围。实行市制改革，特别是推进"镇改市"，可以在沿海、沿江等经济发达、城乡差异较小的地方，选择不同类型的地区进行试行"镇改市"，特别是探索总结"县下辖市"的经验。东部有条件的地区，既可以将符合升格为地级市条件的镇，通过切块升格，将多个镇合并升格为地级市；也可以将经济发达、独立性较强的镇改为县辖市，赋予其相应的市级管理权限。而在西部地区，可能有的中心镇人口规模满足了设市要求，但经济发展和公共服务水平还较弱，那么可以采用变更通名的方式，明确"新镇（城市镇）"的行政地位，享有法定赋予其的副县级的管理权限，实行小城市规划建设和管理。而后再在总结不同类型地区、不同改革模式的基础上，在全国范围内进行镇改市的推广。

设市的具体思路包括以下几个方面：

第一，因地制宜确定镇改市模式。地区发展的差异性与特殊性决定了推进市制改革要遵循差异化逻辑。不同地区、不同类型的镇需要选择不同的改革模式。在改革中不断总结不同改革模式的适用情境，依据不同地域特征和产业特点，制定改革方案和工作重点。

第二，合理确定镇改市设置的标准，构建完善的指标体系。构建科学的镇改市指标体系应该包括人口类、经济类、基础设施类、社会类指标及其他定性指标，同时考虑东、中、西部在人口密度、经济水平、产业规模等方面的地区差异。为释放地方活力，扩大地方自主权，在进行指标约束时，可以对一些指标进行适当放松，比如经济发展与社会服务类指标。另外，构建完善的指标体系并不意味着将其复杂化，而是设置少量关键性指标将其简化。

第三，市制改革特别是推动镇改市，其关键是进行体制创新。推动市制改革，特别是镇改市设立县辖市，不是对原来县级行政模式的复制，而是减少行政层级，进行扁平化管理，同时尝试进行大部门体制改革，优化机构设置，控制人员和编制，防止因镇改市而出现机构人员的过度膨胀。

第四，市制改革要弱化行政级别，强调公共服务。"市"归根结底是一个区域概念，是一个公共服务区域、经济发展区域与社会服务区域。在中国的行政区划体系中，"市"被赋予相应的行政级别，被视为高于县、乡镇的行政概念，也被赋予了多于县与乡镇的管理权限。除少数大城市外，镇改市不是为了增加一级中间层行政建制，而是改为一级基层政府。未来的市制改革在减少行政区划层级的同时，要逐渐淡化"市"的行政级别，强调市在提供公共服务、整合经济社会资源与促进社会自治等方面的职能，更加强调市在直接面对城市居民时的回应能力与公共服务水平，建构服务型政府。

第五，市制改革特别是"镇改市"的重点是提升地方政府治理能力。"镇改市"意味着由经营农村向治理城市的转变。因此，进一步推进城镇化发展，强化基层"镇府"城市管理职能，提高其治理能力与水平是未来基层市制改革的重点任务。

第六，推进市制改革，要注意防止"设市热"，避免"镇改市"沦为地方官员扩充政治资源的投机行为。对镇而言，无论是实行哪种形式的镇改市，都意味着管理权限的扩大。但镇改市可以不提高镇的行政级别，而是采用干部高配的形式，或还是保留"县辖市"为乡镇级，防止因镇改市而出现新一轮的设市热和机构升格热潮。

第七，要消除市制改革的制度障碍。毫无疑问，推进市制改革，进行地方区划调整，是对目前相对稳定的行政区划体系的突破。但行政区划体系稳定性并不意味着其科学性、合理性和高效性，特别是在中国经济社会发展与城镇化深入推进的背景下。市制改革面临法律依据、城乡二元户籍以及行政审批等一系列制度约束。一方面，要鼓励地方特别是条件成熟的镇进行试点，并进行制度创新和改革；另一方面，要构建更加完善的促进镇改市、小城镇发展的支持制度和引导政策。在制度建设方面，中央可以设置"镇改市"的否决条件或负面清单，即明确不设市的情况，其余情况下，只要满足相应的指标要求均允许镇改市。

第八，市制改革的关键和核心是构建多中心的地方治理体制，促进地方自治。镇改市的目标在于丰富中国市制的内容，在目前的行政区划体系中，镇改市，可以改为镇级市、县级市或地级市。这意味着市的多样性与镇改市的多种可能性。这也为构建多中心的地方治理体制提供了可能。城市治理的复杂性与多样性，需要选择城市功能定位与市镇设置最相匹配的模式，其核心在于建立多元化、多样性与多层次的地方治理网络，推动地方治理转型。推动市制改革，可以进一步理顺中央与地方的权力关系，合理划分中央与地方政府之间、地方政府不同层级之间的事权范围。通过中央与地方的适度分权，实现地方自治。

第五节　结　论

在 19 世纪，法国政治学家托克维尔（Tocqueville）在对美国政治社会进行观察时就敏锐地意识到，乡镇和"乡镇精神"之于民主政治和国家治理的意义和价值。目前，乡镇在中国国家发展与地方治理中的作用越来越凸显。因此，构建科学有效的地方行政区划体系与有序推进市制改革，特别是"镇改市"，是当前深化的重要内容之一，也是推进市民化的关键手段。在对中国市制演变、市的主要类别、国外市制设置经验与国内关于"镇改市"的主要争论进行梳理的基础上，我们提出了中国市制改革与镇改市的基本思路。

基于以上研究，我们得出以下基本结论：

（1）市制改革能够为新型城镇化创造空间载体，是促进市民化的重要手段。推进市民化，其核心在于中国设市制度改革，增加城市供给数量，为市民化创造城市空间。

（2）市制改革的关键是构建多中心的地方治理体系，在扩大市的数量的同时，保持设市类型的多样性。

（3）多模式、差异化、减少政区层级与弱化行政级别是今后一段时期市制改革的基本原则。

（4）无论采用切块设市还是县下辖市，其基本导向是强化公共服务，并简化行政层级与弱化行政级别。

（5）市制改革特别是推动镇改市，其关键是进行体制创新。通过优化体制机制，提升地方政府治理能力。

（6）市制改革的核心是对既有政府层级间权力关系的调整，需要突破一些制度障碍，完善市制改革与镇改市的支持制度和引导政策。

（7）推进市制改革是地方治理与地方政治现代化的内在要求。合理划分中央与地方之间、地方与地方之间的权限，是现代国家治理的重要结构性主题。中央与地方适度分权，实现地方自治，是中国地方政治改革的趋势和目标。

参考文献

［1］曹启挺．世界各国市制比较研究［M］．北京：中央编译出版社，2012．

［2］戴均良．行政区划应实行省县二级制：关于逐步改革市领导县体制的思考［J］．中国改革，2001（9）：38-39．

［3］国务院发展研究中心课题组，侯云春，韩俊，等．农民工市民化进程的总体态势与战略取向［J］．改革，2011（5）：5-29．

［4］贺曲夫．县下辖市与推进自治：我国县辖区的发展与改革研究［M］．北京：中国经济出版社，2012．

［5］黄锟．城乡二元制度对农民工市民化影响的实证分析［J］．中国人口·资源与环境，2011，21（3）：76-81．

［6］黄忠怀，周妙．新型城镇化背景下"超级大镇"设市研究［J］．北京行政学院学报，2013（4）：10-13．

［7］柯善咨，赵曜．产业结构、城市规模与中国城市生产率［J］．经济研究，2014，49（4）：76-88，115．

［8］蓝庆新，刘昭洁，彭一然．中国新型城镇化质量评价指标体系构建及评价方法：基于2003—2014年31个省市的空间差异研究［J］．南方经济，2017（1）：111-126．

［9］蓝志勇，黄衍明．美国地方政府管理［M］．北京：科学出版社，2015．

［10］冷向明，赵德兴．中国农民工市民化的阶段特性与政策转型研究［J］．政治学研究，2013（1）：17-25．

［11］李培林，田丰．中国新生代农民工：社会态度和行为选择［J］．社会，2011，31（3）：1-23．

［12］李燕，顾朝林．日本当代城市制度研究［J］．日本研究，2013（2）：35-42．

［13］连晓鸣．县辖市：城市化高发期的必然结果［J］．杭州师范学院学报，1999（5）：4-6．

［14］刘传江. 新生代农民工的特点、挑战与市民化［J］. 人口研究，2010，34（2）：34-39，55-56.

［15］刘传江，程建林. 第二代农民工市民化：现状分析与进程测度［J］. 人口研究，2008（5）：48-57.

［16］刘君德，范今朝. 中国市制的历史演变与当代改革［M］. 南京：东南大学出版社，2015.

［17］鲁强. 农民工市民化问题研究综述：研究范式、现实障碍与路径趋势［J］. 山东财经大学学报，2017，29（3）：46-59.

［18］梅建明，袁玉洁. 农民工市民化意愿及其影响因素的实证分析：基于全国 31 个省、直辖市和自治区的 3375 份农民工调研数据［J］. 江西财经大学学报，2016（1）：68-77.

［19］潘泽泉. 中国农业转移人口市民化：理论争辩、经验比较与跨学科范式建构［J］. 中国农业大学学报（社会科学版），2017，34（1）：46-58.

［20］浦善新，等. 中国行政区划概论［M］. 北京：知识出版社，1995.

［21］沈雪潋，郭跃. 新型城镇化背景的"镇级市"政策创新［J］. 改革，2014（1）：148-157.

［22］沈映春，王泽强，焦婕，等. 北京市农民工市民化水平及影响因素分析［J］. 北京社会科学，2013（5）：138-143.

［23］史为乐. 中华人民共和国政区沿革（1949—1979）［M］. 南京：江苏人民出版社，1981.

［24］宋洪远，黄华波，刘光明. 关于农村劳动力流动的政策问题分析［J］. 管理世界，2002（5）：55-65，87-153.

［25］王春兰，丁金宏. 流动人口城市居留意愿的影响因素分析［J］. 南方人口，2007（1）：22-29.

［26］王桂新，陈冠春，魏星. 城市农民工市民化意愿影响因素考察：以上海市为例［J］. 人口与发展，2010，16（2）：2-11.

［27］王桂新，沈建法，刘建波. 中国城市农民工市民化研究：以上海为例［J］. 人口与发展，2008（1）：3-23.

［28］王伶，梅建明. 我国农民工市民化进程测度方法与实证研究：基于 29 个省（区、市）4275 份调查问卷［J］. 农村经济，2015（11）：108-113.

[29] 王晓丽. 从市民化角度修正中国城镇化水平 [J]. 中国人口科学, 2013 (5):
87-95, 128.

[30] 魏后凯, 苏红键. 中国农业转移人口市民化进程研究 [J]. 中国人口科学,
2013 (5): 21-29, 126.

[31] 魏后凯, 苏红键, 韩镇宇. 中国城镇化效率评价分析: 基于资源环境效率的视
角 [J]. 中国地质大学学报 (社会科学版), 2017, 17 (2): 65-73.

[32] 吴波, 张超, 陈春香. 农业转移人口市民化意愿需求与制度供给: 匹配机理与
层进演化 [J]. 北京行政学院学报, 2018 (1): 81-87.

[33] 谢庆奎. 当代中国政府与政治 [M]. 北京: 高等教育出版社, 2003.

[34] 许学强, 周一星, 宁越敏. 城市地理学 [M]. 北京: 高等教育出版社, 1997.

[35] 姚德超, 刘筱红. 农民市民化政策范式变迁与发展趋势: 基于政策文本的分析
[J]. 中国农业大学学报 (社会科学版), 2016, 33 (6): 30-36.

[36] 姚上海. 中国农民工政策的回顾与思考 [J]. 中南民族大学学报 (人文社会科
学版), 2009, 29 (3): 101-105.

[37] 姚植夫, 薛建宏. 新生代农民工市民化意愿影响因素分析 [J]. 人口学刊,
2014, 36 (3): 107-112.

[38] 袁中金. 中国小城镇发展战略研究 [D]. 上海: 华东师范大学, 2006.

[39] 张继良, 马洪福. 江苏外来农民工市民化成本测算及分摊 [J]. 中国农村观察,
2015 (2): 44-56, 96.

[40] 张金庆, 冷向明. 现代公民身份与农民工有序市民化研究 [J]. 复旦学报 (社
会科学版), 2015, 57 (6): 149-156, 164.

[41] 张文范. 中国行政区划研究 [M]. 北京: 中国社会出版社, 1991.

[42] 张震. 中国市制改革之探讨: 以 "市" 的宪法内涵为主线 [J]. 政治与法律,
2015 (4): 103-110.

[43] 赵聚军. 中国行政区划改革研究: 政府发展模式转型与研究范式转换 [M]. 天
津: 天津人民出版社, 2012.

[44] 周平. 当代中国地方政府与政治 [M]. 北京: 北京大学出版社, 2015.

[45] 朱光磊, 何李. 从竞争到伙伴: 中国市制改革的政治逻辑 [J]. 南开学报 (哲
学社会科学版), 2017 (1): 1-11.

[46] 托克维尔. 论美国的民主 [M]. 董果良, 译. 北京: 商务印书馆, 2017.

中国人民大学重大规划项目"中央高校建设世界一流大学(学科)和特色发展引导专项资金"(项目批准号16XNYLG05)支持

中国流动人口市民化研究
典型案例

叶裕民　杨胜慧　等　著

知识产权出版社

全国百佳图书出版单位

——北京——

图书在版编目（CIP）数据

中国流动人口市民化研究.典型案例/叶裕民等著.—北京：知识产权出版社，2024.10
ISBN 978-7-5130-9140-4

Ⅰ.①中… Ⅱ.①叶… Ⅲ.①流动人口—城市化—研究—中国 Ⅳ.①D631.42

中国国家版本馆 CIP 数据核字（2024）第 016655 号

本成果由中国人民大学重大规划项目"中央高校建设世界一流大学（学科）和特色发展引导专项资金"支持，项目批准号为 16XNYLG05。

责任编辑：杨　易		责任校对：潘凤越	
封面设计：商　宓		责任印制：孙婷婷	

中国流动人口市民化研究：典型案例

叶裕民　杨胜慧　等著

出版发行：**知识产权出版社** 有限责任公司	网　　址：http://www.ipph.cn	
社　　址：北京市海淀区气象路 50 号院	邮　　编：100081	
责编电话：010-82000860 转 8789	责编邮箱：35589131@qq.com	
发行电话：010-82000860 转 8101/8102	发行传真：010-82000893/82005070/82000270	
印　　刷：北京九州迅驰传媒文化有限公司	经　　销：新华书店、各大网上书店及相关专业书店	
开　　本：710mm×1000mm　1/16	印　　张：12.5	
版　　次：2024 年 10 月第 1 版	印　　次：2024 年 10 月第 1 次印刷	
字　　数：198 千字	定　　价：199.00 元（全三册）	
ISBN 978-7-5130-9140-4		

目　　录

第十五章　广州市流动人口市民化案例研究

作为华南地区的中心城市和中国改革开放的前沿城市，广州市的城市发展起步早、起点高，并长期保持全国优势地位，一直是中国最具市场活力和创造力的城市之一。广州市的发展优势吸引了大量的外来人口。

第一节　广州市流动人口基本状况

当前，我国着力推进新型城镇化，而推进外来人口市民化是新型城镇化工作的重点任务。对于广州市而言，把握外来人口尤其是低收入外来流动人口市民化现状，探讨有效推进外来人口市民化的机制和路径，对于推动广州市新型城镇化健康快速发展大有裨益。

一、广州市流动人口规模与结构特征

广州市流动人口总体规模变化趋势表现为：2010 年之前，随着广州市工业化和城镇化的不断推进，广州市外来人口规模不断增加；2010 年以后，广州市流动人口规模保持相对平稳。

根据广州市统计年鉴，2005—2015 年，广州市流动人口数量从 199 万人增加到 496 万人（见图 15-1）。根据原广州市卫生和计划生育委员会的调查数据①，广州市 2009 年常住流动人口（居住半年以上，以下称"常住流动人口"）规模达到 372.65 万人，2010 年常住流动人口规模达到 558.27 万人，2010 年以后常住流动人口规模保持相对平稳（见图 15-2）。根据我国 2015 年 1% 人口抽样调查数据，2015 年广州市常住流动人口规模达到 541.88 万人。

----

① 该调查数据的调查对象是户籍不在广州市且在广州市居住半年以上的流动人口。

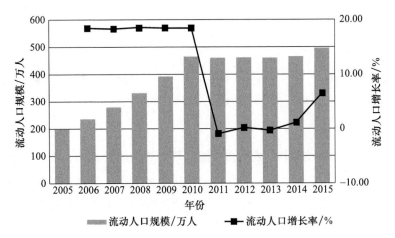

图 15-1　2005—2010 年广州市流动人口规模和增长率变化趋势

资料来源：《广州市统计年鉴 2016》。

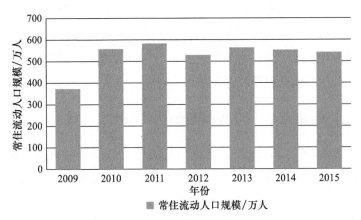

图 15-2　2009—2015 年广州市常住流动人口规模变化趋势

资料来源：原广州市卫生和计划生育委员会。

　　流动人口以跨省流动为主要形式。广州市常住流动人口中，跨省流动占主流（见图 15-3）。根据原广州市卫生和计划生育委员会的调查数据，2009—2011 年，广州市跨省流动人口规模不断增加，占流动人口总规模的比例保持在 70% 以上，且呈现缓慢上升的趋势。2009—2011 年，来自省内外市的流动人口规模呈不断增长态势，但增幅小于跨省流动人口。2015年，来自省内外市的流动人口规模较 2011 年增加了将近 62 万人，而跨省流动人口较 2011 年却减少了将近 103 万人，跨省流动人口占流动人口总规模的比重有较大幅度的下降，但仍达到 58.5%，跨省流动仍然是广州市人口流入的主要形式。

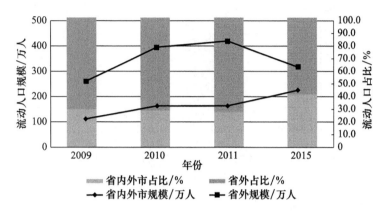

图 15-3　广州市一些年份流动人口跨地域结构变化

资料来源：原广州市卫生和计划生育委员会、广州市 2015 年 1% 人口抽样调查数据。

广州市流动人口以青壮年为主。根据广州市规划局的调查数据，2010年广州市流动人口规模达到 644.11 万人，其中，常住流动人口规模达到558.27 万人。在流动人口中，18~60 岁的人口达到 609.67 万人，占流动人口总规模的 94.65%；18~40 岁的青壮年达到 506.15 万人，占流动人口总规模的 78.58%。在常住流动人口中，18~60 岁的人口达到 529.98 万人，占常住流动人口总规模的 94.93%；18~40 岁的青壮年达到 437.76 万人，占常住流动人口总规模的 78.41%（见图 15-4）。青壮年人口成为广州市流动人口的主体，为广州市提供了大量的劳动力，有利于缓解广州市人口老龄化现象。

广州市流动人口文化水平普遍较低。根据广州市规划局的调查数据，2010 年广州市 644.11 万流动人口中，达到法定劳动年龄（16 岁以上）的人口有 619.78 万人，其中，初中及以下文化程度的人口有 351.30 万人，占 16 岁以上流动人口总规模的 56.68%；高中（含中职）及以下文化程度的人口达到 560.28 万人，占 16 岁以上流动人口总规模的 90.40%；大专及以上文化程度的人口仅有 32.12 万人，占 16 岁以上流动人口总规模的5.18%（见图 15-5 和图 15-6）。高中（含中职）及以下文化程度的流动人口占据绝对主体，不利于广州市产业效率的提升和产业转型升级，通过有效的教育和职业培训体系不断提升流动人口的人力资本极为必要。

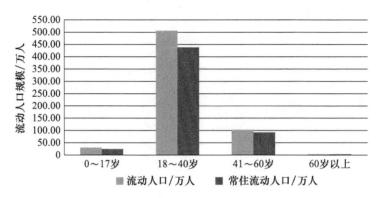

图 15-4　2010 年广州市流动人口年龄结构

资料来源：广州市规划局。

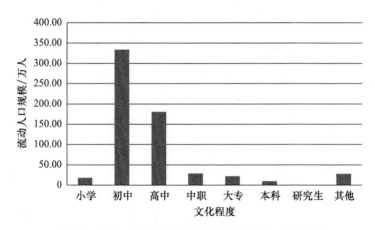

图 15-5　2010 年广州市不同文化程度的流动人口规模

资料来源：广州市规划局。

二、广州市流动人口空间分布特征

人口净流入情况能够在一定程度上反映一个地区吸引流动人口的能力。从广州市各区人口净流入情况上看，广州市流动人口主要分布在中心城区及周边地区（见表 15-1）。中心城区周边的白云区、番禺区吸纳了较多的流动人口，尤其是白云区，吸纳的流动人口规模超过了本地户籍人口。在中心城区，流动人口主要分布在新城区，如天河区、黄埔区①、海珠区；老城区流动人口分布则较少，尤其是越秀区，人口总体呈现出净流出态势。

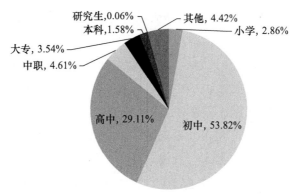

图 15-6　2010 年广州市流动人口文化程度结构

资料来源：广州市规划局。

表 15-1　广州市各区人口净流入与户籍人口比较

地区	净流入人口/万人			户籍人口/万人			净流入人口：户籍人口		
	2005 年	2010 年	2015 年	2005 年	2010 年	2015 年	2005 年	2010 年	2015 年
荔湾区	0.61	18.89	20.07	70.47	70.93	72.10	0.01	0.27	0.28
越秀区	−16.72	−1.24	−1.82	115.06	116.97	117.50	−0.15	−0.01	−0.02
海珠区	34.37	60.64	60.32	87.70	95.28	101.05	0.39	0.64	0.60
天河区	42.59	66.31	70.11	61.97	77.06	84.46	0.69	0.86	0.83
白云区	79.38	139.29	148.56	76.07	83.19	91.78	1.04	1.67	1.62
黄埔区	11.48	44.37	45.90	35.64	38.87	43.95	0.32	1.14	1.04
番禺区	49.28	76.26	68.84	93.08	100.39	85.57	0.53	0.76	0.80
花都区	4.90	28.40	30.90	63.03	66.19	70.68	0.08	0.43	0.44
南沙区	3.54	10.60	27.23	14.26	15.41	38.35	0.25	0.69	0.71
从化区	−6.55	1.52	1.01	53.82	57.87	61.52	−0.12	0.03	0.02
增城区	−3.73	19.78	24.78	79.43	83.98	87.25	−0.05	0.24	0.28

资料来源：《广州市统计年鉴 2016》。

---

①　此指 2014 年广州市区划调整后的黄埔区，包含之前的黄埔区和萝岗区，2014 年之前的人口数据是原两区人口数据之和。

从时间对比上看，流动人口空间分布呈现出从中心城区向周边乃至更远地区扩展的态势。2005—2015年，中心城区周边的白云区、番禺区、黄埔区及较为偏远的花都区、南沙区的净流入人口增长较快；从化区和增城区都实现了从人口净流出到人口净流入的转变，而且增城区净流入人口增长较快。

根据原广州市卫生和计划生育委员会统计数据（见表15-2和图15-7），广州市外来流动人口主要集中在番禺区、白云区等中心城区周边地区，以及天河区、海珠区等新城区或中心城区较边缘地带。番禺区①和白云区吸纳的外来流动人口占广州市外来流动人口总规模的40%左右，且两区外来流动人口规模超过户籍人口规模。在中心城区，越秀区、荔湾区这些老城区吸纳外来流动人口数量较少，天河区、海珠区等新城区吸纳外来人口规模较大，三个新区外来流动人口规模之和占广州市外来流动人口总规模的25%左右，这与这些区存在着一定量的"城中村"有密切关系。

从空间分布形状上看，广州市外来流动人口沿着花都区—白云区—天河区—海珠区—番禺区—南沙区这一纵向轴带集中分布，且集中分布的态势越来越明显。

表15-2 广州市各区外来流动人口规模及与户籍人口的对比

地区	各区外来流动人口规模/万人					流动人口：户籍人口				
	2009年	2010年	2011年	2012年	2013年	2009年	2010年	2011年	2012年	2013年
荔湾区	12.02	13.53	17.76	13.23	14.58	0.17	0.19	0.25	0.19	0.20
越秀区	13.40	23.48	29.85	26.18	22.70	0.11	0.20	0.25	0.22	0.19
海珠区	47.35	50.66	52.43	58.88	57.11	0.51	0.53	0.54	0.60	0.58
天河区	44.68	78.63	87.73	68.85	95.80	0.60	1.02	1.12	0.86	1.18
白云区	72.16	109.21	107.81	95.91	91.88	0.89	1.31	1.27	1.11	1.04

---

① 2012年，番禺区榄核镇、大岗镇、东涌镇划入南沙区管辖，番禺区户籍人口和外来流动人口数量都有所减少，南沙区户籍人口和外来流动人口数量相应增加。

续表

地区	各区外来流动人口规模/万人					流动人口：户籍人口				
	2009 年	2010 年	2011 年	2012 年	2013 年	2009 年	2010 年	2011 年	2012 年	2013 年
黄埔区	34.12	46.06	54.09	47.70	54.73	0.90	1.18	1.36	1.17	1.32
番禺区	91.82	94.58	108.05	86.55	120.40	0.92	0.94	1.07	1.07	1.47
花都区	23.50	41.68	42.36	36.95	33.22	0.36	0.63	0.63	0.55	0.48
南沙区	11.62	20.00	17.65	31.74	30.03	0.76	1.30	1.13	0.86	0.81
从化区	5.14	7.54	9.87	7.56	7.30	0.09	0.13	0.17	0.13	0.12
增城区	16.84	50.90	55.32	55.37	36.07	0.20	0.61	0.65	0.65	0.42

资料来源：原广州市卫生和计划生育委员会。

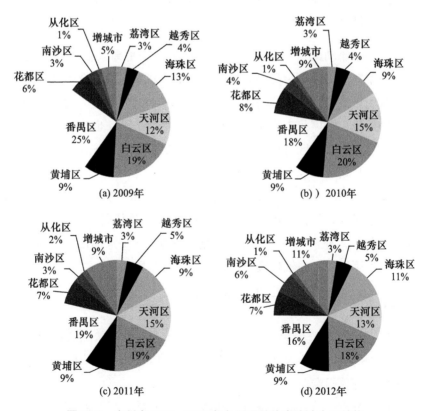

图 15-7　广州市 2009—2013 年各区吸纳外来流动人口结构

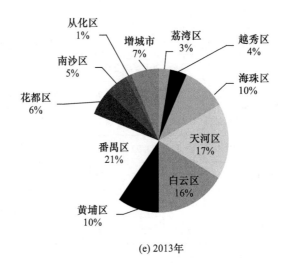

(e) 2013年

图 15-7　广州市 2009—2013 年各区吸纳外来流动人口结构（续）

资料来源：原广州市卫生和计划生育委员会。

外来流动人口主要集中分布在白云区、番禺区各乡镇（街道）。此外，花都区狮岭镇作为我国重要的皮具生产基地，拥有众多劳动密集型企业，吸引了大量的外来流动人口；原黄埔区、原萝岗区、增城区与东莞市临近的地带，是广州市重要的汽车和服装生产基地，也吸引了较多的外来流动人口。上述地区有相当一部分乡镇（街道）的外来流动人口规模超过了当地的户籍人口规模。

从 2010 年和 2013 年的数据对比分析可以看出：外来流动人口不断向中心城区边缘（天河区、海珠区、黄埔区外缘）及其周边地区（番禺区、白云区）集聚，外来流动人口沿着花都区—白云区—天河区—海珠区—番禺区—南沙区这一纵向轴带集中分布的态势日趋明显。

三、广州市流动人口基本生活状况

2014 年 9 月，作者针对广州市外来流动人口生活状况进行了问卷调研。此次调研共向广州市 45 个村庄的外来人口发放 600 份问卷，回收问卷 558 份，有效问卷 547 份。

与前文分析一致，此次调研的流动人口年龄构成以青壮年为主，学历水平普遍较低。调查对象中，20~39 岁的有 346 人，占 64.1%；40~59 岁的有 159 人，占 29.4%。20～59 岁人员数占 93.5%（见图 15-8）。从文化程度构成来看，小学及以下文化水平的有 118 人，占 22.2%；初中文化水平的有 247 人，占 46.4%；高中文化水平的有 118 人，占 22.2%。高中及以下文化水平的人数占 90.8%（见图 15-9）。

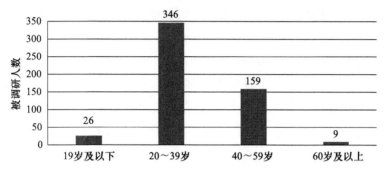

图 15-8　流动人口年龄结构

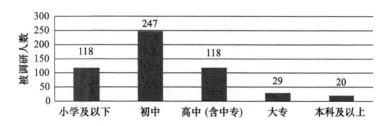

图 15-9　流动人口文化水平结构

流动人口就业结构以企业员工和个体户为主。调研的流动人口中，有企业员工 211 人，占 39.1%；个体户或自由职业者 198 人，占 36.7%。两类职业人员数共占 75.8%（见图 15-10）。

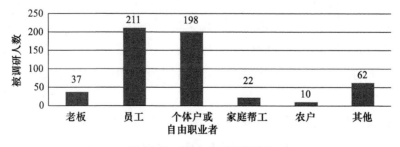

图 15-10　流动人口就业结构

流动人口的带眷系数较低。调研的流动人口中，有 334 人和配偶一起生活，占 62.1%；有 228 人和自己的子女一起生活，占 42.3%。流动人口的带眷系数较低，尤其是带子女人员的比例较小，流动人口家庭子女与父母分离现象较普遍。

流动人口的收入状况普遍较低。调研的流动人口中，月工资收入在 2000 元及以下的有 163 人，占 34.3%；月工资收入在 2000（不含）~ 4000 元的有 220 人，占 46.3%；月工资收入在 4000（不含）~6000 元的有 75 人，占 15.8%；月工资收入在 6000（不含）~8000 元的有 8 人，占 1.7%；月工资收入在 8000 元以上的有 9 人，占 1.9%。流动人口的工资收入集中在 6000 元及以下区段，收入普遍较低（见图 15-11）。

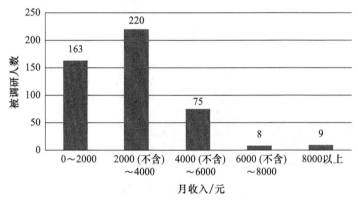

图 15-11　流动人口月收入结构

流动人口在广州市的消费水平较低。调研的流动人口中，月消费支出在 1000 元及以下的有 162 人，占 32.0%；月消费支出在 1000（不含）~2000 元的有 168 人，占 33.2%；月消费支出在 2000（不含）~3000 元的有 106 人，占 21.0%；月消费支出在 3000（不含）~4000 元的有 39 人，占 7.7%；月消费支出在 4000 元以上的有 31 人，占 6.1%。月消费在 3000 元及以下的占 86.2%，反映出流动人口在广州市的消费水平普遍较低（见图 15-12）。

流动人口工作时间相对较长。调研的流动人口中，每天工作在 8h（小时）及以下的有 194 人，只占 41.9%；每天工作在 8（不含）~12h 的有 219 人，占 47.3%；还有 50 人每天工作时间在 12h 以上，占 10.8%。

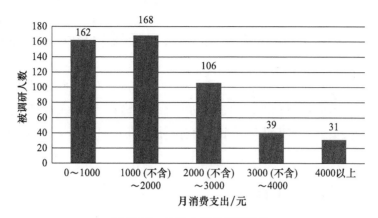

图 15-12 流动人口月消费结构

每周工作 5 天及以下的流动人口仅有 103 人，只占 21.2%；每周工作 6 天的流动人口有 122 人，占 25.1%；而每周工作 7 天的流动人口有 261 人，占 53.7%。

流动人口住房面积较小。调研问卷显示，流动人口人均住房面积 11.6m²。有 167 人居住在 20m² 及以下的房屋内，占调研总人数的 32.6%。而且，这 167 人中，有 88% 是与其他人共同居住。根据调研，仅有 39.8% 的流动人口对自己的居住面积表示满意，有 23.5% 的流动人口对自己的住房面积很不满意。

流动人口住房设施还需要进一步加强。调研问卷显示，还有一部分流动人口的基本生活设施尚未得到满足。调研的流动人口中，有 4.2% 的住房内尚未通自来水管道，有 9.9% 的住房内没有卫生间，有 15.3% 的住房内没有洗澡设施，有 22.6% 的住房内没有独立厨房，有 25.7% 的住房内没有通液化气或者天然气。

流动人口对居住房屋及周边环境的满意度较低。问卷对流动人口的住房条件、周边居住环境满意度进行了调查，结果显示，流动人口除了对周边商业购物环境满意度超过了 50% 以外，对其他的各项认为一般或不满意的人数都占到 55% 以上。从对居住的整体满意度上看，认为居住环境一般或不满意的流动人口占到调研总人数的 63.1%。

第二节　广州市推进流动人口市民化的政策措施

广州市针对外来流动人口市民化的政策措施从 2010 年之后才不断出台和完善。本节从户籍改革措施、住房保障措施、流动人口子女入学政策、流动人口就业培训政策几个方面分析广州市推进流动人口市民化的政策措施。

一、户籍改革措施

2010 年，广州市政府颁布《广州市农民工及非本市十城区居民户口的城镇户籍人员积分制入户办法（试行）》（2014 年废止），建立流动人口入户广州市城区的积分制体系。积分体系包括基本分、导向分和附加分，共 12 项指标；申请入户人员累积满 85 分可申请入户。同年，广州市发改委又出台《广州市农民工及非本市十城区居民户口的城镇户籍人员积分制入户办法实施细则（试行）》（2014 年废止），明确每年初拟定年度积分制入户指标总量（为固定指标，每年 3000 人）；积分排名未进入入户名单的，可向各区人力资源社会保障局申请继续轮候，连续两年未申请继续轮候的，视为自动放弃申请。

2012 年，广州市委、市政府颁布《关于推进城乡一体工程的实施意见》，提出要推进农村人口和异地务工人员向两个新城区、三个副中心和中心镇集聚落户。着力促进高技能人才入户，完善异地务工人员"积分制入户"及其子女教育、住房保障、城乡社会保险制度衔接等方面的具体配套政策。2013 年，广州市人社局出台《广州市农民工及非本市十城区居民户口的城镇户籍人员积分制入户政策与申办指南（2013 版）》，明确积分制入户指标按 3000 人总控执行，原积分指标和分值沿用至年底；有关政策和实施细则不变，延期执行至年底。

2014 年，广州市政府正式出台《广州市积分制入户管理办法》，相较于 2010 年的试行办法，入户基本条件要求更严格；设 5 项积分指标（指标放宽），符合条件的申请人总积分满 60 分可申请入户；通过积分制入户的人员，准予其配偶、未成年子女同时迁入广州市居民户口。同年，广州市发改委出台《广州市积分制入户管理办法实施细则》，明确广州市积分入户指标将实行年度总量控制，纳入当年人口计划统筹安排，市发展改革部门负责拟定年度积分制入户的人口总量控制计划（每年基本都为3000人）。2016年，广州市政府出台新的《广州市积分制入户管理办法》，相较于2014年的办法，入户年龄条件放宽，规定符合条件的申请人总积分达到规定分值可申请入户。同年，广州市来穗人员服务管理局出台了《广州市积分制入户管理办法实施细则》，明确积分制入户指标体系包括文化程度、技术能力、急需工种或职业资格、社会服务、纳税、创新创业及职住区域等7项积分指标（见表15-3），取消了年龄、房产、捐款、社保等加分项目；总积分为各项指标的累计得分，申请人总积分满60分（可随积分制入户指标体系进行调整）可申请入户；2016年度积分制入户的人口总量增加到6000人。

表15-3 广州市积分制入户指标及分值（2016年）

序号	指标	指标内容及分值	说明
1	文化程度	本科及以上（60分）；大专或高职（40分）；中技、中职或高中（20分）	只取最高分，不累计加分，高中以下学历不计分
2	技术能力	中级职称、技师（50分）；高级工、事业单位工勤技术工岗位三级（30分）；中级工、事业单位工勤技术工岗位四级（10分）；现正从事与上述专业技术资格证书、职业资格证书相对应职业工种工作（10分）	专业技术资格证书、职业资格证书只取最高分，不累计加分
3	急需工种或职业资格	专业技术类职业资格或职业工种符合广州市积分急需工种或职业资格目录（20分）	以当年广州市积分急需工种或职业资格目录为准
4	社会服务	近5年内，参加献血（每次积2分）或志愿者（义工）服务（每满50h积2分）。以上各项1年内积分不超过2分，单项累计最高不超过10分	
5	纳税	申请当年的上三个纳税年度，在广州市依法缴纳个人所得税净入库税额累计达到10万元或以上（20分）	一个纳税年度指当年的1月1日至12月31日

续表

序号	指标	指标内容及分值	说明
6	创新创业	在广州市高新技术企业、新型研发机构等单位从事专业技术工作的申请人，工作每满1年积2分，最高不超过10分	以每年广州市统一印发的"高新技术企业新型研发机构"目录为准
7	职住区域	（1）自本办法施行之年度起，申请人居住地由越秀区、海珠区、荔湾区、天河区转移到广州市其他行政区域的，每满一年积4分，最高不超过20分； （2）申请人或申请人夫妇共同在从化区、增城区拥有自有产权住房的，积10分	

在户籍制度改革上，广州市不断放宽实现流动人口市民化的政策要求，采取了一些有助于流动人口市民化的措施，取得了一定成效。但相关制度还存在诸如限制落户、偏重学历等一些不利于流动人口市民化的因素。

这些不利于流动人口落户的因素主要体现在：①限制落户指标。2014年之前广州市实行指标管控，每年只有3000个流动人口落户指标。2014年实行积分入户指标年度总量控制，纳入当年人口计划统筹安排，但2014年指标仍旧是3000个。2016年新政策将落户指标增加到6000人，但仍远不能满足流动人口市民化的需求。②偏重学历。

实现流动人口市民化，有利于推动广州经济发展，有利于缓解广州老龄化趋势，增强城市活力。广州市未来应当加强政策宣传，增加流动人口积分落户指标名额。同时，加强对流动人口的职业技能培训，积累人力资本，为落户广州奠定基础。

二、住房保障措施

近些年来，广州市加大对流动人口的住房保障。2013年，《广州市人民政府办公厅关于印发广州市公共租赁住房保障制度实施办法（试行）的通知》（穗府办〔2013〕3号）发布，尽管仍旧规定申请人及共同申请的家庭成员应当具有广州市市区城镇户籍，但同时明确，对于外来人口

"市、区（县级市）政府每年安排一定数量公共租赁住房，通过积分制解决部分异地务工人员住房困难，具体数量和准入条件由市住房保障部门会同市人力资源管理部门另行公布"。2016年，《广州市人民政府办公厅关于印发广州市公共租赁住房保障办法的通知》（穗府办规〔2016〕9号）明确将公共租赁住房保障覆盖面由"户籍城镇低收入住房困难家庭"拓宽至"中等偏下收入住房困难家庭"，将外来流动人口纳入住房保障范围；同时，采取租金减免方式分档计租，对低收入群体实施租金减免优惠政策。

2015年，《广州市住房和城乡建设委员会、广州市来穗人员服务管理局关于印发〈来穗务工人员申请承租市本级公共租赁住房实施细则（试行）〉的通知》（穗建住保〔2015〕1312号）明确了流动人口在广州市申请公共租赁住房的条件和申请程序。在此基础上，2017年，《广州市住房保障办公室、广州市来穗人员服务管理局关于印发来穗务工人员申请承租市本级公共租赁住房实施细则的通知》（穗住保规字〔2017〕1号），详细规定了来广州市的务工人员申请公共租赁住房的条件（见表15-4），以及公共租赁住房的分配、使用、后续监管等内容。该实施细则规定，通过积分和摇珠相结合的方式向符合条件的申请人配租公共租赁住房，并明确了积分办法（见表15-5）。

此外，2017年，广东省人民政府出台《关于加快培育和发展住房租赁市场的实施意见》，通过培育市场供应主体、鼓励住房租赁消费、支持租赁住房建设等途径加快培育和发展住房租赁市场，构建购租并举的住房制度，实现城镇居民住有所居。

表15-4　来穗务工人员申请承租市本级公共租赁住房条件要求（2017年）

类别	来穗时间长、稳定就业的务工人员	高技能人才或获得荣誉称号的来穗务工人员
条件	在广州市申报居住登记，办理并持有"广东省居住证"3年以上，且申请时仍在有效期内	（1）持有高级工、技师、高级技师（或者三级、二级、一级）职业资格证书的高技能人才； （2）获国家、省和广州市党委、政府授予的荣誉称号，或者获得"广州市优秀异地务工人员""广州市优秀异地务工技能人才"称号人员； （3）广州市本级及以上见义勇为评定委员会表彰或者奖励人员
	在广州地区参加社会保险连续缴费（含补缴）满2年或者5年内累计缴费满3年，且申请时处于在保状态	

续表

类别	来穗时间长、稳定就业的务工人员	高技能人才或获得荣誉称号的来穗务工人员
条件	（1）申请时已在广州市办理就业登记，已与广州市用人单位签订2年以上期限的劳动合同，且申请时处于合同有效期内； （2）属于在广州市辖区内办理了工商登记的企业出资人或者个体工商户经营者，且申请时工商登记未被注销、吊销	（1）持有"广东省居住证"； （2）在广州地区参加社会保险； （3）已在广州市办理就业登记或者工商登记（申请时上述证件及证明仍在有效期内）
	申请人及共同申请的家庭成员在广州市无自有产权住房，未承租直管公房或者单位自管房，且申请时在广州市未享受公共租赁住房（含廉租住房）保障	
	申请人及其配偶未违反计划生育政策	
	申请人及共同申请的家庭成员没有犯罪记录及在申请之日前5年内没有公安机关做出的处以行政拘留、责令社区戒毒、强制隔离戒毒、收容教育、收容教养等治安违法记录	

表 15-5　　来穗务工人员申请承租市本级公共租赁住房积分办法（2017 年）

类别	积分项目	分值	备注
基础配租分	经审核公示符合公租房配租资格	60分	
优先配租分	持有高级工、技师、高级技师（或者三级、二级、一级）职业资格证书	10分	
	获国家、省和广州市党委、政府授予的荣誉称号，或者获得"广州市优秀异地务工人员""广州市优秀异地务工技能人才"称号。	10分	每个荣誉称号积10分，最高不超过20分
	世界技能大赛或者国家级技能竞赛获奖人员	10分	
	省或者市级技能竞赛获奖人员	5分	
	在广州市获市级以上见义勇为评定委员会表彰或奖励	10分	

类别	积分项目	分值	备注
优先配租分	属于在广州市从事公共服务领域特殊艰苦岗位的政府专职消防员、警务辅助、环卫、公共交通、医护（含养老护理、民政部门社会福利机构护理）工作超过3年，且申请时正在从事上述职业的一线从业人员	5分	由来穗人员服务管理部门认定
	申请之日前5年内在广州市参加献血	每次积2分	由来穗人员服务管理部门认定；各项1年内积分不超过2分，两项累计最高不超过10分
	申请之日前5年内在广州市参加志愿者（义工）服务	每满50h积2分	

三、流动人口子女入学政策

2009年修订的《广东省流动人口服务管理条例》在流动人口"权益保障和公共服务"中没有规定随迁子女义务教育相关权利。2017年，《广东省流动人口服务管理条例》重新修订实施，新的条例第4条明确规定，县级以上人民政府及其有关部门应当为居住证持有人提供义务教育等基本公共服务。2016年，《广州市人民政府办公厅关于进一步做好来穗人员随迁子女接受义务教育工作的实施意见》经市政府常务会议审议通过。该意见明确了随迁子女接受义务教育"两个为主"（以输入地政府管理为主、以全日制公办中小学为主）的方针，对各区解决随迁子女所占用的公办和民办学位均实行补助，调动各区政府积极性，同时还建立了随迁子女接受义务教育的经费保障机制，明确了市区两级政府在经费保障机制方面的责任。意见规定了积分入学制度，流动人口持有在广州市办理的"广东省居住证"满1年，可为其随迁子女申请入读义务教育阶段小学一年级和初中一年级，根据其在广州市稳定职业、稳定住所、依法缴纳社会保险其中1个险种的年限等条件任何1项发生地所在区申请积分制入学。

《广州市人民政府办公厅关于进一步做好来穗人员随迁子女接受义务教育工作的实施意见》实施之前，广州市内各区政府都出台有随迁子女义务教育相关政策。以越秀区为例，2016 年 3 月最新修订的《越秀区关于来穗人员随迁子女义务教育入学工作的实施细则》规定，以下人员随迁子女可在越秀区申请公办学位：

①在越秀区连续居住满五年、在越秀区依法缴纳社会保险费累计满五年并在缴、有稳定职业、符合计划生育政策的来穗务工人员随迁子女；②在越秀区居住并从事越秀区消毒站、园林绿化、市政建设工作服务连续两年以上、在服务单位缴纳社保连续两年以上、符合计划生育政策的来穗务工人员随迁子女；③在越秀区居住并获得广州市或越秀区政府授予优秀称号以及被广州市评为"见义勇为好市民"的来穗务工人员随迁子女。不符合上述条件的随迁子女需要依据《越秀区关于来穗人员随迁子女"积分入学"实施办法（试行）》申请积分入学。积分入学制主要依据流动人口在越秀区的稳定住所、稳定职业、购买社会保险、随迁子女学籍等条件，给予一定分值权重，结合越秀区学位情况，根据申请人的积分由高到低排列进行统筹安排入读公办学校。

四、流动人口就业培训政策

以居住证为载体，流动人口享有职业技能培训和公共就业服务。2009 年修订的《广东省流动人口服务管理条例》就明确提出流动人口按规定享受职业技能培训和公共就业服务；2017 年重新修订的《广东省流动人口服务管理条例》规定，县级以上人民政府及其有关部门应当为居住证持有人提供基本公共就业服务。

在技能培训上，流动人口未享受过政府补贴培训的，可以依据《广东省省级劳动力培训转移就业专项资金管理办法》《关于进一步做好省级劳动力培训转移就业专项资金管理的通知》和《关于转发进一步落实劳动力技能晋升培训政策意见的通知》的规定，参加广州市有关培训教育机构、行业组织或企业组织的职业培训或自学，获得广州市或广东省颁发的职业资格证书，自证书核发之日起一年内可申请劳动技能晋升补贴。但是，流动人口参加培训的项目必须在《广东省省级劳动力培训转移就业专项资金管理办法》规定的技能晋升培训补贴项目及标准目录范围内，否则不能申请补贴。广州市本地户籍人员在不能享受广东省省级劳动力培训转移就业专项资金补贴的情况下，还可依据《广州市职业技能培训券管理暂行办法》，通过获得培训券享受免费培训服务，而外来流动人口则不能享受此项培训政策。

第三节　广州市流动人口市民化政策的效果及问题

广州市流动人口市民化政策取得了一定的效果，不仅有利于流动人口更好地在城市生活，也推动了广州市的社会经济发展。但同时也存在诸多问题，其中健康住房问题、子女教育问题是最为突出的。

一、市民化政策效果

广州市流动人口市民化政策取得了一定的效果。首先，一批流动人口通过积分入户政策落户广州。根据统计，广州市实施积分入户政策以来，大约有 5 万流动人口落户广州市。其次，流动人口的住房得到了一定程度的保障，通过培训，其职业技能也得到了一定程度的提升，为其人力资本积累创造了一定条件。最后，流动人口随迁子女入学得到了一定的保障，2014 年调研时，广州市随迁子女入读公办学校的比例达到 80% 以上。

二、存在的问题

在看到成绩的同时，我们必须认识到，广州市流动人口市民化政策还存在诸多问题。

第一，市民化推进力度还不够。相对于 400 多万流动人口，广州市积分入户政策力度还不够，难以在 2030 年完成流动人口市民化的目标。

第二，大多数流动人口的健康住房问题还没有得到很好的解决。首先，公共租赁住房难以满足低收入流动人口的住房需求。尽管广州市 2017 年出台了《来穗务工人员申请承租市本级公共租赁住房实施细则》，对符合条件的外来务工人员配租公共租赁住房，但政府能够提供的公共租赁住房数量十分有限。广州市住房和城乡建设委员会公开数据显示，广州市于 2018 年 4 月推出 1021 套公共租赁住房，面向符合条件的来穗务工人员配租，供应数量十分有限。而且申请公共租赁住房的积分要求偏向于技术人才，条件要求高，一般的低收入流动人口在配租竞争中处于劣势。其次，市场上的健康住房价格高，租金对大多数低收入流动人口而言是不可支付的。如何向流动人口提供大规模的可支付健康住房，是广州市政府必须面对和解决的难题。

第三，培训制度亟须完善。问卷调研数据显示，广州市对流动人口的职业技能培训明显不足。调研的流动人口中，仅有139人参加过职业技能培训，占调研总人数的27.4%。流动人口大部分文化程度都较低，如果不对其进行职业教育培训，将不利于其人力资本积累和广州市产业转型升级。同时，培训内容仅局限于职业技能，缺少学历方面的培训，而且技能培训制度存在诸多问题，不利于推动流动人口人力资本的快速积累。

第四，流动人口随迁子女的义务教育没有得到很好的保障。尽管广州市随迁子女入读公办学校的比例达到80%以上，但与本地学生入学率相比还存在很大差距，流动人口随迁子女进入公办学校就读受到积分入学制度的限制。此外，问卷调研数据显示，流动人口携带子女入穗工作的只占总数的42.3%，大量的流动人口随迁子女尚在老家留守，未来随着市民化工作的深入推进，流动人口迁移家庭化的逐步实现，必然面临着更多的随迁子女入读广州市公办学校的问题。

问卷调研数据显示，调研的流动人口中，有56.6%的人认为在子女教育上受到了不公正待遇，有27.1%的人认为在就业机会方面受到了不公正待遇，有26.8%的人认为在社会服务方面受到了不公正待遇，有26.4%的人认为在住房保障方面受到了不公正待遇。最终的结果是，有50.5%的调研对象明确表示不愿意落户广州市，仅有23.0%的流动人口愿意落户广州市，剩余26.5%的流动人口处于犹豫状态。

第四节　政策建议

针对前文分析的广州市流动人口市民化存在的问题，本节从流动人口市民化进程、流动人口可支付健康住房的供给、流动人口职业培训体系构建以及流动人口子女平等受教育权利的保护等角度提出促进广州市流动人口市民化的政策建议。

一、大力推进流动人口市民化

明确市民化的重点在低收入阶层。当前的市民化是人才的市民化，而不是人的市民化。很多城市的市民化政策通过对低收入阶层设置门槛，将其拒之门外。如购房入户，低收入阶层因难以支付高额的房价。再如通过缴纳一定年限的社会保险入户，但是社会保险缴费基点高，低收入阶层特别是全额缴费的低收入就业人员难以支付保险费用。

人力资本积累不足是制约我国产业结构升级和城市吸引高端生产要素的重要原因，而我国城市长期排斥性的人口管理是造成我国人力资本积累严重不足的关键因素。城市长期只欢迎人才，而排斥低收入阶层的政策，留住的仅是少量人才，大批低收入阶层因在城市享受不到健康住房、高质量的培训等公共服务而难以实现人力资本的快速积累，最终造成国家整体人力资本积累严重不足。

市民化的重点在低收入阶层，这是实现我国人力资本积累，加快我国产业转型升级的关键。我国产业转型升级，仅依靠人才难以实现，必须通过提升整个劳动者阶层的人力资本来完成。相较于乡村等地区，城市是实现人力资本积累最有效率的地区，城市有责任承担起人力资本积累的使命，有责任为低收入阶层积累人力资本。未来，城市的市民化政策必须放眼低收入阶层，通过不断提升城市公共服务水平，为其提供健康住房、教育培训等服务保障，不断提升其人力资本，为其上升为中产阶层提供社会通道。同时，只有人力资本的广泛积累和收入的普遍提高，城市才能够对世界一流企业家形成持续吸引力，才能够形成强大的购买力，进而推动城市产业转型升级和供给侧改革，不断提升城市整体竞争力。这才是城镇化的应有之义。

大多数城市不愿推进市民化的很大原因是，市民化要付出巨大的财政成本。这种观点具有很大的偏颇性，这是因为：第一，市民化成本被过高估算；第二，城市政府没有核算市民化收益。推进市民化，收益大于成本，对城市发展是红利而非包袱。

流动人口市民化投入占财政比重相对较低。以国务院发展研究中心测算的市民化成本为基础，以经济发展水平为修正系数并结合实际情况进行修正后计算市民化成本（见表 15-6）。实际上，在国务院发展研究中心测算中的"社会保障""使用保险"并不是政府成本，而是由用人单位与个人来缴纳，不应该计算在市民化成本核算中，应将其排除在外；根据投入频率，将成本核算项目分为经常性投入和一次性投入。以广州市人均 GDP 与东部地区的倍数为系数（1.98）计算广州市市民化成本。

表 15-6　广州市市民化成本修正

项目	东部地区	广州市
经常性支出／（元／人年）	**2416**	**4660**
城镇基础设施维护成本／（元／人年）	716	1381
公共服务管理成本／（元／人年）	1623	3130
最低生活保障成本／（元／人年）	77	149
一次性投入／（元／人）	**30280**	**58400**
子女义务教育成本／（元／人）	15066	29057
保障性住房成本／（元／人）	15214	29343

假定 20 年内完成 400 万人存量劳动力流动人口的市民化，计算市民化年投入及其占财政支出比重。在个体成本测算的基础上，考虑到落户主体为劳动力年龄人口，以第六次全国人口普查数据来看，即 400 万 15~64 岁人口，假定 20 年完成市民化，即每年落户 20 万人，这部分人是需要一次性投入成本的，加上落户后的随迁家属，每年约 30 万人需要经常性投入。即每年需要对 20 万人进行一次性投入，而经常性投入的人数则每年递增 30 万人。广州市市民化成本测算如表 15-7 所示。

表 15-7　广州市市民化成本测算

年份	一次性投入		经常性投入		市民化年投入总额/亿元	财政总支出/亿元	投入占财政支出比重/%
	人数/万人	年总额/亿元	人数/万人	年总额/亿元			
2015	20	117	30	14	131	1693	7.74
2016	20	120	60	29	149	1828	8.15
2017	20	124	90	45	169	1974	8.56
2018	20	128	120	61	189	2132	8.86

续表

年份	一次性投入		经常性投入		市民化年投入总额/亿元	财政总支出/亿元	投入占财政支出比重/%
	人数/万人	年总额/亿元	人数/万人	年总额/亿元			
2019	20	132	150	79	211	2303	9.16
2020	20	135	180	97	232	2487	9.33
2021	20	140	210	117	257	2686	9.57
2022	20	144	240	138	282	2901	9.72
2023	20	148	270	159	307	3133	9.80
2024	20	152	300	182	334	3384	9.87
2025	20	157	330	207	364	3587	10.14
2026	20	162	360	232	394	3802	10.36
2027	20	167	390	259	426	4030	10.57
2028	20	172	420	287	459	4272	10.74
2029	20	177	450	317	494	4528	10.91
2030	20	182	480	349	531	4800	11.06
2031	20	187	510	381	568	5088	11.16
2032	20	193	540	416	609	5393	11.29
2033	20	199	570	452	651	5717	11.39
2034	20	205	600	490	695	6060	11.47

　　流动人口市民化增加消费投资等拉动地区经济增长。流动人口市民化后，消费（包括个人消费及家庭消费）增加、公共服务新增支出、投资贡献以及购房投资贡献等促进经济发展，对 GDP 增长有一定的贡献。以广州市为例进行计算，市民化对带来消费等的增加占 GDP 的比重逐年稳定增加，如表 15-8 所示。

表 15-8　广州市流动人口市民化对经济增长的拉动

年份	每年新增20万户新增消费/亿元	公共服务新增支出/亿元	10%市民化的人经营性投资/亿元	购房投资/亿元	合计/亿元	GDP增加/亿元	占GDP增加比重/%
2015	79	72	20	42	213	1332	15.99
2016	96	17	3	47	163	1439	11.33

续表

年份	每年新增20万户新增消费/亿元	公共服务新增支出/亿元	10%市民化的人经营性投资/亿元	购房投资/亿元	合计/亿元	GDP增加/亿元	占GDP增加比重/%
2017	114	17	4	52	187	1554	12.03
2018	128	18	4	58	208	1678	12.40
2019	142	19	4	65	230	1813	12.69
2020	156	21	5	72	254	1958	12.97
2021	171	22	5	88	286	2114	13.53
2022	187	23	5	112	327	2283	14.32
2023	205	24	6	129	364	2466	14.76
2024	223	25	6	149	403	2663	15.13
2025	221	27	7	171	426	2157	19.75
2026	234	28	7	195	464	2287	20.29
2027	250	29	8	221	508	2424	20.94
2028	265	31	8	251	555	2569	21.60
2029	282	32	9	283	606	2723	22.25
2030	300	34	10	319	663	2887	22.97
2031	318	36	11	358	723	3060	23.63
2032	337	37	11	402	787	3244	24.26
2033	357	39	12	450	858	3438	24.96
2034	411	41	13	502	967	3645	26.53

　　存量市民化完成后，市民化投入减少，贡献经济增长的劳动力稳中有增，市民化带来的效益愈发明显。当前存量市民化完成后，每年新增市民化人口减少，市民化成本下降很多，但是市民化带来的经济拉动力却稳中有增，尤其是对新市民进行相关技术培训后，其对产业效率的影响进一步增大，市民化带来的经济效益越来越大。

　　2014年7月，《国务院关于进一步推进户籍制度改革的意见》指出"改进城区人口500万以上的城市现行落户政策，建立完善积分落户制度"。广州市的积分入户制度是一个创举，理念先进且为流动人口的落户提供通道。

从积分入户制度来看，评分机制中更加注重已有学历或技能。在城市发展过程中，不仅需要人才，高素质人力资本的培养更为关键，每个城市有责任、有义务将现有流动人口培养为未来的人才，从而以反哺的方式促进城市的发展。同时，将相关评分值表进行调整与完善，降低学历等门槛，重视未来的培育，为更多的流动人口打通市民化的通道。

积分入户与居住证结合，提供不同层次的公共服务。积分入户在短时间内不能覆盖所有流动人口，但是相应的公共服务却应该覆盖所有人口。在推行积分入户的同时，结合居住证制度，为流动人口提供不同层次的公共服务。

二、加强对流动人口可支付健康住房的供给

（1）以城中村改造为契机，为流动人口提供小面积可支付健康住房。居者有其屋是人心稳定的基本要求。问卷调研数据显示，流动人口不愿意落户广州市的首要原因是住房得不到保障，有 38.5% 的人担心自己的居住得不到保障。通过深度访谈，我们发现，大部分"不愿意落户"的深层原因是没有合法健康的稳定住所。在大城市，大部分流动人口居住在城中村的非法住房中，没有任何居住权，随时可能面临排斥性的"城中村"改造，被迫迁到更远的场所。居无定所是他们的真实写照。他们不敢想象政府或者市场可能为他们提供健康住房，"房价太贵"成为各地流动人口市民化的第一大难题，这些共同决定了大部分流动人口"不愿落户"的关键原因。一旦有了合法健康住房，市民化意愿将大为提升。

（2）政府主导的保障模式形成了较大的负担而不可持续。从保障体系与供给量来看，2006 年开始广州市提出建立"以租为主"的住房保障政策体系，2009 年配套出台《广州市保障性住房土地储备办法》，2013 年研究制定《广州市公共租赁住房保障制度实施办法（试行）》，逐步形成由廉租住房、公共租赁住房、经济适用住房、限价房构成的多层次住房保障体系。"十一五"期间，广州市共开工建设保障性住房约 600 万 m²、8.07 万套，惠及市民约 25 万人。2011 年完成筹集保障性住房 8.5 万套的目标任务。根据《广州市保障性住房土地储备规划（2011—2015）》，初步估算出广州市"十二五"期间储备用地共需建设保障房 19 万套，按照每套

保障房 50m²，地块容积率 2.8 来计算，需要净用地 300 多万平方米，相当于广州市 6 个珠江新城的大小。如果按照传统政府主导的"土地征储"模式，政府将垫付极大的前期开发成本，并承担后期的物业建设成本。事实上，"1000 万套"保障房建设已是国家重要工程，然而也面临着土地瓶颈、资金不足、企业参与度不够等方面的现实问题。在资金方面，2011年广州市建设 8.5 万套保障房，约需 118 亿元；此前"十一五"期间广州市的保障房投入为 40 多亿元，而保障房运营的利润只有 3% 左右。

（3）以城中村改造为契机，多元合作，为流动人口提供健康住房保障。城市政府对保障性住房建设缺乏积极性，认为只有投入没有产出，公共租赁住房往往选址偏远，入住率较低，导致社会成本很高。在许多大城市面临数量规模庞大的城中村改造和保障性住房建设双重任务的背景下，我们提出一种"将城市更新与为流动人口提供可支付的小面积健康住房"（纳入"城中村改造规划"和"住房建设规划"）相结合的双赢模式。即在城中村改造中，通过将补偿给村民及村集体的住房建筑面积中超过"自住"需求的那部分限定进入住房租赁市场、限定规划建设标准（20~60m²小面积健康住宅），既可以保障村民继续获得原"瓦片经济"的住房租金，又可以减小政府建设有效公共租赁住房的负担，为流动人口提供了健康的居住空间，实现多方合作共赢。

第一，以房价收入比、租金收入比"定"住房消费形式，结合问卷调查估算市场需求。根据"房价收入比"和"房租收入比"的合理值，测算流动人口可负担的住房消费途径。①房价取 2013 年广州市一手住宅成交均价 13100 元/m²，住宅平均租金取研究村庄地区楼梯楼平均租金 13.7 元/（m²·月）。根据国际经验，房价收入比 4~6 为合理值，也有研究表明1:8.1 为合理值。而德国《住宅补贴法》规定一般家庭租金承受能力按照家庭收入的 25% 确定，作为房租收入比合理值。②根据广州市农村地区新型城镇化调查所得 475 份有效问卷，当前流动人口平均住房面积为40m²，期望的健康住房为 60m²，以此作为计算健康租赁住房套型面积的依据，以 20m² 作为基础保障。测算结果发现：按照当前广州市的住房价格和水平及多层商品房出租屋价格（相当于城市更新后的住房价格），19% 的流动人口买得起 60~90m² 的商品房，72% 的人租得起 20~60m² 的住房，9%的人需要公共住房解决住房问题。流动人口市民化的住房需求结构为2：7：1。另根据2013年的村卡数据，研究范围内村庄流动人口合计140万人，以此为基础测算不同住房供应形式的总体需求，如表15-9所示。

表15-9 流动人口健康住房需求量估算

指标1：房价收入比	人均月工资 /（元）	健康住房套型	人群比重 /%	需住房数量 /套
<4	≥12281	购买90m²/套	1	10991
4~6	8188~12281	购买90m²/套	1	10991
4~6	5458~8188	购买60m²/套	5	54957
6~8	4094~5458	购买60m²/套	12	131896
>6	<4094	租房	81	890301
指标2：房租收入比	人均月工资 /（元）	健康住房套型	人群比重 /%	需住房数量 /套
25%	3289~4094	租赁60m²/套	17	186853
25%	2193~3289	租赁40m²/套	29	318750
25%	1096~2193	租赁20m²/套	25	274784
25%	≤1096	租赁20m²/套（租金补贴）	9	98922

第二，以补偿政策、人均适度住房建筑面积为基础估算租赁性住房的供给量。考虑"复建有证房屋建筑面积"与"复建有证建筑面积与权益面积"两种政策，后者还考虑了现有住房建筑面积小于规定的280m²（3层半）的家庭。这是由于历史、区位等原因造成了村内不同村民之间的财富差异性，通过补偿政策加以调试并增强部分村民的积极性。此外，鼓励村民使用自住面积（规划35m²）以外的富余部分进入住房租赁市场，并建设成为小面积的健康住房。通过测算，如表15-10所示，政策方案1：复建有证房屋建筑面积，根据外来人口可支付的居住面积，缺住宅面积77万m²。政策方案2：复建有证建筑面积与权益面积，根据外来人口可支付的居住面积，富余住宅面积2484万m²。考虑到近年来整体上流动人口呈现出不断减少的趋势，宜按照政策方案1进行规划建设。同时，要严格限定村集体土地上兴建的住房进入租赁市场，核发"集体产权"；对于部分

有一定资金积累基础的外来人口，可以参考"共有产权房"等形式，形成村集体、政府、购房者共同分担的住房供应机制。

表 15-10 流动人口可支付健康住房供给方案与供需平衡测算

主要改造对象：刚/弹性二元村			政策方案 1	政策方案 2	需求
户籍 1029053 人 户数 327092 户 流动人口 1070913 人 住宅占地 5414 万 m^2 合法占地 3215 万 m^2	复建村民住宅建筑面积	村民自住房	3539.9 万 m^2	3539.9 万 m^2	
		集体土地出租屋 20m^2/套	153.3 万套	295.8 万套	37.4 万套
		40m^2/套	76.7 万套	172.4 万套	31.9 万套
		60m^2/套	51.1 万套	114.9 万套	18.7 万套
住宅建筑面积 10895 万 m^2 有证建筑面积 6606 万 m^2 集体物业用地面积 4494 万 m^2	居住区级市政及公共服务设施用地/m^2		—	—	—
集体物业建筑面积 3244 万 m^2 有证建筑面积 1065 万 m^2	商品住宅（融资地块）		927.2 万 m^2	1170 万 m^2	1319 万 m^2

第三，活用政策，在城市更新中规划"租赁型"健康住房，建立合作机制，实现多方共赢。《广州市公共租赁住房保障制度实施办法（试行）》规定：新建的公共租赁住房可以集中建设，也可以在普通商品房项目或结合"三旧"改造项目按需配建，配建的具体项目和比例在年度土地出让计划和年度"三旧"改造实施计划中确定；住房保障部门经批准后可以试行利用集体建设用地建设公共租赁住房，其建设用地使用权按照《广州市集体建设用地使用权流转管理试行办法》取得。《广州市住房建设规划 2008—2012）》直接以"住保办"提供的保障性住房需求为基准，但该标准本身即在变化且未纳入流动人口，而且多是以政府为主导的自上而下模式，缺乏市场与社会的参与。事实上，村集体瓦片经济已经提供了针对外来人口的"公共租赁住房"的功能，但一直没有被纳入正规的管理体

系，缺乏相应的建设指引，导致非正规出租屋的租金低于周边商品房的租金，土地价值没有充分挖掘。事实上，对研究范围内的非正规出租屋加以引导，甚至实施租赁信息统一管理、租金纳税后村民分成，由此形成一个规范的、与商品房市场相区隔的租房市场（非二手商品房）。因此，住房建设规划中应明确集体土地兴建公共租赁住房的制度安排与规划审核条件，借鉴《广州市保障性住房设计指引》等一系列文件对其具体套型面积等给予指引，将其作为与商品住宅同类型的住房供给类型加以对待。在达到一定的出租年限后，允许以共有产权等形式售卖，支持流动人口获得住房资产。

健康住房，不仅指住房内部环境整洁，配备卫生间、厨房及基本生活设施，还应当指整个居住社区的环境是健康的，这就需要政府以常住人口为基准配备公共服务，通过公共服务均等化建设健康社区，为流动人口提供健康的住房体系。

三、加强职业培训，为流动人口创造上升通道

要建立健全对流动人口的职业培训体系，丰富培训内容，加大培训投入，提高培训质量等，逐步构建起对流动人口职业培训的长效机制。

借鉴英国的国家学分累积资格证书框架体系，完善学分累积晋级理念，建立多层级细分行业的职业培训和晋升机制，全面广泛地积累人力资本，培育流动人口转化为中产阶级的就业和创业能力，乃至创造和创新能力。通过教育和培训，增强人们对未来生活的可预知性，增强对自我人力资本投资、个人学习效益的可预见性。

四、保障流动人口随迁子女平等接受义务教育的权利

《中华人民共和国宪法》第46条明确规定，中华人民共和国公民有受教育的权利和义务。国家培养青年、少年、儿童在品德、智力、体质等方面全面发展。受教育权是宪法赋予公民的基本权利，各地政府不得限制和剥夺流动人口随迁子女的受教育权。

"平等、公正"是社会主义核心价值观的应有之义。通过积分入学限制流动人口随迁子女进入公办学校接受全面的优质教育，使随迁子女在受

教育权这一宪法权利的行使上受到不平等、不公正待遇，违背了社会主义核心价值观。

多建一所学校，就少建一座监狱，为流动人口随迁子女提供良好教育，为其改变社会境遇提供通道，关乎国家未来的稳定和发展。

因此，广州市政府需要进一步贯彻落实流动人口子女接受义务教育"两为主"政策（以流入地为主，以公办学校为主），保证流动人口随迁子女平等接受义务教育，并做好与高中阶段教育的衔接；不断加大财政等投入，城镇新建和扩建学校项目优先安排流动人口集中居住区。切实保障流动人口随迁子女平等接受义务教育的权利。

第十六章 成都市流动人口市民化案例研究

2005 年以来，成都市流动人口规模迅速增加，人口管理的有序性不断增强，居住证以及相应的社会保障、公共服务制度不断健全。随着城市经济的进一步发展，市民化的政策取向发生了新的变化。审视成都市的相关政策及实施情况，分析政策变化中的潜在问题与急需的适应性调整，对其他城市有一定的借鉴价值。

第一节 成都市流动人口基本状况

2005 年以来，成都市流动人口呈现出持续增长的趋势，这有利于成都市的发展，也对成都市流动人口市民化带来一定的挑战。在对成都市流动人口市民化的分析中，本节首先分析成都市的流动人口规模与结构、空间分布等特征。

一、成都市流动人口规模与结构

（一）流动人口规模及变化

按照《成都市统计局关于 2016 年成都市主要人口数据的公告》① 的最新数据，2016 年成都市流动人口为 631.66 万人。根据调研资料，截至 2015 年 12 月 31 日，成都市共有来蓉人员 523.25 万人，其中居住半年以上的有 436.75 万人。而以 2010 年第六次全国人口普查为基础，成都市当年流动人口合计 469.74 万人，扣除市辖区人户分离的情况，还有约 400 万流动人口。可见，成都市流动人口呈现出持续增长的趋势（见图16-1），

---

① 公安部门提供数据。按照《四川省流动人口信息登记办法》（自 2014 年 10 月 1 日起施行），流动人口指离开户籍所在地县级行政区域到其他行政区域居住的人员。

但增速有所减缓。2011—2015 年平均每年新增来蓉人员 46 万人，2012 年来蓉人员环比增加 71.7 万人，但 2013 年和 2014 年仅为 40 万人左右，2015 年环比增加 26.9 万人，如表 16-1 所示。

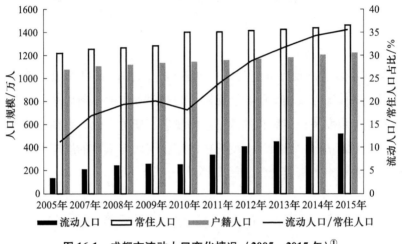

图 16-1　成都市流动人口变化情况（2005—2015 年）①

表 16-1　成都市来蓉人员地域结构（2011—2015 年）

年份	省内其他市州/万人	省外/万人
2011	278.18	59.95
2012	335.78	74.09
2013	373.18	81.54
2014	406.93	89.46
2015	431.44	91.81

根据《2015 年四川省人口形势分析报告》，四川省流入人口 226.62 万人，流出人口 1338.79 万人，人口净流出 1112.17 万人。而 2015 年成都市吸纳的外省流入人口就有 91.81 万人，占全省的 40.5%。从省内流动状况来看，根据第六次全国人口普查数据，流入人口最多的为成都市，占四川省流入人口总数的 38.62%。可见，成都市是四川省流动人口市民化的重点，解决

---

① 2005—2010 年的流动人口是指离开户籍所在地县级行政区域到其他行政区域居住的人员，包括本市户籍人口跨区（市）县、跨乡镇（街道）流动的人员。2011 年及以后的流动人口是指成都市外流入成都市居住的人员。

好成都市流动人口市民化问题的意义重大。

事实上，按照流动人口信息登记专项统计（见表16-1），成都市的外来人口以省内跨市州流动为主，有21.7%的流动人口来自省外。另一个值得注意的现象是，按照第六次全国人口普查提供资料进行估算，成都市流动人口中有44.48%户口登记地在省内或省外其他镇的居委会或街道，即属于城镇户口。这一部分人群来自于城镇地区，相比于农业户口的转移人口具有更好的落户市民化条件。

（二）流动人口结构分析

1. 年龄结构

资料显示（见表16-2），成都市来蓉人员年龄以18~60岁为主，18岁以下及60岁以上的人口比例相差不大，但后两类人群的占比提高。2011—2015年，18岁以下来蓉人口增加了一倍（新增17.24万人），60岁以上人口也增加了一倍多（新增19.89万人）。这远超过18~60岁来蓉人口的增幅，说明近年来子女教育投靠、老人投靠等来蓉的比例大幅增加，未来人口市民化的压力陡增。

表 16-2 成都市来蓉人员年龄结构（2011—2015 年）

年份	18 岁以下来蓉人员		18~60 岁来蓉人员		60 岁及以上来蓉人员	
	人数/万人	占比/%	人数/万人	占比/%	人数/万人	占比/%
2011	15.97	4.72	307.34	90.90	14.82	4.38
2012	23.01	5.62	369.80	90.22	17.06	4.16
2013	24.38	5.36	406.77	89.46	23.56	5.18
2014	26.47	5.33	441.94	89.03	27.98	5.64
2015	33.21	6.35	455.33	87.02	34.71	6.63

2. 学历结构

当前，成都市来蓉的学历结构总体偏低，而且近五年来不升反降，2015年，大学本科以上学历占来蓉人员比例为5.6%。如表16-3所示，从绝对规模来看，初中及以下学历人口增幅为主要来源，其次是高中学历和大学专科学历。大学本科、研究生学历的来蓉人口较少。这与高学历人才更优质的落户条件和较高的落户意愿有关，但侧面反映出市民化的难点仍然是本科以下学历来蓉人员的落户问题。

表 16-3　成都市来蓉人员学历结构（2011—2015 年）

年份	初中及以下/万人	高中/万人	大学专科/万人	大学本科/万人	研究生/万人
2011	185.93	83.76	40.74	23.92	1.06
2012	223.63	107.03	46.87	27.54	1.27
2013	239.29	125.11	55.13	29.15	1.51
2014	255.64	141.33	61.34	31.14	1.49
2015	270.71	151.81	65.19	27.65	1.37

3. 就业结构

根据第六次全国人口普查表长表数据，成都市流动人口中 17% 属于高端就业人才，分布在国家、党群和企事业单位负责人或专业技术岗位，且锦江区、青羊区和温江区的比例较高，属于人居环境品质较高的区域。如表 16-4 所示，整体而言，（原）主城区范围内的流动人口主要从事商业、服务业就业岗位，成华区的比例为 55.5%，金牛区为 48.9%，金牛区有荷花池服装批发市场，集聚了相当规模数量的外来从业人员；而郫县（现郫都区）、新都区、青白江区等区域的外来从业人员主要分布在生产、运输设备操作岗位。第一类人群是市民化的重点，后两类人群是市民化的难点。

表 16-4　成都市跨乡镇街道流动人口的职业类别结构（2010 年）

地区	国家机关和企事业单位负责人、专业技术人员/%	商业、服务业人员/%	生产、运输设备操作人员/%
合计	16.5	41.2	31.0
锦江区	23.8	47.5	17.4
青羊区	24.6	45.1	16.7
金牛区	16.3	48.9	25.4
武侯区	16.4	39.2	32.2
成华区	14.5	55.5	20.7
龙泉驿区	14.3	37.2	38.7
青白江区	11.3	29.2	47.3
新都区	12.1	37.0	44.2
温江区	21.6	32.9	28.8

续表

地区	国家机关和企事业单位负责人、专业技术人员/%	商业、服务业人员/%	生产、运输设备操作人员/%
金堂县	14.6	31.8	21.5
双流县	14.8	35.6	39.8
郫县	12.0	20.9	62.3
大邑县	12.3	37.8	25.1
蒲江县	10.6	27.0	14.5
新津县	15.7	38.1	34.4
都江堰市	16.5	42.0	24.4
彭州市	13.9	32.6	27.9
邛崃市	10.1	38.9	16.3
崇州市	13.1	31.6	34.8

注：除上表外还有农林牧副渔从业人员、办事人员等未列明比例。

二、成都市流动人口空间分布及其特征

（一）流动人口的区县分布特征

成都市的区县经济共分为三个圈层。按照截至 2015 年 12 月 30 日的官方统计数据，三个圈层的户籍人口规模分布基本均衡，分别占全市户籍人口的 30.4%、31.0% 及 38.6%。但是来蓉人员则主要集中在一圈层，占比达到 57.3%，即原主城区范围，二圈层集聚了 35.2% 的来蓉人员，而三圈层则仅有 7.5%。各圈层产业经济发展特征，在一定程度上影响了来蓉人口的分布及就业结构。2015 年，一圈层的第三产业生产总值占全市的 57.0%，但二圈层的第二产业生产总值占到全市的 47.7%，三圈层则主要以第一产业为主，这与城市经济职能的空间结构调整不无关系。如表 16-5 所示，2005 年成都市一圈层第二产业生产总值占全市的 42.3%，而二圈层占全市的 38.8%，到 2011 年该比例大幅扭转。随着城市工业经济的外迁，二圈层区市县的流动人口快速聚集，从 2005 年到 2011 年二圈层流动人口占全市比重从 8.2% 提高到 33.4%，是成都市城乡经济地理格局重构的重要时期。

表 16-5　成都市经济地理与流动人口分布格局演进

圈层	第二产业比重/%			流动人口比重/%		
	2005 年	2011 年	2015 年	2005 年	2011 年	2015 年
一圈层	42.3	26.6	19.2	86.0	61.7	57.3
二圈层	38.8	53.6	57.8	8.2	33.4	35.2
三圈层	18.9	19.8	23.1	5.8	4.9	7.5

　　2005—2011 年是郫县、双流县（现双流区）和高新区快速发展的时期：郫县的流动人口规模占全市的比重从 0.9% 增加到 10.3%，总规模增加接近 26 倍，2011 年来蓉规模即达到 34.9 万人；双流区该比例从 1.9% 提高到 8.6%，而高新区从 1.6% 提高到 8.5%。流动人口快速向第二圈层聚集，带来了区县城市建设的快速变化，尤其是毗邻主城区的乡镇迅速成为流动人口集聚区，给地区公共服务设施配给提出巨大挑战。尽管如此，2011—2015 年来蓉人员主要吸纳区域（原）主城区和第二圈层的区县几乎各占一半：金牛区和青羊区分别吸纳了 16.1% 和 11.9% 的来蓉人员，在一圈层区县中占据重要地位，而二圈层则主要依赖龙泉驿区和新都区，分别吸纳来蓉人员 15.0% 和 14.1%。此外，个别三圈层的区县尽管流动人口规模基数不大，但也表现出比较有特点的发展趋势：都江堰市 2011 年有来蓉人员 54320 人，2015 年翻番；金堂县 2011 年仅有来蓉人员 5360 人，2015 年增加至 63865 人。表 16-6 列示了各区县市 2015 年的来蓉人口占户籍人口比例，金牛区、武侯区外来人口与户籍人口几乎达到 1:1 的比例；在二圈层，郫县、新都区和龙泉驿区则达到 1:2 的比例。

表 16-6　成都市各区县人口分布结构（2015 年）

地区	占全市比重/%			来蓉人员占户籍人口比重/%	居住半年以上来蓉人员占户籍人口比重/%
	户籍人口	来蓉人员	居住半年以上来蓉人员		
全市				42.6	35.6
一圈层	30.4	57.3	59.4	80.4	69.6
锦江区	4.2	7.3	7.0	74.8	59.8
青羊区	5.3	9.4	10.1	74.7	67.4

续表

地区	占全市比重/%			来蓉人员占户籍人口比重/%	居住半年以上来蓉人员占户籍人口比重/%
	户籍人口	来蓉人员	居住半年以上来蓉人员		
金牛区	6.2	14.0	15.0	97.2	86.8
武侯区	5.2	12.3	12.9	101.3	88.4
成华区	5.9	7.7	7.8	56.1	47.4
高新区	3.6	6.6	6.6	76.2	64.2
二圈层	31.0	35.2	33.8	48.4	38.7
龙泉驿区	5.2	7.6	7.1	61.4	48.1
青白江区	3.4	1.2	1.2	14.6	11.8
新都区	6.0	8.2	8.2	58.7	48.8
温江区	3.4	4.1	4.0	51.3	42.2
双流县	8.5	7.6	6.5	38.4	27.4
郫县	4.5	6.5	6.8	61.3	53.3
三圈层	38.6	7.5	6.8	8.3	6.2
金堂县	7.3	1.2	0.7	7.2	3.3
大邑县	4.2	1.0	1.0	9.8	8.6
蒲江县	2.2	0.3	0.3	6.3	4.2
新津县	2.5	0.8	0.7	12.6	10.0
都江堰市	5.1	1.9	2.1	16.4	14.5
彭州市	6.6	0.6	0.6	3.8	3.1
邛崃市	5.4	0.6	0.5	4.9	3.3
崇州市	5.3	1.1	0.9	8.5	6.4

（二）流动人口的乡（镇、街道）分布特征

2011—2015 年，成都市来蓉人员在三个圈层的分布变化不大，尽管在这段时期内各圈层吸纳来蓉人员的重点区县有所变化，考虑资料来源的局限，此处以第六次全国人口普查（2010 年）及《中国县域统计年鉴（乡镇卷）2016》为基础分析流动人口的乡镇分布特点。

成都市二圈层集聚外来人口较多的乡（镇、街道）主要是毗邻主城区的地域，并且呈现出显著的"贴边"发展态势，成为典型的大都市周边城

乡接合部地区，尤其是郫县、双流县和龙泉驿区，而三圈层集聚流动人口较多的主要是各区县的县城。2010 年，郫县的犀浦镇、合作镇、团结镇平均每个镇聚集了近 10 万流动人口，外来人口占常住人口比重达到 67.7%；2010—2015 年，犀浦镇规模进一步扩大，常住人口规模新增 6.5 万人[1]，外来人口规模进一步增加。双流县的九江镇、西航港街道、华阳街道和东升街道，合计吸纳外来人口 35.7 万人。龙泉驿区的十陵街道、大面街道、龙泉街道等三个街道办集聚了 23 万流动人口。事实上，2010 年，成都市流动人口[2]合计有 485 万人，都市区边缘的 11 个乡镇街道集聚了近 18.6% 的成都市流动人口。这与成都市实施的工业集中发展、城市轨道交通建设有一定的关系。

一方面是便捷的城市公共交通，使得一般城市白领职员和服务业从业人员能够在（原）主城区外获取成本较低的居住空间；另一方面是工业集中发展区位于（原）主城区外靠近城区的地域，使得一些乡镇专门为工厂的蓝领提供住宿服务，两种因素共同造成了外来人口在上述乡镇大规模聚集。不仅如此，还值得注意的是，就全市而言，2010 年，跨区县市流动的外来人口中有 8.5% 居住在乡村（既非城市地区，也非镇区），而在第二圈层的区县，这一比例达到了 17.5%，其中龙泉驿区最高达到 28.5%（约 7.3 万人），郫县在规模上居其次（约 5.6 万流动人口居住在乡村地区）。针对这些居住在乡村的外来人口，公共服务的可及性将相对更难以保障。

第二节　成都市推进流动人口市民化的政策措施

成都市流动人口自 2005 年以来快速增长，成都市也不断出台相关政策调整人口规模结构。本节从户籍准入政策、住房保障措施、流动人口子

---

① 根据《中国县域统计年鉴（乡镇卷）》，犀浦镇 2015 年常住人口达到 188856 人，而 2010 年为 123344 人。

② 此处以第六次全国人口普查中的常住人口规模减去各乡镇"户口在本地、居住在本地"得到流动人口规模，对所有乡镇求总和得到全市流动人口，而官方给出的 2010 年流动人口数量为 2561555 人。

女入学政策及其他社会保障政策等几个方面分析成都市推进流动人口市民化的政策措施。

一、户籍准入政策

（一）2005—2016 年：有序管理阶段

2005—2010 年，是成都市外来人口规模高速扩张的时期。因此，这一时期"加强管理、维护治安、信息化建设"是外来人口管理的核心内容，也是各项政策制定的主要指导思想。2005 年开始，成都市开始探索实施居住证制度，主要针对原主城区范围，但以"居民自愿"为原则。2007年，成都市逐步探索"以证管人和以房管人相结合的新路子"，实行分类分层管理，加快实现以社区为平台的人口属地化管理。通过登记制度的建立和管理体系的完善，成都市于 2010 年正式确立居住证制度，并分为"成都市居住证"和"成都市临时居住证"差别化管理；同时，扩大了居住证管理的对象，将市内跨区县流动的人口也纳入居住证管理范围，强化了流动人口"应当"主动申报居住登记以及申请居住证。2010—2016 年，居住证转为常住户口，按照国家相关规定执行。购房可以成为落户成都市的重要途径，并且购房没有限制条件。

（二）2016 至今：结构调控阶段

2016 年进一步完善居住证制度，将管理对象集中到"非本市户籍"的来蓉人员。"居住证是来蓉人员在蓉居住、作为常住人口享受相应公共服务和便利、参与本市社会事务、申请登记常住户口的证明"。只要满足合法稳定就业、稳定住所、连续就读等条件之一且连续居住满 6 个月，即可申请居住证；但同时提出探索建立积分入户制度，以及探索建立居住证与基本公共服务挂钩的制度安排。2017 年年底，按照国务院和省政府关于进一步推进户籍制度改革的总体部署，成都市人民政府制定了"1+2"户籍制度改革系列文件，于 2018 年 1 月 1 日正式实施。"人口调控"成为新时期户籍准入管理的新导向并被明确写入相关政策文件，通过总量控制、结构优化，不仅实现人才引进，还要促进人口空间分布的引导和调整。尽管如此，条件入户与积分入户双轨制条件下，"全日制普通大学本科及以上学历毕业生，年龄在 45 周岁及以下的"可直接将户口迁入成都市，而落实就业单位的应届大专毕业生即可将户口迁入成都。因此，落户门槛虽相对过去有所提升，但尚能直接覆盖 18.2% 的来蓉人员。成都市流动人口户籍准入管理政策演变如表 16-7 所示。

表 16-7　成都市流动人口户籍准入管理政策演变

施行时间	文件名称	编号	指导思想
1996 年 8 月 19 日	《四川省成都市外来人口治安管理办法》		为加强外来人口管理，维护社会治安秩序，保障公民的合法权益，根据《中华人民共和国户口登记条例》和《中华人民共和国治安管理处罚条例》等有关法律、法规，结合成都市实际，制定本办法
2005 年 2 月 1 日	《成都市居住证管理暂行规定》	成都市人民政府令第 114 号	为规范外来人员管理，保障外来人员的合法权益，促进人口信息化建设，提高政府服务水平，根据有关法律、法规的规定，结合成都市实际，制定本规定
2007 年 1 月 1 日	《成都市暂住人口治安管理规定》		为加强暂住人口管理，维护社会治安秩序，保障公民的合法权益，根据《中华人民共和国治安管理处罚法》《中华人民共和国户口登记条例》等法律、法规的有关规定，结合成都市实际，制定本规定
2007 年 1 月 26 日	《成都市人民政府关于流动人口服务和管理工作的指导意见》	成府发〔2007〕4 号	通过 2 至 3 年的努力，各区（市）县流动人口服务和管理工作的系统性、协调性和严密性得到提高，建立起比较完善的流动人口服务和管理长效机制
2011 年 1 月 1 日	《成都市居住证管理规定》	成都市人民政府令第 170 号	为保障流动人口的合法权益，加强流动人口服务管理，维护社会秩序，构建和谐社会，根据有关法律、法规，结合成都市实际，制定本规定
2016 年 1 月 1 日	《成都市居住证管理实施办法》		为进一步提高本市人口服务管理水平，保障来蓉人员合法权益，推进城镇基本公共服务常住人口全覆盖，根据《居住证暂行条例》（国务院令第 663 号）、《四川省流动人口信息登记办法》（省政府令第 279 号）等有关法律、法规，结合本市实际情况，制定本办法

续表

施行时间	文件名称	编号	指导思想
2018 年 1 月 1 日	《成都市人民政府办公厅关于印发〈成都市居住证积分入户管理办法（试行）〉的通知》	成办发〔2017〕51 号	科学调控人口规模，推动人口有序流动和合理分布，提高人口服务管理水平，促进人口与经济、社会、资源、环境协调发展，按照建设全面体现新发展理念的国家中心城市工作要求，根据"总量控制、人才优先、动态平衡、双轨并行"的原则和市政府《关于推进户籍制度改革的实施意见》（成府发〔2017〕23 号）精神，制定本办法
2018 年 1 月 1 日	《成都市人民政府关于推进户籍制度改革的实施意见》	成府发〔2017〕23 号	总量控制、人才优先、动态平衡、双轨并行
2018 年 1 月 1 日	《成都市人民政府办公厅关于印发〈成都市户籍迁入登记管理办法（试行）〉的通知》	成办发〔2017〕50 号	为深入贯彻国务院、省政府关于推进户籍制度改革相关精神，根据市政府《关于推进户籍制度改革的实施意见》（成府发〔2017〕23 号）要求，成都市实施条件入户和积分入户双轨并行的户籍迁入政策体系，特制定本办法
2017 年 11 月 28 日	《成都市公安局关于印发〈成都市户籍登记服务管理办法（试行）〉的通知》	成公发〔2017〕190 号	为提升户籍人口服务管理水平，保障本市城乡居民在市域范围内迁徙的合法权益

资料来源：成都市人民政府网站。

二、住房保障措施

（一）重点通过住房限购引导人口布局

2016—2017 年，成都市人民政府密集性地出台住房限购政策，极大地影响了来蓉人口的市民化进程。按照国家既有户籍登记服务管理的有关规定，居住证转换常住户口，一个重要的途径是获得有合法产权的住房，即"符合家庭户立户条件的，可向住房所在地公安机关申报家庭户立户"。其他租赁私人住房、非住宅用房、违法建造的房屋不予登记户口。

然而，根据《成都市人民政府办公厅转发市房管局等部门关于促进我市房地产市场平稳健康发展若干措施的通知》（成办发〔2016〕37号）、《成都市人民政府办公厅关于印发〈进一步促进我市房地产市场健康发展若干政策措施〉的通知》（成办发〔2016〕45号）、《成都市人民政府办公厅关于完善我市住房限购政策的通知》（成办发〔2017〕10号）和《关于落实我市住房限购政策的具体操作规则》等文件，"所在区域户籍"是所在区域购房资格的前置条件。这有利于调整来蓉人口结构，真正以房管人、以住房调控引导来蓉人口结构的调整。

特别地，对天府新区成都直管区和高新南区进行差别化限购。高新区南部园区或天府新区成都直管区分别作为单独的限购区域，符合限购政策的购房人只能在本区域购买住房，两区不能交叉。

（二）流动人口参与住房保障的条件

成都市的住房保障制度是逐步将来蓉人员纳入其中的，在2006年的公共住房制度实施方案（试行）中还仅针对五城区户籍人口，且获得户口三年以上方可申请，成都市非五城区的人口到五城区务工的也未纳入保障范围。2010年开始，前述两类人群进入成都市住房保障的覆盖范围。针对来蓉人口：一方面，在限价商品房的购买上放宽门槛，本市农村务工人员只要连续缴纳3年社保，非本市外来务工人员需要缴纳5年社保，即可享受购房资格、参与摇号；另一方面，提出鼓励企业积极自主兴建农民公寓，或由所在区域政府组织兴建租给企业。

经济适用房的购买福利一直被排除在来蓉人口之外，2011年相关规定将本市农村务工人员纳入保障范围，但外来人口被排斥；而2015年的最新规定沿用了该保障对象的限定条件，而租赁经适房的权利也未赋予来蓉人口。尽管2013年开始推进的公共租赁住房建设明确将外来务工人员纳入了保障范围，只要在中心城区工作、与用人单位签订劳动（聘用）合同并交纳城镇职工社会保险，就可以参与公共租赁住房的配租摇号。但是，公共租赁住房补贴，则是一项仅针对"具有五城区或高新区城镇户口"的住房保障制度。

总体而言，成都市构建了一个差别化的住房保障制度，来蓉人口在未能取得户籍之前可以享受到一些政府提供的住房保障福利，主要是住房租赁（市场价格的 70%）以及限价房的购买权利。就成都市的住房租赁市场而言，限价房的购买更有实际价值，否则来蓉人口必须通过积分落户才能购买住房、扎根城市。未将租赁型经济适用房的保障范围覆盖来蓉人口，或按某种条件覆盖，仍有待改善。

成都市流动人口参与住房保障的管理政策演变如表 16-8 所示。

表 16-8　成都市流动人口参与住房保障的管理政策演变

施行时间	文件名称	编号	指导思想	申请条件
2006 年 8 月 1 日	《成都市人民政府关于印发〈成都市城市公共住房制度实施方案（试行）〉的通知》	成府发〔2006〕50 号	通过政府援助和市场供给相结合的住房资源配置机制建立公共住房体系，满足中等偏低及以下收入家庭的基本居住需求，促进房地产市场持续健康发展	1. 家庭年收入在中等偏低收入线以下； 2. 原有住房（取得自有产权住房或按照房改政策租金标准租赁的公房）人均面积不超过规定的面积控制标准； 3. 具有本市五城区正式户口，并取得本市户籍三年以上
2007 年 8 月 1 日	《成都市房产管理局、成都市财政局关于印发〈成都市城市公共保障住房租赁管理实施暂行办法〉的通知》	成房办〔2007〕117 号	为了加强城市公共保障住房的租赁管理，促进我市城市公共住房制度建设，根据《成都市城市公共住房制度实施方案（试行）》（成府发〔2006〕50 号）和《成都市人民政府关于进一步加强和完善中低收入家庭住房保障工作的意见》（成府发〔2007〕42 号），制定本办法	符合经济适用住房申购条件的低收入家庭和中等偏低收入家庭，可以申请租赁型经济适用住房；租赁经济适用住房的家庭承租两年后，可以申请购买所承租的经济适用住房

续表

施行时间	文件名称	编号	指导思想	申请条件
2010 年 3 月 4 日	《成都市人民政府关于进一步加强城镇住房保障工作的意见》	成府发〔2010〕14 号	坚持以科学发展观为指导，以解决城镇中低收入家庭住房困难、实现群众住有所居为目标，完善住房保障体系和管理机制，积极推进住房保障和棚户区改造各项工作，进一步扩大政策惠及面，改善群众居住条件和人居环境，切实维护好、实现好、发展好群众根本利益	在中心城区建设限价商品住房： （3）连续在本市缴纳 3 年以上综合社会保险或城镇职工社会保险，已婚或年满 35 周岁的单身无自有住房的本市农村进城务工人员； （4）夫妻双方在本市五城区（含成都高新区）工作，两人在本市连续缴纳 5 年以上综合社会保险或城镇职工社会保险，无自有住房的外来从业人员家庭
				推行公共租赁住房保障方式： 在农村进城务工人员较为集中的企业，支持其在符合土地利用总体规划和城市规划的前提下，利用自有土地配建集体宿舍，用于农村进城务工人员居住。在各类开发区、工业集中发展区，以及第三产业或农村进城务工人员较为集中的其他区域，可由所在区（市）县政府或管委会组织，集中建设农村进城务工人员集体公寓，由用工企业租赁

续表

施行时间	文件名称	编号	指导思想	申请条件
2011年10月9日	《成都市城乡房产管理局关于印发〈成都市中心城区经济适用住房管理细则〉的通知》	成房发〔2011〕70号	为规范和完善经济适用住房制度，加强经济适用住房管理，根据《经济适用住房管理办法》（建住房〔2007〕258号）、《关于加强经济适用住房管理有关问题的通知》（建保〔2010〕59号）、《成都市人民政府关于进一步加强城镇住房保障工作的意见》（成府发〔2010〕14号）等有关规定，制定本细则	我市中心城区内同时符合下列三项条件的家庭可申购经济适用住房：（一）家庭年收入在规定的收入标准以内；（二）申请家庭成员两人（含两人）以上，主申请人必须具有中心城区城镇户口；（三）自有产权住房人均建筑面积在16平方米以下（含16平方米）且无其他用途房屋。凡户籍属于我市农村，现在中心城区务工，家庭年收入在规定的收入标准以内，申请家庭成员两人（含两人）以上，主申请人在中心城区缴纳城镇职工社会保险，无城镇自有产权住房（包括"新居工程"的安置房）及其他用途房屋的家庭，可申购经济适用住房
2013年11月19日	《成都市城乡房产管理局关于中心城区公共租赁住房申请、审核及配租管理问题的通知》	成房发〔2013〕227号	规范和完善我市公共租赁住房管理	主申请人在中心城区工作，与用人单位签订劳动（聘用）合同并交纳城镇职工社会保险；公共租赁住房的配租实行摇号轮候原则，家庭申请和单位组织申请优先于个人

续表

施行时间	文件名称	编号	指导思想	申请条件
2015年5月13日	《成都市城乡房产管理局、成都市民政局关于印发〈成都市中心城区公共租赁住房管理办法〉的通知》	成房发〔2015〕72号	为规范和完善公共租赁住房管理，推进公共租赁住房并轨运行，根据《住房城乡建设部 财政部 国家发展改革委关于公共租赁住房和廉租住房并轨运行的通知》（建保〔2013〕178号）和《市房管局 市发改委 市民政局 市财政局关于实施公共租赁住房和廉租住房并轨运行的通知》（成房发〔2015〕15号）文件精神，制定本办法	申请人为外来务工人员的，应当具有本市非中心城区户籍或持有成都市居住证，主申请人在中心城区工作，与用人单位签订劳动（聘用）合同并缴纳城镇职工社会保险
2015年11月9日	《成都市城乡房产管理局关于印发〈成都市中心城区限价商品住房管理办法〉的通知》	成房发〔2015〕149号	为规范和完善限价商品住房制度，加强限价商品住房管理，制定本办法	（四）具有成都市户籍，在中心城区务工，年满25周岁，无自有住房（含租住公房）的单身居民。 （五）非成都市户籍，夫妇双方或离异（丧偶）带有子女的家庭，其中主申请人在中心城区务工，且连续在中心城区缴纳三年以上城镇职工社会保险，无自有住房（含租住公房）的外来从业人员

续表

施行时间	文件名称	编号	指导思想	申请条件
2015 年 11 月 24 日	《成都市房管局、成都市发改委、成都市民政局关于印发〈成都市中心城区经济适用住房管理办法〉的通知》	成房发〔2015〕166 号	为规范和完善经济适用住房制度，加强经济适用住房管理，根据《经济适用住房管理办法》（建住房〔2007〕258 号）、《关于加强经济适用住房管理有关问题的通知》（建保〔2010〕59 号）等有关规定，制定本办法	凡户籍属于我市农村，现在中心城区务工，家庭年收入和家庭财产在规定的标准以内，申请家庭成员两人（含两人）以上，主申请人在中心城区缴纳城镇职工社会保险，无自有住房（含租住公房）及其他用途房屋的家庭，可申购经济适用住房
2016 年 1 月 29 日	《成都市房产管理局、成都市民政局、成都市财政局关于印发〈成都市公共租赁住房租赁补贴试行办法〉的通知》	成房发〔2015〕183 号	为鼓励和支持符合条件的住房困难群体通过市场租赁解决住房困难问题，进一步完善住房保障制度，结合我市实际，制定本办法	租赁补贴的保障对象为五城区或高新区中等以下收入户籍家庭（单身居民），家庭成员按持有成都市户口、居住证人数确定补贴保障人数。符合下列条件之一的可申请租赁补贴： （一）家庭年收入 5 万元以下（含 5 万元），家庭人口 2 人及以上，主申请人具有五城区或高新区城镇户口，家庭人均自有住房建筑面积在 16 平方米以内且未享受其他方式住房保障。 （二）具有五城区或高新区城镇户口，自有住房建筑面积 16 平方米以内且未享受其他方式住房保障的下述单身居民。民政部门认定的最低生活保障单身居民；年满 35 周岁（民政部门认定的成年孤儿不受此年龄限制）且年收入 3 万元以下

续表

施行时间	文件名称	编号	指导思想	申请条件
2016年1月29日	《成都市房产管理局、成都市民政局、成都市财政局关于印发〈成都市公共租赁住房租赁补贴试行办法〉的通知》	成房发〔2015〕183号	为鼓励和支持符合条件的住房困难群体通过市场租赁解决住房困难问题，进一步完善住房保障制度，结合我市实际，制定本办法	（含3万元）的单身居民；年龄在35周岁以下，在五城区或高新区工作并与用人单位签订劳动（聘用）合同，年收入3万元以下（含3万元）的单身居民

资料来源：成都市人民政府网站。

三、流动人口子女入学政策

(一) 流动人口子女入学规定

来蓉人口的子女可以参加成都市公立学校（义务教育阶段）的摇号，但需要按外地进城务工就读相关政策办理登记，并由政府统一安排。按照2005年的《成都市居住证管理暂行规定》的规定，居住证的持有人可以在居住证有效期限内，为其子女申请在本市接受义务教育，由居住地的教育行政管理部门按有关规定安排就读。2010年的《成都市居住证管理规定》也明确提出，成都市居住证持证人在同一居住地连续居住并依法缴纳社会保险费满一年，其子女接受义务教育由各区（市）县教育行政部门根据成都市居住证持证人现居住地学校分布和学校年度招生计划情况，按照相对就近、统筹协调的原则安排入学。成都市临时居住证持证人的子女接受义务教育，根据当年入学政策办理相关入学手续，由各教育行政部门安排入学。

成都市每年会具体制定实施指导意见，2017年准备在蓉接受义务教育的进城务工人员随迁子女，申请人需提供截至当年5月31日，相关管理机构发放的"进城务工人员随迁子女接受义务教育通知书"。需要来蓉人口提供的证明材料有：①已在成都本市连续依法缴纳社会保险费满12个月的证明（且申请入学当月处于持续缴纳状态）；②截至当年5月31日，申请人已在该区（市）县连续居住满一年的相关证明。

《成都市教育事业发展"十三五"规划》提出,"切实保障流动人口随迁子女入学。将随迁子女接受义务教育纳入城镇发展规划和财政保障范围。建立流动人口随迁子女积分入学制度,切实简化优化随迁子女入学流程,保障符合条件的随迁子女接受义务教育。逐步解决随迁子女在成都市参加中、高考问题"。2012年12月31日,四川省政府办公厅发布了《四川省进城务工人员随迁子女在当地参加升学考试实施方案》,本方案从2014年开始实施,随迁子女可在四川省就读地参加中、高考。

(二)成都市民工子弟学校办学政策

国务院办公厅2003年9月转发的教育部等部门关于进一步做好进城务工就业农民子女义务教育工作的意见提出,加强对以接收进城务工就业农民子女为主的社会力量所办学校的扶持和管理。但成都市尚未出台系统的、针对民工子弟学校的教育管理指导政策,这在全国而言并非独特现象,没有制度化的统筹解决方案,主要依靠各区县灵活地因事施策。

根据成都市教育局2016年工作总结,当年约有36.5万进城务工人员随迁子女接受义务教育的问题得到妥善解决。在实践中,各区县尤其是第二圈层的区县积极批准民办民工子女学校作为解决流动人口随迁子女入学的重要途径。根据《郫县教育局关于2012年民办民工子女学校学生初升高工作意见》,包括成都文武学校、郫县安靖惠民学校、犀浦新兴学校等12所民办民工子女学校的学生中考分数达到"重点高中"线,且是川籍考生,可享受本地学生同等待遇;中考分数达到普通高中线的学生,报读友爱职业技术学校升学班,可享受与当地户口学生相同的优惠政策;报读友爱职业技术学校的初三毕业生,同当地户口学生一样享受职高优惠政策。新都利民学校就是于2010年7月经新都区教育局批准成立、以招收外来民工子女为主、实施九年义务教育的全日制民办学校。对于郫县、新都区、双流县等来蓉人口集聚的区域,民办民工子弟学校是解决随迁子女入学的重要支撑。

四、其他社会保障政策

按照前述规定,成都市来蓉人口享受户籍准入、住房保障与子女教育等公共服务的重要前置条件就是已连续购买社会保险。户籍迁入成都市以后，按照相关规定办理社保转入即可。但是对于养老保险：①外地养老保险应在申请人员在成都地区参保之后，退休之前办理转入，已办理退休待遇领取手续的不能转入；②非成都户籍且满 40 岁的女性或满 50 岁的男性，不能转入。同时，参保人员跨省流动转移基本养老保险关系时，统筹基金（单位缴费）按 12% 的总和转移，参保缴费不足 1 年的，按实际缴费月数转移，并且转移后这部分资金不会并入个人账户而是并入转入地的统筹基金。

《成都市人力资源和社会保障局、成都市发展和改革委员会、成都市财政局、成都市卫生和计划生育委员会关于做好进城落户农民等参加基本医疗保险和关系转移接续工作的通知》（成人社办发〔2015〕242 号）提出，跨统筹地区转入成都市就业，并参加成都市城镇职工基本医疗保险的人员，达到法定退休年龄时，在成都市实际缴费年限连续不间断满 15 年或累计满 20 年后，不再缴纳基本医疗保险费，继续享受基本医疗保险待遇。

第三节　成都市流动人口市民化政策的效果及问题

成都市相关政策措施在推动流动人口市民化过程中起到了一定的作用，外来人口落户规模有所增长，保障性住房供给增加，流动人口子女的教育问题也得到了基本解决。但是，其背后的问题也不容忽视，例如，居住积分制度的实施效果难以预计，成都房价快速上涨，大部分务工子女的教育质量仍有很大的提升空间，教学环境有必要加以改善。

一、市民化政策效果

（一）2010—2015 年成都市外来人口落户情况

2009—2016 年，成都市户籍人口年均自然增长仅为 3.8 万人。如图 16-2 所示，2010 年以后，成都市户籍人口迁入迁出呈现出显著下降趋势，而 2009 年以来，成都市每年平均户籍迁入 25 万人，迁出 13.2 万人，机械增长是户籍人口增长的重要推动。2009—2016 年累计共迁入 200.66 万人。考虑到 2010 年成都市流动人口规模为 469.74 万人，落户成都市的来蓉人口规模大幅增加。这在某种程度上得益于居住证制度的有效实施以及对落户政策的有序管理。如图 16-3 所示，2011—2015 年，尽管来蓉人口总量在增加，但增速显著减缓，尤其是一圈层的区县，这与大多数外来人口直接选择落户成都有一定关系。尽管二、三圈层的来蓉人口增速在2014 年有所上升，但总体而言，成都市迁入人口的增加促使流动人口来蓉人口规模增速递减。2016 年以前的落户渠道主要是就业、投靠及购房，但 2016 年以后市政府所制定的落户门槛与限购政策门槛更高、更具有指向性，未来市民化落户效果仍有待观察。

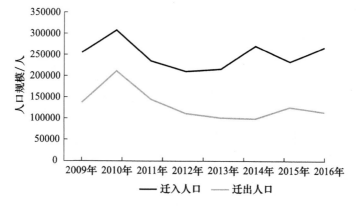

图 16-2　成都市人口机械迁入变化（2009—2016 年）

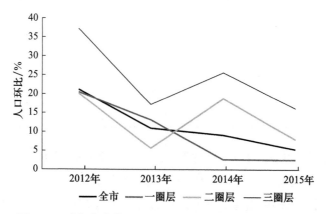

图 16-3　成都市来蓉人口环比增速变化（2012—2015 年）

资料来源：成都市历年统计年鉴。

如表 16-9 所示，就区县而言，人口迁入较多的主要集中在武侯区和双流县，即成都市的主城区的西南片区。但是金牛区作为来蓉人口规模最大的区，落户规模在一圈层内最少，背后的原因值得政策实施与管理者进一步思考。

表 16-9　成都市人口迁入与来蓉人口区县分布结构（2015 年）

地区	迁入人口占全市比重/%	迁入人口占来蓉人口比重/%
全市	100.0	4.5
武侯区	18.3	6.7
双流县	12.9	7.6
青羊区	8.6	4.1
成华区	8.5	4.9
郫县	7.5	5.2
新都区	7.0	3.8
锦江区	6.7	4.1
温江区	6.6	7.3
金牛区	6.4	2.1
龙泉驿区	6.1	3.6
金堂县	2.3	8.3
都江堰市	2.1	4.9
青白江区	1.3	5.1
彭州市	1.2	9.3
邛崃市	1.2	8.5
崇州市	1.0	4.1
大邑县	0.9	4.3
新津县	0.7	4.5
蒲江县	0.7	7.8

　　区县之间学历结构的差异对积分制度的深化形成潜在挑战。按照成都市"1+2"的政策体系，将积极探索建立居住积分与公共服务挂钩的制度。而按照《成都市居住证积分入户管理办法（试行）》，专科以上学历可以加 10 分，在金牛区能够享受到该加分奖励的来蓉人口规模与比例可能低于其他区，结果来蓉人口最多的区却仅需要提供相对较少的服务（如教育、住房保障等）。同时，其他区的来蓉人口则可以在金牛区凭借加分优势增加公共服务的优先享受权。因此，按照居住证积分享受公共服务时

是否可以跨区县接续、不同区县是否制定不同的对应办法，需要进一步具体研究。成都市各区县流动人口学历结构（2010 年）如表 16-10 所示。

表 16-10　成都市各区县流动人口学历结构（2010 年）

地区	居住半年以上来蓉人口/人	学历结构/%			
		初中及以下	高中	专科	本科及以上
锦江区	306030	44	23	15	18
青羊区	441969	43	25	18	14
金牛区	655836	57	20	12	11
武侯区	561687	58	19	13	10
成华区	342832	56	24	12	8
龙泉驿区	309221	47	22	18	13
青白江区	49454	59	29	8	4
新都区	357922	71	18	5	6
温江区	176358	47	18	24	11
金堂县	29869	63	27	7	3
双流县	284182	61	19	9	11
郫县	297829	55	20	14	11
大邑县	43857	52	18	25	5
蒲江县	11348	62	28	7	3
新津县	31262	59	18	19	4
都江堰市	89695	53	26	15	6
彭州市	24656	59	26	11	4
邛崃市	21873	51	41	5	3
崇州市	42703	68	21	8	3

（二）成都市流动人口享受保障性住房的情况

根据政府工作报告提供的数据，从 2010 年至 2017 年，共计竣工各类保障性住房 14.9 万套。2017 年，基本建成公租房 11525 套，政府投资公租房新增分配 13107 套，发放租赁补贴 4034 户，其中新增发放 569 户。从演进来看，2017 年开始，人才公寓和产业园区配套房被纳入保障性住房建设的重要内容，与各项市民化政策综合分析，成都市对人口结构的调控导向越发明确。根据《成都市住房保障五年规划（2017—2021 年）》，预计新建 1.7 亿 m² 住房，其中商品房（含人才公寓和商业园区配套 723 万 m²）占 1.2 亿 m²，保障性住房和拆迁安置房 0.5 亿 m²，对保障性住房的实施力度达到约 30%，实施力度较大。同时，规划到 2021 年解决全市 45 万户家庭住房困难的问题。然而，该规划并未进一步明确划分不同类型保障性住房的建设目标，从各类资料的综合分析来看，成都市保障性住房的主要目标是围绕"住房困难"群体，对于具有普惠性质（覆盖了流动人口）的公共租赁住房建设规模尚不明确。考虑到对住房租赁市场的冲击，确定合适的保障覆盖范围和建设规模，本身是一项具有挑战性的工作。

成都市住房保障工作推进（2010—2017 年）如表 16-11 所示。

表 16-11　成都市住房保障工作推进（2010—2017 年）

年份	成绩
2010	大规模启动公共租赁住房建设，发放廉租房租赁补贴 2 万户，新增解决低收入家庭住房困难房源 1.5 万套，中心城区经济适用房准入线由家庭年收入 4 万元提高到 5 万元
2011	健全保障性住房投资建设和分配管理办法，完成棚户区改造 8550 户，开工建设各类保障性住房累计 5.6 万套
2012	各类保障性住房累计开工建设 15.2 万套，竣工 6.8 万套
2013	发放住房公积金贷款 130 亿元，竣工各类保障性住房 2.7 万余套
2014	竣工保障性住房 2.3 万套，发放住房公积金贷款 106 亿元
2015	竣工保障性住房 1.95 万套
2016	竣工保障性住房 11572 套
2017	开工建设人才公寓和产业园区配套住房 7.8 万套，配租配售各类保障性住房 1.48 万套

资料来源：成都市历年政府工作报告。

根据成都市住房保障信息网公示的保障性住房的数据有 157 个保障性住房项目，截至调查时，全市已建设 13.5 万套保障性住房，合计 902.6 万 m² 的建筑面积；其中 97.4% 的住房为集中新建，只有很少部分是配建。而且不同的保障形式往往混合在一起配给，157 个项目中含有公租住房或限价商品房的，才是来蓉人口可以在未取得户籍的情况下申请的项目，合

计有 102 个项目。如表 16-12 所示，纯粹的公租住房项目供给面积仅占
26.1%，而有 10% 的保障性住房面积适用于廉租住房和经济适用住房，不
能覆盖外来人口，基本上有 50% 的项目包含保障房。混合配给的形式表现
为公租住房与限价商品房混合（占 12.1%），这为流动人口提供了阶段性
的选择，既可以在近期租赁住房，也可以积累到一定阶段购买限价商品
房。而廉租住房、公租住房混合的模式、经济适用住房与限价商品房混合
的模式，则有利于促进成都市户籍人口与来蓉非本市户籍人口之间的混
合，这些人群都通过保障性住房的渠道获得住房，因此具有更好的群体认
同基础。这种类型混合的保障性住房供给模式，一方面有利于灵活调整供
给结构，满足不同人群的弹性需要；另一方面也带来管理上的不确定性，
以及来蓉人口对保障性住房供给规模的预期不明。

表 16-12　成都市各区市县保障性住房不同类型的建设规模

住房类型	建筑面积		数量	
	绝对值/m²	占全市比重/%	绝对值/套	占全市比重/%
公租住房	2352250.7	26.1	44224	32.7
公租住房/经济适用住房	418300	4.6	6580	4.8
公租住房/经济适用住房/限价商品房	230043.21	2.5	2406	1.8
公租住房/限价商品房	1091834.1	12.1	10958	8.1
经济适用住房	243647.77	2.7	3808	2.8
经济适用住房/限价商品房	408860.62	4.5	5113	3.8
廉租住房	649769.51	7.2	12400	9.2
廉租住房/公租住房	649436.54	7.2	11992	8.8
廉租住房/公租住房/经济适用住房	743697.27	8.2	11847	8.8
廉租住房/公租住房/经济适用住房/限价商品房	501790	5.6	5994	4.4
廉租住房/经济适用住房	526971.92	5.8	6748	5.0
廉租住房/经济适用住房/限价商品房	844638	9.4	9997	7.4
限价商品房	364899.82	4.1	3322	2.4
总计	9026139.5	100.0	135389	100.0

　　从成都市各乡镇街道流动人口分布情况不难发现，西部片区（郫县）和西南片区（双流县）的许多乡镇作为来蓉人口集聚区域，并未建设相应的保障性住房。保障性住房的建设重点集中在成华区、锦江区和青羊区，分别占到保障性住房建筑面积的 23.5%、30.6% 和 13.6%，而来蓉人口较多的金牛区、武侯区、新都区的保障性住房总建设面积较少。总体而言，从表 16-13 来看，来蓉人口的分布与保障性住房的区域布局之间耦合性还有待提高。

表 16-13　成都市各区市县保障性住房建设情况汇总

地区	居住半年以上来蓉人口/人	建筑面积		数量	
		绝对值/m²	占全市比重/%	绝对值/套	占全市比重/%
成华区	342832	2117256	23.5	32723	24.2
崇州市	42703	253659	2.8	4654	3.4
大邑县	43857	63305	0.7	1186	0.9
都江堰市	89695	145415	1.6	2646	2.0
高新区	288909	141675	1.6	2599	1.9
金牛区	655836	89233	1.0	999	0.7
金堂县	29869	142081	1.6	2360	1.8
锦江区	306030	2758598	30.6	34583	25.5
龙泉驿区	309221	342227	3.8	6519	4.8
彭州市	24656	222594	2.5	4477	3.3
郫县	297829	235808	2.6	4630	3.4
蒲江县	11348	18835	0.2	400	0.3
青白江区	49454	65218	0.7	1435	1.1
青羊区	441969	1228605	13.6	15455	11.4
邛崃市	21873	47639	0.5	990	0.7
双流县	284182	516765	5.7	8222	6.1
温江区	176358	138918	1.5	2326	1.7
武侯区	561687	1274	0	29	0
新都区	357922	442121	4.9	8090	6.0
新津县	31262	54913	0.6	1066	0.8
总计	4367492	9026139	100.0	135389	100.0

具体统计发现，不同区县的配给策略有所不同。但锦江区、青羊区都布置在了与地铁站距离较近的范围。但这些项目也多混合了可以购买的限价房或经济适用房类型。尽管如此，仍有不少公租房项目也临近地铁线，与许多其他大城市报道的保障性住房距离市区太远、交通不便等情况相比，成都市的做法相对较好，但在西北、西南区域的布局仍显不够。成华区倾向于专门提供一部分针对本市户籍的保障性住房，占比约14%，而成华区、青羊区则几乎所有项目都包含公租房或限价房。同时，成华区着重采用了公租房与限价房、廉租房与经适房、廉租房与公租房等三种不同的混合策略，具有一定的独特性。从数据来看，成华区有30.4%的楼盘是不能买卖的，而锦江区和青羊区仅分别为16.6%和8.7%。锦江区偏好经适房与限价房的混合，而青羊区的公租房和经适房混合占比较多。不同区县的混合策略似乎还缺乏深入总结，不利于保障性住房的长期有序发展。

成都市第二圈层工业发展势头较为强劲的区县积极围绕工业集中发展区建设公租房项目，逐步形成了一定的集聚布局的趋势。如西航港工业集中区公共租赁住房、龙泉驿经开区职工生活服务中心公共租赁住房、新都区工业东区公共租赁住房2号楼建设项目等，彭州市与企业联合针对各个企业的需要专门支持建设了一批保障性公租房，比如四川恒亿化工技术有限责任公司公租房、彭州工业投资发展有限责任公司公租房等。

（三）成都市流动人口子女受教育状况

尽管按照多种方式统筹的办法，2017年时，在蓉33万18岁以下外来人口的教育问题基本得到解决，但是大部分务工子女的教育质量仍有很大的提升空间，教学环境有必要加以改善。

成都市郫县犀浦新兴学校（见图16-4）位于郫县犀浦镇老成灌东路龙吟村六社（犀浦加油站、国际大都会旁边），是经郫县教育局批准成立的九年一贯制公益民办学校，主要招收外来民工子女。学校占地15亩（1亩≈666.67m²），可容纳1700名学生。

作者调查发现，红光大道修建后，国宁东路在新兴学校段就没有了人行道，行人与机动车共用只有一车道宽的道路，且由加油站方向往蓝光幸福满庭方向步行时，由于新兴学校校门位置被遮挡，行人看不见对向来车，车辆也看不见行人。新兴学校校门正对公路，车辆穿梭，没有安全退距。

图 16-4　成都市郫县犀浦新兴学校实景

民办学校是成都市非常重要且有地方特色的资源。据成都市民办教育协会相关人士介绍，以 2013 年为例，当年民办幼儿园数量占全市幼儿园总数的 85.12%，民办初中占全市普通初中总数的 19.83%。民办教育弥补了政府对教育投入的不足，拉动了全社会的教育投资和消费。2013 年，全市有民办小学、普通初中、普通高中在校生大约 20 万人，这三个学段学生所需生均教育经费和生均公用经费超过 30 亿元，占 2013 年教育部门办各级各类学校经费总投入的 17.5%。一定程度上缓解了政府教育经费投入不足与事业发展需求之间的矛盾，同时，也缓解了流动人口义务教育阶段入学的压力。

然而，犀浦新兴学校面临的困境，可能是普通民办民工子弟学校经常遇到的独特问题。由于民办民工子弟学校不像高端私立民办学校那样能收取高额的学费，所以校舍选址、修建等都无法达到优质的标准。城市规划并没有专门为民办民工子弟学校预留相关教育设施用地，因此"公益性"只能靠一般的教学环境和硬件条件来实现。成都市针对民办民工子弟小学的管理取向以"批准"为主，尚未形成引导或支持鼓励的政策体系与规划保障。不难想象，犀浦新兴学校一定面临校舍搬迁的结局。如何对待民办民工子弟学校，或者如何通过居住积分与公共服务衔接的制度设计更好地解决来蓉人口子女教育难题，仍然需要成都市进行更深入的探索。

二、潜在的问题

（一）居住积分制度的实施效果难以预计，如何与公共服务挂钩成难题

"结构调控"是新时期成都市来蓉人口服务和管理的新取向，专科以上学历加 10 分。但比学历更重要的条件是"按月缴纳城镇职工养老保险和医疗保险"，实际上大多数流动人口就是无法满足这一项要求。满足该项缴纳社保要求的来蓉人口，多有正式就业单位，并且大部分是专科及以上毕业生。没有缴纳社保、无法提供劳动合同与合法稳定住所，往往是进城务工人员"开源节流"的自主选择，他们通过省下社保缴费和租赁更为便宜的住房（比如住在城边村的租赁住房就无法提供合法产权），来积攒进一步提升生活品质的资金积蓄。因此，对于有些家庭而言，居住积分实际上是一项不得不为之付出的高昂成本。事实上，关于子女教育、住房保障的多项公共服务都与连续缴纳社保直接挂钩，因为要积累资金，所以没有缴纳社保，无法享受具有保障性质的公共服务，最终居住积分制度反而变成一些收入困难的务工家庭的难题。居住积分制度进一步与公共服务挂钩，将可能产生一些意想不到的后果，上海市就经历过相似的过程。

据中国青年报报道，2008 年，上海市在全国开创先河，宣布将在 3 年内为流动人口子女义务教育全买单。每名学生每年补贴的金额从 2000 元逐步提高到如今的 6000 元。162 所农民工子弟学校逐渐被纳入民办教育规范管理，共提供 12 万个免费义务教育学位，被称为"纳民"行动。根据相关数据，在"纳民"行动实施的同时，民工子女进入公办学校的比例提高了约 30%。政府购买学位的"上海模式"，被东莞市及深圳市部分行政区效仿，广西等地也有政协委员提议借鉴。然而，政策在 2013 年年末发生了巨大转变。上海市的农民工子女学校进入"门禁时代"，居住证成了识别身份的关键芯片。在新政实施前的 2012 年，上海市农民工子弟学校在籍人数为 13.6 万人。3 年后，这个数字减少为 9.8 万人。

上海市流动儿童的入学门槛提高，便基于人口调控趋严的大背景。成都市时值人口结构调整时期，如何认识与对待可能产生的结果，需要更加深入的思考。

（二）成都房价快速上涨，限购政策背景下保障性住房制度需做适应性调整

2016 年是成都市酝酿户籍制度改革的重要节点，也是成都市房价超速增长的起点。2016 年，主城区及近郊区域成交均价呈现不同程度上涨，青羊区价格涨幅最大，同比上涨 27%，其次为高新区和武侯区，分别上涨24%、23%。自 2016 年 10 月开始，成都市陆续出台了一系列调控政策，限购、限售、限贷、限价、限商改住、摇号购房等措施轮番登场，其中"限价"政策出台后，成都市住宅市场供应量骤跌，售价也得到有效控制。但是，作为明显的人口流入型城市，成都市住宅市场需求热度依旧不减，"一房难求"成为 2017 年下半年成都市住宅市场的真实写照。在此情况下，成都市主城区平均住宅成交价格同比 2016 年同期明显上涨 17.42%。成都市住宅市场价格变化趋势如图 16-5 所示。

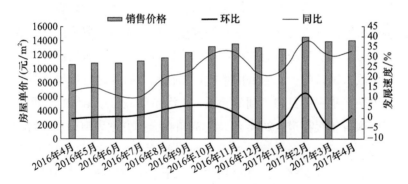

图 16-5　成都市住宅市场价格变化趋势

资料来源：中房指数。

住房价格快速上涨，妥善解决来蓉人口的居住问题成为市民化政策需要重要考虑的因素。从《成都市开展住房租赁试点工作的实施方案》出台、住房租赁交易服务平台启动试运行、土拍实行竞租赁住房面积等迹象来看，成都市逐步将发展住房租赁市场作为建立住宅市场长效发展机制的重要支点。《成都市住房租赁市场发展五年规划（2017—2021 年）》提出，规划到 2021 年，全市租赁住房保有量达到 151 万套（见表 16-14）；届时在房地产市场交易中，有 21% 的人选择租房，剩余 79% 的人选择买房。

表 16-14　成都市发展住房租赁市场的规划目标　　　　单位：万套

年份	2017	2018	2019	2020	2021
合计	121	128	134	142	151
市场化住房	112	117	123	131	140
人才公寓	0.04	0.2	5	9	14
产业园配套	1	1	2	4	6
保障性住房（公共租赁住房）	9	11	11	11	11

但是，按照该规划，保障性住房（公共租赁住房）仅占不到 10%，如果市场化住房供给规模扩大不能带来住房租金的相应下降，针对低收入外来群体并不能起到保障作用，应当进一步研究住房租赁市场建设与租房补贴发放之间的联动关系。另外，随着房价进一步上涨，依靠住房租赁市场可以解决来蓉人口的近期居住需求，但由于没有产权和缺乏资金积累，未来取得本市户籍之后仍然难以购得房屋。在限购政策下，经适房、限价房的购买条件需要进行适应性调整，同时，是否探索租转购政策，值得在发展租赁性住房市场的同时积极探索。

第四节　政策建议

针对前文分析的成都市流动人口市民化存在的问题，本节从完善保障性住房政策体系、推进流动人口子女义务教育平等权利、提高流动人口人力资本储备能力等方面，提出推动成都市流动人口市民化进程的政策建议。

一、进一步完善保障性住房政策体系

（一）优化保障性住房布局并拓宽来蓉人口的覆盖范围

租赁性住房和保障性住房规划布局应符合城市空间结构调整和优化的方向，综合考虑就业与居住的均衡发展需求，使保障性住房建设与城市空间结构调整相互促进。保障性住房用地供应进一步向新城，尤其是重点新城及重点功能区、产业园区、自然景观生态等条件限制较少的重点发展镇

及城镇组团倾斜。具体而言，在一些流动人口规模较大的乡镇，针对性地兴建租赁性住房和保障性住房，尝试将租赁性住房补贴等保障方式逐步向外来人口开放。

（二）总结更有利于社会融合的住房类型混合策略

由不同群体混合居住而形成的社区混居模式，被视为解决社会分异问题的有效途径。包括英国在内的许多西欧国家，要求在新建的大型住宅区内配建一定比例的社会住房，以促进社区融合。社区混居模式可以促进阶层间接触与交往，防止教育、商业和环境等公共资源的过分不合理分布，也可使不同阶层之间保持合适的距离，以实现"功能互补、利益互惠"，促进城市和谐发展。继续坚持保障性住房"大分散、小集中"的布局模式，集中建设与配建相结合，适度加强配建，积极挖潜中心城存量住房资源。总结当前不同类型保障性住房与其他类型住房混合的不同组合模式，减少居住隔离乃至社会隔离，促进混合发展和社会融合。

（三）制定适合流动人口置业的租赁性住房保障计划

参考新加坡为低收入家庭提供的"特别住房援助计划"，以及我国香港地区在 2010 年曾经推出的"置安心资助房屋计划"等，为协助中低收入家庭置业提出可"先租后买"，用租金冲抵部分购房款。2016 年，《山西省人民政府办公厅关于加快培育和发展住房租赁市场的实施意见》出台，鼓励房地产开发企业开展住房租赁业务，允许消费者先租后买商品住房，支付租金可抵扣房款；鼓励个人依法出租自有住房，并给予税收优惠。在住房价格快速上涨以及租赁性住房大举发展的背景下，成都市亦可以探索实施该项政策。

二、将义务教育作为流动人口市民化的可持续推力

（一）完善义务教育阶段民办民工子弟学校办学条件

尽管基本能通过各种渠道满足随迁子女的入学问题，但成都市仍需要系统地建立将流动人口子女纳入的一体化的教育发展规划体系。由于民办学校尤其是民工子弟学校多是租赁办学，并集中在义务教育阶段，多数租赁国有或集体资产，自有产权少，教育用地少。随着当时的租期合同集中到期或即将到期，以及城市租金水平不断上涨，许多学校陆续出现了一些

出租方不愿续签的情况，使得部分学校未来面临着因搬迁而停办的窘境。应尽快探索将民办学校用地纳入教育用地的总体规划中，按照一定的比例为民办学校发展预留教育用地或物业，在旧城改造或工业区改造项目中留出适量土地，以招拍、协议转让或租赁等方式支持民办学校改扩建或迁建。

（二）积极支持来蓉人口子女到优质公立学校就读

探索实施"教育凭证"制度，就是政府根据所拨生均教育经费，将其以一定数额的证券形式发给学生家长，作为专门帮助学生家长为其子女选择学校的费用。学生家长不能直接向政府兑换现金，学校收取教育凭证后再向政府兑换成现金。该计划源自美国，有利于相对贫穷家庭的孩子进入优秀学校学习，实现贫穷家庭的孩子与富人家庭的孩子教育机会的均等。同时，政府将流动人口子女进入公办学校的比例作为重要的工作指标。

（三）发动民间力量为新移民子女提供课余社区教育

立足当下教育资源竞争激烈的现实状况，广泛发动各种资源为流动人口子女提供丰富多样的、成本较低的兴趣班。在以色列一些比较正规的社区，已经有志愿组织，例如"农民之子""课后四点班""课后来吧"等，在对新移民子女放学后、假期中的学习和活动进行组织。一方面，保障儿童安全，解除家长的后顾之忧；另一方面，不定期地带领孩子参观博物馆、纪念馆、科技馆等，丰富孩子们的课余生活。但这些组织仍属于"草根"阶层，全社会大多数农民工子女尚未享受到这种服务，所以以色列将移民子女放学后的安全问题通过立法方式解决和规范的做法非常值得借鉴。

三、以人力资本持续发展为目标全面提升流动人口素质

（一）利用各类资源给来蓉人口提供再教育的机会

对流动人口而言，其文化层次较低，工作之后，入学门槛低、灵活多样而且兼顾工作的学习方式可以非常好地满足其学习的需求，而且可以为流动人口融入城市提供好机会。因此，远程教育变得重要。目前，我国一些大学已经有了远程教育的网络学院，但流动人口尤其是知识素质相对不高的流动人口的针对性不足。

为了提高劳动者的就业培训质量，保证培训课程内容跟上经济结构变化的需要，美国政府资助进行实验和实证项目（experimental and demonstration projects）。该项目类似于开辟一个实验室，通过收集小范围样本（工人），并研究其特点，来寻找和设计一些新的、有效的培训方法和课程模型，再将这些新研发的培训内容和方式方法向培训机构推广。成都市可以探索采取该策略，建设"培训课程实验室"，研发切合劳动者需要的培训课程。

（二）鼓励移民参与社区治理增强归属感

德国政府鼓励移民参与社区组织，制定标准，规定移民份额、领取救济金人数、失业人数、移民子女辍学率、移民的德语水平等。依据这些指标将社区划分为不同类型，并对其贫富类型、流动性强弱和社会融合程度进行综合评价，选定参与融合计划的社区。政府对于选定参与计划的社区建立融合管理小组，每个社区规模为3~6人，其中至少有1名有移民背景的居民和1名政府工作人员。探讨社区和城市协调发展问题，定期组织圆桌会议，力图改变本国人与外国人相区隔、富人与穷人相区隔的社会问题。

2016年，成都市民政局下发通知，将全面开展城乡社区可持续总体营造行动，并且形成了许多专职从事社区营造的团队。以居民需求为导向、社会组织为载体、社工人才为支撑，引导居民组织化参与社区公共事务。通知明确，将通过以居民为主体的集体行动，促进社区公共利益，解决社区问题，弘扬社区文化，培育社区社会资本。针对来蓉工作的新移民社区，可以由民政局每年提供一些经费，供相关团队进入社区推动来蓉人口参与社区公共事务。

第十七章　山东省流动人口市民化案例研究

城镇化是现代化的必由之路。推进城镇化是解决农业、农村、农民问题的重要途径，是推动区域协调发展的有力支撑，是扩大内需和促进产业升级的重要抓手。推进城镇化发展有利于释放内需巨大潜力，提高劳动生产率，破解城乡二元结构，促进社会公平和共同富裕。

山东省历史悠久、文化灿烂，自古以来都是中华文明的重要组成部分。山东省地处我国东部沿海、黄河下游、京杭大运河的中北段。它西部连接内陆，从北向南分别与河北、河南、安徽、江苏四省接壤；东部山东半岛伸入黄海，北隔渤海海峡，与辽东半岛相对，拱卫京津与渤海湾，东隔黄海，与朝鲜半岛相望，东南则临靠较宽阔的黄海，遥望东海及日本南部列岛。如今，作为华北地区乃至全国的人口大省，山东省大力推进人口和城镇化发展，已经成为全面建成小康社会、加快推进社会主义现代化的必然要求。

第一节　山东省流动人口基本状况

考虑到当前经济社会的发展阶段，山东省实现人口和城镇化长足发展也面临着艰巨的任务和挑战。只有准确把握山东省的城镇化和流动人口的基本情况，才能走出一条适合山东省情的新型城镇之路，对全国及农业大省都具有重大的现实意义和深远的历史意义。

一、山东省城镇化轨迹与进程

山东省是全国城镇化稳健发展的省份。城镇化起步早且平稳；户籍人口城镇化率为41%，高于全国平均水平；近域流动（县内跨乡、镇、街道流动）和中程流动（市内跨县和省内跨市流动）比例高（85%）。山东省和全国城镇化轨迹分别如图 17-1 和图 17-2 所示。

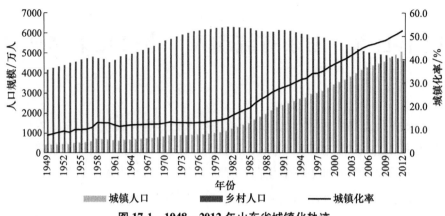

图 17-1　1948—2012 年山东省城镇化轨迹

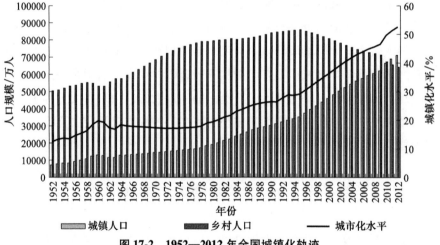

图 17-2　1952—2012 年全国城镇化轨迹

省内城镇化水平差异大。半岛城市群的城镇化率明显高于其他地区；城区容纳了 3/5 的城镇人口；城镇化率越高的地级市，其城区对人口的集聚功能越强。2000 年和 2010 年山东省各市城镇化率如图 17-3 所示。

二、山东省流动人口空间分布及其特征

（一）流动人口总体特征

1. 省内流动为主且地区差异大

山东省 2000 年和 2010 年流动人口总量分别为 746.8 万人和 1369.8 万

人，居全国第 4 位；十年间增速为 83.4%，高于全国平均增速，但低于浙江省、江苏省等，如表 17-1 所示。

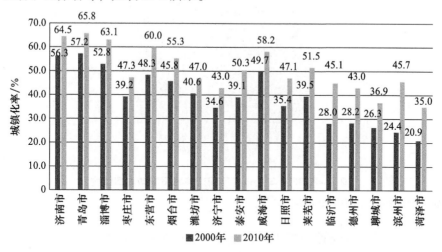

图 17-3　2000 年和 2010 年山东省各市城镇化率

资料来源：《山东省 2000 年人口普查资料》《山东省 2010 年人口普查资料》。

表 17-1　2000 年和 2010 年全国流动人口规模及增速

地区	2000 年		2010 年		占全国比重变动/百分点	增速/%
	流动人口规模/万人	占比/%	流动人口规模/万人	占比/%		
全国	14439.1	100	26093.8	100		80.7
广东省	2530.4	17.5	3680.7	14.1	−3.4	45.5
浙江省	859.9	6.0	1990.1	7.6	1.7	131.4
江苏省	910.0	6.3	1822.7	7.0	0.7	100.3
山东省	746.8	5.2	1369.8	5.2	0.1	83.4
四川省	666.6	4.6	1173.5	4.5	−0.1	76.1
河南省	520.0	3.6	976.4	3.7	0.1	87.8
河北省	488.2	3.4	829.7	3.2	−0.2	70.0

资料来源：《中国 2010 年人口普查资料》《山东省 2010 年人口普查资料》。

山东省人口流动以省内为主，2010 年省内流动人口占流动人口总量的 84.5%，高于全国的 67.1%。具体来看，流动人口中跨省流动、省内跨市、市内跨县、县内流动的比例分别为 15.5%、26.0%、10.5%、48.0%，如图 17-4 所示。

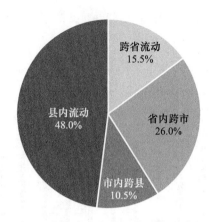

图 17-4　2010 年山东省不同迁移距离流动人口结构

资料来源:《山东省 2010 年人口普查资料》。

从流动人口迁移距离来看,可以分为四类:青岛市、烟台市、济南市、威海市是跨省流动人口聚集中心;青岛市、济南市是省内跨市人口聚集中心;临沂市、潍坊市、烟台市、泰安市是市内跨县人口聚集中心;潍坊市、青岛市、烟台市、临沂市是县内流动人口聚集中心。具体情况如表 17-2 和图 17-5~图 17-8 所示。

表 17-2　2010 年山东省各市不同迁移距离流动人口占全省比重　单位:%

地区	全省	跨省流动	省内跨市	市内跨县	县内流动
青岛市	18.1	28.1	30.5	8.9	10.4
济南市	12.8	11.8	25.3	6.2	7.9
烟台市	9.9	14.5	8.0	12.5	9.0
潍坊市	9.1	7.4	4.3	13.0	11.1
临沂市	6.8	4.7	1.8	16.5	8.1
淄博市	5.8	4.1	7.7	1.1	6.5
济宁市	5.7	2.2	3.9	9.2	6.9
泰安市	4.7	1.6	1.5	10.5	6.0
威海市	4.6	10.9	4.4	1.7	3.3
东营市	3.4	3.5	5.5	2.0	2.8

续表

地区	全省	跨省流动	省内跨市	市内跨县	县内流动
聊城市	3.2	1.4	0.2	4.2	5.1
日照市	3.1	3.2	3.7	0	3.4
滨州市	3.0	1.9	1.3	4.1	3.9
菏泽市	3.0	1.3	0.4	2.4	5.0
德州市	2.8	2.3	0.2	3.8	4.2
枣庄市	2.6	0.7	0.3	3.9	4.1
莱芜市	1.4	0.4	1.0	0	2.3
合计	100	100	100	100	100

资料来源:《山东省 2010 年人口普查资料》。

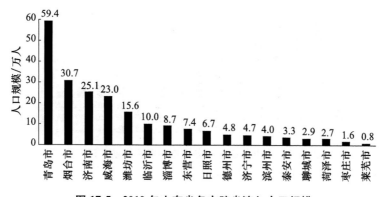

图 17-5　2010 年山东省各市跨省流入人口规模

资料来源:《山东省 2010 年人口普查资料》。

从各市内不同流动距离人口所占比例来看,跨省流动比较高的为:威海市(36.9%)、青岛市(24.0%)、烟台市(22.5%)、日照市(15.9%)。省内跨市流动比例较高的为:济南市(50.4%)、青岛市(42.9%)、东营市(39.8%)。市内跨县比例较高的为:临沂市(26.6%)、泰安市(25.1%)。县内流动比例较高的为:菏泽市(81.0%)、莱芜市(现莱芜区,77.7%)、聊城市(77.1%)、枣庄市(76.3%)等。具体情况如图 17-9 和表 17-3 所示。

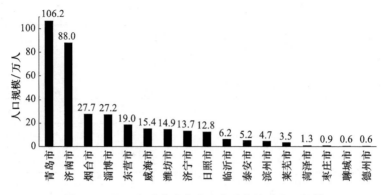

图 17-6 2010 年山东省各市省内跨市流动人口规模

资料来源:《山东省 2010 年人口普查资料》。

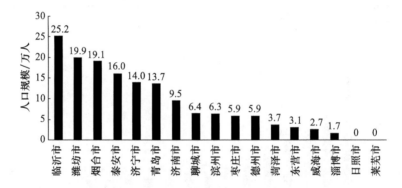

图 17-7 2010 年山东省各市市内跨县流动人口规模

资料来源:《山东省 2010 年人口普查资料》。

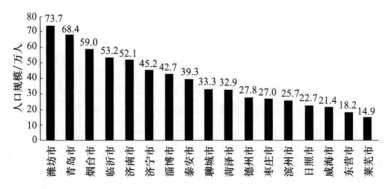

图 17-8 2010 年山东省各市县内流动人口规模

资料来源:《山东省 2010 年人口普查资料》。

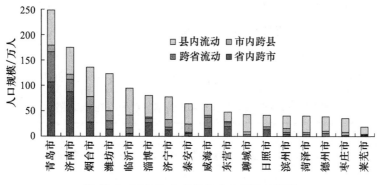

图 17-9 2010 年山东省各市人口流动情况

资料来源：《山东省 2010 年人口普查资料》。

表 17-3 2010 年山东省各市不同流动距离流动人口分布　　　　单位:%

地区	跨省流动	省内跨市	市内跨县	县内流动	合计
全省	15.4	26.0	10.5	48.1	100
济南市	14.4	50.4	5.4	29.8	100
青岛市	24.0	42.9	5.5	27.6	100
东营市	15.5	39.8	6.6	38.1	100
淄博市	10.8	33.9	2.1	53.2	100
日照市	15.9	30.3	0.1	53.7	100
威海市	36.9	24.5	4.3	34.3	100
烟台市	22.5	20.3	14.0	43.2	100
莱芜市	4.1	18.2	0	77.7	100
济宁市	6.0	17.6	18.1	58.3	100
潍坊市	12.6	12.0	16.0	59.4	100
滨州市	9.8	11.4	15.6	63.2	100
泰安市	5.2	8.2	25.1	61.5	100
临沂市	10.6	6.6	26.6	56.2	100
菏泽市	6.8	3.1	9.1	81.0	100
枣庄市	4.4	2.6	16.7	76.3	100
德州市	12.3	1.4	15.1	71.2	100
聊城市	6.7	1.4	14.8	77.1	100

资料来源：《山东省 2010 年人口普查资料》。

从流动人口规模和增速来看，流动人口主要集中于青岛市、济南市、烟台市，而莱芜市、枣庄市、德州市分布较少；从增速上看，济南市、青岛市的流动人口增速较快，占全省总流动人口比重增加较多，而烟台市、威海市、枣庄市增速减慢，占全省总流动人口比重下降，如表 17-4 所示。

表 17-4 2000—2010 年山东省各市流动人口规模及增速

地区	2000 年		2010 年		占全省比重变动/百分点	增速/%
	流动人口规模/万人	占比/%	流动人口规模/万人	占比/%		
青岛市	125.7	16.8	247.7	18.1	1.3	97.1
济南市	77.3	10.4	174.7	12.8	2.4	125.9
烟台市	85.8	11.5	136.5	10.0	-1.5	59.0
潍坊市	63.7	8.5	124.1	9.1	0.5	94.8
临沂市	49.8	6.7	94.7	6.9	0.2	90.0
淄博市	48.6	6.5	80.3	5.9	-0.6	65.2
济宁市	41.3	5.5	77.6	5.7	0.2	87.9
泰安市	31.3	4.2	63.9	4.7	0.5	104.2
威海市	45.4	6.1	62.5	4.6	-1.5	37.6
东营市	30.0	4.0	47.7	3.5	-0.5	59.1
聊城市	24.3	3.3	43.2	3.2	-0.1	77.6
日照市	19.2	2.6	42.2	3.1	0.5	119.0
滨州市	21.6	2.9	40.7	3.0	0.1	88.4
菏泽市	24.7	3.3	40.6	3.0	-0.3	64.3
德州市	20.1	2.7	39.0	2.8	0.1	94.0
枣庄市	28.0	3.8	35.4	2.6	-1.2	26.3
莱芜市	9.9	1.3	19.1	1.4	0.1	94.0

资料来源：《山东省 2000 年人口普查资料》《山东省 2010 年人口普查资料》。

2. 以新生代为主，性别比例均衡

山东省流动人口以新生代（29 岁及以下）为主，比重为 52.4%，高于全国平均水平（49.3%）；30～64 岁的流动人口比重为 43.3%，低于全国平均水平（46.9%）。其中，省外流动人口新生代（29 岁及以下）比重为 51.0%。值得注意的是：山东省外流动人口 20～24 岁的比例明显高于全国和全省流动人口平均水平，如图 17-10 所示。

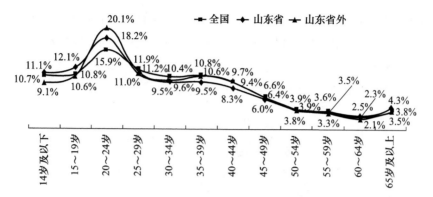

图 17-10　2010 年全国和山东省流动人口以及山东省跨省流入人口年龄结构

资料来源:《中国 2010 年人口普查资料》《山东省 2010 年人口普查资料》。

从性别上看,男女比例较为均衡,男性比重为 51.8%,女性比重为 48.2%,与全国流动人口总体年龄结构接近,如图 17-11 所示。

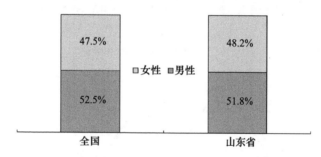

图 17-11　2010 年全国和山东省流动人口性别结构

资料来源:《中国 2010 年人口普查资料》《山东省 2010 年人口普查资料》。

3. 受教育程度高于全国平均水平,省内省外差异明显

山东省流动人口的受教育程度高于全国,其中,高中及以上学历占 52%,高于全国平均水平(42%)。但是,省外流动人口的受教育程度较低,其中,高中及以上学历仅占 39%,低于全国和全省平均水平,如图 17-12 所示。

4. 经济型流动为主,社会型流动比例较高

按流动原因分,可以将流动人口划分为经济型流动人口和社会型流动人口两类。经济型流动人口包括因务工经商、工作调动、学习培训等原因而流动的人,社会型流动人口包括因婚姻迁入、随迁家属、投亲靠友和退

休退职等原因而流动的人。2010 年，山东省经济型流动人口的比重为52.0%，社会型流动人口比重为 39.4% 其他流动人口比重为 8.6%。从图 17-13 可以看出，山东省学习培训的比重高于全国 2.3 个百分点，主要是由于近年来山东省职业教育事业的快速发展。

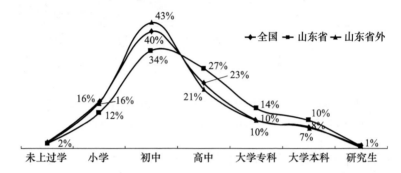

图 17-12 2010 年全国和山东省流动人口以及山东省跨省流入人口受教育程度结构

资料来源：《中国 2010 年人口普查资料》《山东省 2010 年人口普查资料》。

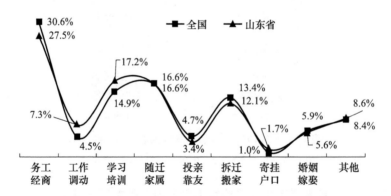

图 17-13 2010 年全国和山东省流动人口迁移原因结构

资料来源：《中国 2010 年人口普查资料》《山东省 2010 年人口普查资料》。

从地级市来看，威海市、烟台市、菏泽市、济南市、滨州市、日照市、东营市、潍坊市、临沂市、德州市、青岛市经济型流动人口比重占比高于50%，枣庄市、莱芜市社会型流动人口比重占比高于 50%，如图 17-14 所示。

从具体迁移原因来看，威海市、东营市、青岛市、滨州市、烟台市的流动人口迁移原因为务工经商的比重较高；菏泽市、济南市、日照市的流

动人口迁移原因为学习培训的比重较高；莱芜市、临沂市、聊城市、德州
市、日照市的流动人口迁移原因为随迁家属的比重较高，如表 17-5 所示。

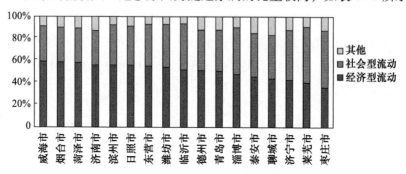

图 17-14　2010 年山东省各市流动人口迁移原因结构

资料来源：《山东省 2010 年人口普查资料》。

表 17-5　2010 年山东省各市流动人口迁移原因分布　　　单位：%

地区	务工经商	工作调动	学习培训	拆迁搬家	婚姻迁入	随迁家属	投亲靠友	其他
威海市	39.0	6.7	13.7	8.4	5.8	13.9	4.4	8.1
东营市	36.4	7.9	11.2	13.1	3.3	17.9	3.4	6.8
青岛市	34.5	4.7	12.0	15.7	5.1	12.3	3.8	11.9
滨州市	34.4	6.7	15.0	11.6	5.5	16.5	3.1	7.2
烟台市	33.5	9.6	16.1	8.3	5.5	13.8	3.5	9.7
临沂市	28.1	7.2	17.0	6.4	8.9	23.4	2.9	6.1
德州市	27.8	7.4	16.5	9.8	4.0	20.0	2.8	11.7
潍坊市	27.2	8.1	19.2	9.8	6.3	19.2	3.5	6.7
济南市	26.9	6.2	23.1	13.4	3.3	11.9	2.8	12.4
淄博市	26.3	5.5	15.9	17.4	5.5	16.1	3.4	9.9
日照市	24.4	9.3	22.0	6.7	5.7	20.0	3.3	8.6
菏泽市	20.8	9.2	28.3	5.9	6.4	16.9	2.5	10.0
聊城市	18.2	8.0	18.0	11.6	4.1	21.2	2.5	16.4
泰安市	18.1	8.0	19.7	11.2	5.3	19.3	3.6	14.8
莱芜市	16.7	13.0	10.7	14.8	5.4	25.2	5.3	8.9
济宁市	16.2	9.1	17.6	14.6	7.3	19.4	3.9	11.9
枣庄市	13.0	7.2	16.0	20.1	8.9	19.7	2.7	12.4

资料来源：《山东省 2010 年人口普查资料》。

5. 就业以制造业和商务服务业为主，省内与省外差异较大

山东省流动人口就业集中在生产、运输设备操作及有关行业和商业、服务业。其中，省外流动人口受教育程度较低，就业集中在生产、运输设备操作及有关行业的比重高于省内流动人口 10 个百分点；省内流动人口受教育程度较高，专业技术人员的比重高于省外流动人口 9.5 个百分点，如图 17-15 所示。

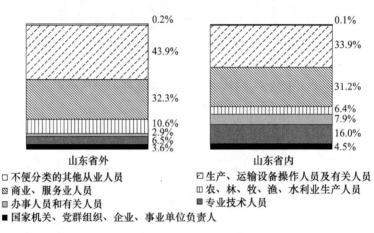

图 17-15 2010 年山东省省内、省外流动人口就业结构

资料来源：《山东省 2010 年人口普查资料》。

（二）空间分布特征

1. 流入来自东北地区及周边省份，向京津地区和长三角地区流出

山东省流入人口 2000 年为 103 万人，居全国第 10 位；2010 年为 212 万人，居全国第 8 位。分省来看，流入人口主要来自东北地区的黑龙江、吉林等省份"闯关东"人口的回流和周边河南、河北、江苏等省份，其中，流入前 5 位省份占总流入人口的比重超过 50%，如图 17-16 所示。

山东省流出人口 2000 年为 110 万人，居全国第 13 位；2010 年为 310 万人，居全国第 11 位。流出人口主要集中于北京、天津、江苏、上海、浙江等地。其中，流出前 5 位省份占总流出人口的比重超过 60%，如图 17-17 所示。

山东省跨省流出人口以务工经商为主，占到了 64.3%，其次是随迁（22.8%），两者合计占到了 87.1%，如图 17-18 所示。

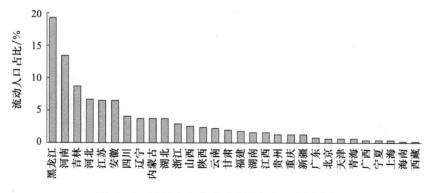

图 17-16　2010 年山东省跨省流入人口来源分布

资料来源:《中国 2010 年人口普查资料》。

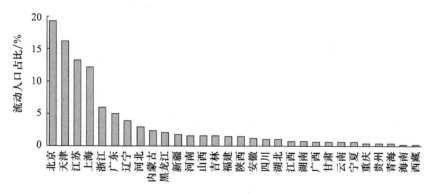

图 17-17　2010 年山东省跨省流出人口流向分布

资料来源:《中国 2010 年人口普查资料》。

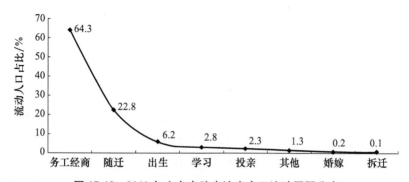

图 17-18　2010 年山东省跨省流出人口流动原因分布

资料来源:《中国 2010 年人口普查资料》。

2. 鲁西南地区和鲁西北地区为净流出区，中东部地区为净流入区

山东省 2000 年和 2010 年人口均呈现净流出，且净流出总量由 2000 年的 7 万人，增加到 2010 年的 98 万人。按照区域内流动人口占总人口的比重是否超过 10%，并结合净流入和净流出情况，可以划分为净流出活跃区、净流出非活跃区、净流入非活跃区、净流入活跃区四种类型。

分地级市来看，中东部地市为人口净流入区，其中，青岛市、济南市为人口净流入活跃区；鲁西南地区和鲁西北地区为人口净流出区，其中，菏泽市为人口净流出活跃区。

分县来看，人口净流入活跃区为青岛市、济南市、烟台市、淄博市、潍坊市、东营市、威海市的市辖区；人口净流入非活跃区集中于青岛市、济南市、烟台市、威海市等中部及沿海县（市、区）；人口净流出非活跃区集中于鲁西北地区的聊城市、德州市、滨州市的大部分县（市、区）；人口净流出区集中于鲁西南地区的菏泽市、临沂市大部分县（市、区）。

（三）行政等级分级特征

根据行政等级，按人口的聚集状态分为五个层级。其中，城区是指地级市市辖区内的所有街道，县级市城区指县级市市辖区内的所有街道，县城指县城内所有街道，镇包括地级市、县级市市辖区内的镇和市辖区、县城外的镇，乡村指所有乡村。

1. 常住人口聚集于镇和城区

山东省常住人口主要集中在镇和城区，但不同层级的增加趋势不同。从图 17-19 可以看出，2000—2010 年，城区常住人口增加了 1151.7 万人，县级市城区增加了 671.1 万人，县城增加了 343.4 万人。而镇和乡村人口呈现下降趋势，特别是乡村的人口减少了 1435.5 万人，主要原因是人口由农村向城市的流动。

根据不同层级占比来看，中心城区、县级市城区、县城常住人口占比由 20.9% 增加到 42.6%，镇、乡村常住人口占比由 79.1% 减少到 57.4%，如图 17-20 所示。人口由农村进入城市的城镇化趋势非常明显。

分地级市来看，济南市、青岛市、烟台市、潍坊市的城区人口增加都在 100 万人以上，潍坊市、烟台市、青岛市、济宁市县级市城区人口增加较多，而菏泽市、临沂市、济宁市、聊城市的乡村人口减少在 100 万人以

上，如表 17-6 所示。

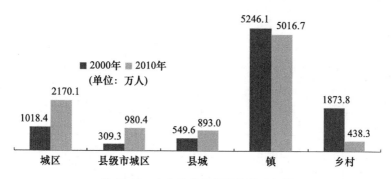

图 17-19 山东省分层级常住人口规模

资料来源：《中国 2000 年人口普查分乡、镇、街道资料》《中国 2010 年人口普查分乡、镇、街道资料》。

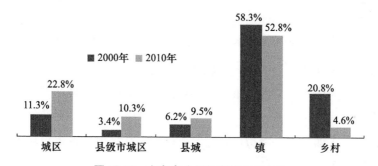

图 17-20 山东省分层级常住人口占比

资料来源：《中国 2000 年人口普查分乡、镇、街道资料》《中国 2010 年人口普查分乡、镇、街道资料》。

表 17-6 2000—2010 年山东省各市常住人口规模分层增减情况 单位：万人

地区	城区	县级市城区	县城	镇	乡村
济南市	209.9	45.1	16.4	-107.3	-74.9
青岛市	149.2	90.1	0	-98.4	-20.7
烟台市	125.9	115.7	-0.1	-185.4	-24.4
潍坊市	112.4	204.0	34.6	-212.0	-86.0
临沂市	94.8	0	67.3	55.3	-207.6
济宁市	89.6	82.2	21.2	1.5	-160.4

续表

地区	城区	县级市城区	县城	镇	乡村
淄博市	55.8	0	7.2	1.4	-29.7
枣庄市	46.5	26.4	0	-0.2	-54.4
东营市	44.5	0	18.3	13.9	-52.5
泰安市	38.1	30.9	19.0	-16.1	-55.9
滨州市	36.1	0	34.1	20.8	-72.6
聊城市	33.2	15.5	49.7	91.2	-151.9
莱芜市	30.3	0	0	-0.4	-23.4
日照市	24.8	0	9.2	28.9	-51.3
菏泽市	24.1	0	41.6	206.8	-324.6
德州市	18.8	-12.7	24.8	41.8	-45.2
威海市	17.9	74.0	0	-71.1	0

资料来源：《山东省 2000 年人口普查资料》《山东省 2010 年人口普查资料》。

聚类结果表明，上述 17 个地市分为四类：

第一类为济南市、青岛市，主要特征为：城区人口增加多，镇级人口减少多。

第二类为烟台市、潍坊市，主要特征为：县级市城区人口增加多，镇级人口减少多。

第三类为菏泽市，主要特征为：镇级人口增加多，乡村人口减少多；

第四类为其他 12 个地级市，主要特征为：城区、县级市城区、县城中等增加，镇级人口增加少，乡村人口中等减少。

2. 流动人口向中心城区聚集

城区和县级市城区流动人口增加较多，城区流动人口十年间增加了 430 万人，县级市城区流动人口增加了 232.1 万人，乡村的流动人口增加了 70.8 万人，镇的流动人口明显减少，如图 17-21 所示。

根据不同层级占比来看，中心城区、县级市城区流动人口占比由 44.6% 增加到 72.6%，县城、镇占比由 49.2% 下降到 18.7%，乡村占比由 6.2% 增加到 8.7%，如图 17-22 所示。

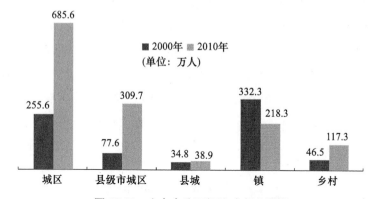

图 17-21　山东省分层级流动人口规模

资料来源：《中国 2000 年人口普查分乡、镇、街道资料》《中国 2010 年人口普查分乡、镇、街道资料》。

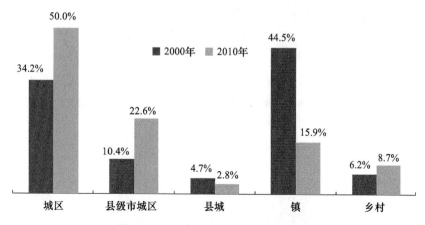

图 17-22　山东省分层级流动人口占比

资料来源：《中国 2000 年人口普查分乡、镇、街道资料》《中国 2010 年人口普查分乡、镇、街道资料》。

（四）城市规模分级特征

按城市城区（地级市、县级市和县所辖街道）人口规模划分，可以为 10 万以下、10 万~20 万人（不含）、20 万~50 万人（不含）、50 万~100 万人（不含）、100 万~200 万人（不含）、200 万~500 万人（不含）、500 万人及以上 7 个级别。

1. 中等以上城市数量和人口增加较快

从城镇规模结构来看，山东省中等规模（城区人口20万人）以上城市数量和人口规模增加最多，其中大城市增加更快。2000—2010年，中等规模以上城市（20万人及以上）数量由23个增加到53个，其中50万人及以上的大城市数量从6个增加到18个；人口规模由2000年的1162万人增加到3326万人，其中100万人及以上的特大城市由366万人增加到1516万人，增加了3倍以上。具体情况如图17-23~图17-27所示。

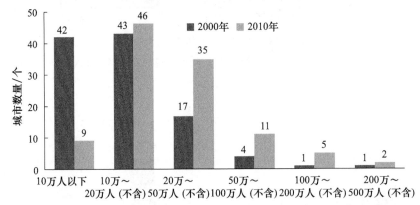

图17-23　2000—2010年山东省不同规模城市数量变动情况

资料来源：《中国2000年人口普查分乡、镇、街道资料》《中国2010年人口普查分乡、镇、街道资料》。

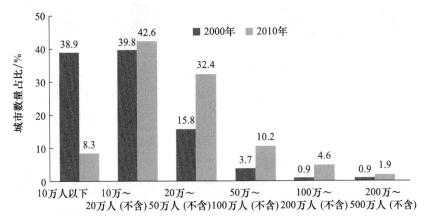

图17-24　2000—2010年山东省不同规模城市数量比重变动情况

资料来源：《中国2000年人口普查分乡、镇、街道资料》《中国2010年人口普查分乡、镇、街道资料》。

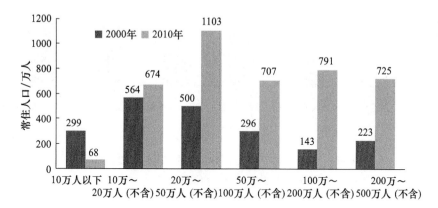

图 17-25　2000—2010 年山东省不同规模城市常住人口变动情况

资料来源：《中国 2000 年人口普查分乡、镇、街道资料》《中国 2010 年人口普查分乡、镇、街道资料》。

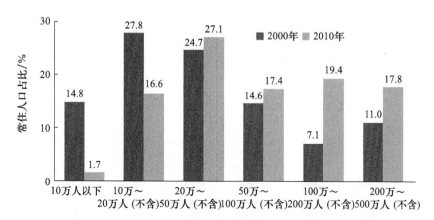

图 17-26　2000—2010 年山东省不同规模城市常住人口比重变动情况

资料来源：《中国 2000 年人口普查分乡、镇、街道资料》《中国 2010 年人口普查分乡、镇、街道资料》。

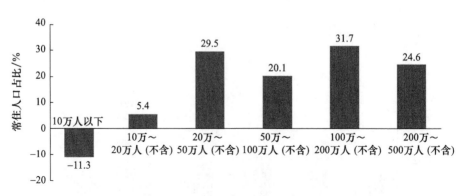

图 17-27　2000—2010 年山东省新增城市常住人口分布情况

资料来源:《中国 2000 年人口普查分乡、镇、街道资料》《中国 2010 年人口普查分乡、镇、街道资料》。

2. 流动人口向大城市聚集趋势明显

流动人口向大城市集中的趋势更加明显。2000—2010 年,20 万人及以上城市流动人口由 463 万人增加到 1163 万人,增加了 1.5 倍;50 万人及以上城市流动人口由 275 万人增加到 827 万人,增加了 2 倍;100 万人及以上城市流动人口由 149 万人增加到 582 万人,增加了近 3 倍。小城市对流动人口吸引力呈现下降趋势。具体情况如图 17-28~图 17-30 所示。

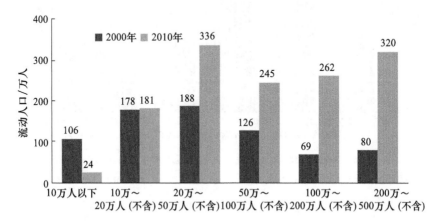

图 17-28　2000—2010 年山东省不同规模城市流动人口变动情况

资料来源:《中国 2000 年人口普查分乡、镇、街道资料》《中国 2010 年人口普查分乡、镇、街道资料》。

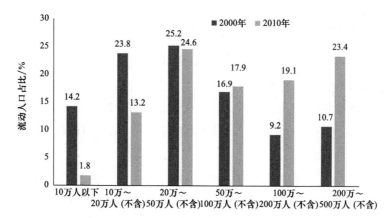

图 17-29　2000—2010 年山东省不同规模城市流动人口比重变动情况

资料来源:《中国 2000 年人口普查分乡、镇、街道资料》《中国 2010 年人口普查分乡、镇、街道资料》。

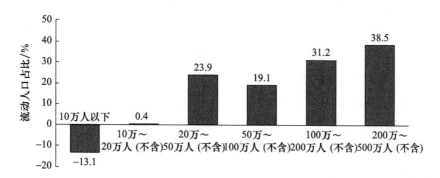

图 17-30　2000—2010 年山东省新增流动人口分布情况

资料来源:《中国 2000 年人口普查分乡、镇、街道资料》《中国 2010 年人口普查分乡、镇、街道资料》。

第二节　山东省推进流动人口市民化的政策措施

从山东省省域层面的人口城镇化政策演变来看,山东省的制度变迁紧紧跟随国家政策的变动。本节从户籍改革措施、住房保障措施、流动人口子女入学政策、流动人口社会保险政策和就业培训政策等几个方面分析山东省推进流动人口市民化的政策措施。

一、户籍改革措施

（一）山东省人口城镇化制度与政策演变轨迹

通过文本分析，外来人口城镇化政策主要包括"落户限制"与"公共服务和社会保障"两个方面，其中对流动人口户籍管理方案与落户政策的实际调整主要体现在 2001 年、2004 年和 2011 年。整体来看，外来人口落户政策逐渐放宽。

2001 年取消了小城镇居民户口的指标式管理，禁止对外来人口变相征收费用（城市增容费），长期居住在城镇的从事非农工作的农村人口登记为城镇居民户口。

2004 年取消农业/非农业户口划分按照常住地登记居民户口，对吸引投资/技术人才以及合法购房人群放宽落户限制，并允许户籍城乡间自由迁移，全面放开县域内户口迁移政策（合法稳定住所）。

2011 年对济南市、青岛市外的设区市市区允许有稳定工作社保与住房的务工农业人口落户，租住成套住房且有稳定收入的允许落户。

值得注意的是，2001—2011 年，山东省人口城镇化落户门槛放宽是从小城镇、县城以及"非副省级城市"的市区逐步放宽，其中落户的门槛也从"投资、技术人才、房屋所有权"到"合法稳定住所、稳定收入"转变。值得注意的是，2004 年的政策是山东省在县域一级人口城镇化的重要突破，是较为领先的。

另外，在对外来务工人员的权益保障与公共服务方面，其政策在 2011 年以前也紧随国家政策变动（比较关键的实际调整发生在 2003 年和 2006 年），但在 2011 年之后更多地出台了地方性的突破与创新制度安排，其中以 2012 年和 2013 年最为重要。整体来看，2001—2013 年，山东省针对流动人口的工作重点从"劳动/就业权益保障"逐步向"公共服务与社会保障"转型，2009 年前后受经济危机影响，针对返乡农民大力实施农民工就业培训制度。值得注意的是，2006 年政策体系取得巨大进步，此后针对农民工的公共服务不断升级，从劳动保障向医疗社保，再向教育和住房拓展，相比于 2006 年更加具体、细化。

2003 年简化农民工进城就业手续，实施暂住证一证办理、流动就业证卡制度，规范各级各类职业中介机构。

2006年建立农民工工资保证金制度，解决农民工工伤保险、大病医疗保险（随所在地参保）和专门性的养老保险，大力发展职业教育和农民工培训基地，要求编制城市规划、教育发展规划、城市住宅建设规划时纳入农民工，保障外出农民工的土地承包权益。

2009年结合产业结构调整实施一系列培训项目强化农民工技能培训、订单式培训和定向培训，对青年农民工开展劳动预备制培训，落实农民工职业技能鉴定补贴政策。

2012年开始实施居住证制度，可以享受居住地政府规定的住房保障政策，申领机动车驾驶证，但主要目的仍是完善流动人口信息管理。

2013年职业技能鉴定补贴的认领打破地域限制，建立企业职工教育经费制度并提高企业定额职业培训补贴（80%），农民工落户城镇后不需要强制交回或出让承包地和宅基地，济南市青岛市区应优先将优秀农民工转化为市民，根据申领居住证年限建立落户城镇制定阶梯式政策通道，将农民工纳入公共租赁住房与公积金制度，随迁子女全部纳入教育规划。

专栏1：山东省人口城镇化相关政策梳理

2001年3月，国务院批转公安部《关于推进小城镇户籍管理制度改革的意见》。

2001年，山东省人民政府印发《山东省人民政府关于贯彻国发〔2001〕6号文件积极推进小城镇户籍管理制度改革的通知》。

2002年11月，党的十六大报告相关表述。

2003年1月，国务院办公厅印发《关于做好农民进城务工就业管理和服务工作的通知》。

2003年5月，山东省人民政府印发《山东省人民政府办公厅关于贯彻国办发〔2003〕1号文件进一步做好农民进城务工就业管理和服务工作的通知》。

2004年8月，山东省人民政府办公厅转发山东省公安厅《关于进一步深化户籍管理制度改革的意见》。

2005年7月，山东省人民政府办公厅转发省人口计生委《关于在深化户籍管理制度改革中做好人口和计划生育工作的意见》。

2006年1月，国务院印发《国务院关于解决农民工问题的若干意见》。

2006 年 8 月，山东省人民政府印发《山东省人民政府关于贯彻国发〔2006〕5号文件解决农民工问题的实施意见》。

2007 年 12 月，建设部等五部委印发《关于改善农民工居住条件的指导意见》。

2008 年 3 月，山东省就业和农民工工作会议，讨论了正式将农民工住房纳入城市住宅规划，尽快改善农民工在城市的居住条件。

2009 年 3 月，山东省人民政府办公厅印发《山东省人民政府办公厅关于积极应对当前经济形势切实做好农民工工作的通知》。

2010 年 4 月，山东省人民政府办公厅印发《山东省人民政府办公厅关于贯彻国办发〔2010〕11 号文件进一步做好农民工培训工作的通知》。

2011 年 2 月，国务院办公厅印发《国务院办公厅关于积极稳妥推进户籍管理制度改革的通知》。

2011 年 8 月，山东省人民政府办公厅印发《山东省人民政府办公厅关于贯彻国办发〔2011〕9 号文件积极稳妥推进户籍管理制度改革的通知》。

2011 年 11 月，山东省农民局印发《山东省农民工工作联席会议办公室关于开展农民工工作督察的通知》。

2012 年 6 月，山东省人民政府印发《山东省流动人口服务管理办法》。

2012 年 11 月，党的十八大相关表述。

2013 年 1 月，《山东省政府工作报告》相关表述。

2013 年 8 月，山东省住房和城乡建设厅印发《山东省住房和城乡建设厅关于调度农民工工资保证金和建设类企业各种信用保证金管理情况的通知》。

2013 年 9 月，山东省人民政府印发《山东省人民政府关于进一步做好新形势下农民工工作的意见》。

2004 年，国家发展改革委下发了《关于开展全国小城镇发展改革试点工作的通知》，分别于 2005 年和 2008 年公布并确定了两批全国发展改革试点镇。事实上，2011 年 2 月，国务院办公厅对外公布《国务院办公厅关于积极稳妥推进户籍管理制度改革的通知》，首次放开地级市户籍，试点城镇的改革和探索推动了此项政策的出台。具体到山东省，首批试点城镇为青岛市陶庄镇、枣庄市李哥庄镇等；2009 年，山东省按照"先行试点、取得经验、面上推广"的稳妥推进改革的路子，确定莱芜市等 4个市，寿光市等 7 个县（市、区），枣庄市市中区税郭镇等 10 个镇，青岛经济技术开发区和鲁南临海产业区 2 个区，进行分层级、系统性、多领域综合配套改革试点。整体而言，试点城镇取得了许多经验，但由于试点地区城镇规模有限，其发展阶段导致试点经验更多地体现为城镇的发展经验，再加上人口市民化涉及跨地域的利益协调问题，此次改革对人口城镇化的政策试验并不充分，尤其是针对大中城市的人口城镇化试点经验不够。

章丘区、桓台县、牟平区、诸城市、寿光市、齐河县和文登区，在建立现代农村金融、城乡统筹发展、土地管理、发展民营经济等方面实现了新突破，为县域经济发展和县域和谐稳定探索了新路子。

枣庄市市中区税郭镇等 10 个镇，针对基层行政管理中存在的普遍问题，探索加强经济管理、公共服务、社会化服务、社会管理等职能，大力发展重点城镇，为创新乡镇管理体制积累了经验。

青岛经济技术开发区和鲁南临海产业区，在探索创新开发区功能、产业跨区域集聚、提升对外合作层次、建立开放型经济安全保障机制等方面进行试验。

潍坊市农村集体土地确权登记发证和宗地统一编码工作顺利通过省级检查验收，成为山东省第一个通过省级检查验收的地市，同时也是第一个完成农村集体土地所有权确权发证、第一个完成宅基地使用权确权登记发证和集体建设用地土地调查的地市。

（二）山东省域和其他省市的政策比较

如前所述，山东省流动人口市民化的政策安排多承续国家相关政策文件，因此，在宏观省域单元不同省份之间的差异相对较小。另外，山东省试点改革经验恰好缺乏大中城市的经验，因此，作者将济南市、青岛市，与外来人口较多的广州市进行比较，以发现城市单元的政策差异。

以"＊＊市"和"农民工"为关键词在北大法宝数据库上进行模糊搜索地方法规规章，截至 2016 年 4 月 22 日，共有广州市 525 篇、青岛市 270 篇、济南市 203 篇。从数量角度来看，济南市和青岛市对于人口市民化的制度政策设计相比于广州市，还有进一步深化、细化的空间。

济南市、青岛市、广州市流动人口落户政策等相关政策比较如表 17-7 所示。从文本分析来看，在落户政策方面，广州市比济南市、青岛市都要细化、具体得多，而且更制度化。济南市以居住证为主的阶梯通道尚未成形，青岛市的特色在于市域内部由近及远逐步放宽落户门槛。而广州市则在全域范围推行积分入户政策，所有对人口流动的引导均以此作为激励的基础，比如落户小城市和镇区给予积分优惠，交出宅基地和承包地直接落户等。因此，构建清晰的落户通道是济南和青岛地区未来的主要发展目标，其中济南市可以学习青岛市的市域内差异化政策。但青岛市在学习广州地区的积分入户政策时，需要特别注意这样一个问题，即广州市的人口户籍政策实行准入条件与年度计划相结合的户口迁移制度。在实行积分入户和人才引进两项政策的同时，加以年度户口迁入指标的控制。理论上，积分入户面向中低收入劳动力，特别是农民工，入户竞争大、难度大、周期长（2014年政策出台后大部分农民工也被排除在外）；人才引进面向高端人才，通过单位申请的办法，解决高端人才的落户问题，竞争同样很大，但是周期相对较短。在实践中，积分入户指标少，竞争大，最终导致了向中高端人才倾斜的结果。

在养老医疗等社会保障方面，3个城市中，济南市针对流动人口的政策条件相对最不完善，青岛市对于城乡居民养老保险的市域内跨试点转移、农民工养老保险缴纳的责任分担等做了翔实的规定，但二者都缺乏对于外来人口社会保险的跨地市转移接续机制，可以向广州市学习。

在子女教育政策方面，广州市十分强调"推优"，优先满足优秀流动人口子女就学问题。而济南市、青岛市则较早地提出了将外来人员子女教育问题纳入地方教育发展规划，并且其门槛相对较低。

针对外来务工人员的居住保障，相比于青岛市、广州市，济南市的态度并不明确。青岛市制定了具体的将农民工纳入公共租赁住房保障范围的进入门槛，广州市主要是通过租金补贴和在企业用地上允许兴建集体宿舍等方式予以保障。整体来看，3个城市都没有将流动人口切实纳入住房保障范围，没有跳出"租"的范围，也没有就限价房等政策性住房的进入门槛构建制度性通道，在"住房"成本仍然是城市生活的重要成本背景下，并不能切实有效地推动外来人口市民化。

表 17-7 济南市、青岛市、广州市流动人口落户政策等相关政策比较

	落户政策	养老医疗等社会保障	子女教育	住房保障
济南市	鼓励在县级市市区、县政府驻地和其他建制镇有合法稳定职业、合法稳定住所的人员在当地申请登记常住户口，并享有相应城镇居民待遇。市区将持有"居住证"作为外来人员申办常住户口的基本前提，积极探索居住证制度与户籍登记制度衔接机制，为长期在城市居住的外来人员落户提供阶梯通道。农村居民转入城镇户口后，原有的土地承包经营权、宅基地使用权、林地经营权保持长久不变。（济政发〔2014〕5号）	将城镇灵活就业人员、签订劳动合同并与企业建立稳定劳动关系的农民工纳入城镇基本医疗保险范围。认真研究医疗保险关系转移接续、人员跨统筹地区医保关系转移接续、城镇职工和城镇居民与新型农村合作医疗等医疗保障制度间的衔接。（济政发〔2009〕41号） 年满16周岁（不含在校学生），未参加其他社会保险的居民，可以在户籍地参加城镇居民养老保险。（济政办发〔2014〕1号） 探索建立社会保险跨区域转移接续机制，切实提高农民工城镇社保参保率。（济政发〔2014〕5号）	保障农民工随迁子女在居住地受教育的权利，将农民工随迁子女义务教育纳入城市教育发展规划和财政保障范围。（济政发〔2014〕5号）	城镇居民住房保障覆盖面达到20%左右。公共租赁住房中等偏下收入住房困难家庭、新就业无住房职工等群体的基础上，逐步将有稳定职业并在我市居住一定年限的外来务工人员纳入保障范围。（济政发〔2011〕18号） 完善农民工城镇住房保障政策措施，逐步解决进城农民工基本住房问题。（济政发〔2014〕5号）
青岛市	按照老城区、新城区和县域综合承载能力，具体研究差别化落户标准，支持符合条件的农业转移人口落户城镇，实现农业转移人口享有城镇基本公共服务。（青政办字〔2013〕68号）	我市城乡居民社会基本养老保险（以下简称"居民养老保险"）制度实施试点，参保对象条件为年满16周岁及以上（不含在校学生），具有本市试点区市户籍，未参加城镇职工养老保险，未按月享受社会养老保险待遇的城乡居民。参保人	城市外来务工就业人员流入地政府（以下简称流入地政府）负责城市外来务工就业人员子女接受基础教育工作，以全日制公办中小学校接收为主。	公共租赁住房是面向符合规定条件的城镇中低收入住房困难家庭、各类人才、新就业职工和在城镇稳定就业的外来务工人员供应的保障性住房。申请市区公共租赁住房的外来务工人员应在全市连续办理市区范围内暂住

续表

	落户政策	养老医疗等社会保障	子女教育	住房保障
青岛市	专业人员落户条件：①在市内四区如年龄在40周岁以下的高级技工或紧缺专业毕业生和具有特殊才能人员。②在市内四区本科以上或具有大专学历且聘用期满三年的。③在即墨市、胶州市、胶南市、平度市、莱西市具有中专以上学历或虽无学历但聘用期达到8年以上并已同时缴满养老保险费年限的。④在五市和三区城区以外镇驻地有固定住所，本人及其直系亲属均可在居所所在地落户。⑤具有稳定经济收入或生活来源的外来人员，在市内四区（市内四区和三区）购买单套新建商品住宅建筑面积达到100平方米以上，取得"房地产权证"。（青政发〔2007〕13号）出台居住证人意见及配套政策，对居住证持有者探索实施"积分入户"，在省内率先建立外来人口市民化通道。（发改委2104工作计划）	员缴费期间在本市试点区、市之间转移的，转出地社保机构应将其居民养老保险关系和个人账户储存额一次性转入新参保地，由新参保地为其办理参保缴费手续，需要跨市、区（市）迁移时，其养老保险关系不转移。（青人社发〔2010〕1号）基本养老保险费由用人单位和农民工（不包括已取得"青岛市居住证"的人员）本人共同缴纳，用人单位以本单位农民工总人数与当地上年度城镇单位职工平均工资的60%之积为基数，按照20%的比例缴纳。非本市户籍农民工在本市实际参保缴费年限累计满15年的，可以办理退休手续，按照规定享受养老保险待遇。（青政发〔2005〕17号）	入学条件：①父母至少一方有在青工作劳动合同或工商营业执照；②在流入地务工一年以上；③父母至少一方持有公安部门核发的"青岛市暂住证"；④在流入地有稳定的住所（有自有住所，或办理正式租住手续一年以上）。初三第二学期、高三第二学期不接受借读申请。〔《青岛市城市外来务工就业人员子女基础教育工作实施细则》（2004）〕	登记1年以上、已与用人单位签订1年以上的劳动（聘用）合同，在我市连续缴纳社会保险1年以上或在本市市区范围内无私有住房且未承租公房。（青政发〔2012〕43号）新就业职工、外来务工人员申请公共租赁住房由其所在区住房保障一归单位所在地的区住房保障办机构提出。〔《青岛市人民政府办公厅关于加快发展公共租赁住房的实施意见》（2010）〕

续表

	落户政策	养老医疗等社会保障	子女教育	住房保障
广州市	在我省务工的农业户籍劳动力，凡已办理"广东省居住证"，纳入就业登记、缴纳社会保险的，均可申请入积分登记。按照总量控制的原则，确定农民工入户城镇或中心镇的规模。农民工达到一定积分，给予50%积分奖励，当地政府补贴一定期限的社会保险。户籍在城镇周边地区，在城镇稳定就业5年以上，有自己产权住所的农民工，积分未达到入户条件，但自愿承接承包地（耕地和林地）、宅基地（房屋）使用权的可以申请入户城镇。（粤府〔2010〕32号） 准入条件与年度计划相结合，符合准入条件，在本市就业并缴纳社会保险满四年，持广东省居住证，改积分登记，持广东省居住证，在本市有合法住所（产权住所），具有初中以上学历，改积分为基础条件。申请条件：20～45周岁，实行总量控制。简化积分计算方法：文化程度、技术能力、职业资格、社会服务、纳税。（穗府〔2014〕10号）	参保人在新就业地继续参保后，应当向原参保地社会保险经办机构索取养老保险参保凭证。原参保地社会保险经办机构应将其个人账户储存额、地方养老金总额同缴费账户储存额、地方养老金总额，视同缴费账户转入新参保地。基本养老金按照参保人在省内不同参保地的缴费年限（含视同缴费年限）和平均缴费年限，分段计算，按规定支付。（粤府办〔2008〕76号） ①非本市户籍从业人员应当参加职工医保或灵活就业人员医保。②流动性较大的外来务工人员应照月均工资1.2%的标准参加外来从业人员基本医疗保险。（穗府社〔2009〕7号） 参保人跨统筹地区转移职工医保关系时，只转移基本医疗不转移和个人账户，统筹基金不转移。各统筹地区对参保人在不同统筹地参加职工医保的缴费年限应互认，参保待遇不重复享受。参保人自缴费次月起享受参加职工医保的职工医保待遇。（粤人社发〔2013〕70号）	在我市居住半年以上，有固定住址、固定工作和收入来源的来穗务工人员，可为其6～15周岁（义务教育阶段）的同住子女申请在我市接受义务教育。积极开展义务教育，积极开展优秀外来工评比和入户工作，凡获得广州市户口的外来工，授予优秀称号的外来工及各区（县级市）政府其子女可优先申请在公办义务教育学校就读。优先解决夫妻双方同在本市就业时间较长并在本市就业管理，符合计划生育政策的随迁子女受公办义务教育。（穗发改社〔2010〕10号）	加大住房保障投入力度，加快公共租赁住房建设，为农民工提供农民工公寓及其他住房保障服务。用人单位对农民工自行安排居住场所的，可以给予一定的租金补助；招用农民工较多的用人单位，可在符合城乡规划并按规定建设的企业用地范围内按照规定建设农民工集体宿舍。有条件的地方，可探索在农民工密集地区建设农民工居住小区。（粤府办〔2010〕32号）

二、住房保障措施

（一）山东省住房保障政策演变轨迹

我国已经建立起了以廉租住房制度、经济适用住房制度、住房公积金制度、公共租赁住房制度为主的住房保障制度。山东省流动人口近年来不断增多，流动人口往往属于住房"夹心层"，他们往往是不符合廉租房租赁条件，或者符合经济适用房申购条件却又买不起经济适用房的城市低收入住房困难家庭。长期以来，我国的城乡二元分割户籍制度，使得在城镇住房政策体系中的农民工处于保障性住房覆盖范围的弱势地位。因此，山东省政府十分重视保障性住房的建设，紧跟国家宏观住房调控政策，出台了一系列鼓励和支持保障性住房建设的政策。

2010年，《山东省人民政府关于保持全省房地产市场稳定健康发展的意见》发布，要求全面启动公共租赁住房试点。公共租赁住房以集体宿舍和单身公寓为主，主要供家庭不在本地的新就业的大、中专毕业生和务工人员临时租住。2010年，山东省新建公共租赁住房2.5万套。

2011年，山东省加大了保障性住房供给力度，省级财政对公共租赁房、廉租房建设和棚户区改造的支持资金从2010年的1.3亿元增加到5亿元，全省各级财政共筹集保障性安居工程资金261.61亿元。同时，山东省政府要求各市、县政府加大财政投入幅度，确保完成32.43万套保障性住房的建设任务，其中公共租赁住房7.4万套，约占新增保障性住房的22.81%。由此可以看出，山东省政府不断加大对于公共租赁住房的支持力度。

除了加大财政资金方面的支持，山东省对于申请公共租赁住房的标准也进一步放宽。2016年，山东省对于城镇居民申请公共租赁住房的收入标准进一步放宽，但是住房困难标准仍旧为"无房户和现住房人均建筑面积低于15m²"。

2017年1月1日起施行的《山东省流动人口服务管理暂行办法》第二十四条规定："流动人口持居住证或者居住登记凭证，在居住地依法享有下列权益和公共服务：……居住地人民政府规定的住房保障政策……"

（二）山东省域和其他省市的政策比较

如上文所述，以济南市和青岛市为例，济南市在住房保障政策上仅仅说明住房保障覆盖面政策目标，政策手段及公共租赁住房申请标准均不清晰，而且在已有政策文本中显示公共租赁住房的政策主体对象为城市中等偏下收入住房困难家庭、新就业无住房职工等群体，外来务工人员住房需求的满足需在前二者的基础上。由此可以看出，外来务工人员在住房需求的满足上仍旧处于弱势地位。相较于济南市，青岛市则把外来务工人员住房需求与城镇中低收入住房困难家庭、各类人才、新就业职工放在同一层级，并且政策文本中申请标准比济南市更加清晰。

广州市解决农民工住房需求的手段主要有三种：一是政府提供公共租赁住房；二是用人单位安排宿舍，政府予以租金补助；三是企业建设农民工集体宿舍。政策手段比山东省各市更丰富，但也将更多责任转移给企业。

综上来看，与其他省市相比，山东省各市为满足流动人口需求的政策手段比较单一，仅通过提供保障性住房方式；而广东省除利用公共租赁住房保障农民工需求外，还与用人单位充分合作，通过建设农民工集体宿舍、农民工居住小区来满足外来务工人员住房需求。但广东省通过租金补助等手段解决农民工住房需求，在政策传导手段上加入企业环节，也更容易带来企业责任逃脱风险，可能反而使外来务工人员住房需求无法解决。

三、流动人口子女入学政策

（一）山东省流动人口子女教育发展轨迹

山东省作为"教育大省"，十分重视教育事业的发展。省内人均受教育水平高于全国平均水平，但外来流动人口人均受教育水平低于全国水平。因此，山东省政府近些年通过职业教育培训等各种手段不断提高流入人口受教育水平，同时致力于解决流动人口子女的入学问题。

2009年以前，山东省对于流动人口子女入学采用的是"指定学校入学"的方式。各地教体局在每年小学新生入学报名时单独安排报名点，接受流动子女集中报名。报名后，由教体局统一安排到指定学校就读。学生也可以选择不到指定学校就读，但需要缴纳高昂的择校费。

2010 年 1 月 1 日起施行的《山东省义务教育条例》规定，流动人口子女入学可"向居住地所在学区的学校提出就读申请并入学就读"。同时规定，"学生家长向居住地所在学区的学校提出就读申请，该学校接收确有困难的，由居住地的县（市、区）人民政府教育行政部门按照相对就近入学的原则统筹解决"。

2017 年 1 月 1 日起施行的《山东省流动人口服务管理暂行办法》第二十六条规定："流动人口符合居住地人民政府规定条件的，其适龄子女接受学前教育、义务教育应当与常住户口学生同等对待。"

从山东省关于流动人口子女的入学规定的演变可以看出，农民工子女入学便利度不断提高，流动人口子女在教育方面享受到了与户籍人口同样的公共服务，基本满足流动人口子女受教育需求。

（二）山东省域和其他省市的政策比较

由于山东省教育大省的性质，全省比较重视教育事业的发展，因此，省内各市关于流动人口教育的政策差异较小。此处以济南市和青岛市作为山东省代表，与广州市进行比较。

济南市关于流动人口随迁子女的教育政策与住房保障政策一样十分简洁，仅规定保障流动人口随迁子女入学权利，而对具体的入学标准并未有规定。

青岛市则对农民工子女入学进行了明确的政策规定，对子女入学的学校性质、父母劳动年限、住房等都给出了可量化的标准。

广州市与山东省各市相比略有不同，其在对父母劳动年限、居住时间、子女年龄等条件进行规定的基础上，以吸引优质人才为导向，通过"评优"等方式进行比较，安排入学顺序。

由以上分析可以看出，相较于山东省各市仅按照父母劳动年限等基本条件保障子女入学教育的政策，广州市通过"评优"方式安排流动人口子女入学问题，从本质上来说是希望吸引优秀人才，但对于知识、技能相对处于弱势的农民工群体来说，往往无法保障其子女随迁入学，这使得更多的农民工子女成为留守儿童，不利于农民工子女受教育权的保障。从促进公平角度来说，山东省对于流动人口子女受教育权的保障使得流动人口子女能够相对平等地享有与山东省内适龄青少年同样的权利。

四、流动人口社会保险政策

（一）山东省流动人口社会保险政策发展轨迹

2011年7月1日起《中华人民共和国社会保险法》开始施行，其中第三十二条规定："个人跨统筹地区就业的，其基本医疗保险关系随本人转移，缴费年限累计计算。"失业保险、生育保险、养老保险的规定与之类似。第九十五条更是明确"进城务工的农村居民按照本法规定参加社会保险"，明确了对流动人口社会保险的安排。

2017年1月1日起施行的《山东省流动人口服务管理暂行办法》第二十四条规定："流动人口持居住证或者居住登记凭证，在居住地依法享有下列权益和公共服务：……参加社会保险，缴存、提取和使用住房公积金……。"第三十一条还规定："建立全省统一的流动人口综合信息服务管理平台，实现居住登记、计划生育、劳动保障等信息资源的整合与共享。具体办法由省人民政府另行规定。流动人口信息应当包括流动人口的姓名、性别、民族、公民身份号码、常住户口所在地和现居住地址、服务处所、政治面貌、婚姻状况、计划生育、劳动就业、受教育状况、社会保障等内容。公安、教育、民政、人力资源和社会保障、住房城乡建设、房产管理、卫生计生等部门和机构管理的流动人口信息，应当统一汇入流动人口综合信息服务管理平台，实现信息共享。"但并未具体规定医疗保险、养老保险等转移接续、缴纳事宜。

（二）山东省域和其他省市的政策比较

如表17-7所示，山东省以济南市和青岛市为例，其农民工的社会保险、医疗保险等政策尚不完善，尤其是济南市，并未出台具体政策，对于社会保险、医疗保险等跨地区转移接续等也未有具体规定。

济南市关于养老、医疗等社会保障的规定仅说明将农民工纳入城镇基本医疗保险范围，关于医疗保险转移接续、跨统筹地区医保关系转续、城镇与农村医保制度的衔接方面尚未起步，处于基本空白状态，仍需要进一步不停探索。

青岛市2013年5月21日发布的《青岛市人口和计划生育委员会、青岛市人力资源和社会保障局、青岛市国土资源和房屋管理局、青岛市委组织部、青岛市公安局、青岛市教育局、青岛市民政局关于进一步深化流动人口计划生育均等化服务的意见》中提出："创新社会保险关系转移接续办法，省内流动就业人员实现基本养老保险、基本医疗保险等关系的转移接续。督促用人单位严格按照相关规定，为流动就业人员缴纳各种保险，并实现同工同酬。"其中明确规定了农民工参保缴纳金额比例。对于具有本市户籍的养老保险参保人员市内转移手续有明确规定，但农民工等流动人口养老保险转移接续并未说明。总体来说，虽然青岛市社会保障政策比较完善，可执行性高，但是在流动人口社会保障跨区转移接续方面仍旧需要不断完善。

相比济南市、青岛市而言，广州市对于非本市户籍从业人员的养老保险、医疗保险的政策规定都相当细致，跨区转移接续手续也有具体明文规定，这是由于广州市多年成为流动人口流入地，在流动人口服务管理方面始终探索在时代前列，值得山东省各市学习借鉴。

五、就业培训政策

（一）山东省流动人口就业培训政策发展轨迹

2012 年 10 月 1 日起施行的《山东省流动人口服务管理办法》仅在第七条规定"集中为流动人口提供劳动就业、社会保障、计划生育、教育等公共服务。"

2017 年 1 月 1 日起施行的《山东省流动人口服务管理暂行办法》第二十四条规定："流动人口持居住证或者居住登记凭证，在居住地依法享有下列权益和公共服务：（一）公共就业服务机构提供的职业指导、职业介绍、就业失业登记、就业信息查询等服务。"

从山东省流动人口相关就业培训政策演变来看，山东省自 2000 年开始逐步落实流动人口就业培训政策，流动人口就业培训服务主要为集中提供，至 2017 年设立专门就业服务机构，且准入门槛逐渐变低，2017 年起仅需持有居住证或居住登记凭证。但是，关于流动人口就业培训的细则仍旧不明确，在执行层面，各市需要结合本地实践制定详细细则。

（二）山东省域和其他省市的政策比较

同前文所述，山东省作为一个教育大省，近年来在职业教育方面发展尤其迅速。因此，山东省政府也不断发挥职业教育优势，将就业培训逐步纳入公共服务中，不断提高流动人口专业技术能力，帮助流动人口融入城市生活。但从整体来看，山东省各市对于流动人口就业培训政策规定相对较模糊，因此与其他省市进行比较，此处仍旧以广州市为例。

济南市在 2011 年流动人口计划生育服务管理工作会议中对就业培训的规定仅针对建筑工人，对于其他行业农民工并未明确说明；但是同时对失业流动人口提供就业培训补贴，为其提供就业指导。

青岛市在流动人口就业政策方面规定得十分模糊，仅规定提供就业政策咨询、就业信息发布、技能培训等服务，但是对于提供方式、培训方式、培训费用等均未有明确规定，相关政策仍旧处于待完善状态。但是政策文本鼓励农村劳动者向城市转移。

相较于济南市、青岛市而言，广州市强调职业培训体系的建立，鼓励农村劳动力转移就业。通过在各县、区、市建立就业技能培训示范区方式，为不同阶段、不同行业流动人口提供技能培训。同时，充分利用互联网技术开展远程职业培训，不断扩大就业培训覆盖范围，也使得流动人口接受就业培训更加便利。

济南市、青岛市、广州市流动人口就业培训政策比较如表 17-8 所示。

表 17-8 济南市、青岛市、广州市流动人口就业培训政策比较

城市	就业培训政策
济南市	免费为流动人口建筑工人进行培训；免费对流动人口独生子女家庭成员进行失业登记、求职登记和就业指导；在本市稳定就业满 6 个月以上后失业并进行登记的流动人口，按政策享受就业培训补贴，同等条件下优先推荐再就业。（2011 年济南市流动人口计划生育服务管理工作会议）
青岛市	积极做好流动人口就业和社会保障相关工作，为流动人口提供就业政策咨询、就业信息发布、职业指导、职业介绍、技能培训等服务。对有转移就业愿望的农村劳动者，加大职业技能培训和职业技能鉴定力度。（《青岛市人口和计划生育委员会、青岛市人力资源和社会保障局、青岛市国土资源和房屋管理局、青岛市委组织部、青岛市公安局、青岛市教育局、青岛市民政局关于进一步深化流动人口计划生育均等化服务的意见》，青人口发〔2013〕24 号）

续表

城市	就业培训政策
广州市	逐步建立覆盖城乡的职业培训体系。加快农村劳动力转移就业步伐,至2014年,每个县(区、市)建设1个农村劳动力转移就业技能培训示范区。建立健全适应各类劳动者职业生涯发展不同阶段需求的职业技能培训体系和机制,完善远程职业培训平台和职业培训标准规划,全面提升劳动者素质。(《广东省人民政府办公厅印发深入推进基本公共服务均等化综合改革工作方案(2012—2014年)的通知》,粤府办〔2012〕30号)

第三节　山东省流动人口市民化政策的效果及问题

山东省流动人口市民化政策起到了一定的积极作用,流动人口公共服务享受情况越来越好,流动人口居留意愿较强。但是,流动人口市民化过程中也存在其他地区类似的问题,主要表现在户籍制度改革系统性有待提高,住房保障缺口较大,社会保险跨区转移接续问题,职业培训缺乏与就业需求等方面。

一、市民化政策效果及现状

(一)政策效果

从山东省省域层面的人口城镇化政策演变来看,山东省的制度变迁紧紧跟随国家政策的变动。整体来看,外来人口落户政策逐渐放宽,外来流动人口获得山东省户籍的可能性不断增大,积分落户等政策的推行也使得流动人口落户人数增多,打破户籍壁垒的市民化第一门槛不断降低。另外,在对流动人口的权益保障与公共服务方面,山东省不断将外来流动人口同户籍常住人口享受公共权益与服务画上等号,相关政策规定更加细化,不断推进基本公共服务均等化。流动人口住房保障、子女教育、社会保障、就业培训等基本公共服务覆盖范围不断扩大,农民工可以享受到更多基本公共服务,共享城市发展成果。

(二)市民化现状及意愿

本研究使用的是原国家卫生计生委2016年流动人口动态监测调查数

据，本调查的标准时点为：2016 年 5 月 1 日零时，流动人口界定为"在本地居住一个月及以上、非本区（市、县）户口的 15 周岁及以上（2001 年 4 月及以前出生）的男性和女性流动人口"。抽样采用分层、多阶段、与规模成比例的 PPS 抽样方法，初级抽样单元为乡（镇、街道）。在本研究中，作者从 2016 年流动人口动态监测调查中筛选山东省数据，共计 2034 名流动人口，样本规模具有代表性。

1. 居留意愿高、市民化意愿低

山东省流动人口打算在流入地继续长期居住的比例最高。打算继续居住的超过 80.8%，表示还没想好的比重为 15.8%，打算返乡的和继续流动的分别占 2.8% 和 0.6%，如图 17-31 所示。

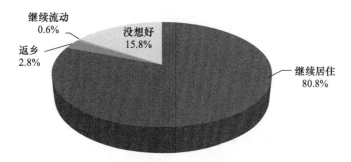

图 17-31　山东省是否打算在本地长期居住（5 年及以上）

资料来源：2016 年流动人口动态监测调查数据（山东省）。

根据调查，山东省流动人口中仅有 41% 表示如果符合条件愿意在流入地落户，32% 表示不愿意在流入地落户，27% 表示没想好（见图 17-32）。可见，流动人口虽然长期居住意愿高，但是落户意愿相对较低。这在一定程度上与农村地区宅基地和耕地等有一定关系，如果土地转移制度不完善，则很难实现这种异地市民化。同时，这对公共服务均等化提出一定的要求，需要强调常住人口口径的公共服务，而不能单纯与户籍挂钩。

2. 家庭化迁移比例高，购房比例高

山东省流动人口家庭化流动趋势明显。山东省流动人口平均家庭户规模为 2.79 人，其中 3 人户比重最高，接近一半的流动人口在流入地为 3 人户（49.1%），其次为 2 人户和 4 人户，分别占 21.3% 和 16.2%。与之相呼应的是，从流动的家庭类型来看，"夫妻+家人"是主要流动类型，占 47.4%，其中绝大部分是"夫妻+子女"为主，占总体的 46.2%。夫妻共同流动的占 14.7%，独自流动的占 20.8%，如图 17-33 所示。

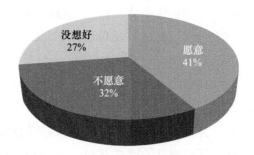

图 17-32 如果符合本地落户条件，是否愿意将户口迁入本地

资料来源：2016 年流动人口动态监测调查数据（山东省）。

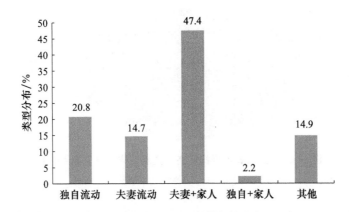

图 17-33 流动人口家庭类型分布

资料来源：2016 年流动人口动态监测调查数据（山东省）。

流动人口以租住私房和自购住房为主。在调查对象中，接近一半的人口租住私房，占总体的 49.4%，自购住房的占 41.7%。没有购房的流动人口中有 1/3 左右打算在流入地购房。

二、存在的问题

梳理山东省人口城镇化相关政策，以及比较外来人口较多的大市的政策情况，总体来看，山东省市民化政策还有以下几方面问题。

(一) 户籍制度改革系统性有待提高

在省域层面，除 2006 年《山东省人民政府关于贯彻国发〔2006〕5号文件解决农民工问题的实施意见》对外来人口的劳动就业保障、社会保险、公共服务、落户制度等进行了综合性地详细阐述外，其余年份的政策均较为零散，没有形成一个体系性的政策框架。从人口大市来看，济南市、青岛市在落户、社会保障、子女教育和住房保障等方面存在短板，而某一项短板可能就会影响人口市民化政策的整体效果。缺乏系统性的政策推进框架，说明省域和市域仍然潜在地没有将流动人口视为地区长远发展的人力资本要素，而是作为一项社会问题在考虑到自身财力和资源能力的条件下予以解决。相比而言，虽然广州市各项人口市民化政策存在一定的"筛选性"，但政策"组合拳"和"畅通的通道"非常明显，在不同的时期适应不同的城市发展需要。

落户门槛逐步放开的政策矛盾凸显。虽然山东省遵循"小城镇—县城—地级市市区逐步放开"与"大城市阶梯制度"并存的循序渐进的政策思路，但从改革的实际推进情况来看：进城转户对外地人有吸引力，本地人则兴趣不大；中小城市农转非吸引力不大。在子女教育方面，济南市、青岛市及地级市已经按照全省政策将外来务工子女纳入地方教育发展规划，城乡社会保险逐步接轨，年轻人对社会保障敏感性低，住房保障并没有实质性落实到流动人口。再加上农民在宅基地审批、人口和计划生育政策等方面优于城市居民，在这样的背景下，已经放开落户门槛的地区，反而并不是落户需求量大的地区。相反，在落户需求较大的城市，放开户籍所需要承载的公共服务需求也很大。这样就构成了现实中户籍制度放宽地域选择的政策矛盾。

(二) 公共服务不足

1. 住房保障缺口较大

从政策文本来看，山东省各市实际上没有将流动人口切实纳入住房保障范围，政策措施都没有跳出"租"的范围，也没有就限价房等政策性住房的进入门槛构建制度性通道，在"住房"成本仍然是城市生活的重要成本背景下，这并不能切实有效地推动外来人口市民化，农民工群体仍旧游离于城镇住房保障体系之外。从住房保障来看，农民工居住状况距离市民化目标仍有较长的路要走。

2. 社会保险跨区转移接续仍需探索

在社会保险城乡均等化政策方面，国家常年来持续推进，不断缩小城乡二元差距，因此在社会保险覆盖方面，已经基本做到覆盖全部农民工群体。但是，针对农民工流动性较大，经常发现跨区转移这一问题，如何实现社会保险的跨区转移接续成为重要问题。山东省各市没有统一规定，至多只有市内跨区转移接续的规定。因此，如何实现跨市、跨省转移接续，扩大农民工社会保障范围仍旧需要不断探索。

3. 就业挑战所需技能培训远未跟上

就农民自身而言，他们往往缺乏职业技能培训，工作技能相对不足，从而限制了他们长期从事传统行业和工种，导致工资收入较低，难以负担在城镇定居、生活和发展的成本，也很难满足部分城市积分入户的条件。与此同时，新生代农民工与第一代农民工相比，面临由生存型就业向发展型就业转化，农民工不只要谋求基本生活需要的满足，还产生了向上流动的就业需要，这也是市民化的一个重要过程。但是，山东省各市虽然不断为流动人口提供就业培训，但是仍旧存在制度不健全、管理不规范、资金投入不足等问题。从政策上看，山东省就业培训政策与广州市相比，缺乏整体体系建设和统筹规划，不利于流动人口系统地接受就业培训。

第四节　政策建议

针对前文分析的山东省市流动人口市民化存在的问题，本节从流动人口市民化和城镇人口社会流动机制两个维度，落户制度、公共服务供给、社会公平等方面提出促进流动人口市民化的政策建议。

一、关于流动人口市民化的建议

（一）稳妥有序推进农村转移人口落户城镇

创新管理，加快改革，有序推进户籍制度管理，实行以居民合法稳定住所、合法稳定职业为基本依据的户口迁移政策。对于省内流动人口，在城镇有合法稳定住所（含租房），与居住地用人单位签订劳动（聘用）合同或持有工商营业执照 1 年及以上的人员及其父母、配偶、未婚子女，均可将户口迁入居住地。对于省外流动人口，在城镇有合法稳定住所（含租房），与居住地用人单位签订劳动（聘用）合同或持有工商营业执照 3 年及以上的人员及其父母、配偶、未婚子女，均可将户口迁入居住地。对于暂不满足落户条件，或不愿意落户的流动人口，实行无门槛的流动人口居住证制度，逐步推行凭居住证享受与当地城镇居民同等的公共服务和社会福利，解决好暂不具备落户条件或者不愿落户城镇人口的教育、就业、医疗等基本公共服务保障问题。

以人为本，尊重意愿，切实保障流动人口的财产权利。要坚持以人为本，充分尊重流动人口自主落户的意愿，防止把流动人口"拉进城""被落户"。允许省内"乡—城"流动人口从农村落户城镇后，在一定时期内仍按农村户口享受计划生育政策，继续保留土地承包经营权、宅基地使用权、集体收益分配权，自主选择城乡居民社会养老保险或城镇职工基本养老保险制度、城镇居民医疗保险或新型农村合作医疗制度。同时，探索开展农村住宅置换城镇商品房工作。对在城镇有稳定职业且居住一定年限的本省籍"乡—城"流动人口，在自愿的前提下，各地可选择安排在城镇规划区内的国有土地上新建住房置换其原有农村住房；对自愿退出宅基地并进行复垦为耕地的，其增减挂钩指标纯收益全额归农户所有。

（二）保障流动人口公平享受城镇基本公共服务

加强流动人口职业培训，保障随迁子女义务教育权利。要建立健全对流动人口的职业培训体系，丰富培训内容，加大培训投入，提高培训质量等，逐步构建起对流动人口职业培训的长效机制。要以流入地全日制公办中小学为主，保证农民工随迁子女平等接受义务教育，并做好与高中阶段教育的衔接，保障流动人口随迁子女和城镇居民子女享有平等地接受城镇教育的机会，城镇新建和扩建学校项目优先安排流动人口集中居住区。通过教育和培训，增强人们对未来生活的可预知性，增强对自我人力资本投资、个人学习效益的可预见性。

完善社会保险转移接续办法，推动平等享受城镇社会保障。将"乡—城"流动人口纳入所在城镇的养老保险、医疗保险、最低生活保障和住房保障体系等社保覆盖范围，为流动人口的生存和发展提供坚实可靠的社会保障。流动人口在城镇居住地从事个体经营（无雇工）及灵活就业的，可以个体经营者、灵活就业人员身份在居住地参加或接续城镇职工基本养老保险。持有居住证的本省"乡—城"流动人口，未稳定就业且未参加企业职工基本养老保险的，可在居住地参加城乡居民社会养老保险、城镇居民医疗保险。

完善规划和财政保障机制，逐步建立与常住人口规模相挂钩的公共资源配置和财政转移支付制度。在城市规划时，以常住人口规模为基数，合理配置城市基础设施（绿地、公园等）和日常生活服务设施（学校、社区医院等）。同时，按照财力和事权相匹配原则，省级财政要以常住人口规模为基数加大对各地城镇化发展工作的支持力度。城市政府应承担流动人口的公共教育服务、公共就业服务、公共医疗卫生、社会保障、保障性住房以及市政设施等方面的公共成本。

专栏 2：国家政策层面对农业转移人口市民化的有关表述

2009 年 12 月，中央经济工作会议提出："要把解决符合条件的农业转移人口逐步在城镇就业和落户作为推进城镇化的重要任务，放宽中小城市和城镇户籍限制，提高城市规划水平，加强市政基础设施建设，完善城市管理，全方位提高城镇化发展水平。"

2011 年 3 月，"十二五"规划提出："把符合落户条件的农业转移人口逐步转为城镇居民作为推进城镇化的重要任务。……坚持因地制宜、分步推进，把有稳定劳动关系并在城镇居住一定年限的农民工及其家属逐步转为城镇居民。特大城市要合理控制人口规模，大中城市要加强和改进人口管理，继续发挥吸纳外来人口的重要作用，中小城市和小城镇要根据实际放宽落户条件。……对暂时不具备在城镇落户条件的农民工，要改善公共服务，加强权益保护。以流入地全日制公办中小学为主，保证农民工随迁子女平等接受义务教育，并做好与高中阶段教育的衔接。将与企业建立稳定劳动关系的农民工纳入城镇职工基本养老和医疗保险。建立农民工基本培训补贴制度，推进农民工培训资金省级统筹。多渠道多形式改善农民工居住条件，鼓励采取多种方式将符合条件的农民工纳入城镇住房保障体系。"

2012 年 11 月，党的十八大报告提出："加快改革户籍制度，有序推进农业转移人口市民化，努力实现城镇基本公共服务常住人口全覆盖。"

2013 年 11 月，十八届三中全会进一步提出："推进农业转移人口市民化，逐步把符合条件的农业转移人口转为城镇居民。创新人口管理，加快户籍制度改革，全面放开建制镇和小城市落户限制，有序放开中等城市落户限制，合理确定大城市落户条件，严格控制特大城市人口规模。稳步推进城镇基本公共服务常住人口全覆盖，把进城落户农民完全纳入城镇住房和社会保障体系，在农村参加的养老保险和医疗保险规范接入城镇社保体系。建立财政转移支付同农业转移人口市民化挂钩机制，从严合理供给城市建设用地，提高城市土地利用率。"

二、关于城镇人口社会流动机制的建议

（一）正确处理好市场和政府关系，创新公共服务供给模式

（1）要发挥市场在资源配置中起决定性作用，最大限度地放开市场决策空间。在公共服务领域放宽市场准入，凡社会能办好的，适合采取市场化方式提供、社会力量能够承担的公共服务，尽可能交给社会力量承担，有效解决一些领域公共服务产品短缺、质量和效率不高等问题。制定非公有制企业进入特许经营领域的办法，鼓励社会资本参与城市公用设施投资运营。处理好城市基础设施服务价格问题，既保护消费者利益，又让投资者有长期稳定收益。

（2）强化政府公共服务职能，创新公共服务供给模式。政府应进一步强化公共服务职能，更好发挥政府在创造制度环境、编制发展规划、建设基础设施、提供公共服务、加强社会治理等方面的职能。

（3）创新公共服务供给模式，有效动员社会力量，构建多层次、多方式的公共服务供给体系，提供更加方便、快捷、优质、高效的公共服务。在城市公共服务领域更多利用社会力量，加大政府购买服务力度。通过发挥市场机制作用，把政府直接向社会公众提供的一部分公共服务事项，按照一定的方式和程序，交由具备条件的社会力量承担，并由政府根据服务数量和质量向其支付费用。

（二）强化企业、政府、个人三大职业培训体系，完善终身教育体系

企业建立定期培训，通过立法规定员工每年培训不少于 10 天的培训制度；通过税收减免方式，鼓励企业对员工进行培训；通过学费减免方式

引发个人的学习兴趣，例如，考取技能证书后返还一半学费等。

专栏 3：职业培训

3.1　职业培训的好处

职业培训对企业、政府与个人都有很大的好处：对于企业而言，员工的技术水平不断提高，与产业技术的发展相匹配，提高产业效率；对于个人而言，个人能力提升、收入提升、社会地位提升，通过一系列的变化最终实现个人的发展；对于政府而言，其是最大的获益者，技能培训使得员工能力与产业发展相一致，减少失业，随之生活问题解决，减少社会矛盾问题，而且稳定的员工有助于提升个人对自我投资效应的可预见性，反过来有利于学习培训的兴趣及投入。

3.2　农民工职业技能提升计划

（1）职业技能培训。对转移到非农产业务工经商的农村劳动者开展专项技能或初级技能培训。依托技工院校、中高技工院校、中高等职业院校、职业技能实训基地等培训机构，加大各级政府投入，免费开展农民工就业技能培训，每年培训 1000 万人次，基本消除新成长劳动力无技能从业现象。对少数民族转移就业人员实行双语技能培训。

（2）岗位技能提升培训。对与企业签订一定限期劳动合同的在岗农民工进行提高技能水平的培训。鼓励企业结合行业特点和岗位技能需求，开展农民工在岗技能提升培训，每年培训农民工 1000 万人次。

（3）高技能人才和创业培训。对符合条件的具备中高级技能的农民工实施"高技能人才"培训计划，完善补贴政策，每年培养 100 万高技能人才。对有创业意愿并具备创业条件的农民工开展提升创业能力培训。

（4）劳动预备制培训。对农村未能继续升学并准备进入非农产业就业或进城务工的应届初高中毕业生、农村籍退役士兵进行储备性专业技能培训。

（5）社区公益性培训。组织中高等职业院校、普通高校、技工院校开展面向农民工公益性教育培训，与街道、社区合作，举办灵活多样的社区培训，提升农民工的职业技能和综合素质。

（6）职业技能培训能力建设。依托现有各类职业教育和培训机构，提升改造一批职业技能实训基地。鼓励大中型企业联合技工院校、职业院校，建设一批农民工实训基地。支持一批职业教育优质特色学校和示范性中高等职业院校建设。

3.3　创造就业机会，提高居民就业能力双轮驱动的就业保障体系建设

以山东省文登市（现文登区）为例，为稳定就业局势，推动创业带动就业工作

开展，文登市政府部门推行了一系列措施来推进企业岗位数量的供给，提升城乡居民劳动技能，鼓励自主创业来完善社会保障体系建设。

第一，鼓励和引导企业尽量不裁员，采取多种措施共渡难关。对困难企业落实阶段性下调三项社会保险费费率、缓缴社会保险费、使用失业保险金帮助企业稳定就业岗位等工作。建立失业动态重点监测报告制度，对可能出现较大规模岗位流失的行业、企业提前采取应对措施。

第二，通过职业技能培训，积极吸纳高校毕业生、失业人员和农民工群体就业。截至2012年，文登市转移农村劳动力43000余人，其中县外务工人员22000余人，转移到省外务工5370人，出国务工175人。

（三）构建公平制度，提升居民的社会认同感

建立机会平等、规则平等的用人制度，保障符合条件的人员公平竞争工作岗位的权利；保障所有公民享有平等享受优质教育的权利，为代际流动提供起点公平的保障。

专栏4：社会阶层固化及解决方案

4.1 社会阶层固化现象

中国至今尚未形成稳定的橄榄型社会结构，中间阶层总体比例较小，阶层固化的趋势明显加速：①社会纵向流动的通道日渐狭窄，下层社会向上流动受阻，社会结构调整速度变慢，制度变革与调整的动力减弱。②代际流动途径小，"拼爹"年代一方面限制了优质教育的公民公平享有权，另一方面就业中成为一种"硬件"条件，并使得"世袭贫穷"成为人们不得不面对的现实。

根据中国人民大学"农民工调查"数据发现，农民工第一份外出工作的工作类型与调查时的工作类型有很大的一致性，这也反映了社会阶层固化的现象。

4.2 社会阶层固化解决方案

（1）完善所有制结构和分配制度，实现阶层合理分化和趋中性流动。

（2）建构有效的社会保障机制，避免弱势阶层失去流动能力。

（3）完善就业结构，推进城乡统筹的有序深化。

（4）实现优质教育的公平享有权，确保起点公平。

（四）构建现代公共文化服务体系

完善基层公共文化服务设施建设，增加文化事业的财政投入，推进社

会事业改革创新，扶持民间文化事业组织，培育现代市民，促进社区融合，构建和谐社会。第一，建设城乡社区居民享受生活配套服务、休闲娱乐的共同空间，培育社区文化体育团体，促进社会交往，增强社区和谐。第二，大力扶持公益性民间机构的发育，以公益组织为媒介促进更广泛市民对弱势群体的关注，推动社会不同收入阶层群体的融合。

第十八章　成都市肖家河街道社区治理创新促进社会融合研究

　　成都市高新区肖家河街道是一个在我国快速城镇化进程中成长起来的，农转非安置居民、老城区拆迁安置居民、外来居民等共同生活的社区。基层政府为应对不断出现的社区管理挑战，自2009年开始探讨以院落自治为核心内容的社区治理创新。本案例研究在社会资本理论的指导下，通过问卷调查和访谈等方法，实证分析其已经开展的社区治理创新实践，在培育社会资本、促进社会融合方面取得的成效，并总结其内在机制，希望为实现新型城镇化的市民化目标总结经验，为其他基层政府的社区治理创新提供借鉴。

第一节　肖家河街道社区治理现状

　　肖家河街道位于成都市二环内，居民既有老市民，也有新市民；既有当地的农转非居民，也有大量外地来蓉农民工，多元化的居民构成和独特的形成发展背景，令社会管理面临挑战，基层政府主动探索社区治理创新实践。

一、肖家河街道概况

　　肖家河街道办事处成立于1992年，是成都高新区成立之初，为安置征地拆迁农民和老城区低洼棚户区的拆迁居民而设立的第一所街道办事处，当时位于城乡接合部地区。随着城市发展速度的加快，这里逐渐成为中心城区，区位条件好，就业岗位多，外来人口不断增加，他们以租房和购买二手房的方式与原住民混杂在一起。近年来，辖区内也不断有新开发的商品房楼盘，形成了独立的居住小区。肖家河街道是成都高新区党工委管委会的派出机构（县处级），2017 年辖区面积共 2.75km²，分为工业区和生活区两部分，2013 年底总人口 6.3 万人，其中户籍人口 2.96 万人，下辖正街社区、兴蓉社区、永丰社区、联谊社区四个社区居委会。肖家河街道的居民构成复杂。简而言之，这里既有老市民，也有新市民；既有当地的农转非居民，也有大量外地来蓉农民工，是一个非常典型的、反映我国市民化状况、进而探讨社区治理促进社会融合的案例。

院落是肖家河街道独有的居民生活组织形态，成因是当年在进行拆迁安置时，把住在同一个街巷的拆迁居民或者相同生产队的征地拆迁农民安置在同一院落。因此街区被带有围墙的各个院落划分开，以院落为基本单位，院落之间以围墙或者巷子隔开，院落规模可分小型（100 户及以下）、中型（101~300 户）、大型（301 户以上）三种，以小型院落为主。

二、社区治理面临的主要问题

（一）居民构成复杂

肖家河街道的成立主要是为了管理高新区第一批征地拆迁集中安置农转非的居民小区，其原住民以当时成都高新区周边的农民和老城区低洼棚户区改造的居民为主，兼有少量单位家属区。个别社区，如联谊社区，农转非居民的比例占 60%。

随着高新区的发展，基础设施条件和公共服务设施配套不断改善，这里已经成为成都市的成熟社区，辖区人口也不断增加，且主要是外来人口。根据 2010 年第六次全国人口普查的统计，街道的常住居民中持外地户口的占 50.2%，当时成都市的外来常住人口只占总人口数的 18.7%。另据 2013 年的人口统计数据，肖家河街道总人口 6.3 万人，其中户籍人口 2.96 万人，说明外来人口已经远超本地人口。外来人口不仅数量多，而且增长速度很快。肖家河街道 2013 年的总人口比 2010 年增长了 32%，年均增长速度达到 10.67%，远高于成都市在 2000—2010 年年均 2.25% 的增长速度。此外，由于历史原因，各个社区都有大量农转非居民，他们虽然是城市户口，也居住在高新区 20 年左右，但生活习惯、思维方式、文化意识等方面，还并没有完全实现城镇化。

（二）社区内部社会矛盾频发

由于人口增长速度快，外来人口不断增多，居民构成复杂，基层政府的社会管理压力大、任务重。一方面，随着社会的发展，居民对政府服务的要求越来越高；另一方面，肖家河作为成都市高新区第一批征地拆迁集中安置的农转非居民小区，原住民在拆迁、就业、社会保障等方面积累了很多问题。追本溯源，在于 20 世纪 90 年代的拆迁补偿政策。社会发展过程中，拆迁补偿款的大幅提高与当年居民得到的补偿形成心理落差，有些居民产生不满情绪，而且这种情绪蔓延开来，让居民甚至产生"政府不论做什么都是理所应当的"不合理想法。在这种诱因下，很多居民不愿意配合政府工作，对公共事务的漠不关心，街道办事处感觉基层工作越来越难做。具体表现是居民对政府的不满情绪增加，认为政府应该多做全做。政府修完楼还要免费提供物管、门卫、保洁、绿化等。楼道里灯坏了，没地方停车，环境脏乱不安全，空调滴水，都要政府管。即便如此，居民还是不满意。

（三）传统的社区管理方式面临挑战

虽然肖家河街道下辖 4 个社区，但各个社区内又包含多种居住形式，包括单位院落、拆迁安置院落、商品房小区等，因此，肖家河街道实际上是一种以街居制为主体的多元混合式社区管理体制。这种管理体制已经无法应对新时期社区内部出现的各种问题。

肖家河街道成立于 1992 年，当时我国改革开放之后不久，原有的单位体制逐渐松动并趋于解体，街居体制作为单位体制的补充而开始重新活跃。因此，肖家河街道的管理体制从一开始就建立起以街居制为主体的架构，而且由于行政管理体制的设置不同于一般老城区，高新区的社区居委会规模较大，要管辖更多居民，行政职责更突出。又由于街道成立之初，安置征地拆迁农民是以原有的农村管理体制——生产队、大队为单位，将居民划分在若干院落，因此，肖家河街道的管理体制中也包含了以"村"为单位的基层组织结构，后逐步转变为以"院落"为单位的基层组织结构。后来陆续建成的单位家属区和商品房小区，则分别根据社会发展和自身特征，设立了相应的管理方式。综合而言，在街道—居委会两级管理体制之下，肖家河街道的所有院落，根据管理方式的不同，分为自管院落、物管院落、单位院落和业委会管理院落。自管院落包括农迁院落和城市拆迁院落，由院落居民自己组织实行管理；物管院落是有物业机构服务的院落；单位院落是由原单位组织负责管理的院落；业委会管理院落是条件成熟的院落成立业委会自治组织，对本院落内的事务进行管理。即肖家河的基层治理体系实际上由街道—社区—院落三级主体构成。肖家河街道各社区院落类别统计表如表 18-1 所示。

表 18-1　肖家河街道各社区院落类别统计表　　　　单位：个

社区名称	自管院落	物管院落	单位院落	业委会管理院落	合计
正街社区	28	—	3	—	31
兴蓉社区	29	8	12	—	49
永丰社区	20	5	9	—	34
联谊社区	13	4	1	1	19
合计	90	17	25	1	133

资料来源：由肖家河街道办事处提供。

总之，居民构成和社区形态更加多元化，各种经济社会转型的矛盾与问题更多，同时，居民的工作、生活需求不断发生变化，差异化和复杂化趋势十分突出；面对不断出现的新问题，基层政府面临"老办法不顶用，硬办法不敢用，新办法不会用"的尴尬局面。社会管理面临的种种现实需要推动着基层政府进行社区治理创新。

第二节　院落自治的主要内容

肖家河街道根据自己的特点和面临的挑战，自 2009 年开始试验推行以"三驾马车"为核心的"三驾马车、三大平台、四有保障"的院落自治体系。从 2009 年开始，首先在兴蓉社区的自管院落里启动院落自治试点。在总结经验的基础上，于 2010 年 5 月在街道各个社区推广。2011 年 11 月，该模式在高新区的所有街道办事处开始推广。到 2013 年 6 月底为止，所有的自管院落和部分物管院落成立了"三驾马车"的班子。

一、院落自治的组织架构

肖家河街道原有的社区管理体系可概括为"一站三会一核心":"一站"指社区综合服务站;"三会"指社区居民自治委员会、社区事务监督委员会和社区协商议事会;"一核心"指社区党组织。落实到院落中,则以"三驾马车"为主体,构建院落自治体系。其中"三驾马车"指院落党组织、院落议事会、院落居民自治委员会(简称院委会)。具体架构如图 18-1 所示。

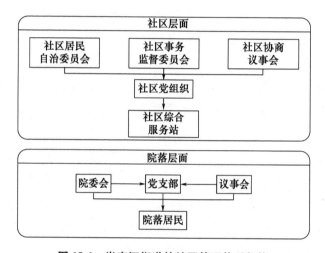

图 18-1　肖家河街道的社区管理体系架构

资料来源:成高肖委〔2011〕181 号《关于加强社区基层组织建设创新社会管理指导意见(试行)》。

具体实施方式是,在院落里,首先由居住在院落的党员民主选举产生党支部书记或党小组长。然后在院落党支部(小组)的动员和领导下,院落居民按照一户一票制民主选举出院落议事会、院落居民自治委员会,形成院落自治的"三驾马车"架构,与社区党总支、社区议事会、社区居委会有效对接,保障了社区自治工作的流畅性。其中,院落党组织负责人为议事会的召集人,受理并组织审查院落议事会议题;议事会为院落的决策监督机构,对议题进行议决,对院委会工作进行监督;院委会是院落自治事务的执行机构,负责执行院落议事会的决定,并协助居委会完成对院落的服务和管理职能。三驾马车的职能分工可概括为：党组织实行领导监督职能，议事会实行讨论决议职能，院委会实行执行职能。

二、院落自治的运行机制

为保障院落自治的顺利开展，在前期试点的基础上，肖家河街道构建了简称为"三大平台、四有保障"的运行机制，为院落自治工作保驾护航。

（一）上下连通的"三大互动平台"

"三大互动平台"是指"院落问题分析会"工作推进平台、"社区论坛"沟通交流平台和"民主问政"参政议政平台。

（1）"院落问题分析会"由院落党支部（党小组）主持，定期或不定期召集院落党组织成员与院落议事会成员参加。会议的主要职能是收集、讨论和解决院落民生、院落整治等重要事项，对于需要社区居委会或上级部门帮助解决的事项，经院落问题分析会表决一致通过后，由院委会将该问题上报至社区居委会，并在社区问题分析会上进行协调解决。

（2）"社区论坛"沟通交流平台整合了原有的"坝坝会""七嘴八舌"等议事方式，由社区居委会定期或不定期举办，主动征求居民对社区建设、院落管理、惠民措施等方面的意见建议，让居民群众积极参与到社区院落建设的重大事项中，自由表达自己的意见和建议，聚集民智，让群众事，群众提、群众议、群众审、群众评；同时将党的路线方针政策及时传递给广大居民，切实提升党员、群众的"知情权、参与权、决策权、监督权"。

（3）街道"民主问政"参政议政平台是为了进一步拓宽辖区居民诉求渠道，把握民意风向标，切实做到"问政于民、问需于民、问计于民"，确保达到"科学执政、民主执政"。主要包括以下两个方面：一是"民主问政"系统建设工作，在各社区有条件的院落推广使用"肖家河街道民主问政互动平台"。通过升级系统程序，使系统操作简便、快捷，方便辖区群众查阅公开内容，提出监督意见和建议。二是为提升辖区群众参与积极性，通过入户走访、召开"民生座谈会"等形式，引导居民自主提交、讨论需要解决的民生问题，及时征询群众的意见、建议。

（二）自上而下的"四有保障体系"

在社区居委会的指导下，院落"三驾马车"建立起完善配套保障机制，确保院落自治有组织、有制度、有授权、有场地，统称为"四有保障体系"，以激发居民参与院落自治的积极性，保障院落自治的可持续性。

（1）"有组织"是指组织发动院落党员、群众组建院落自治"三驾马车"，确保院落自治有组织载体，有人员服务。

（2）"有制度"是指由院落党组织牵头制定《院落居民公约》《院落党组织工作职责》《院落议事会议事规则》《院委会办事规则》《院落居民矛盾调处办法》等相关制度，并按章办事，确保院落自治的有序性。

（3）"有授权"是指在推进院落自治的过程中，积极转变传统基层工作模式，积极发挥院落议事会和院落居民委员会的作用，将计划生育、低保评议、住房保障申请评议等多种社区证明材料认证权限下放给院落"三驾马车"，并赋予其收集院落民情民意、院落事务提议权和决议权等相关权限，确保院落自治的有效性。

（4）"有场地"是指根据院落实际情况，社区指导和配合院落"三驾马车"建立相应的活动场地，确保院落自治的可持续性。

（三）借助外力培育居民自治能力

街道还借用社会组织的力量帮助开展社区治理工作。除了以购买服务的方式把部分本应由政府提供的社区服务职能让给组织，如针对老年人等特殊人群开展的专业服务，更重要的是秉持"组织培育组织"的理念，让外来的较成熟的社会组织扎根社区，发现居民中的社区领袖，动员居民参与社区活动，培养居民的自组织和自治能力，真正能够将院落自治持续下去。其中，肖家河街道自2012年引进了"爱·有戏"社会组织，在街道内开展了一系列"参与式互助体系建设"项目，包括义仓、义集、义坊等，既能体现中国传统文化的特点，又能满足社区居民现实生活需要，让居民认识到自身在社区发展中的作用；同时，通过适当的鼓励和扶持，在院落自治的"三驾马车"之外，让拥有共同兴趣爱好和价值观的居民形成自己的社区社会组织，丰富了社区治理网络，培育了社区社会资本。

三、院落自治的具体事务

院落自治需要有具体工作内容作为抓手，"三驾马车"在实际工作中，主要围绕下列几类院落事务开展工作。

（一）院落基础设施管理

"三驾马车"体系直接服务于居民，其职责在于解决居民在院落、社区中所面临的各种问题。其中，替代物业公司对院落进行院落基础设施建设管理是其重要的工作内容之一。该部分内容主要为：

（1）基础设施建设与维护。院落公共开敞空间；楼宇建筑外貌；院落内照明设施；机动车、非机动车停车场地划分与管理等。

（2）院落保洁与绿化。公共空间绿植营造、美化、修剪；院落内部保洁；垃圾分类与集中运送等。

（3）院落安保。设置院落门禁；安置院落内部视频监控等。

（二）院落居民事务管理

"三驾马车"体系也是院落民主自治管理工作的重要载体，是社区居委会的重要委托组织。在"三驾马车"体系的引导下，应对与处理居民的日常事务也是居民自治的重要组成部分。其主要内容如下：

（1）组织、宣传与动员居民参与院落自治，贯彻落实上级对居民自治的要求，广泛收集并反馈广大居民对院落自治的意见和建议。

（2）制定并执行《院落居民自治章程》，执行居民共同认可的决定。负责院落日常财务管理。

（3）加强院落居民的沟通联系，动员院落内一切力量主动参与院落建设和管理，实现院落资源共创、共享，培育院落意识，营造共驻、共建院落的良好氛围。

（4）开展多种形式的社会主义精神文明建设活动，办理本院落的公共事务和公益事业。

（5）依法调解居民间纠纷，促进家庭、邻里和睦团结。协助维护社会治安，促进社会稳定。

（6）加强院内人员的社会保障、社会优抚管理。管理计划生育、待业人员登记、青少年教育等相关事务。

（三）院落文化氛围营造

社区文化是社区建设的重要内容，在提高居民的综合素质、促进人际和谐、增强社区凝聚力等方面有着重要作用。在物质环境得到改善之后，院落"三驾马车"开始努力营造良好的院落文化氛围。其主要内容如下：

（1）为院落文化活动提供场地、资金与人员的支持，鼓励居民交流沟通。

（2）积极参与院落间、社区间等不同层次的文化交流活动。

（3）主动组织开展不同主题、不同参与者的文化活动等。

四、院落自治的成效

根据街道办事处所提供的评估材料和笔者研究团队的现场调研结果，院落自治的成效大致可以归结为以下几个方面。

（一）院落环境得到改善

改善基础设施、改造院落环境是院落自治中的重要工作。由于大多数院落形成于 20 世纪 90 年代，建设质量标准较低且长期缺乏维护，院落环境质量不断下降。在各院落自治过程中，根据居民需要进行了院落公共开敞空间改造，楼宇建筑外貌整治，停车位的划分与统一管理，以院落为单位雇佣保洁人员进行院内卫生维护等工作，使得院落环境得到很大改善。

（二）社区治安明显好转

肖家河街道原住居民多为农转非与城市拆迁户，近年来，外来人口不断增多。实行院落自治之前，院落内外安保设施不够完善，并没有专职的安保人员，多个院落都属于案件高发区域。此外，院落居民纠纷频繁出现，社区与街道并没有足够的人力物力进行逐一解决，多数居民便直接报案。实行院落自治之后，一方面，通过院落改造对院落安保设施进行了完善，每个院落都安装了摄像监控；另一方面，院落雇佣了门卫，对院落出入进行严格登记，为院落居民提供了严密的安全保障。此外，院落自治能够快速高效地解决居民生活中的多数问题和纠纷。从根源上，院落自治消除了案件发生的源头，提高了安保质量，降低了问题发生的可能性；从操作上，院落自治为居民生活问题、纠纷提供了解决平台。

（三）居民对院落自治及其成效总体比较满意

肖家河街道 4 个社区的 26 个院落居民的 750 份抽样调查问卷（回收问卷 655 份）结果显示，大多数居民对院落自治的具体内容比较了解，认同院落自治的必要性，并认为院落自治跟自己的生活有关系。在以 5 分为最高分的评价量表中，居民对院落自治工作的总体评价的平均满意度为4.1，说明调查对象对院落自治工作比较满意。其中，认为比较满意和非常满意的调查对象最多，共占 76.6%，非常不满意和比较不满意所占比例较低，为 3.6%。对于院落自治工作的实际效果，与 3 年前相比，居民普遍认为院落自治在院落环境、邻里关系、居民安全感和幸福感、院落责任和生活问题的解决方面均取得了令人比较满意的效果。对居民和院委会成员的访谈显示出，院落自治的成效是居民能够看到、感受到的。

第三节　社区治理创新促进社会融合的实证研究①

肖家河街道居民具有不同的人群属性，其所开展的以院落自治为核心内容的社区治理创新实践，除了地方政府和社区居民实际感受到的成效之外，也为作者检验社区治理、促进社会融合提供了极佳案例。这一过程中的主要理论基础是，社区治理创新通过培育社会资本，促进了社会融合。为验证这一假设，作者利用 2013 年在肖家河街道进行的问卷调查进行实证分析。问卷调查采取分层抽样的方式，在街道下辖的 4 个社区中，按照大、中、小院落的比例及院落居民的主要社会属性（农转非安置院落、城市拆迁安置院落和单位院落），共抽取了 26 个院落；然后在院委会的帮助下，在每个院落随机发放 35 份问卷，调查对象为 18 岁以上的社区居民。问卷内容包括了基本信息、院落自治情况（居民的了解、认可和满意度）、院落居民的社会融合和社会资本情况等。回收问卷 655 份，在去除了回答不完整和超出答案赋值范围的异常样本后，最终确定有效问卷 563 份。

---

① 本节由 2016 级硕士研究生唐菲完成。

一、变量与指标说明

（一）社会资本

由于内涵丰富，目前在学术界，社会资本的测量还没有达成一致，但普遍认为社会资本与社区内居民的交往、信任、参与合作等密切相关。鉴于本案例的研究对象是在社区治理中具有代表性的社区，借鉴了复旦大学任远等人（2012）的研究，把测量维度确定为社会交往、信任及参与，并结合肖家河街道社区的实际情况设定指标，分别为："在我的社区中有我的最亲密的朋友""居民有为自己所在的社区服务的意愿""是否经常性参与院委会组织的各项活动"。然后采用李克特量表（Likert scale），按照非常不同意、比较不同意、一般、比较同意和非常同意分别赋值 1~5 分，把这些问题得分的加权平均值作为社会资本的得分。

（二）社会融合

社会融合同样也是一个复杂的概念，包含经济、身份、文化、心理等不同层面。本案例综合考虑学术界现有的社会融合测量方法，结合肖家河街道的现实情况，把社会融合测量分为三个维度，分别为身份认同、社会适应、心理适应，对应的指标借鉴已有研究中的相关维度的测量指标。身份认同是指社区中的人们对于所在地的归属感和认同感，对应的是"我很骄傲我是这个社区的居民"和"我的所作所为将影响社区的形象"；社会适应主要代表迁入人口对迁入地的各种满意度，比如安全感和幸福感，对应的是"我住在这里感到安全"和"我住在这里感到生活幸福"；心理适应是指外来人口在思想观念上的城镇化与流入地的人们的适应性，对应的是"为社区带来益处的事情同样对我有益"和"大多数邻居与我的想法一样"。以上的 6 个题目都分为非常不同意、比较不同意、一般、比较同意和非常同意，分别按照 1~5 分赋值。最终以 6 个答案进行加权平均，然后将所得值作为社会融合的分值。

（三）社区治理

目前，关于社区治理的评估多是基于研究主题，有学者以人们对居委会治理效率的满意度作为评价指标，社区环境代表了社区的公共利益；还有些学者以上海某社区为案例研究社区治理，用社区经过整治后的环境改善为指标来考察治理效果。居民对社区自治的重要性的观念转变体现了社区治理效果评价的居民的自治意识，属于社区治理效果评价中的公众维度。

本案例在前人的研究基础上，将肖家河社区治理的效果分别用环境改善、社区治理办事效率和居民观念转变来衡量，对应的指标为"院落环境比以前好了""居民生活中的问题能够被很快解决""您是否认为院落自治是非常必要的工作？"，同样按非常不满意、比较不满意、一般、比较满意和非常满意分别赋值1~5分。在计算时，先把3个答案所得值进行加权平均，然后将所得值作为社区治理的分值。

（四）影响社会融合的其他因素

除了社会资本和社区治理这两个核心变量之外，社会融合会受到个人特征的影响，包括性别、家庭规模、职业、婚姻、受教育程度、户籍等。基于调查对象的具体特性和已有研究的经验，作者把院落规模、年龄、受教育程度、家庭规模、收入、户口、职业作为控制变量。

其中，小规模、中规模、大规模院落分别赋值1~3分；年龄18~25岁、26~35岁、36~45岁、46~55岁、56~65岁、65岁以上分别用1~6分表示；家庭月收入1000元及以下、1001~2000元、2001~3000元、3001~5000元、5001~8000元、8001~12000元、12001~20000元、20000元以上依次赋值为1~8分；户口1~5分分别表示本地非农业户口、本地农业户口、本地农转非户口、外地非农业户口、外地农业户口；职业1~15分分别表示公务员、科教文卫事业单位人员、社区工作人员、专业研究人员、企业公司负责人、企业公司一般职工、商业服务从业者、个体工商户、离休人员、退休人员、自由职业者、农业劳动者、失业和半失业、学生、其他职业者。各个变量说明如下（见表18-2）。

（1）院落规模：以大规模院落为参照组。现有的社会融合研究普遍认为居民社区参与和社会交往对社会融合具有重要影响，肖家河街道的院落规模代表了社区治理的规模。根据相关的理论基础，小规模的院落内人们的交往机会更多，因此有助于促进地区社会融合。

（2）年龄：以年龄65岁及以下为参照组。65岁以上老年人参与社区活动较多，社会融合相对来说更好。

（3）家庭规模：以非独居为参照组。有研究认为，独居对社会融合有影响。家庭人口多的人相比独居的人可能更能融入当地社会环境，这是因为家庭人口的增多增加了家庭中单个人与社会的联系。例如，处于具备不同代际的家庭中的人与单身居住者相比，较多人口的家庭面临更多的在城市生活的问题，参与到与居住地相关的更多的社会事务中，对所在社区的认同感和归属感更强，适应环境融入当地社会的程度更高，而单身居住的人则相对来说参与地区各种社会活动的类型更少，在行为、文化和心理等方面的社会融合程度可能更低。

（4）受教育程度：以大专以下为参照组。现有的关于社会融合的研究认为，教育是影响融合的关键要素，往往与融合程度正向相关。

（5）户口：以外地户口为参照组。现有的研究中普遍把户籍作为影响社会融合的个人因素，理论上说，本地户口相对外来户口人群的社会融合更好。

（6）收入和职业：收入和职业能一定程度上反映出社会地位，也影响社区事务参与的热情与能力，现有的研究认为收入越高，社会融合越好。在考虑了研究对象的工资收入水平的基础上，将月收入超过8000元定为高收入水平，以8000元及以下为收入水平的参照组。就职业来说，退休和离职的人群相对来说空闲时间更多，而闲暇时间更多的人参与社区活动的可能性更大，与社区其他人群的交往更多，存在这些人群的社会融合更好的可能，因此，以非离职和退休为职业的参照组。

表 18-2 变量说明一览

变量	内容	维度	解释说明	指标来源
自变量	社会资本	社会交往	在我的社区中有我的最亲密的朋友	叶鹏飞，2012
		社会信任	居民有为自己所在的社区服务的意愿	桂勇、黄荣贵，2008
		社会参与	是否经常性参与院委会组织的各项活动？	任远、陶力，2012
	社区治理	环境改善	院落环境比以前好了	张振洋、王哲，2016
		办事效率	居民在生活中的问题能够被很快解决	王素侠、朱方霞，2016
		观念转变	您是否认为院落自治是非常必要的工作？	王菁，2016

续表

变量	内容	维度	解释说明	指标来源
因变量	社会融合	身份认同	我很骄傲我是这个社区的居民 我的所作所为将影响社区的形象	周皓，2012
		社会适应	我住在这里感到安全 我住在这里感到生活幸福	
		心理适应	为社区带来益处的事情同样对我有益 大多数邻居与我的想法一样	汪明峰等，2015
控制变量		院落规模（以大规模院落为参照组）		崔岩，2012
		年龄（以65岁及以下为参照组）		
		家庭规模（以非独居为参照组）		悦中山等，2011
		收入（以8000元及以下为参照组）		张文宏、雷开春，2008
		受教育程度（以大专以下为参照组）		
		户口（以外地户口为参照组）		
		职业（以非离职和退休为参照组）		

二、结果分析

实证分析分为描述性统计分析和多元回归分析两部分，描述性统计分析说明了变量的主要统计情况，多元回归分析说明了不同变量之间的联系和强度，对理论观点进行验证。

（一）描述性统计分析

变量的描述性统计如表18-3所示。

表18-3　变量的描述性统计（$N=563$）

变量	最小值	最大值	均值	标准差
环境改善	1	5	4.28	1.034
办事效率	1	5	3.95	1.433
观念转变	1	5	4.09	1.346
社会信任	1	5	3.98	1.328
社会交往	1	5	3.60	1.755
社会参与	1	5	2.56	1.305

续表

变量	最小值	最大值	均值	标准差
社会融合	1	5	4.33	0.694
院落规模	1	3	1.87	0.854
年龄	1	6	3.96	1.509
家庭规模	1	8	3.15	1.179
收入	1	8	3.64	1.458
受教育程度	1	6	2.83	1.174
户口	1	5	2.69	1.274
职业	1	15	8.91	2.909

相对来说，样本中的小规模院落更多；调查对象年龄主要集中于56岁及以上的中老年人；调查对象的家庭人口数在3~5人的较多；家庭收入主要处于3000~5000元的水平；样本中居民的教育背景主要集中于初中和高中，约占总体的六成以上；离退休人员较多。

虽然社区治理、社会资本与社会融合的最小值或最大值都有1或5，表示非常不满意、非常满意或非常不同意、非常同意，但整体来看，社区治理的效果与社会融合的情况分值较高，社会资本的平均值相对来说低一些。

从社区治理的情况来看，环境改善、办事效率、观念转变的平均分值分别为4.28、3.95、4.09分。可见，居民对环境改善的认可度最高，其次是观念转变程度和办事效率。环境改善的认可度高与肖家河的院落自治以开展社区环境整治为重要内容有关，如动员居民参与社区公共安全、卫生设施和文娱设施的改善等。由于社区的院落自治模式自试点到宣传推广已经实行了几年，所以社区自治的观念深入人心，自治工作的成效得到大部分居民的认可，因此，居民对于自治工作必要性的观念转变的分值较高。同时，由于该治理模式旨在培育居民对院落公共事务的责任感，居民能够直接参与社区公共事务，且由居民组成的自治机构、社会组织与居委会、街道办事处之间建立了较好沟通渠道，居民生活中的问题能得到较快回应，因此，社区治理办事效率的评价得分较高。

从社会资本的情况来看，分值上整体处于中上水平，社会信任、社会交往、社会参与的均值分别是 3.98 分、3.60 分、2.56 分。社会信任程度相对来说更高，这种情况可能是由于街道的社区治理注重政府与居民的合作，在社区治理中注意促进多元主体的交往，在不同人群的互动合作中，社会网络紧密度更高，人际的信任得到累积，这是社会资本持续增长的表现。

从社会融合来看，分值为 4.33 分，这种较好的情况可能是由于社区治理创新模式有助于促进居民间的交往，有利于培养共同体意识，帮助不同人群从文化、心理、行为等方面增进相互的理解。

（二）多元回归分析

为了证明研究主题，本节通过建构回归模型来验证社区治理在发挥社会资本的作用下能更有效地促进社会融合。在包含控制变量的基础上，在回归模型（1）中，社会资本为自变量，社会融合为因变量，得到两者的关系结果；在回归模型（2）中，社区治理对社会融合做回归，查看社区治理对社会融合是否有显著影响；在回归模型（3）中，治理对社会资本做回归分析，查看社区治理是否能对社会资本起到培育作用；最后，在回归模型（4）中，社会资本作为调节变量，加入社区治理与社会资本的交互项，将社区治理、社会资本、交互项对社会融合进行回归分析，验证社会资本的调节作用是否显著，即在社会资本的作用下，社区治理能否增大社会融合的效果。

1. 社会资本推进社会融合的检验

先把社会资本的 3 个维度、控制变量和社会融合进行相关性检验，查看是否存在多重共线问题，得到相关性分析结果统计表，然后再进行多元回归分析，构建回归模型（1），如表 18-4 所示。

表 18-4　回归模型（1）的变量相关性分析结果

变量	院落规模	年龄	家庭规模	收入	教育	户口	职业	社会交往	社会参与	社会信任	社会融合
院落规模	1										
年龄	−0.068	1									
家庭规模	−0.053	−0.007	1								

续表

变量	院落规模	年龄	家庭规模	收入	教育	户口	职业	社会交往	社会参与	社会信任	社会融合
收入	0.093 *	−0.07	−0.077	1							
教育	0.055	−0.232 *	−0.015	0.204 **	1						
户口	0.118 **	−0.086 *	0.120 **	0.105 **	0.234 **	1					
职业	−0.095 *	0.558 **	0.008	−0.075	−0.243 **	−0.099 *	1				
社会交往	0.186 **	0.063	−0.096 *	−0.029	−0.011	−0.002	0.045	1			
社会参与	0.068	0.140 **	−0.116 **	0.012	−0.044	0.020	0.076	0.274 **	1		
社会信任	0.281 **	0.089 *	−0.153 **	0.030	0.044	0.091 *	0.006	0.520 **	0.231 *	1	
社会融合	0.123 **	0.108 *	−0.012	0.057	0.065	0.041	0.085 *	0.430 **	0.239 **	0.657 **	1

注：* 表示 $p<0.1$，** 表示 $p<0.05$，*** 表示 $p<0.01$。

从表 18-4 可知，变量的相关系数都小于 0.7，所以回归模型（1）的变量之间没有显示出显著的多重共线性问题。

在控制个人和环境因素后，将社会资本对社会融合进行回归分析可以看出，社会资本对社会融合具有正向作用：社会参与、社会信任和社会交往都对社会融合具有促进作用。表 18-5 说明了社会资本对社会融合的影响。

表 18-5 回归模型（1）的回归结果

变量	相关系数	T 统计值	显著性（sig. 值）
社会信任	0.557 ***	17.017	0
社会交往	0.232 ***	7.058	0
社会参与	0.091 ***	2.902	0.004
院落规模	−0.002	−0.060	0.952
年龄	0.029	0.774	0.440
家庭规模	−0.015	−0.496	0.620
收入	0.056 *	1.819	0.069
受教育程度	0.091 ***	2.789	0.005

续表

变量	相关系数	T 统计值	显著性（sig. 值）
户口	0.047	1.478	0.140
职业	0.032	0.875	0.382

注：* 表示 $p<0.1$，** 表示 $p<0.05$，*** 表示 $p<0.01$。

在回归模型（1）中，社会交往、社会信任、社会参与的 p 值都为 0，小于 0.01，表明社会信任、社会交往和社会参与对社会融合的影响达到显著水平，具有正向影响，回归系数分别为 0.557、0.232、0.091。由此可以看到，相比社会交往和社会参与，社会信任对社会融合的影响更大，社会信任、社会交往或社会参与每增加一个单位，社会融合分别增加 0.557、0.232、0.091 个单位。该模型回归结果中的拟合优度（R^2）为 0.504，调整后的 R^2 为 0.495。回归模型显著性为 0，说明该模型总体上显著。

2. 社区治理推动社会融合的检验

首先把社区治理的三个维度、控制变量和社会融合进行相关性检验，得到相关性分析统计表，如表 18-6 所示。然后进行多元回归分析，构建回归模型（2），如表 18-7 所示。

表 18-6　回归模型（2）的变量相关性分析结果

变量	院落规模	年龄	家庭规模	收入	教育	户口	职业	观念转变	办事效率	环境改善	社会融合
院落规模	1										
年龄	-0.068	1									
家庭规模	-0.053	-0.007	1								
收入	0.093 *	-0.07	-0.077	1							
教育	0.055	-0.232 **	-0.015	0.204 **	1						
户口	0.118 **	-0.086 *	0.120 **	0.105 **	0.234 **	1					
职业	-0.095 *	0.558 **	0.008	-0.075	-0.243 **	-0.099 *	1				
观念转变	0.180 **	-0.012	-0.014 *	0.098 *	0.115 **	0.111 **	0.077 *	1			
办事效率	0.234 **	0.077 *	-0.085 *	0.073	0.125 **	0.165 **	0.011	0.292 **	1		

续表

变量	院落规模	年龄	家庭规模	收入	教育	户口	职业	观念转变	办事效率	环境改善	社会融合
环境改善	0.148 **	0.113 **	-0.125 **	0.063	0.097 *	0.073	0.029	0.282 **	0.555 **	1	
社会融合	0.123 **	0.108 *	-0.012	0.057	0.065	0.041	0.085 *	0.224 **	0.622 **	0.624 **	1

注：* 表示 $p<0.1$，** 表示 $p<0.05$，*** 表示 $p<0.01$。

从表 18-6 可知，所有变量的相关系数都小于 0.7，所以回归模型（2）的变量之间没有显示出显著的多重共线性问题。

表 18-7　回归模型（2）的回归结果

变量	相关系数	T 统计值	显著性（sig. 值）
环境改善	0.410 ***	12.346	0
办事效率	0.415 ***	12.481	0
观念转变	0.054 *	1.798	0.073
院落规模	0.052 *	1.760	0.079
年龄	0.021	0.595	0.552
家庭规模	-0.019	-0.652	0.515
收入	0.030	0.994	0.321
受教育程度	0.024	0.778	0.437
户口	-0.035	-1.136	0.256
职业	0.017	0.480	0.631

注：* 表示 $p<0.1$，** 表示 $p<0.05$，*** 表示 $p<0.01$。

以上的回归分析结果显示，在控制个人和环境因素后，社区治理对社会融合的影响。根据回归结果可以看出：社区治理对社会融合具有正向作用，环境改善、办事效率和观念转变对社会融合具有促进作用。这个模型运行结果证明了环境改善效果对社会融合程度产生正向影响，办事效率越高，越有利于提升社会融合水平，观念转变程度越高，社会融合水平越高。

在回归模型（2）中，环境改善、办事效率和观念转变的 p 值都达到显著性水平，说明环境改善、办事效率和观念转变与社会融合有正向的关联，回归系数分别为 0.410、0.415、0.054。系数为正数说明社区治理对社会融合具有积极作用，表明环境改善、办事效率和观念转变分值越高，社会融合的水平越高，在其他条件不变的情况下，环境改善、办事效率和观念转变每增加一分，社会融合就分别增加 0.410、0.415 或 0.054 个单位。在该模型的回归结果中，拟合优度（R^2）为 0.538，调整后的 R^2 为 0.530。回归模型显著性为 0，说明该模型总体上显著。

3. 社区治理培育社会资本的检验

先把社会交往、社会参与、社会信任的得加权平均值作为社会资本的分值，把环境改善、办事效率和观念转变的分值进行加权平均，将得到的值作为社区治理的分值，然后把社区治理对社会资本做回归分析，构建回归模型（3），如表 18-8 所示。

表 18-8 回归模型（3）的回归结果

变量	相关系数	T 统计值	显著性（sig. 值）
社区治理	0.639 ***	21.234	0

注：* 表示 $p<0.1$，** 表示 $p<0.05$，*** 表示 $p<0.01$。

回归模型（3）显示社区治理作用于社会融合的相关结果。根据回归结果可以看出：社区治理对社会资本的作用是正向的，社区治理效果越好，社会资本的数量越多。

社区治理的回归系数为 0.639（$p=0$），达到了显著性水平，说明治理有助于推进社会资本增长。该模型的回归结果的拟合优度（R^2）为 0.408，调整后的 R^2 为 0.408，社区治理能解释 40.8% 的社会资本的变化。回归模型显著性为 0，说明该模型总体上显著。

4. 社区治理在社会资本的作用下更有效地促进社会融合的检验

首先把社会交往、社会参与、社会信任的得分进行加权平均，然后用所得值作为社会资本的分值，把环境改善、办事效率和观念转变的加权平均值作为社区治理的分值，将社会资本作为调节变量，引入社区治理与社会资本的交互项进行分析。首先把社会资本、社区治理、交互项、控制变量和社会融合进行相关性检验，得到相关性分析统计表（见表 18-9），然后进行多元回归分析，构建回归模型（4），如表 18-10 所示。

表 18-9　回归模型（4）的变量相关性分析结果

变量	院落规模	年龄	家庭规模	收入	教育	户口	职业	社会资本	社区治理	交互项	社会融合
院落规模	1										
年龄	-0.070	1									
家庭规模	-0.082	-0.057	1								
收入	0.078	-0.056	-0.081	1							
教育	0.090	-0.263**	0.023	0.216***	1						
户口	-0.086	0.038	0.049	-0.036	-0.073	1					
职业	-0.114*	0.600**	-0.041	-0.081	-0.379**	0.122*	1				
社会资本	0.156**	0.166**	-0.085	-0.071	-0.079	0.082	0.097*	1			
社区治理	0.278**	0.015	-0.030	0.120*	0.146**	-0.020	-0.023	0.429**	1		
交互项	0.266**	0.071	-0.143**	-0.005	0.061	0.028	0.040	0.730**	0.706**	1	
社会融合	0.202**	0.119*	-0.042	0.024	0.116*	0.040	0.012	0.588**	0.530**	0.675**	1

注：* 表示 $p<0.1$，** 表示 $p<0.05$，*** 表示 $p<0.01$。

　　由表 18-9 可知，所有变量的相关系数都小于 0.75，所以回归模型（4）的变量之间没有显现出显著的多重共线性问题。

表 18-10　回归模型（4）的回归结果

变量	相关系数	T 统计值	显著性（sig. 值）
社区治理	0.118**	2.319	0.021
社会资本	0.231***	4.405	0
社区治理与社会资本的交互项	0.412***	6.175	0
院落规模	0.022	0.601	0.548
年龄	0.109**	2.498	0.013
家庭规模	0.044	1.243	0.214
收入	0.012	0.339	0.735
受教育程度	0.097**	2.527	0.012
户口	0.021	0.594	0.553
职业	-0.050	-1.102	0.271

注：* 表示 $p<0.1$，** 表示 $p<0.05$，*** 表示 $p<0.01$。

以上的回归分析结果显示在引入交互项后，交互项系数达到了显著性水平，说明随着社会资本丰富度的增加，社区治理水平的提升会进一步增大推进社会融合的效应。

回归模型（4）显示，社区治理、社会资本以及社区治理与社会资本的交互项的回归系数分别为 0.118、0.231、0.412，且都达到显著性水平，交互项的系数等于 0.412 为正数且显著，表明调节效应存在，社会资本能增强治理对于社会融合的影响。该模型的回归结果的拟合优度（R^2）为 0.503，调整后的 R^2 为 0.492，自变量能解释因变量的 49.2% 的变化。回归模型显著性为 0，说明该模型总体上显著。

在控制变量方面，根据回归模型（1）可以看到，收入和受教育程度对社会融合的影响达到显著水平，相关系数分别为 0.056 和 0.091；根据回归模型（2）可以看到，院落规模对社会融合具有显著影响，相关系数为 0.052；根据回归模型（4）可以看到，年龄和受教育程度对社会融合的影响达到显著水平，相关系数分别为 0.109 和 0.097。根据以上结果可见，院落规模、年龄、收入、受教育程度产生的影响较明显。院落规模越小，年龄越大，受教育程度越高，收入越高，则社会融合越好。

院落规模越小，则人们之间的熟悉程度越高，网络联系越密切，交往的机会越多，由此带来了信任与合作。院落规模代表参与社区自治的规模，在集体行动中参与人群的规模影响着行动者的责任意识，相对来说，小规模的人群具有更高的集体意识，参加社区的公共事务的积极性更高，与居住地的联系更强，社会融合水平更高。

相比年轻人，年纪大的人的社会融合要高一些，客观上是因为年纪大的人相比年轻人有更多的空闲时间参与地区的社会活动，而青壮年劳动力人口的工作时间更长，因此参与政府或者社会组织的社区日常社会活动的机会、时间和精力更少。

收入高说明在所在地居住的经济融合度较高，脱离了基本生活的拮据状态，经济上的富裕使人有更强的主动性关注并参加到居住地相关事务之中。

相对来说，一方面，学历等级更高的人主动加入地区活动的意识和能力更强，公民意识更强，更关心地区事务，参与居住地的社会活动的类型更多，接受社会信息和处理城市多种社会事务的能力更强；另一方面，具备的良好的教育素质提供了更多的谋生技能，能更好地适应城市环境，在城市中的经济、行为和心理等层面上的社会融合水平更高。相反，受教育程度低的人群社会参与和社会交往的范围更窄，对于社会事务的关注度不高，社会融合的程度更低。

总的来看，院落规模、年龄和收入在所有回归模型中只呈现过一次显著性影响，而受教育程度在两个回归模型里都达到了显著性水平，说明在所有影响社会融合的控制变量的因素中，教育相对来说对社会融合具有更突出的影响。

以上的实证分析反映了社区治理、社会资本与社会融合之间的关系，以及变量间的影响的方向和强度。

（1）社会参与、社会交往和社会信任对社会融合产生显著影响，相关系数为正，说明产生正向影响，变量之间不存在多重共线性问题。三者的程度越高，社会融合的程度越高。

（2）环境改善、办事效率和观念转变对社会融合具有正向作用，达到显著性水平，变量之间没有多重共线性问题。环境改善、办事效率和观念转变的水平越高，社会融合越好。

（3）社区治理对社会资本具有正向显著影响，表明社区治理有助于社会资本的培育成立。

（4）社区治理与社会资本的交互项系数为正，且达到了显著性水平，说明调节效应存在，变量之间不存在多重共线性问题。这表明在社会资本的作用下，社区治理水平的提升有助于推动社会融合的提高。

实证检验结果汇总如表 18-11 所示。

表 18-11　实证检验结果汇总

理论观点	实证结果
社会信任积累得更多，社会融合更好	支持
社会参与（互惠规范）程度更高，社会融合程度更高	支持
社会交往（网络）更丰富，社会融合更好	支持
环境改善对社会融合程度产生积极作用	支持

续表

理论观点	实证结果
办事效率越高，越有利于提升社会融合水平	支持
观念转变越强，越有助于社会融合水平提升	支持
社区治理有助于社会资本的培育	支持
在社会资本的作用下，社区治理会更有效地促进社会融合	支持

三、主要结论

通过以上的实证分析证明，社区治理能够有助于培育社会资本。社会资本在推进社会融合上起到关键性作用，并且随着社会资本的增强，社区治理能起到更好地促进社会融合的作用。

（一）社会资本越丰富，社会融合水平越高

社区中的社会参与、社会信任和社会交往这三者的程度越高，社会资本的积累越多，社会融合程度随之越高。社区的社会资本积累得越多，表明不同个体间的联系越强，信任度越高，社区参与的积极性越高，对于社区的认同感和归属感越强，有助于从心理和生活方式等方面实现社会融合。

（1）社会信任能产生显著的社会融合影响，表现为正向作用。社会融合水平随着信任的增加得到提升，说明信任的构建是使不同人群融入城市社区的重要因素。

（2）社会参与带来人们之间正式和非正式的互惠性规范，对社会融合起正向作用。社会融合程度能随着参与程度的提高而提高。这说明要实现社会融合，就需要使居民进行广泛的社会参与，参与积累的互惠规范为个体提供了更多融入社会的机会。

（3）社会交往构建了居民个体间的社会网络，对社会融合发挥正面影响。个体的社会交往越广泛就越有利于构建起社会关系网络，能在交往中增强不同人群的价值观、行为方式、文化习俗的交流，有助于人与人之间的理解。

（4）社会信任比社会参与和社会交往对社会融合的相关系数都要大，证明社会资本中的信任对社会融合的影响最大。这表明信任在社会资本中

占有重要位置，同时证实了普特南在关于社会资本的论述中提出的信任是社会资本的关键要素的观点。

（二）社区治理能够发挥推进社会融合的效果

社会治理的效果越好，意味着社区的公共环境设施得到有效改善和提升，社区问题得到高效解决，人们对参与社区自治的认可度越高，社会融合程度越高。

（1）环境改善与社会融合之间表现为正向联系。为了解决公共设施环境问题，居民在自我服务、自我管理中参与公共事务，改善的结果能增强人的社区共同体意识，提升人的安全感、幸福感。

（2）办事效率的提升对社会融合起到正向影响。办事效率高表明社区问题的有效解决，满足居民个人的需求和维护社区公共利益，提高个体对社区的归属感。

（3）观念转变程度对社会融合的作用表现为正向。居民对社区自治必要性的观念转变程度说明个体的社区参与的积极性变化，越认可社区自治，越表明更深地卷入社区生活，越有助于社会融合。

（三）社区治理有助于促进社会资本的培育

社会资本的积累总量能随着社区治理水平的提升而增多。根据社区治理的特征和目标可以看到，治理的良好运行很大程度上依靠政府与社会之间较好的互动，因此，社区治理越好，表明社区中不同人群间的信任、互惠规范与合作越多，多元主体基于信任的集体行动越有效。治理过程中构建起的网络关系、信任与合作推动社会资本的增长。

（四）在社会资本的作用下，社区治理能更好地促进社会融合

社会资本与社区治理的交互项的相关系数达到正向的显著性水平，说明社会资本作为调节变量能够增强社区治理对社会融合的作用。规范、信任和网络的增多使得人们对所在地的归属感变强，为个体社区意识养成提供了良好的土壤，人们对于社区公共事务有了责任感，社会融合表现良好。

（五）收入、年龄、教育背景和社区治理的规模一定程度上影响社会融合

院落规模、年龄、收入和受教育程度与社会融合显现为正相关关系。

院落规模越小，社会融合越好，院落是研究案例进行社区自治的落脚点，因此院落规模也就是社区治理的规模；年纪越大，社会融合程度越高；收入高意味着社会融合更好；学历层次更高，意味着社会融合更好。说明居住区内自治单元的人群规模对社会融合有显著影响，因为人口规模越小，人们交往的机会越多，更容易建立起紧密的社会网络关系，有助于增进感情，实现人群之间的相互理解，促进社会融合；收入代表了个体的经济地位，很大程度上决定了个体的城市社区融合水平；教育背景在社会融合中具有显著正向影响，这是因为个体的教育背景一定程度上影响了其在所在地的工作技能，学历更高的人群一般公民意识更强，主动加入地区活动的意识和能力更强，接收社会信息和处理城市多种社会事务的能力更强。

第四节　社区治理促进社会融合的政策建议

肖家河社区治理推进社会融合的作用机制简单来说就是，以居民与政府合作的院落自治制度有效促进了居民之间的互动与交流，居民在社区参与中增进了彼此的信任和认同，这实际上也是培育社会资本的过程。而社会资本增强了居民之间的联系和情感，促进了不同人群的社会融合。肖家河街道虽然只是一个案例，但由于其居民构成的典型性，为我们从普遍意义上认识社区治理促进社会融合提供了借鉴价值。深入分析肖家河社区治理、促进社会融合的内在机制，有助于进一步总结其经验，提出更具有普遍意义的政策建议。

一、社区治理促进社会融合的机制分析

（一）社区治理促进社会融合的进化机制

肖家河社区治理促进社会融合的进化机制由外在动力和内在动力组成。

外在动力是多元主体的合作治理模式，代表院落自治主体的"三驾马车"与基层政府（由街道办事处和社区居委会代表）、社区社团组织、社会组织共同进行社区治理。这种多元主体合作的社区治理有效地促进了居民参与公共事务和居民之间的合作，为社会融合创造了鼓励交往互动的有

利外部环境。

内在动力是社会资本的积累，社会资本在频繁的合作、交往、互动行动中的得以生长，社会资本体现出来的信任、互惠性规范和网络是实现社会融合的源泉。不同人群在不断丰富的社会资本中增强了与社区的感情，建立了与所在地的强联系，这使得人们在身份认同、社会适应和价值观念等方面不断地融入社会环境，增强了不同人群的相互认同与理解，推进社会融合。

肖家河社区治理促进社会融合的进化机制如图18-2所示。

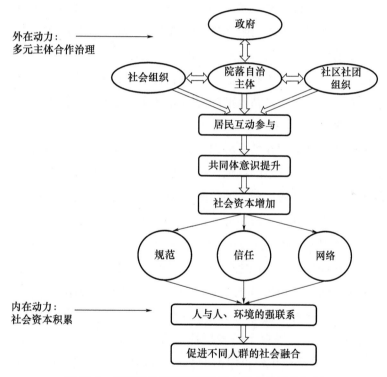

图 18-2　肖家河社区治理促进社会融合的进化机制

（二）社会融合的内在动力机制

在上述过程中，实现社会融合的内在动力是社会资本的积累。社会资本是人与人之间的联系，以及由此带来的互惠规范、信任和网络；社会融合是不同个体或人群的相互认同、理解与和谐共处，因而建立个体与个体以及个体与环境的强联系是社会融合的前提条件。在人与人的联系中，规范、信任和网络使得社会融合得以实现。建立在这个机制上，社区治理促进社会融合的内在动力在于——在社区治理中积累的社会资本实现了社会融合。

根据普特南的观点，社会资本可进一步分为粘合型社会资本和桥梁型社会资本。前者是本来就熟悉的群体内的联系，指有紧密的、互惠的联系的人群间的关系，有利于某一群体内的团结；后者指不同人群之间的关系，它加强了异质性群体的联系，有助于联合外部的信息和资源。由此可见，如果粘合型社会资本占主导地位，只会加强某一小群体内部的联系和团结，可能会出现小群体局限于自身同质性高的圈子，排斥圈外人、使群体变得狭隘的问题，不利于促进整体的社会融合。桥梁型社会资本对于促进整体的社会融合来说更有意义，因为它带来了跨越群体的资源与合作，降低了交易成本。因此，粘合型和桥梁型的社会资本共同提升才有助于提升社会融合水平。

肖家河的社区治理在粘合型和桥梁型社会资本培育上取得了较好的效果，促进了整体社会资本的增加，随之提升了地区社会融合水平。

具体来说，一方面，同一院落的原住民多是在被征地拆迁前的互相熟悉的人群，具有较好的粘合型社会资本基础；加上社区自治在院落层面展开，以"三驾马车"为核心的院落自治主体带动了院落内部居民共同参与公共事务，帮助建立了人们之间的亲密联系，增强了院落内的粘合型社会资本。另一方面，社区内部的居民社团组织，比如书画协会、养生太极队、邻里互助志愿者小组等的成员来自不同院落，这些社团组织建立了不同院落之间的联系，培育了桥梁型社会资本。外来社会组织的引进，如"爱·有戏"等社会组织使肖家河的社区之间建立了联系，通过帮助孵化居民社团组织和开展街道社区义卖、文艺晚会等活动，帮助居民构建更广泛的社会网络，跨越不同群体建立社区之间的联系，培育了桥梁型社会资本，提升了地区整体的社会资本，增进了不同人群的社会融合。

综上所述，粘合型社会资本和桥梁型社会资本的积累为社会融合创造了前提条件，其包含的规范、信任和网络共同推进了社会融合。社会融合的内在动力机制如图 18-3 所示。

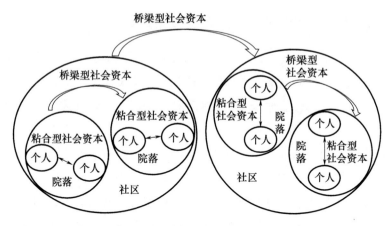

图 18-3　社会融合的内在动力机制

（三）社会融合的逐层递进

肖家河的社区治理对社会融合的推动作用从建立个人与个人的联系展开，然后到个人与群体的联系，再到群体与群体的联系，向外扩散。随着个体与外部联系的递进，社会融合的程度也在逐层递进，不断提高。

"三驾马车"展开院落自治，积极动员院落居民进行集体行动，共同参与院落事务的处理，使得个人与个人之间的联系增强；另外，社区居民社团组织，如邻里服务小组、养生太极队、老年人志愿服务团队等使有共同兴趣爱好、服务精神的人联系起来，建立了个体与群体的联系；并且，社会组织在地区的介入使得不同社区的居民在社区参与中互动和交流，这就在不同背景、阶层的人群之间建立了联系。因此，在社区治理中，多元主体合作互动使得个体的社会网络不断向外扩散，然后在以社会网络为依托的社会资本的作用下，人群之间的沟通更加顺畅，人们对所在地的感情和联系不断增强，对所在地的认同感和归属感随之提升，文化、行为方式上的冲突逐渐减少，社会融合程度不断提升。

综上所述，在外部促进了居民联系构建的多元主体合作治理制度环境下，社会资本的生产性特点发挥作用，具有自我增长的趋势，不断提升社会融合的水平，因此，在有利于互动与沟通的外部环境下，社会资本的生产性特点使个人的社会融合速度被加倍提升，产生了推进社会融合的"乘数效应"。

二、社区治理促进社会融合的政策建议

在新型城镇化进程中，对于如何通过社会资本促进不同人群的社会融合，提高社区治理的效果，本书根据研究结果提出以下建议。

（一）以多元主体合作的制度建设培育社会资本，促进社会融合

过多的行政干预阻碍居民自治意识的养成，政府需要在观念与管理方式上进行改革，在平等参与和协商互助的基础上进行社区治理。

首先，在观念上，政府要转变角色，向服务型政府转型，引导和鼓励社区自治，在合作主义的基础上构建与社会的关系。例如，可以通过设立奖金奖励"和谐社区"，鼓励社区居民自治，培养自治意识；对积极组建社区自治组织的人员给予适当的经济补贴；通过出让一部分管理权，如与调查核实事项有关的权限，给社区自治组织，使其有真正的自治抓手。

其次，在解决社区公共设施环境问题中，鼓励社区居民与政府合作共同行动，提高居民与政府之间的信任，培育社会资本。社区公共环境与设施关系到居民的公共利益，通过组织居民参与改善社区环境的活动，促进不同人群的合作，在提升对所在地的归属感上起到直接作用。

最后，需要通过建立社区自治的制度体制保障居民的社区参与权利与渠道，尤其是保障外来人口参与的基本权利，如在民主选举比例中保留一定的外来人口的比例；通过完善鼓励社区自治的制度保障社区治理成果，以构建互助互信的社区为社区治理目标，以培育熟人社会为社区发展的途径和目标。

以肖家河街道的社区治理模式为例，"三驾马车"的自治管理体系极大地促进了社区居民自治，在院落党支部的领导下，院落委员会担任执行职能，院落议事会承担监督和决议职能，各主体职能明确。同时，党员在公共事务处理中的模范作用也促成了居民与政府合作的局面。此外，"三个平台"为居民提供了调解利益纠纷和表达利益诉求的渠道。这些制度使社区自治落到了实处。这种基层自治模式的创新不仅满足了居民自身的需求，增强了居民的联系与交流，也有利于提高社区治理的绩效。此外，肖家河街道流动人口的数量增长加快，促进社区自治的制度也在培育社会资本中推动了流动人口与农转非居民的社会融合。

（二）鼓励社会组织参与社区治理，关注社区自治组织的成长

首先，非政府组织作为参与社区治理的多元主体之一，具备动员社区参与的能力和一定的社会资源，能有效地促成政府与社区之间的合作式治理。社会组织具有贴近基层、灵活性的特点，往往比政府开展社区工作、组织社区活动的效果更好。由社会组织参与社区治理，既可以承接政府的部分职能，帮助政府提高社区治理效率，也可以在开展社区活动中促进居民的交流与合作，增强社区的内在聚合力，有助于社会资本的巩固和增长，推动社区人际关系的和谐发展。

一方面，注意制度建设，促进社会组织内部规章制度的健全，使得社会组织在组建时、开展活动时有章可循，推动社会组织的健康成长。

另一方面，以政策帮扶针对流动人口的社会组织，利用社会和市场的力量鼓励专对流动人口的社会组织，以业务合同出租或竞标的方式促进这种社会组织的责任意识；帮助培养专对流动人口的社会组织管理者，提高这类社会组织与政府沟通、合作的能力，帮助加快流动人口的社会融合。

其次，可以通过资金、场地支持，以将部分政府职能外包的方式支持社会组织；在组织社区公共活动中积极与社会组织合作，一同带动居民的参与积极性。肖家河街道的社区治理模式也引进了社会组织参与社区治理，如政府引进"爱·有戏"社会组织帮助开展一些社区事务。一是以项目为导向的社区服务，如"参与式互助体系建设"项目。这些项目为导向的社区服务丰富了社区活动，居民在参与活动的过程中增进交流，不同群体通过社区活动相互了解。二是专业性的服务。通过购买服务的方式解决了社区的需求，促进了社区组织的培育，增加了社区居民间的交流，外来人口与本地农转非居民借助社会组织的社区工作，增强了对社区的熟悉和好感，更好地融入社区生活。

最后，创造有利的环境，挖掘有领导力的社区居民，帮助社区自治组织的成长。社区自治组织是巩固社区居民主人翁意识，提升社区自治水平的重要力量，因为促进社会融合需要吸引社区不同群体参与到集体行动中。社会融合是一个不同阶层和背景的人相互渗透的过程，人们通过交流互动融入环境，鼓励自治组织的发展，有助于社区内不同背景、阶层的人群达成集体行动，融入共同的生活之中。以肖家河街道的联谊社区为例，

该社区一方面以基层党支部带动社区自治，构建自治模式；另一方面通过院落自治模式，在党组织的领导下成立了各种协会，如书画协会、文体协会、老年协会等，这些协会在院落自治中的协调社区矛盾事务上发挥作用，丰富多样的文体活动吸引了不同群体的参与。

（三）创造居民互动的条件，建立居民的共同体意识

在一个社区中，只有当人们具有共同体意识，对社区的公共事务具备责任心，人们之间具备信任，自愿开展合作与互助行动时，上下互动式的治理模式才能得以推行。共同体意识的构建是促成和谐社区、推动社会融合的重要因素。

搭建交往平台，创造机会，激发人们的共同意识。一方面，可以借助内部的宣传教育，激发居民对社区的感情；另一方面，经常开展有利于培养参与意识的活动，活动的开展需要长期进行，因为主人翁意识的建立不是短时间就能实现的。在组织社区公共活动和公共事务管理中增强社区意识、市民意识，使社区成员在有归属感的同时促成社会融合的结果。此外，可以营造较多的公共空间，提供不同背景、不同阶层人群的交往平台，以社区公共空间的规划与完善创造流动人口与当地居民间的交往，促进不同群体互动。

（四）加强社区居民的教育和培训，提升个人能力和社会融入程度

在社会融合过程中，经济适应是决定个体社会融入程度的一个重要方面，教育是影响经济水平的重要因素。一部分外来人口（这里主要指农民工）和农转非居民由于受教育水平不高，在劳动力市场中处于低层次，影响了其经济地位、社会交往、消费和居住等多方面，并且流动人口大多数囿于原有的社会交往圈，社会网络的规模小，同质性强，对城市生活的适应性低，因此，需要通过提供相应的教育来推动其更好地融入社会。

对此，政府开展的社区教育大有可为。第一，通过社区教育中的专业技能知识培训，加强低学历人口的技能教育，为个人的经济融入打下基础。第二，加强城市文明的教育和宣传，帮助外来人口和农转非居民了解城市日常生活知识和规章制度，更好地适应城市生活。第三，加强社区自

治理念和与自治制度的宣传，提升居民进行自我管理与服务的能力。居民参与社区治理的能力的提升将进一步增强社区活力，提升社会融入水平。

（五）注重小规模的社区治理

相比于大群体的社区中进行的社区治理，在规模小的人群中推进治理工作的社会融合促进工作更好。以小群体为单位组织社区参与活动更容易调动人们的参与积极性，使人们的联系和交往的机会更多，容易促进人们之间的信任、互惠与合作。可以通过控制社区自治规模的方式推进社区治理工作，比如把较大规模的社区划分为各个小规模的组合，在小规模的组成部分中培养其中的社区领袖，组织各个部分开展自治工作，实现人群的交流与认同以及社会融合。

第十九章　日本住房规划管理体系的变迁和经验

日本在 20 世纪 70 年代的住房状况和中国类似，总量满足需求，但地域和个体居住环境差异较大。考察日本住房制度和规划管理体系的变迁，对我国从居住需求角度出发改革住房制度有一定的借鉴作用。

受到以家庭为基本单位的传统社会构成的影响，日本趋向于将住房问题归结为个人的责任；与其他发达国家相比，日本住房的社会支出额从绝对值和一般预算占比来看都较低。这样的情况导致其住房政策无法走欧美福利国家的路线：经历短暂的"政府包办"时期后，日本从切实的居住需求出发，摸索出国家引导、市场主导、个人和地方团体共同合作的制度体系，通过建立完善的规划管理体系，逐步改善了住房状况。

第一节　住房法律体系变迁：对居住需求的不断反思

在长期的发展中，日本建立了系统、高效、可动态修订的住房法律体系，确保住房政策的合法性和针对性。日本的住房制度变迁可以从其相关法律及政策的制定和修改中清晰地显示出来（见表 19-1）：根据不同时期的社会经济形势和居住需求，制定住房政策的主要目的从维护社会经济稳定，到承认"居住权"作为国民基本需求，解决快速城镇化、提升住房供给效率，最终转向提升居住品质。

规定权责的《日本国宪法》《住房建设计划法》和《居住生活基本法》是住房政策的基石，代表了日本住房政策演进的三个阶段，也揭示了日本对于住房作为居住需求的认识变化。

表 19-1　日本住房相关法律年表

年份	基本规则	公共住房供给	提升住房品质
1921	住房合作社法		
1927			不良住房地区改良法
1939		地租管制令	
1941	住房营团法		
1945		住房紧急措置令	
1946		灾区城市借地借家处理法	
1947		日本国宪法	
1950	住宅金融公库法		
1951	公营住房法		
1955	住房公团法		
1960			住房地区改良法
1963			新住房市街地开发法
1965		地方住房供给公社法	
1966		住房建设计划法	
1971	劳动者财产形成促进法		
1975	大都市地域住房供给促进特别措施法		
1981		住房及都市整备公团法	
1993		促进特定优良租赁住房供给的特别措施法	
1998			促进优良田园住房的建设的法律
1999	住房品质保障法		
2001			高龄者居住安定法
2005	独立行政法人住房金融支援机构法	按地域多元需求整备公共租赁住房的特别措施法	
2006		居住生活基本法	
2007		住房安全网法	住房瑕疵担保责任法
2008			促进长期优质住房普及的法律

资料来源：根据日本政府法律网站 https：//elaws. e-gov. go. jp/的相关资料整理。

一、20 世纪 40 年代后期到 20 世纪 70 年代：政府主导、迅速提升数量

19 世纪末的明治维新到二战期间，城镇化加速造成住房严重短缺和城市环境恶化，同时由于战争的影响，物资匮乏，二战后甚至面临 420 万户住宅缺口。日本受到西方自由主义影响，对于自由发展的住房市场采取消极干预手段，其主要目的是维持社会稳定，充分保障私有权益，解决国民安全和卫生条件等紧急问题。虽然二战期间出台了住房营团制度直接提供住宅，但由于国库的资金问题，真正起到的作用很小，仍然主要依靠限制住宅买卖和租赁这种限制所有权和契约自由的方式来消极应对住房问题。

二战后，日本政府开始将居住需求作为生活基本需求之一，进行积极的干预和调控。1947 年的《日本国宪法》明确了国民"享有健康而文明的最低限度生活"的权利：国家要保障公民基本需求，担负"在生活的一切方面为提高和增进社会福利、社会保障以及公共卫生"的责任。相应出台的《生活保护法》建立了住房扶助和公营住房等以低收入群众为目标的住房保障制度。

国家积极参与住房的供给，20 世纪 50 年代制定的《住房金融公库法》《公营住房法》和《住房公团法》成为当时日本住房政策的支柱。国家作为主体，为低收入者直接提供类似廉租房的公营住房，为私人建房提供财政支援，不断刺激住房供给。

在积极的刺激政策下，住房建设量从 1955 年的 25 万套提升到 1973 年 190 万套的历史峰值，住宅供地也在 1972 年达到历史最高的 24000hm^2（公顷）。1968 年日本全国的住房总数超过家庭户数，1973 年地方基本实现了"户均一套"的住房目标。

二、20 世纪 70 年代到 20 世纪末：注重地域差异发展，提升品质

经历了 20 年的快速增长，日本在 20 世纪 70 年代进入后工业化，城镇化率已经超过 70%，城镇化进程基本完成，1973 年基本实现了"户均一套"的住房目标，住房总量达到饱和。由于缺乏有效的监管手段，住房

建设量质量较低。在这种情况下，政府的住房供给政策从重视数量向质量发展转向，将中等收入群体住房需求纳入考虑，政策从单纯扩大供给住房数量，扩展到重视不同地域的需求差异，提升相关居住生活环境的范畴。

20 世纪 60 年代日本通过《住房地区改良法》和《新住房市街地开发法》对住房建设和更新进行规范。1966 年的《住房建设计划法》提出"通过制定住房建设相关的综合规划，确保适当的实施，以增进国民生活的安定和增进社会福利"，将住房规划作为保障居住的基础，同时确保住房供给的质和量。在管理方面，对地方放权，由地方政府通过综合规划推进住房建设。

政府还开始关注特定地域和人群的需求：针对大都市以外的住房需求明显放缓，大都市的中心区却仍然面临住房紧缺的地域差异问题，出台《大都市地域住房供给促进特别措施法》；而《促进特定优良租赁住房供给的特别措施法》《促进长期优质住房普及的法律》等法律，将住房保障范围扩展到中层居住者，并鼓励住房供给向民间倾斜。

三、21 世纪初至今：满足多元需求、合作管理

20 世纪末，日本经历了经济过速增长后的泡沫时代，少子化和高龄化倾向开始显著，住房空置率上升，老旧房屋无人居住，由于供地量减少又难以增加新住房开发数量（见图 19-1），住房供给全面转入存量更新。

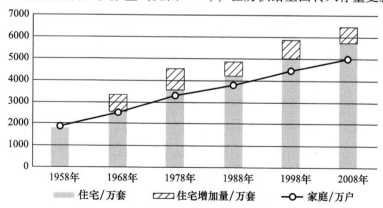

图 19-1　日本住房数量和家庭数量变化（1958—2008 年）

资料来源：根据日本统计局历次"日本房屋与土地调查"整理。

21 世纪初开始，日本政府将保障和管理公共住房需求的职能进一步地方化，推行多元合作管理，从主动供给向引导和提供服务的职能转化。日本政府致力于将原有公共住房供给机构民间化，地方化，强调以政府和民间社团、私人建设者和居住者共同协力，发挥民众主动性，减少政府的过度介入和财政负担。

2006 年 6 月，《居住生活基本法》取代《住房建设计划法》成为住房政策的指导，其目标是"为促进安定的居住生活的保障和改善"，以及"促进国民生活安定向上和增进社会福利的同时，促进国民经济的健康发展"，规定了相关机构、居住者和服务机构的责任。确定了日本政府负责协调，各地方团体和个人共同合作的机制。日本政府通过《促进长期优质住房普及的法律》等相关法律，进一步监督和保障优质住房供给，包括创造良好居住环境，鼓励住房流通，提升购房者利益，以及确保特殊人群需求等。

自此，地方和居民的地位更为重要，不同地方的住房呈现多样化趋势，各地政府也相应提出了多样的地方政策和住房规划来保证居住质量。

第二节　住房管理体系变迁：从刚性"管制"到弹性"引导"

住房相关法律随着需求变化而变迁，住房供给政策也随之改进：建立分层管理体系，完善市场机制，引入社会力量，从政府管制转向多元共治。

日本在住房紧缺时期，国家直接保障低收入者住房，并参与管理；之后将公共住房的建设和管理交由都道府县负责。在《居住生活基本法》制定后，都道府县的住房福祉责任和权力被进一步下放到中心区和市町村。从 21 世纪开始，日本政府从供给转向引导和鼓励为主的市场化供给手段，制定各类优质住房标准，鼓励民间住房的优化改造，提升居住环境。

一、公共住房供给方式转变：扩大受众，放权地方，增强灵活性

日本住房供给政策由政府提供的公共住房转向民间共同建设管理，政府的重心从供给转向引导房屋质量提升，其关注对象也从低收入群体扩展到中低收入家庭。

公营住房和公团、公社住房是 21 世纪前日本最主要的公共住房供给方式。公营住房是向低收入人群提供的廉租房，最初通过中央政府向地方政府提供建设补助，日本地方公共团体实施，只提供租赁，房租统一设置，不得进行买卖。日本住房公团和地方供给公社则针对中低收入家庭，由国家出资成立的非营利组织收购土地并建设，分别为都市区和小城镇提供住房，既可以租赁，也可以出售。

随着住房需求变化，公共住房将保障对象扩大到中等群体，增加了土地来源，放宽开发管理准入限制，逐渐将建设责任和定价权下放给地方。1966 年修改的《公营住房法》将公营住房活化的适用范围从单纯的租借转向购买和租用等多种利用方式，并根据入住者收入和住房的区位等灵活设定房租。1993 年的《促进特定优良租赁住房供给的特别措施法》将对象群体扩大到中等收入群体，规定可以租用私有土地，或将优质租赁住房作为公租房使用。政府对建设费用和租金进行部分补助，地方公共团体购买后负责租赁和管理。1997 年内务省推动特殊法人等的住房开发整理合理化，将住房公团与地方住房供给公社整合成为住房都市整备公团。

由于由国家直接投资和管理，且缺乏约束监督机制，公共住房缺乏应对市场的灵活性，成本难以控制，存在质量缺陷，政府内部也存在腐败隐患。同时，民营住房的迅速增长和住房需求的下降造成公共住房入住率降低。住房的地域性差距凸显，大城市的公共租赁住房需求更为旺盛。以东京为例，其 2013 年的住房租赁率为 51.1%，而全国仅有 36.5%（见图 19-2）。

2005 年 2 月，《按地域多元需求整备公共租赁住房的特别措施法》和《独立行政法人住房金融支援机构法》出台，中央将公共住房供给和管理完全交给地方，通过提供资金支持制度运行。日本政府从直接供给转向存

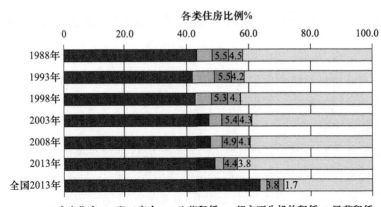

图19-2 东京各类住房比例（1988—2013年）

资料来源：根据东京政府网站数据整理。

量住房的再开发，协调整备和规范管理工作；推动公共住房民营化，强调充分发挥民间住房作用，通过促进住房更新和流通来推进优质住房的供给。整备公团成为都市再开发机构，公营房屋也交由地方再生机构管理。

二、土地集约利用

2001年，日本国土交通省的《国土交通白皮书》指出，在都市规划法理念的基础上，根据各地的特殊情况采取适当的措施，重点是要细致地应对土地的有效高度利用、低利用及未利用土地的活用，有计划地推进再开发，更新都市机能及保全良好的环境。除开放容积率的限制，引导开发商到市中心建设住房，以提高土地的集约利用效益以外，他们还强调加强防灾避难区域和避难道路的建设，这说明土地利用不能只强调其经济价值，更重要的是关注其社会效益、防灾与安全。

在土地有效利用、集约利用方面，日本政府要求首先进行详尽的调查，全面系统地把握低利用及未利用土地的分布情况，进行适当引导，推进土地利用转换计划的制定；推进"低利用及未利用地银行"网站的建设，制定有关这些土地的整顿构想与调查，并且登记、公开上述这些土地的情况，提供土地活用的智慧等。放松和弹性化土地功能管制，将废弃的工厂遗址及填埋形成的土地都列入城市开发用地范围，促进居住与工作接近的住房提供方式，促进土地的流动；积极推进城市中心闲置土地的转换利用，与低利用及未利用地的集约相结合，引导公益设施及市中心住房的建设；将建筑用地的集约化作为重点，推进整齐有序型土地区划整理事业；对有一定条件的闲置土地要提出方案和劝告，促进闲置地的利用。

在促进城市地区土地有效且高度利用时，一方面要求推进中心地的活性化，加强土地区划整理，道路、公园、停车场等的整顿，重点推进为强化铁路、物流、港湾等机能而进行的城市中心地区的整顿与改善；另一方面促进对现有城市街道土地的有效、高度利用，日本政府要求在基础设施及开放式空间整顿的同时，对"优良计划"的容积率等特殊制度进行活用，并通过以下几种政策加以推进：一是推进容积率一般的街道活用社区计划制度；二是推进根据特殊街区、特殊容积率适用地区制度对未利用容积率的活用；三是在市中心推进城市改造区划整理事业；四是推进准备对市中心街区土地高度利用及对城市机能在构建的市中心地区再开发事业；五是为了从大视野角度进行城市构造的重建，各建设主体相互携手，推进在特定区域重点且集中的结合城市整顿的城市再生综合事业；六是推进市区住房地区整顿综合支援事业及优良建筑物等的整修事业；七是促进和扩充在对旧建筑的拆除、重建及区域设施的重建等过程中的密集型住房地区的整备促进事业。这些政策都为城市土地的高度利用和集约利用起到了积极的作用。

三、政府引导、民间共治的分层住房管理体系

在国家层面，日本国土交通省（2001 年前为建设省）的住房局作为最高层次的住房政策协调机构，主要功能包括制定规划，协调资金等。在地方层面，地方政府与城市更新机构和地方公共团体等机构合作，共同落实参与住房供给。

国家负责更为宏观的政策和规范管理，国家和地方的战略部门的承接关系在于各层住房规划和政策的协调和实施，而地方同时具有针对自身特点设置的特殊部门和为进一步实施设置的相关部门，保证地方"因材施教"。以东京为例，东京城市整备局作为核心住房协调机构，承担城市整备的基本规划立项、土地利用规划编制、推进住房政策、供给都营住房、

整备中心城区、防灾和建设行政等多项职能。与国家的住房政策课对比，没有特别针对制定全国统一的政策和规则的安心居住推进课和住房生产课相对应的科室，但增加了更多与实施相关的部门（见表 19-2）：与住房政策课对应的编制规划和政策为主的住房政策推进部，根据东京租赁公寓多、房产交易活跃设置了专门的公寓课和不动产课，还增加了都营住房经营部，专门负责都营住房的管理和转型；以实施和管理为主的部门除了与市街地建筑课对应的市街地整备部，还设置与下级市町村建设对接的整备所和建设事务部，对应不同类别和地域的住房项目。

表 19-2　国家和地方（东京）住房相关行政部门对比

国土交通省住房局	职能	东京城市整备局	职能
住房政策课	住房相关规划制定和调整	住房政策推进部	住房政策课和民间住房课：负责住房政策和民间住房政策的策划、调查和调整
安心居住推进课	高龄者等安心居住推进事业		
住房生产课	确保住房品质和性能		
住房综合整备课	公营住房、民间租赁住房供给	住房政策推进部	公寓课：公寓的维持管理、重建更新、耐震化等措施推进 不动产课：指导和促进房地产业交易
		都营住房经营部	都营住房项目的企划和管理，包括财产管理、住房整备和环境建设管理
建筑指导课	制定建筑规范，管理建筑师	市街地建筑部	建筑项目审查、行政管理、法律指导和从业认定等
市街地建筑课	贯彻建筑基准法规定，辅助市街地再开发和住房市街地综合整备	市街地整备部	市街地整备项目的实施：土地取得、建设和管理，以及指导和监督民间开发
		第一和第二市街地整备所	东京远郊和近郊的土地区划整理，以及沿街一体化整备

续表

国土交通省 住房局	职能	东京城市整备局	职能
		多摩新城整备 事务所和多摩 建筑指导事务所	多摩新城事业的实施，以及更 为细致的控制屋外广告物、开发 行为、建筑许可等行为
		东部和西部住 房建设事务所	市中心特别区和市町村区域的 都营住房项目建设

资料来源：国土交通省网站住房局以及东京城市整备局。

四、完善的统计机制和监督体系

确保政策执行和规划实施，需要翔实可靠的统计数据和监督体系。日本通过多种手段获取严谨翔实的统计数据，既监督相关建设机构，又接受民众监督。

住房调查统计是住房政策和规划制定的基础。日本采取全国和地区层面自上而下的五年一次的住房调查，和各地区根据房屋建设和交易量实时更新自下而上的两套数据进行对比，确保数据可信度。

住房调查由公众广泛参与调查和监督。设置专门的统计委员会，其成员包括专家学者和相关公司人员，在每次统计调查结束后立即解散。普查的内容相当细致，不仅重视分类居住数量的硬性指标，还加入了大量关于居住品质和居住满意度的软性指标。以东京2013年居住生活综合调查为例，调查以家庭为单位，特别对有抚养子女需求和高龄人群的家庭有更细致的统计。调查内容涉及：住房和居住环境评价，包含综合满意度和各自要素的满意度，以及要素的重要程度；住房改善项目，或改善意愿，包括目的、时间、人员构成和费用；住房负担情况，维持家计的方法等。

东京城市整备局负责确保、监督和支援相关住房开发建设团体运营，如住房政策推进部的住房政策课对东京住房供给公社负责；市街地整备部的管理课和多摩新城事业室则分别对东京都市构建公社和多摩新城开发中心负责。

政府通过多样化信息手段和技术管理手段保证信息的准确性和及时性，坚持信息公开透明，在政府网站上及时公布政策信息，提供翔实的住房交易和住房调查数据，并随时接受民众的监督和质询。

长期设置东京住房政策审议会，负责监督和指导行政机关行为。审议会采用轮换制，其组成包括各专业专家、住房相关社团会长和律师、议员及区长，三者占比接近。审议会负责对政策进行审议，对新政策进行解释，对居民通过网页提出的重要疑问进行定期的解答和调查。

第三节　住房规划变迁：针对多元需求落实住房政策

制定住房规划属于法定要求，本身是日本住房政策的一部分，也担负着进一步指导实施的任务。

一、规划变迁：从建设计划到质量导向

住房规划经历了三年公营住房建设计划、日本全国住房建设五年计划和五年居住生活基本计划三次变革。规划从满足基本生活需要向更高的住房质量和个性化需求发展，逐渐削弱对建设数量的硬性要求，更多地考虑细化居住水平和居住环境标准，对质量进行控制。

日本的住房建设计划十分简短。最短的第一期五年计划只有 900 字左右，最长的第八期五年计划正文部分也只有 3000 字左右，第二到四期五年计划正文部分为 1000 多字，第五到七期五年计划为 2000 多字。

八期日本住房建设五年计划正文都只包括两部分。第一部分是住房建设目标，主要提出中长期住房政策目标、近期住房政策目标、近期住房建设规模、保障措施；第二部分是公共资金资助的住房建设数量，对未来五年公营住房（包括改造住房）和住房公团建造的住房、住房金融公库资金支持的住房数量做出规定。从第三期五年计划（1976—1980 年）开始，增加了附录部分，对居住水平和居住环境标准进行了细化。

八个日本住房建设五年计划对比如表 19-3 所示。

表 19-3 八个日本住房建设五年计划对比

时期	主要内容	政策目标	政策背景
第一期 (1966—1970 年)	解决残存的住房难问题，并满足人口向城市集中带来的住房需求	到 1970 年实现"一家一宅"	1968 年住调显示：全国的住房数超过家庭数
第二期 (1971—1975 年)	解决残存的住房难问题，并满足婴儿潮、成家带来的住房需求	政策目标修订为努力实现"一人一室"	1973 年住调显示：全部都道府县的住房数超过家庭数
第三期 (1976—1980 年)	在提供充足住房的基础上，从长期视角出发，提升居住水平	确保全体国民达到"最低居住水平"，平均家庭达到"平均居住水平"	1978 年住调显示：全体居民的居住水平得到有效改善
第四期 (1981—1985 年)	以大都市地域为重点，持续提升居住水平	设定"居住环境标准"	1983 年住调显示：消除未达到最低居住水平家庭的工作进展较为缓慢
第五期 (1986—1990 年)	致力于形成更为优质的住房存量，更加强调居住质量和环境水平	2000 年，半数家庭达到新的"诱导居住水平"（区分都市居住型和一般型）	1988 年住调显示：未达到最低居住水平的家庭下降至 9.5%
第六期 (1991—1995 年)	努力形成优质的住房存量和良好的居住环境，解决大都市住房问题，应对老龄化问题	2000 年，全国和都市圈都有半数家庭达到"诱导居住水平"	1993 年住调显示：全体居民的居住水平得到有效改善
第七期 (1996—2000 年)	支持少子高龄社会，增强地域活力，继续推进住房和居住环境整备，切实改善居住环境	继续执行"环境居住水平"，简化了有关居室的各种规定，从安全性、耐久性、满足高龄者居住需求、注重环境等角度出发，补充了房屋性能、配套设备方面的规定	1998 年住调显示：46.5% 的家庭已经达到"诱导居住水平"

续表

时期	主要内容	政策目标	政策背景
第八期 (2001—2005 年)	对住房性能水平做了单独规定,强调了抗震性、节能性和对老年人生活习惯的照顾	2015 年,全国 2/3 家庭和都市圈半数达到"诱导居住水平",20%存量住房改造为无障碍设施住房,新建住房无障碍比例不低于 20%	

最初,日本根据 1951 年《公营住房法》的规定编制了五期三年公营住房建设计划,其内容只包括各地建设最低生活水平的公共住房的数量要求。1966 年开始,为响应《住房建设计划法》,日本政府开始建立相对独立的住房规划体系,保证了政策的连续性和完整性,并通过量化指标确保其可操作性。日本共制定了八期全国住房建设五年计划,内容包含住房建设目标及相应的政策和保障措施,以及公共住房建设和改造数量两部分。

前两期住房建设五年计划的目标仍然着重建设规模和数量。

第一期住房建设五年计划(1966—1970 年)主要是为了解决历史遗留的住房困难,并满足人口向城市集中带来的住房需求。政策目标是到 1970 年实现"一家一宅","确保小家庭住房有 9 榻榻米以上的居室,一般家庭有 12 榻榻米以上的居室"。为此,日本从 1966 年至 1970 年要"建设约 670 万户质量合格的住房。考虑国民需求的变化,按所有权划分,这一数量预计包括自有住房 335 万户、租赁住房 270 万户、给予住房 65 万户"。为实现上述目标,国家及地方公共团体应建设适合低收入阶层和城市劳动者等中等收入阶层的住房,或者对其进行资金补助;对于民间住房建设,在建设用地、金融税收、技术指导等方面给予支持;对已建成的住房区,要促进住房高层化;对新建的住房区,要建设交通、文教等配套设施,确保生活便利和环境优美。此外,在制定地方住房建设计划时,必须与土地综合开发利用规划相协调。

1968 年日本住房调查显示,全国总体上住房数超过家庭数,但住房困难依然突出。第二期五年计划(1971—1975 年)同样着眼于解决历史遗留的住房困难,并满足婴儿潮、青年人结婚成家带来的住房需求。政策目标是努力实现"一人一室"。"让所有家庭拥有设施完善、环境良好的住房"。最低居住水平同样为"确保小家庭住房有 9 榻榻米以上的居室，一般家庭有 12 榻榻米以上的居室"。在保障措施中，要求加强公共资金资助住房的分配管理，保证分配公正合理；在进行土地综合开发利用规划时，要考虑各地住房困难、城镇化发展等因素；推进住房高层化和老城区改造。尽量实现居住和工作临近，并改善居住环境，推动住房产业化，提高工程质量，稳定住房建设费用。

前两期五年计划完成后，日本所有都道府县的住房数都超过了家庭数。国民对住房需求的重点随即从数量转向质量。从第三期开始增加细化了居住水平标准，以家庭为单位，设置强制性的最低居住标准，以及引导性的平均居住标准。除中低收入家庭住房建设外，还对老龄和行动不便的家庭、单亲家庭特别关注。增加了附录部分，从房间、设施、环境、面积等多个方面对居住水平进行细化，使之更人性化、更具体、更容易认定。附录部分分设"最低居住水平"和"平均居住水平"。"最低居住水平"属于强制性标准，是政府要通过住房建设确保所有家庭都能达到的标准；"平均居住水平"高于"最低居住水平"，属于引导性质。第三期五年计划提出的政策目标是："到 1985 年，确保所有国民都能达到'最低居住水平'，一般家庭达到'平均居住水平'。到 1980 年，解决二分之一未达到'最低居住水平'家庭的居住问题。"为此，公共机构除负责中低收入家庭住房建设外，还要负责推进老年人、单亲家庭、残疾人家庭的住房建设；有效利用现有住房，促进与家庭结构、生命周期相适应的住房更换；减少经济波动对住房建设的影响，确保住房供应稳定；推进现有住房区的再开发和改扩建，改善居住环境。

1978 年日本住房调查显示，全体国民居住水准得到切实改善，生活在"最低居住水平"以下的家庭数占总家庭数的比率从 1973 年的 30.4% 下降到 14.8%。因此，第四期计划（1981—1985 年）在居住水平标准之上增加了居住环境标准，也分为基本标准和引导标准，引导社区居民自发更新现有住房环境。第五期注意到地域差异，开始着重解决大都市区居住问题，特别增设了明显低于一般标准的针对大城市的居住引导标准，并强调城市低效用地、空屋和木质住房的更新。在附录部分将"居住水平"指标中的"环境"指标单列出来，另外制定了"居住环境标准"，对住房抵御灾害的能力、日照通风采光、噪声和大气污染条件、配套设施等方面的内容做了详细规定，并对高密度集合住房区的防火、安全和空地等做出了特别规定。"居住环境标准"指标分设"基础标准"和"引导标准"。"居住环境基础标准"是满足民众健康居住生活的基本居住环境水平，是作为消除低水平居住环境的指南；"居住环境引导标准"属于引导性质，是努力改善居住环境的指南。

为实现上述目标，日本政府加大了对住房建设的资金补助力度。对未达到最低居住水平的家庭，实施适当的实物供应；加快推进租赁住房建设，使需要帮助的人确实能够入住；对民间住房金融进行指导，确保住房建设资金稳定；督促大城市空闲土地所有者提供住房建设用地；改造环境水平较低的住房区。避免建设居住环境较差的新住房区；努力提供住房信息、健全租赁关系，促进住房购买租赁便利化。

第五期五年计划（1986—1990 年）期间，日本户均住房套数为 1.11 套，住房空置率为 9.4%，未达到"最低居住水平"的家庭只有 9.5%。日本政府开始更加强调居住质量和环境水平。因此，第五期五年计划确定的长期住房政策目标是："使国民拥有与家庭生活不同阶段、居住地特性相适应的安定丰富的居住生活，形成优质的住房存量及良好的居住环境"；"到 2000 年，确保一半家庭能达到诱导居住水平"。关于"诱导居住水平"，为了提高与居住地特性的适应度，设定了两种标准：一种是适用于城市中心及周边集合住房的"城市居住型诱导居住水平"，另一种是适用于郊区及其他地区独立住房的"一般型诱导居住水平"。这两种"诱导居住水平"都规定，对于老年人家庭，要有老年人专用的居室、冲水厕所和洗漱间，以及更多的储藏空间。"城市居住型诱导居住水平"规定，在住房楼内或附近要有储藏空间和自行车停放场所；"一般型诱导居住水平"规定，要有一个可提供任意用途的备用空间。城市居住型的面积标准明显低于一般型的面积标准。

为了达到计划提出的居住水平和居住环境目标，第五期五年计划重点强调发展租赁型住房，以满足多样化的住房需求；努力促进符合老年人居住习惯的住房供应，在住房设计、设施配套方面尽量考虑老年人的需求；

把大城市重建为有魅力的居住区，努力实现居住和工作临近，恢复城市中心区活力；积极开发居住环境评价方法，有计划、有效率地推进居住环境改善。对居住环境处于一般水准的社区居民自发性美化环境的努力进行引导和资助。第五期五年计划还突出强调住房建设要与各地实际情况相结合，在大城市地区，要完善集合住房大规模修缮的相关制度。

从 1986 年到 1991 年，日本大城市地价上涨了两倍多，大城市住房困难突出。第六期五年计划（1991—1995 年）确定的住房政策目标是："努力形成优质的住房存量和良好的居住环境，解决大城市住房问题。应对老龄化社会"；到 1995 年，"每户住房平均建筑面积达 95 平方米"，"把大城市作为重点地区，消除未达到'最低居住水平'的家庭"，"以居住环境引导标准为指南，持续努力改善居住环境"。对于大都市地区地价高涨带来的住房问题，第六期五年计划着重强调了城区低层住房、低利用土地、未利用土地、城区农地的高效开发，以及木质结构租赁住房密集地区的改造开发，有计划地实行与需求充分匹配的住房供应。为了应对老龄化社会需要，日本政府通过恰当的公共住房供应，鼓励老年人与亲属合住或邻近居住，不断加强与医疗、福利等领域的合作。使老年人最大限度地在已经习惯的社区安居生活。为了提升住房性能，日本政府积极培育以技术工人为中心的住房建设劳动力市场，开发木造住房技术，努力促进住房部品生产及相关产业振兴。

第七期五年计划（1996—2000 年）提出的长期住房政策目标是："为使每一个国民能够选择并实现符合其人生规划的居住方式。在 21 世纪之初，应积极推进以提高国民居住生活品质为目标的住房政策。"努力形成优质住房存量，进一步提升了住房和居住环境标准。短期住房政策目标是："本计划结束时，以大城市租房家庭为重点，消除未达到'最低居住水平'的家庭；实现全国半数家庭达到'诱导居住水平'；户均住房建筑面积达到 100 平方米，努力形成优质住房存量。"第七期五年计划附录中的居住水平相关标准较之前又有提高，更加注重个人空间的私密性，更适合家庭团聚、会客、闲暇活动等方面的需要。居住环境标准也做了调整，对公共交通设施、日照采光、绿化用地、与周边环境协调等方面的要求更高。为实现上述目标，第七期五年计划的保障措施强调，充分发挥民间住房、公共住房组成的住房市场整体功能，不断加强与福利、医疗等相关领域的合作，深化公共部门和民间部门协调，加强公共、公益设施配套建设。完善以促进住房更新、流通为首的住房政策。

1998 年日本住房调查显示，46.5% 的家庭已经达到了"诱导居住水平"，国民居住品质有了很大提升。第八期五年计划（2001—2005 年）着眼于确立未来的住房政策发展方向，一方面重视形成优质住房存量，另一方面重视住房购买租赁的便利化，同时也对少子化和老龄化社会发展、大城市住房问题等给予了回应。对住房性能水平做了单独规定，突出强调了住房的可持续性，包括耐用性、抗震性和节能特性等，并对于需要紧急改造的密集住房区执行单独标准，还致力于住房区环境的改善指导。提出中长期住房政策目标，即"到 2015 年全国三分之二的家庭（到 2010 年都市圈半数家庭）要达到诱导居住水平，努力削减达不到'最低居住水平'的家庭规模"；"2015 年，建筑面积 100 平方米以上住房（或 80 平方米以上集合住房）占全部住房的比例超过 50%。建筑面积 50 平方米以上住房（或 40 平方米以上集合住房）占全部住房的比例超过 80%"。

附录部分对住房性能水平做了单独规定，突出强调了抗震性、节能性和对老年人生活习惯的照顾。为了确保住房区的基本安全性，根据住房区的密集度、倒塌和火灾危险性等因素，附录部分制定了"需要紧急改造的密集住房区标准"和"住房区环境改善指南"，大力改造密集住房区，改善居住环境。在保障措施中，突出强调"中央与地方公共团体协作，政府部门与民间机构适当分工合作。充分发挥市场机制作用"，普及耐用性、抗震性、节能性高、环境负荷低的住房；有效利用城市农田、旧厂区等未开发或低效开发的土地，提升城市核心区居住功能；积极推进住房性能评价、标识制度，建立消费咨询窗口，提高住房市场活力；适应老龄化、少子化社会发展趋势，营造适宜老年人稳定安逸居住、儿童健康快乐成长的居住环境。

2006 年开始制定五年居住生活基本计划，在承接最后两期建设计划的基础上，更偏重居住生活的质量，内容结合中长期的战略性国家住房发展指引和具有弹性的短期改善目标，将更多实施细则交由地方控制。规划强调了住房性能、环境和居住面积指标的地域性和针对特殊人群的指引性，更有效地指导地方政府根据自身情况进行居住条件和综合环境改善。

二、纵向有效传递、横向注重协调的住房规划体系

住房规划呈现明显的分权趋势，通过分层规划管理体系实现有效的纵向传递机制，同时注意与横向的相关规划协调。

国家层面提供宏观战略目标和策略，地方承接全国性住生活基本规划的目标和指标，并结合区域特性进行进一步统筹规划。为确保规划更有针对性，在地方上除了总体规划，还有针对区域重要问题的专项规划，切实保障弱势和特殊群体及个人的住房权利。

地方规划与市町村的城市规划衔接，对各类住房和整备手段提出明确的要求，提供弹性化的指引，将新增住房用地、公营住房项目等落实到具体的位置上，明确项目规模和实施策略，形成完整的垂直实施体系。

此外，虽然独立于其他规划体系，但住房规划在编制过程中仍然注意与其他相关规划进行协调。地方住房规划与区域总体规划，和其他促进特定区域发展的住房规划相关。

以东京为例（见图 19-3），其核心的住房总体规划承接全国居住生活基本规划，并配合战略性地考虑产业和环境的都市构建展望规划，以及区域总体规划和城市更新规划的目标和要求。针对市内约四分之一的家庭居住形态的公寓，制定了促进优质公寓存量形成的十年计划（2016—2025年）：完善公寓管理机制，同时促进老朽公寓的更新，提出促进相邻住房团地合作共建等推进实施的措施，并提出永久性优良住房进行标准，给予税收优惠。

两者将住房规划落实到图面和建设指标上，一同指引下级市町村的住房总体规划。在横向层面，市町村的综合规划也是其基层住房总体规划的重要指引。

政府为推进规划实施提供了多样的政策手段建议，与市民、住房从业者和非营利组织（NPO）等多样化主体在福利、环境、人力和消费者保护等领域进行合作，并对现有资源进行有效利用。

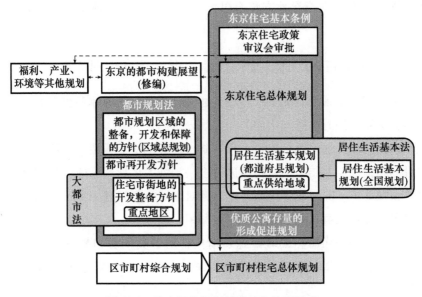

图 19-3　住房相关规划的承接和协调关系

资料来源：《东京住房总体规划》。

三、构建可实施的指标体系

国家层面的规划提供最低限度的指标要求，各地根据自身住房情况制定明确、可实施性强的量化指标体系，并进行及时评估和调整。

核心的指标分为住房性能、居住环境性能和居住面积。住房性能包含住房结构等基本性能，耐震、防火防盗、耐久、采光隔声，高龄者等居住性能，以及设施环境、外观等外部性能。居住环境性能包含对应自然灾害和生活安全性的安全安心特性，绿化景观、公共空间等优美丰富性，环境负荷的持续性，以及面向特殊人群的日常生活支援性能。住房性能和环境性能按照当期规划目标分类制定。居住面积的基准指标从单身开始，根据家庭人口递增，为市场提供多样化户型提供依据。最低使用面积为单身 25m²，两口之家 30m²，三口之家 40m²，以此类推；一般引导型建筑面积为单身 55m²，两口之家 70m²，三口之家 100m²。都市居住引导面积相对较小：单身 40m²，两口之家 55m²，三口之家 75m²。

各地区根据国家标准再制定更细致的地方标准。将 2016 年的日本全国居住生活规划和东京住房总体规划做比较（见表 19-4），东京规划将目标分为实现丰富的居住生活与增加街区活力和居住环境两部分：前者的四个目标和全国居住生活规划基本相同，指标更重视其自身特点，如更关注亲子家庭的居住条件，以及更新区域的环境塑造；后者和全国居住生活规划有较大不同，东京本身房地产市场十分活跃，对房地产市场指标没有做过多规定，而对都营住房、公寓的管理和环境改造提出了更详细的指标要求，并提出了试点要求。

表 19-4　2016 年日本全国居住生活规划和东京住房总体规划的指标对比

国家指标（无注明时指标为 2014—2025 年）	东京指标（无注明时指标为 2016—2025 年）
	实现丰富的居住生活
1. 为有结婚生子意愿的年轻家庭提供安心的居住环境	1. 提供适合养育子女的居住环境
亲子家庭引导居住面积标准达成率 42%→50% 大都市圈 37%→50%	被认定亲子支援住房的户数 263 户→1 万户 亲子家庭公共住房数量 22000 户 整理都营和公社住房作为福利区域的面积超过 30hm² 公社住房中出租店铺等生活设施的招募数量 20 件
2. 高龄者能独自安心的居住环境	2. 为高龄者提供安定居所
面向高龄者住房比例 2.1%→4% 有高龄者生活支援设施和服务的住房比例 77%→90% 高龄者居住住房的一定无障碍化率（两个以上的扶手和室内无高差）41%→75% 城市更新机构团地（大都市圈为 1000 户以上的 200 个团地）的医疗服务基地化 0→150 改建的 100 户以上的公共租赁住房团地，设置高龄者、残障者和抚养子女家庭支援设施率 9 成以上	老人居住的住房的无障碍化率 42.9%→80% 共同住房的公用部门的无障碍化率 21.4%→30% 有护理功能老年出租住房的数量 17538 户→28000 户

国家指标（无注明时指标为 2014—2025 年）	东京指标（无注明时指标为 2016—2025 年）
3. 确保居民安定的居住	3. 确保居民安定的居住
未达到最低居住面积标准率 4.2%→0	公营住房空置出租、重建和新建户数 138000 户 消除未达到最低居住水平的住房 8%（2013 年）→0
4. 建立住房循环更新系统	4. 优质安心的市场环境
现有住房流通规模 4 兆日元→8 兆日元 新住房中认定为长期优良住房的比率 11.3%→20% 流通二手房中住房有买卖瑕疵保险的比例 5%→20%	新建住房中认定长期优质住房率 4.6%→超过 20% 每年重新装修的户数 15 万户→26 万户 流通二手房中有瑕疵住房保险的比例 8.5%→20%
	增加街区活力和居住环境
5. 形成安全优质的住房存量 900 万户	5. 形成安全优质的住房存量
未满足 1982 年新耐震标准 18%→0 节能住房比率 6%→20% 公寓重建更新数 250250250 件→500500500 件 有 25 年以上长期修缮的公寓管理组合数比例 46%→70%	重建公寓的件数 120→240 公寓再生制度试点地区 6 地区 有 25 年以上长期修缮的公寓管理组合数比例 32%（2011 年）→70%
6. 空置住房活用	6. 都市构建一体化的团地再生
制定空宅对策计划的市町村比率 0→8 成 租赁和出售以外用途的空宅数目 318 万户→400 万户左右	都营住房用地的民间活用实施数 10 处
7. 推动为经济做贡献的住房生活产业的发展	7. 灾害时期可继续安全居住
更新住房的市场规模 7 兆日元→12 兆日元	住房耐震化率 83.8%→全部 整备地域中不可燃（防火）领域率 61%→70% 以上

续表

国家指标（无注明时指标为 2014—2025 年）	东京指标（无注明时指标为 2016—2025 年）
8. 维持和增强住房区域魅力	8. 可持续的活力中心街区
地震时有显著风险的密集区面积约 4450hm²→0 基于景观计划更新的市町村团体数量 458 个团体→约 700 个团体 市区干线道路无地上电线杆率 16%→20% 实施对公民的洪水、泥石流等灾害训练的市町村比率达到 100%	市町村中有空置房对策规划的比率 80% 以上 都营住房的公用部分照明 LED 化达到 100%

资料来源：根据居住生活基本规划和东京住房总体规划整理。

此外，为有效指导市町村规划，东京住房总体规划中划定了最低 1hm² 的重点供给地域，并规定了住房供应数量和总面积、规划要求及整备手法。

第四节　日本的启示：建立适应多元居住需求的住房规划管理体系

日本政府在确保居民居住权的基础上，尊重市场规律，结合政府调控和社会参与，通过完善法律法规体系保障，由执行力强的管理体系根据多层次的住房规划来传达和实施政策目标，并通过建立密切关注和反映居民需求的通道，以及监督和评估手段来保障居民多元居住需求的实现。

一、建立法律保障：通过法律法规明确各方责任，形成权利制约

首先通过宪法明确公民在住房领域享有的基本权利及政府在住房供应中的基本职责，通过法律明确各层级政府和开发商在住房开发与建设中的责任，确保整体住房供给的目标统一，权责明晰。

在确立共同目标的基础上，保证地域政策的多元差异化。日本的住房政策充分考虑了其时间和空间变化带来的差异性。在时间上，随着社会经

济水平的提升，其政策重点从消极解决安全和卫生问题，到积极介入增加住房数量，再到引导改善居住环境，特别关注高龄和亲子家庭，具有明显的阶段特征。在空间上，住房政策针对需求供给矛盾最为突出、关系最为复杂的大都市区域制定了多项特殊政策。注意平衡保障公民的住房财产权和社会公平的要求，提升住房品质和生活环境品质，创造多样性的居住社区，考虑不同收入和文化等级居民的购买力、就业分布和公共服务需求，确保城市的流动性和活力。保障老年人、亲子家庭等弱势人群的需求，提供优惠措施保障最低安定生活所需住房。

二、供给从质到量：加强管理而非直接供给，适应多元居住需求

在住房供给方面，日本逐渐将住房需求从单纯的数量供给，拓展到居住的品质问题，既包括住房内部的质量，也包括住房在空间和业态分布上的生活便利性，以及其价格的可承担性等，将中低收入人群、特殊群体都纳入考虑，同时注重公共租赁住房供给和促进私有建筑的质量改善。

日本的经验表明，政府直接出资或补贴的力量有限，国家普惠式的住房政策难以持续性实施。可实施的住房政策需要加强市场的主导地位，并借助社会多元合作的力量。住房供给从直接提供保障性住房转向引导和规范市场供给：确立市场导向，政府从管制向引导和管理的功能转化。在管理方面，日本政府部分放权，让地方政府和社会力量针对地域发展差异，灵活制定适合当地的住房政策。

政府在推进公共住房的市场化运作的同时，注重强化政府对居住环境等标准的控制和监督，通过加强运营管理和质量监督保障供给的质量，建立高效的反馈体系等措施，听取多方意见，以确保多元居住需求的整体改善。

三、完善住房规划和实施体系

日本的住房规划是一个相对完整独立的体系，各层次之间有良好的传导性，同时又注重与相关规划和政策的协调。规划注重现有存量更新，在保障住房数量和质量的同时，考虑到居住环境的改善，尤其是居住周边的

公共服务设施的改善，关注所有的居住者，包括租房者的利益，把保持住房街区活力，促进就业也纳入住房政策之中，全面提升居住品质。

住房规划制定了明确的量化指标以指导实施；同时指标又有足够的弹性，以确保各地区根据自身情况进行细化和调整。国家层面的规划提供最低限度的指标要求，包括住房性能、居住环境性能，以及最低和引导居住面积等，各地根据自身住房情况，深化指标体系，落实到市町村级别的具体空间上，并及时进行评估和调整，以保障住房规划的顺利实施。

第二十章　郑州市王岗村城中村改造与原居民市民化研究

城中村与大棚改造市民化是农民退出农用地和宅基地换取就业、社保、住房和医疗等市民资格的过程。好的城中村（棚户区）改造模式对市民化的推进至关重要，本章将从回顾各城市城中村（棚户区）改造政策与模式梳理中总结问题，并通过案例分析探讨能有效推进市民化的模式。

第一节　城中村改造与原居民市民化的背景与意义

近年来，全国各大城市纷纷掀起城中村改造的浪潮，以此推动城镇化向纵深发展。例如，2017 年，石家庄市已清除二环以内共 49 个城中村；昆明市 382 个城中村中，近一半已启动拆迁工作；西安市已拆除 120 个村。惊人的数字背后，是城中村这种特殊社会空间的快速消解，以及现代商品房社区的纷纷崛起。新一轮的改造项目大多以政策优惠为契机，通过外来资本的强势注入，推动城市村庄向现代城市社区的跨越式转变。然而，这种改造模式大多停留于物质空间层面，较少涉及城中村村民向市民的转变。倘若村民无法全面融入城市的经济社会文化系统，其身份与认同游走在城乡之间，将有可能导致这一群体的边缘化，从而威胁到社会的稳定和谐。

农民市民化，是指借助于城镇化与工业化的推动，让农民离开土地和农业生产活动，进入城市从事非农产业，其身份、地位、价值观念、社会交往和生活方式向城市市民转化的一系列社会经济过程。目前，发达国家已基本实现市民化，其市民化也和城镇化同步进行。相对而言，中国的市民化极为特殊：一方面，长期的城乡分割使城市居民和农民在角色定位、价值观念、思维方式和行为习惯等方面存在难以逾越的鸿沟；另一方面，户籍壁垒使进城农民在劳动力市场和福利分配上均处于社会最底层，进一步拉大了市民和农民的身份差距。因此，中国的市民化远远滞后于城镇化和非农化（即职业和居住地的转变）。

中国农民的市民化主要遵循两条路径。一是在进城务工经商的过程中，农民通过资本、技术、人脉的积累，流动到更高层次的社会阶层，最终获得居住地的市民身份与待遇；二是在"土地换户籍"的行政命令下，农民退出农用地和宅基地，换取就业、社保、住房和医疗等方面的市民资格。城中村村民的产生反映了第二条市民化路径的缺位：土地征用剥夺了农民的生产资料和工作方式，撤村改居使他们获得名义上的市民身份；然而，在作者调查的案例中，社会改革滞后于空间改造，村民们的社会管理与服务仍由村集体经济负责，他们也依然恪守传统的思想观念和行为方式，其人际关系网络和心理认同仍局限于村内。因此，这样的城中村改造不但没有帮助农民顺利转变为市民，反而使其沦为"非农非居"的村民群体。鉴于此，本章以郑州市王岗村城中村改造为例，深入解析城中村改造过程中本地居民市民化的模式与问题，并提出相应对策和建议。

综合来看，各个城市在城中村市民化过程中对农民进行安置补偿主要有两种方式：土地资本化模式的补偿和土地资本化与产权置换相结合模式的补偿。

一、以保障原有农民的安置房建设为目标

这种模式的城中村改造实行"政府+村民+安置房"或"企业+村民+安置房"的机制。其主要内容为：上海市是在城中村改造中将村集体的土地量化为股份，村民按照土地入股份额，从公司（往往由村集体、开发商和政府共同组建）中受益。该城中村改造兼村民市民化模式的优点是，它把城中村居民因失地而获得的一次性收入变为持续性收入，从而将城中村改造的阻力减到最低，有利于推动城中村、城郊村改造。北京市通过绿色通道等土地变性手段加上集体自留产业园的方式保障原城中村村民利益。上海市及北京市作为经济最为发达的城市，对外来人口的吸引力大，城中村流动人口问题严重，其城中村现况与处理手段值得借鉴。

（一）上海市：以定向挂牌出让滚动安置房建设经费

上海市城中村的典型特征是区位条件优越，流动人口聚集，这也表明，以土地资本化的形式筹集建设经费是可行路径。根据 2011 年上海市规划和国土资源管理局的调查，全市共有各类城中村 413 个，其中外环线以外的 316 个，内外环线之间的 115 个，涉及土地面积共约 8.7 万亩（其中集体土地 5.5 万亩，国有土地 3.2 万亩），房屋面积 1567 万 m^2，共居住着各类人口 74 万人，其中流动人口 53 万人。具体来说，上海市的城中村也存在与其他城市相同的缺点：①建筑密度高，房屋老化严重，安全隐患大。②流动人口数量大，密度高。③市政和公共服务设施欠缺。④区位条件优越，但土地利用率低。⑤产业结构非农化，农民收入以出租房屋为主。

2014 年 3 月 26 日，上海市建设和管理委员会等十一部门联合发布《关于本市开展"城中村"地块改造的实施意见》，开始进行城中村改造，期望通过对"城中村"进行改造的方式，转移流动人口，加强社会管理，改善"城中村"的基础设施，减少安全隐患。上海市的土地资本化模式，总体来说，是鼓励引入民间资金参与开发，允许采用土地出让滚动开发的形式获取开发资金，也鼓励给集体留用土地以促进农村集体经济组织发展和农民长期稳定收益。

改造模式有以下特征：

（1）通过确权与量化股权，组建新集体经济组织。通过清产核资、成员界定和农龄计算等，将集体资产股份量化给每个成员，组建社区经济合作化、社区股份合作社、有限责任公司等不同形式的新集体经济组织，完善内部收益分配机制，形成成员增收的长效机制。

（2）引入社会资本，与农村集体经济组织合作开发建设。村集体经济组织入股社会资本合作开发，解决了资金短缺这一难题，村集体经济组织将会有更多的资金进行"城中村"改造。

（3）灵活社会资本参与方式。积极引导社会资金，通过直接投资、间接投资、参股、委托代建等方式参与改造。

（4）通过分红增加了农民的积极性。政府将"城中村"改造后的利益分配交由村集体进行管理，对改造之后产生的经济收入，村民通过分红的方式进行重新分配，获得增收，增加了村民的积极性，减少了改造中遇到的阻力。

（5）滚动土地资产，激励集体与社会资本。"城中村"改造地块由农村集体经济组织开发建设，或引入合作单位开发建设，经营性土地形成"净地"后，可采取定向挂牌方式出让。

（6）自留部分土地，确保农民长期稳定收益。实施土地储备时，在符合规划的前提下，开展征地留用资产试点，促进农村集体经济组织发展和农民长期稳定收益。

（7）农民动迁安置房建设纳入保障性住房建设计划，采取定向挂牌方式供地。

（二）大望京村：政府主导以土地出让金滚动安置房建设经费

从 2009 年年底起，北京市在人口资源环境矛盾最尖锐、利益诉求最复杂、城乡二元体制性障碍最明显、社会秩序最紊乱的城乡接合部，按照"先难后易"的原则选出 50 个重点村进行城中村改造。这 50 个重点村分布在 9 个区，其中 38 个位于中心城地区，12 个位于规划新城地区，村域面积 85.3km²，户籍人口 21.4 万人，流动人口超过 100 万人。50 个重点村共涉及 34 个乡镇（街道）的 61 个行政村（127 个自然村）。北京市政府首先圈定海淀区北坞村和朝阳区大望京村，作为此次大规模城乡接合部改造的官方试点。

大望京村的城中村改造，由于土地相对充裕，因此改良了征地建城模式，以出让土地的方式回收资金。朝阳区土地储备中心先将 105.6hm² 村域面积征为国有，再以土地作抵押品从银行获得贷款，用于整理土地和建设回迁楼。村民们除了获得回迁房，还拿到了一笔可观的拆迁补偿款。具体来说，村民按照人头，每人 50m² 补偿平价回迁房，宅基地及地上物补偿总计达 8100 元/m²；不购买回迁房的村民，再补 3000 元/m²，在还没有入住回迁房之前，给村民每月 800 元的住房补贴，并返还村集体 5 万 m² 商业楼底层商铺。政府最终通过储备取得了 41.6hm² 的建设用地，回收资金还贷。

（三）北坞村：安置用地国有化空转至村集体自主改造安置房

"北坞模式"是自我腾退、自我建设、自我管理、自我资金平衡。由于北坞村人多地少，村民 700 多户，2700 余人，总共只有 33.6hm² 土地，且绝大部分位于北京市规划的第一道绿化隔离带上，如果按照"征地拆迁"模式改造北坞村，将无利可图。因此改为采用自主改造的方式，镇政府通过全镇集体用地内部调换方式，在北坞村旁划设 10 多公顷回迁楼安置用地，并征为国有，但不实行"招拍挂"，直接空转至村集体，由村成立专门的房地产公司建设回迁楼，每户村民可分到两套到三套住房不等；再给予 3500 元/m² 的地上建筑物补偿、200 元/m² 的装修费；在回迁楼地块附近，再安排 21.5hm² 的四块产业用地，作为北坞村集体产业用地。

"北坞模式"回迁房的产权问题起初并没有明确。根据现行法律规定，农村土地属于集体所有，"农村宅基地一户一宅"，不能进入市场买卖，然而如果启动征地程序，按规定土地要进行"招拍挂"公开出售，问题将变得更加复杂。最终北京市政府为北坞村的回迁房用地开辟了"绿色通道"，绕开了"招拍挂"，免去了土地出让金，直接转为国有建设用地。

实际上，北京市过去的回迁房多为集体土地产权，不能入市销售，而为解决这个问题，如草桥村的回迁房，政府亦未经常规征地，仅通过产权空转模式把土地置换为国有，再定向划拨给该集体；郑各庄的回迁房也得到北京市政府的特批置换为国有。

（四）小结

总结来看，以面积补偿安置房的方式，通常一个家庭可分得至少两套以上住房，多出的住房可以投入租房市场，有助于市民化的租房需求，且租金不纳入保障体系，仍为市场租金水平。上海模式引入企业合作开发，对建设质量与资金有一定的保障，但以定向挂牌方式给予企业土地资本的方式较难在各地方复制。"大望京模式"的缺点是：第一，依赖土地出让价格，如遇土地价格不好，"大望京模式"将滞碍难行；第二，返还村集体的商业楼底层商铺面积测算采用一村一例，整体利益机制未制度化，如应用到其他村则无法直接复制；第三，每人 50m² 补偿平价回迁房仍是按面积补偿，然而，征收补偿应是价值的弥补，而不是面积补偿。"北坞模式"的缺点是：第一，自留集体产业用地，未考虑集体的经营能力，可能导致集体产业用地利用效率低；第二，回迁房产权应征收为国有后，出让后再开发，村民才可以取得商品住宅性质的回迁房，政府最后开辟了"绿色通道"，在各地方难以复制；第三，土地出让收益与成本未核算清楚，造成北坞村村民社保资金缺口。这些缺点都可能影响城中村改造过程中剩余土地的出让数量。

二、以安置房及配建公租房为建设目标

城中村改造被要求配建公租房的，基本上采用的模式是引入企业参与开发，而为了吸引企业，也多以提供土地或商品房开发作为诱因，并同时要求配建公共租赁房，这种模式的城中村改造实行"企业+安置房+商品房+公共租赁房"的机制。广东省三旧改造及陕西省西安市目前采取此模式，在市民化仍大力推进的阶段，配建公共租赁房的模式值得借鉴。

（一）广东省三旧改造：以多元土地取得手段为诱因配建公租房

三旧改造是广东省城中村改造的前沿做法。三旧改造是指旧城镇、旧厂房、旧村庄改造，最早由佛山市提出，2009 年，广东省委、省政府根据温家宝总理关于国土资源部、广东省共建节约集约用地试点示范省的重要指示精神，正式提出"三旧"改造，将广州市、深圳市、佛山市、东莞市列为省三旧改造试点城市。从 2009 年起，广东省与国土部合作开展节约集约利用土地试点示范省的建设，并共同制定了《广东省建设节约集约用地试点示范省工作方案》。

根据《关于推进"三旧"改造促进节约集约用地的若干意见》（粤语〔2009〕78 号），具体的创新做法有：

（1）可采取协议方式出让。符合城乡规划、"三旧"改造规划和年度实施计划的，鼓励原土地使用权人自行进行改造。自行改造所涉及的划拨土地使用权，可采取协议方式补办出让手续，涉及补缴地价的，按地级以上市人民政府的统一规定办理。

（2）申请进行集中改造。市场主体根据"三旧"改造规划和年度实施计划，可以收购相邻多宗地块，申请进行集中改造。市、县土地行政主管部门可根据收购人的申请，将分散的土地归宗，为收购人办理土地变更登记手续。涉及补缴地价的，按地级以上市人民政府的统一规定办理。

（3）可以货币或置换土地方式补偿。旧城镇、旧村庄改造涉及收回或

者收购土地的，可以货币方式向原使用权人补偿或支付收购款，也可以置换方式为原使用权人重新安排用地。置换的土地其使用权价额折抵不足的，可以货币补齐。

（4）土地利用总体规划确定的城市建设用地规划范围内的旧村庄改造，原农村集体经济组织申请将农村集体所有的村庄建设用地改变为国有建设用地的，可依照申请报省人民政府批准征为国有。其中，确定为农村集体经济组织使用的，交由农村集体经济组织自行改造，或与有关单位合作开发建设。

而根据《湛江市人民政府关于加快推进"三旧"改造工作的通知》（湛府函〔2012〕338号），再强化配建公租房的要求：

（1）鼓励加快"三旧"改造的有关政策措施，根据《湛江市区"三旧"改造项目开发强度核准细则》〔湛城规（办）〔2011〕48号〕配建的公共租赁住房，享受保障性住房建设的相关政策。

（2）杜绝圈积、闲置土地的行为。在本通知印发之前（2012年）的闲置项目，自市政府批准改造方案之日起，1年内尚未办理"建筑工程施工许可证"的，原批准的容积率5%的建筑面积转改为公租房；1年半内还未办理"建筑工程施工许可证"进行动工建设的，再增扣原批准容积率5%的建筑面积转改为公租房。在本通知印发之后（2012年）的闲置项目，自市政府批准改造方案之日起，半年内尚未办理"建筑工程施工许可证"的，原批准的容积率5%的建筑面积转改为公租房；1年内还未办理"建筑工程施工许可证"进行动工建设的，再增扣原批准容积率5%的建筑面积转改为公租房。转改的公租房须无偿将产权移交市政府。

（二）郑州市佛岗村：以建设商品房为诱因引资配建公租房

河南省人民政府于2011年11月23日发布的《河南省人民政府关于加快保障性安居工程建设的若干意见》（豫政〔2011〕84号）提到，城中村（含老城区）、城郊村、棚户区改造项目应在项目总规划建筑面积扣除拆迁安置用房面积后不低于10%的比例配建廉租住房和公共租赁住房。而在《郑州市人民政府关于进一步规范城中村改造的若干规定的通知》（郑政文〔2007〕103号）第5条也提到，城中村改造的安置开发比为1∶2，所称安置开发比是指安置房的建筑面积与配套开发商品房的建筑面积之比。

佛岗村位于郑州市，城中村改造也需按照法令规定配建公租房或廉租房。佛岗村位于郑州市中心城区的南部地带，北临郑州市老城区，东临京广铁路，西侧临京广路，南边距南水北调工程仅约500m。规划用地北侧邻省射击场，南侧毗邻黄河科技学院，南三环从该规划范围中间穿过。改造前村总用地面积106.27hm²，建设用地面积104hm²，总建筑面积78.45万m²，全村总人口2450人，其中农业人口1873人，非农业人口577人，流动人口约20000人。佛岗村是郑州市二七区第一个实质性整村改造项目，依据郑州市规范城中村改造的103号文件精神，采用"政府主导，企业参与，村民受益"的原则，按照1：2的开发比进行规划，改造后总建筑面积136.41万m²，其中村民安置房面积45.47万m²，配套商品房开发面积90.94万m²，其中规划有4.87万m²的廉租房。

在拆迁补偿方面，补偿面积采用实物、货币两种安置方法，一至三层按1：1的标准进行补偿，对三层以下住房面积不足人均170m²的按人均170m²安置，比原有住房增加的安置面积按300元/m²由拆迁人缴纳。对于每宅现有住房不足三层的，依据宅基证面积补齐三层面积安置补偿，补偿面积与现有住房面积差额部分按300元/m²标准由拆迁人缴纳。四层以上采用货币补偿办法，四至六层补偿标准为300元/m²，七层补偿标准为260元/m²。另外，为奖励独生子女家庭户，对已领取独生子女证的家庭，可增加建筑面积50m²，增加面积按800元/m²由拆迁人缴纳费用。拆迁过渡费按现有一至三层面积计算，以5元/（月·m²）的标准，补偿期限为一年。此外，为保证安置区的品质和功能，建设村委会0.18万m²、村活动中心0.24万m²、幼儿园0.2万m²、教师用房0.24万m²。

以上方案创造了政府、开发商、村民三方共赢的局面，首批安置房于2008年1月正式动工，2009年8月首批安置房交付。佛岗城中村的拆迁安置工作，由于进度快，遗留问题少，社会效果好，曾创造了郑州市城中村改造史上的"佛岗速度"。

总结来看，城中村与大棚改造需要为参与企业提供足够的诱因，广东省湛江市是在以三旧改造多元化土地取得手段为基础的支撑下，推动社会资本参与城中村改造，并配建公租房。郑州市佛岗村是通过企业在城中村改造可取得部分土地建设住宅商品房为诱因，引资参与城中村改造，并要求建设公租房。这两种形式都可通过城中村改造增加公租房供应，有利于市民化可支付住房的供应。

以保障原有农民的安置房建设为目标的城中村改造模式，只能协助安置原有村民，对于新增外来流动人口市民化的住房需求帮助有限；以安置房及配建公租房为建设目标的城中村改造可通过城中村改造增加公租房供应，能够增加市场上可租赁住房的供应数量，推进市民化。因此，城中村与大棚改造增加住宅、出租住宅供给对策可归结为以下 4 点：①明确规定宅基地货币与实物补偿标准；②明确规定村集体自留土地比重；③配套商品房及公租房；④对商品住宅库存较多的城市，以货币补贴取代安置房，协助去化库存。

第二节　郑州市王岗村城中村改造与
原居民市民化策略

王岗村位于郑州市惠济区。惠济区是河南省会郑州市的中心城区，是郑州市中心城区的北部组团，是河南省"城乡一体化建设试点"和"土地综合利用试验区"。辖区总面积 206km²，辖 6 个街道、2 个镇，常住人口 30 万人。惠济区位于黄河南岸，拥有距离郑州市中心城区最近的自然山体——邙山，北依黄河，是河南省平原绿化高级达标先进区。2016 年，惠济区生产总值完成 117.80 亿元，三次产业结构为 5.1∶40.5∶54.4；城镇居民人均可支配收入 28718 元，农村居民人均可支配收入 21666 元。

一、改造模式的法律规定

河南省人民政府于 2011 年 11 月 23 日发布《河南省人民政府关于加快保障性安居工程建设的若干意见》（以下简称《意见》）。在"十二五"期间，规划开工建设保障性住房 210 万套，其中以公共租赁住房套数最多，达到 61.8 万套，其次是廉租住房 45.9 万套，两类公有租赁房合计达到 107.7 万套，占总开工建设保障性住房的 51.3%。棚户区改造（含林区、垦区危房改造）43.9 万套，占总开工建设保障性住房的 20.9%。棚户区改造及公共租赁住房建设成为河南省保障性住房建设的重要组成部分。

《意见》也提出加快推进保障性安居工程建设对社会与经济发展、房价稳定、市民化与提升区域竞争力的重要性：

（1）在社会经济方面，"实施保障性安居工程，解决困难群众的基本住房问题，不仅可以直接增加投资，而且有利于解除住房困难家庭的后顾之忧，增强居民消费信心，扩大其他方面的即期消费，对调整需求结构、增强经济内生动力、促进社会公平、维护社会稳定具有重要的促进作用"。

（2）在房价稳定方面，"加快推进保障性安居工程建设，是抑制房价过快上涨、促进房地产市场健康发展的关键举措。实施保障性安居工程，既可以增加住房供应总量，又能优化住房供应结构，有利于缓解商品住房市场压力，稳定群众住房消费预期，抑制住房价格过快上涨"。

（3）在市民化与提升区域竞争力方面，"加快推进保障性安居工程建设，是促进全省城镇化健康发展、增强城镇承接产业转移能力、提升区域经济竞争力的内在需要。实施保障性安居工程，解决外来务工人员和新就业职工的住房问题，让他们进得来、留得住、能创业，有利于提升城市吸纳劳动力的能力和区域竞争力"。

在公共租赁住房建设相关规定方面，《意见》要求，要"拓宽公共租赁住房房源筹集渠道。公共租赁住房主要向城市中低收入住房困难家庭、外来务工人员和城市新就业职工出租，单套面积控制在 60 平方米以内，以 40 平方米左右的小户型为主。要充分发挥省辖市、县（市）政府在公共租赁住房建设中的主导作用，运用各项支持政策，引导社会各类投资主体参与建设、经营公共租赁住房"。而除了在新建经济适用住房、限价商品住房、商品住房项目要按照不低于项目总规划建筑面积 10% 的比例配建廉租住房和公共租赁住房，城中村（含老城区）、城郊村、棚户区改造项目也是供应的主要来源，《意见》要求，要"在项目总规划建筑面积扣除拆迁安置用房面积后，也要按照不低于 10% 的比例配建廉租住房和公共租赁住房"。而为了创造社会资本参与的诱因，"对集中建设的廉租住房、公共租赁住房和经济适用住房项目，经省辖市政府批准可按照项目总规划建筑面积 10% 左右的比例配建商业用房或商品住房，并按规定配建必要的物业服务用房"。

而在《郑州市人民政府关于进一步规范城中村改造的若干规定的通知》第 5 条进一步规范了城中村改造过程中公共租赁住房、商品房的配建比例要求。该通知提到，城中村改造的安置房的建筑面积与配套开发商品房的建筑面积开发比为 1 : 2，此规定大幅提升社会资本参与城中村改造的动力，配套开发商品房的建筑面积可以达到安置房的建筑面积的 2 倍。

二、改造方案

（一）土地及建设面积总体安排

郑州市惠济区根据《郑州市人民政府关于进一步规范城中村改造的若干规定的通知》和《郑州市人民政府关于〈郑州市人民政府关于进一步规范城中村改造的若干规定的通知〉的调整补充意见》（郑政文〔2009〕326 号），在 2012 年启动王岗村城中村改造，2018 年正式迁入。王岗村位于郑州市惠济区，花园路西、迎宾路南。改造前村总用地面积 155.63 亩，总建筑面积 9.4 万 m²，经确权，该村共有土地 2 宗，土地使用权总面积 155.63 亩（103755.3m²），全部为国有建设用地。全村总户数 283 户，总人口 956 人，其中农业人口 891 人，非农业人口 65 人。依据郑州市规范城中村改造的 103 号文件精神，采用“政府主导，企业参与，村民受益”的原则，安置开发比为 1 : 2，而本案例最终确定安置开发比为 1 : 1.88，改造后总建筑面积 26.2 万 m²，其中村民安置房面积 9.1 万 m²，配套商品房开发面积 17 万 m²，包括住宅建筑面积 14.5 万 m²（住宅中规划有 1.4 万 m² 的公租房，每套 50m²），幼儿园建筑面积 2514m²，公共配套服务 1980m²，商业金融建筑面积 21479m²。

（二）各类建筑户型配置

从户数来看，安置房与商品房均以大户型规划为主，安置房大户型占总安置房的 52.54%，商品房大户型占总商品房的 67.01%，公租房占总商品房户数的 11.34%，达 288 户，如表 20-1 和表 20-2 所示。

表 20-1 安置区户型配比

户型	比例	户数
>90m²	52.54%	272
≤90m²	23.24%	326
小户型	24.22%	258

表 20-2　　　开发区户型配比

户型	比例	户数
>90m²	67.01%	754
≤90m²	21.65%	360
公租房	11.34%	288

（三）土地出让回馈公共设施和基础配套设施建设

项目拆迁安置成本总计 31071 万元，其中建安成本 20884.9 万元。政府可以从中获得土地出让金的收益，部分除国家、省规定应上缴财政的部分外，其余部分由市人民政府补贴拨付到区人民政府，用于该城中村改造涉及的学校、医疗、消防等公共设施和基础配套设施的建设。

（四）住房、商业与货币补偿

在拆迁补偿方面，采用实物补偿，以人均 90m² 进行补偿，其中 70m² 补偿住宅，20m² 补偿商业，安置房最大是 3 室 1 厅 90m²，最小是 2 室 1 厅 70m²，安置房为大产权，可上市交易。宅基地三层以上的部分，砖结构补偿 650 元/m²，框架结构补偿 1050 元/m²。如有补偿面积小于应补面积，该面积补偿不足部分，在 10m² 及以内按 3000 元/m² 补偿，在 10m² 以上按周边市场价格补偿。另外，为奖励独生子女家庭户，对已领取独生子女证的家庭，可按双份住宅补偿，即补偿 2 个 70m² 共计 140m²。拆迁过渡费在 3 年及以内为 600 元/（月·人），3 年以上为 1200 元/（月·人）。

改造后所有农民均转为市民。改造前分红来源是村集体自营的农田，改造后是集体商业经营。

三、居民参与满意度分析

在完善的城中村改造机制背后，当地村民参与的满意度及生活的稳定度很大程度上地影响到政策执行的效果，本章进一步通过对 80 个村民的调查，了解村民对政策执行的满意情况及改造后的生活条件。调研时间为 2018 年 5 月 25 至 6 月 5 日，共计发放 100 份问卷，回收 80 份问卷，部分题项涉及敏感问题，因此各题的回答比率不同，以实际回答样本总和为准。

（一）启动改造提前通知义务

改造实施应当尽到事先告知的义务，以使村民有足够的时间与政府讨论搬迁方案，并做好搬迁工作的各项准备。而告知流程是否完备关系到村民对于被告知的认知，在公告的过程中，如何确保每一位村民都能获得完整的信息是告知工作的主要任务。调查显示，高达69.0%的受访者认知至少提前六个月通知了，16.9%认知有通知，但提前通知的时间不到6个月，只有8.5%的受访者认知没有事先通知，说搬走就得搬。调查结果说明，王岗村在改造前基本上有尽到事先通知的责任，近86%的村民收到了通知。部分村民无法提前在6个月前被通知或一直未被通知，可能与其在外地工作有关，如表20-3所示。

表20-3　搬家（或上楼）提前通知比重

选项	频数	百分比
有，至少提前六个月通知了	49	69.0%
有，但是提前通知的时间不到六个月	12	16.9%
没有事先通知，说搬走就得搬	6	8.5%
不清楚	4	5.6%
总和	71	100.0%

（二）民意协商机制

过去城市更新改造是由上而下由政府主导的思想，在改造之后往往造成农民无法融入社会，这一方面是受到心理因素的影响，另一方面则是补偿机制不能满足农民转化为市民的经济所需。随着农民的教育程度、文化水平提升，更愿意关怀与参与城镇化工作，城中村改造也开始转向强调由下而上、自主更新的过程。调查显示，仅有6.8%的村民认知未被征求任何与城中村改造有关的相关意见，其他村民则至少认知被征询了搬迁意愿、搬迁地点、补偿方案、安置方案等意见。其中，以认知曾被征求是否愿意搬迁的比重最高，达到30.3%；其次是征求了安置方案的意见，为26.5%；也有近20%的村民认知被征求了补偿方案的意见。足见双向沟通与协商充分体现在本案例之中，如表20-4所示。

表 20-4　政府曾征求农民搬迁或者上楼意见的比重（多选题）

选项	反应值		观察值百分比
	频数	百分比	
征求是否愿意搬迁	40	30.3%	56.3%
征求搬迁地点的意见	18	13.6%	25.4%
征求补偿方案的意见	26	19.7%	36.6%
征求安置方案的意见	35	26.5%	49.3%
没征求意见	9	6.8%	12.7%
不清楚	4	3.1%	5.6%
总和	132	100.0%	185.9%

（三）安置房产权认知

城中村改造安置房依各地方做法不同，可分为大产权及小产权。本案例改造方案的安置房为大产权。但调研结果发现，部分农民虽然获得了大产权的安置房，却不知道其为大产权，而认知所获得的安置房为小产权，这也说明农民在领取补偿与安置的过程中，对于自身权益保障认识的不足，如表 20-5 所示。而本案例规划给予农民大产权，也充分体现为农民设想、保障农民权益的做法，同时也说明了充分倡导农民对城市住房产权的认识是非常有必要的，以减少农民为反对而反对的可能性。

表 20-5　农民对安置房产权性质的认知

选项	频数	百分比
大产权	23	67.6%
小产权	11	32.4%
总和	34	100.0%

（四）其他相关承诺或福利认知

在相同的改造方案下，农民在改造前应能获得相同的信息，了解除了安置房之外还能得到的相关承诺及福利，信息愈透明，农民所知愈明确，愈能顺利推动改造工作的推进。但调研结果发现，农民对于改造后可能获得的其他相关的承诺或补偿认知差异大，即使是农民认知比重最高的新型农村合作医疗（新农合）福利，也仅有全体农民的 20.4% 知道在参与城镇工作前仍能保有此福利。其他承诺或福利的共识更低，子女可以上城里的小学仅占 18.5%，超额建筑可获得现金补偿也仅有 14.8% 的村民表示知道，这说明了城中村改造对村民利好的宣传度仍然不足，如表 20-6 所示。

表 20-6　村民对政府承诺或其他补偿福利的认识程度（多选题）

选项	反应值		观察值百分比
	频数	百分比	
没有承诺其他补偿或福利	5	3.1%	7.7%
现金补偿	24	14.8%	36.9%
户口由农村改为城市	19	11.7%	29.2%
城市社保	19	11.7%	29.2%
农村社保（含新农保）	14	8.7%	21.5%
城市医疗保险	16	9.9%	24.6%
新型农村合作医疗（新农合）	33	20.4%	50.8%
子女可以上城里的小学	30	18.5%	46.2%
就业机会	2	1.2%	3.1%
总和	162	100.0%	249.2%

（五）其他相关承诺或福利认知

在实际完成改造后，由于仍有部分农民还未完成城市户口转换，可能影响到享受城市户口的各项福利，因而实际调查后发现，共识比重上升幅度不大，但共识较高的项目有所变化，其中以子女可以上城里的小学的认识比重最高，占全体农民的 20.5%；其次是超额建筑可获得现金补偿，在实际补偿过后，比重升高为 17.3%；然后是部分还未从事城镇工作的村民仍可享受的新型农村合作医疗（新农合），占全体农民的 15.4%；再依次是城市社保 13.5%，城市医疗保险 12.8% 等，如表 20-7 所示。这也表明，实际改造过后，村民对其转为城镇户口后可享有的城市保障仍未全面了解。

表 20-7　实际享受到的承诺或其他补偿福利的认识程度（多选题）

选项	反应值		观察值百分比
	频数	百分比	
现金补偿	27	17.3%	41.5%
户口由农村改为城市	14	9.0%	21.5%
城市社保	21	13.5%	32.3%
农村社保	12	7.7%	18.5%
城市医疗保险	20	12.8%	30.8%
新型农村合作医疗（新农合）	24	15.4%	36.9%
子女可以上城里的小学	32	20.5%	49.2%
就业机会	6	3.8%	9.2%
总和	156	100.0%	239.9%

（六）城中村改造的好处

城中村改造从实际上给予村民的福利，可归纳为两点：一是改善居住环境，二是城镇化。进一步调查村民在改造后认为自己实际上获得的好处，比重最高的是居住条件比原来好了，达到 26.6%，充分体现城中村改造的目的；其次是子女可以在城里上学，接受更好的教育，比重为 15.4%，这也反映出过去最为流动人口所诟病的子女教育问题；再次是收入的提高，为 12.6%。其他比重高于 10% 的好处还包括城里的公共服务设施更好（比如医院、公园），可以享受社保等。而认为完全没有好处的村民比重低，仅占 2.4%，如表 20-8 所示。

表 20-8　城中村改造后获得的好处（多选题）

选项	反应值		观察值百分比
	频数	百分比	
没有任何好处	5	2.4%	7.0%
居住条件比原来好了	55	26.6%	77.5%
可以不再当农民了	6	2.9%	8.5%
上了城市户口	10	4.8%	14.1%
可以有新的租金收入	7	3.4%	9.9%
可以享受社保	21	10.1%	29.6%

选项	反应值		观察值百分比
	频数	百分比	
可以享受医保	19	9.2%	26.8%
子女可以在城里上学，接受更好的教育	32	15.4%	45.1%
可以在城里打工，收入可能会比种地更好	26	12.6%	36.6%
城里的公共服务设施更好（比如医院、公园）	24	11.6%	33.8%
其他	2	1.0%	2.8%
总和	207	100.0%	291.7%

（七）城中村改造的坏处

城中村改造虽然可以改善村民居住环境，实现城镇化，但这些好处可能未必满足村民的需要。实际调查发现，有高达20.2%的村民认为没什么坏处，共识比重最大，说明城中村改造所带来的好处仍然受到多数村民的认可；但部分村民仍认为城中村改造带来坏处，比重最高的是住在新的地方的生活成本太高，占比为14.9%；其次是不习惯于生活形态的转变，喜欢住在农村，不喜欢住在楼里（或城里），占比为13.4%；其他比重高于10%的坏处还包括置换的安置房面积太少，村民找不到新的收入来源等，如表20-9所示。总结来看，高物价与经济来源是村民普遍认为还未全面获得解决的重点问题。

表 20-9　城中村改造后带来的坏处（多选题）

选项	反应值		观察值百分比
	频数	百分比	
没什么坏处	27	20.2%	37.5%
没法种自己的地了	6	4.5%	8.3%
现金补偿太低/福利太少或完全没有	10	7.5%	13.9%
置换的安置房面积太少	17	12.7%	23.6%
喜欢住在农村，不喜欢住在楼里（或城里）	18	13.4%	25.0%
新的地方没有办法种菜或养猪	6	4.5%	8.3%
新的地方没有空间储存粮食	4	3.0%	5.6%
新的地方需要爬很多层楼	5	3.7%	6.9%

续表

选项	反应值		观察值百分比
	频数	百分比	
新的地方离耕地太远、不方便	3	2.2%	4.2%
住在新的地方的生活成本太高	20	14.9%	27.8%
村民找不到新的收入来源	15	11.2%	20.8%
这个搬迁项目没有征求农民的意见	3	2.2%	4.2%
总和	134	100.0%	186.1%

（八）新身份认同

本案例在改造完成后，将全面把村民的户口由农民转变为市民，由于本案例于 2018 年完成搬迁工作，部分农民可能还未完成户口更改，因此仍有 44.1% 的村民还未完成转换为城市户口，如表 20-10 所示。

表 20-10　调查日时的户口身份

选项	频数	百分比
农民	30	44.1%
市民	38	55.9%
总和	68	100.0%

然而，即使还未全面完成村民户口城镇化，这些村民已实际居住在城市地区，心理也已知道将转换为城市户口，但这对其身份认同的影响力度仍然有限。调查发现，仍有 34.9% 的村民认为自己是农民，有 24.2% 认为自己既是农民也是市民，仅有 30.3% 的村民认为自己本质上已是市民，但也有 10.6% 的村民认为自己既非农民也非市民，城中村改造后仍混淆自我的身份认同，如表 20-11 所示。

表 20-11　自我身份认同

选项	频数	百分比
本质上是农民	23	34.9%
本质上是市民	20	30.3%
既非农民也非市民	7	10.6%

选项	频数	百分比
既是农民也是市民	16	24.2%
总和	66	100.0%

进一步交叉分析户口身份与自我身份认同的关系，皮尔森（Pearson）卡方值达显著水平，说明户口差异显著影响身份认同。分析发现，如果户口仍然是农民，有高达 50% 的村民会认为自己本质上仍然是农民，但也有高达 28.6% 的村民开始接受自己既是农民也是市民；如果户口是市民，则同样有高达 48.5% 的村民开始接受自己本质上是市民，但也有 24.2% 的农民认为自己既是农民也是市民。相较于农民户口中有 10.7% 的村民开始认同自己是市民，市民户口的村民中有更高比例认为自己本质上仍然是农民，比重为 15.2%，如表 20-12 所示。因此，城中村改造虽然实际上实现了村民的身份转换，但要实际认同转换的身份还需要更深的社会融合。

表 20-12　户口身份与身份认同交叉分析

选项			身份认同				总和
			本质上是农民	本质上是市民	既非农民也非市民	既是农民也是市民	
户口	农民	频数	14	3	3	8	28
		百分比	50.0%	10.7%	10.7%	28.6%	100.0%
	市民	频数	5	16	4	8	33
		百分比	15.2%	48.5%	12.1%	24.2%	100.0%
总和		频数	19	19	7	16	61
		百分比	31.1%	31.1%	11.5%	26.3%	100.0%

注：皮尔森卡方值为 12.978，渐进显著性为 0.005。

（九）城中村改造与收入来源

瓦片经济向来是大城市周边农村及城中村的主要经济来源，不仅会形成贫民窟、土地低效利用等乱象，也使得村民失去从事本业劳动或融入社会的动力。但实际调查后发现，在城中村改造后，本案例的村民有高达 48.8% 自主就业，只有 16.3% 的村民依靠房屋出租收益生活，如表 20-13 所示。

表 20-13　城中村改造后的收入来源（多选题）

选项		反应值		观察值百分比
		频数	百分比	
收入来源	就业	39	48.8%	60.0%
	房屋出租	13	16.3%	20.0%
	集体分红	11	13.7%	16.9%
	子女奉养	17	21.2%	26.2%
总和		80	100.0%	123.1%

因此，出租安置房的比重不高，仅占 15.9%，如表 20-14 所示。

表 20-14　安置房出租比重

选项	频数	百分比
有	11	18.3%
没有	49	81.7%
总和	60	100.0%

而实际从事的工作，主要仍以务农为主，占 21.7%，工人占 17.4%，个体工商户占 10.1%，打工占 8.7%，从事生产性服务业或受雇于政府单位的村民仍然较少，如表 20-15 所示。

表 20-15　调查时的职业（多选题）

选项	反应值		观察值百分比
	频数	百分比	
务农	15	21.7%	22.7%
村干部	4	5.8%	6.1%
政府单位公务员	3	4.4%	4.5%
教师	4	5.8%	6.1%
医生	2	2.9%	3.0%
工人	12	17.4%	18.2%
国企职员	5	7.3%	7.6%
私企职员	3	4.4%	4.5%
个体工商户	7	10.1%	10.6%

选项	反应值		观察值百分比
	频数	百分比	
保安	1	1.4%	1.5%
打工	6	8.7%	9.1%
退休	5	7.2%	7.6%
无业	2	2.9%	3.0%
总和	69	100.0%	104.5%

（十）城中村改造与外出打工比重变化

城中村改造更重要的目标在于，协助村民融入社会，实现当地就业。调查发现，城中村改造之前，村民普遍认为村民外出打工的比重在60%及以下，主要集中在20%~40%（含），占比为39.1%，如表20-16所示。

表20-16　城中村改造前全村在外打工人数感知

选项	频数	百分比
不到20%	16	23.2%
20%~40%（含）	27	39.1%
40%~60%（含）	13	18.8%
60%~80%（含）	4	5.8%
超过80%	1	1.5%
不清楚	8	11.6%
总和	69	100.0%

城中村改造后，虽然同样仍有高达7.6%的村民认为有60%~80%（含）的村民在外打工，但有更高比例的村民表示不清楚，占比达27.3%，如表20-17所示。这可能与城中村改造打破原来农村纹理，增加村民间的疏离感有关，但也可能表示城中村改造削弱村民认为需要出外打工的必要性。

表20-17　城中村改造后全村在外打工人数感知

选项	频数	百分比
不到20%	11	16.7%

续表

选项	频数	百分比
20%～40%（含）	15	22.7%
40%～60%（含）	17	25.7%
60%～80%（含）	5	7.6%
超过80%	0	0
不清楚	18	27.3%
总和	66	100.0%

第三节　总结与思考

我国实施多年的城中村改造，各地有不同的做法尝试。有允许直接将国有土地使用权登记给城中村转制后的集体经济组织，如太原市的城中村改造；有转让综合改造用地剩余土地给参与企业，如西安市莲湖区任家口村、杨家围墙村、陈家寨村；有直接空转国有建设用地供建设回迁楼，如北京市"北坞模式"自我腾退、自我建设、自我管理、自我资金平衡的做法；也有政府主导土地滚动开发模式，如北京市大望京村的城中村改造。但随着近年来土地相关政策法令趋严，空转国有建设用地、绿色通道等做法已不可行，城中村改造的模式也从以政府主导开始转向鼓励以社会资本参与改造，郑州市可为其中代表模式之一。

从上海模式来看，引入企业合作开发，对建设质量与资金有一定的保障，但大望京模式依赖土地出让价格，不利于以稳定土地与房地产价格为目标的大环境，因此，引入企业参与城中村与大棚改造需要为参与企业提供足够的诱因。广东省湛江市以三旧改造多元化土地取得手段为诱因，河南省郑州市佛岗村则是通过企业在城中村改造可取得部分土地建设住宅商品房为诱因。以全国普遍适用性来说，三旧改造仍处于试点阶段，郑州模式更适合在全国推广。

本章以王岗村作为郑州模式下的一个典型案例，采用"政府主导，企业参与，村民受益"的原则，以配建商品房的方式引导企业参与开发，并要求配建公租房，有效支撑了市民化的住房需求。明确配建数量是郑州模式的另一特色，配套开发商品房的建筑面积可以达到安置房的建筑面积的两倍，使商品房与安置房的建设数量维持均衡。进一步进行问卷调查也发现，王岗村在改造前基本上有尽到事先通知的责任，近86%的村民收到了通知；城中村改造也开始转向强调由下而上、自主更新的过程，仅有6.8%的村民认知未被征求任何与城中村改造有关的相关意见；村民在城中村改造后仍实际感受到了其所带来的好处，包括居住条件比原来好了，子女可以在城里上学，收入提高等，也有高达20.2%的村民认为城中村改造没什么坏处。而在就业方面，本案例在城中村改造后也有高达48.8%自主就业，且出租安置房的比重不高，仅占15.9%。

然而，部分农民虽然获得了大产权的安置房，却不知道其为大产权，对于自身权益保障认识不足；农民对于改造后可能获得的其他相关的承诺或补偿认知差异也较大，包括仍可享受新型农村合作医疗（新农合）福利、子女可以上城里的小学、超额建筑可获得现金补偿的认知均偏低；在实际完成改造后，对可享受的福利的共识比重上升幅度也不大。实际改造后，高物价与收入来源不明仍然是村民普遍认为还未全面获得解决的重点问题。身份认同是改造后需要面对的另一个问题，如果户口仍然是农民，有高达50%的村民会认为自己本质上仍然是农民，市民户口的村民中也有更高比例认为自己本质上仍然是农民，实际认同转换的身份还需要更深的社会融合。这也反映有能力从事生产性服务业或受雇于政府单位的村民仍然较少，外出打工的比重在城中村改造后也没有获得明显的下降。

总结来说，郑州模式以配建商品房的方式引导企业参与开发获得了一定成效，也能增加了公租房的供应，只要在村民社会融合的细节上再予着力，将可为市民化带来更大的成效。未来应充分倡导农民对城市住房产权认识的重要性，宣传城中村改造对村民的各项利好，实时转换农民的市民身份，落实城镇化的好处，以顺利推进村民融入城市就业市场，解决城市高物价所带来的经济压力，以加速村民对转换身份的认同，加快社会融合。

参考文献

［1］崔岩．流动人口心理层面的社会融入和身份认同问题研究［J］．社会学研究，2012，27（5）：141-160，244.

［2］桂勇，黄荣贵．社区社会资本测量：一项基于经验数据的研究［J］．社会学研究，2008（3）：122-142，244-245.

［3］胡杰成．社会排斥与农民工的城市融入问题［J］．兰州学刊，2007（7）：87-90.

［4］马庆林．日本住宅建设计划及其借鉴意义［J］．国际城市规划，2012，27（4）：95-101.

［5］孟文强．日本住宅统计调查体系［J］．中国房地产，2006（7）：76-79.

［6］任远，陶力．本地化的社会资本与促进流动人口的社会融合［J］．人口研究，2012，36（5）：47-57.

［7］孙小逸，黄荣贵．制度能力与治理绩效：以上海社区为例［J］．公共管理学报，2012（4）：29-38

［8］汪明峰，程红，宁越敏．上海城中村外来人口的社会融合及其影响因素［J］．地理学报，2015，70（8）：1243-1255.

［9］王菁．城市社区民主治理绩效评估体系的构建与指标设计［J］．华东经济管理，2016，30（3）：161-169.

［10］王素侠，朱方霞．新型城镇化时期社区治理绩效的测度［J］．统计与决策，2016（21）：100-102.

［11］叶鹏飞．探索农民工城市社会融合之路：基于社会交往"内卷化"的分析［J］．城市发展研究，2012，19（1）：81-85，109.

［12］悦中山，李树苗，靳小怡，等．从"先赋"到"后致"：农民工的社会网络与社会融合［J］．社会，2011，31（6）：130-152.

［13］张文宏，雷开春．城市新移民社会融合的结构、现状与影响因素分析［J］．社会学研究，2008（5）：117-141，244-245.

［14］张振洋，王哲．有领导的合作治理：中国特色的社区合作治理及其转型：以上海市 G 社区环境综合整治工作为例［J］．社会主义研究，2016（1）：75-84.

［15］周皓 . 流动人口社会融合的测量及理论思考 ［J］. 人口研究，2012，36（3）：27-37.

［16］普特南 . 使民主运转起来 ［M］. 王列，赖海榕，译 . 南昌：江西人民出版社，2001.